Ekkehart Rotter, Abendland und Sarazenen

STUDIEN ZUR SPRACHE, GESCHICHTE UND KULTUR DES ISLAMISCHEN ORIENTS

Beihefte zur Zeitschrift „Der Islam"

Herausgegeben von

Bertold Spuler und Albrecht Noth

Neue Folge

Band 11

Walter de Gruyter · Berlin · New York
1986

Ekkehart Rotter

Abendland und Sarazenen

Das okzidentale Araberbild und seine Entstehung im Frühmittelalter

Walter de Gruyter · Berlin · New York
1986

Gedruckt mit Unterstützung der Deutschen Forschungsgemeinschaft

CIP-Kurztitelaufnahme der Deutschen Bibliothek

Rotter, Ekkehart:
Abendland und Sarazenen : d. okzidentale Araberbild u. seine Entstehung im Frühmittelalter / Ekkehart Rotter. — Berlin ; New York : de Gruyter, 1986.
(Studien zur Sprache, Geschichte und Kultur des islamischen Orients ; N.F., Bd. 11)
ISBN 3-11-009880-6
NE: GT

Satz und Druck: J. J. Augustin, Glückstadt · Einband: Lüderitz & Bauer, Berlin

In memoriam parentum meorum

Walter Rotter
20. 10. 1905 – 9. 5. 1978

Marie Rotter, geb. Schindler
27. 12. 1908 – 11. 3. 1980

Vorwort

Fata sua habent libelli — Viele Jahre sind vergangen seit dem ersten auslösenden Funken, der die ungefähre Idee zu einer Studie wie der hier vorliegenden barg, bis zur Drucklegung der Ergebnisse, wie sie jetzt ausgebreitet werden können. Dazwischen lag, als Etappe auf halbem Weg, meine Frankfurter Dissertation (1979), die in ihrer ursprünglichen Form als chronologisch angeordnete, quellenkritische Materialsammlung zum Thema die notwendige Grundlage für die schließlich daraus hervorgegangene systematische Untersuchung schuf, deren Zustandekommen ich in hohem Maß meinem akademischen Lehrer, Herrn Prof. Dr. Joachim Ehlers (Braunschweig), verdanke, seiner Geduld, seiner beharrlichen, weiterführenden Kritik und seiner wissenschaftlichen Wegweisung, der ich mich — die Tübinger Studienzeit bei den Herren Prof. Dr. Karl Friedrich Stroheker, Prof. Dr. Heinz Löwe und Prof. Dr. Manfred Ullmann ausgenommen — vom ersten bis zum letzten Semester mit großem Gewinn anvertraute.

Bezüglich der in dieser Studie breiten Raum einnehmenden Antikenrezeption versah mich mit dem nötigen Rüstzeug vornehmlich Herr Prof. Dr. Justus Cobet (Essen), stand mir mit Rat und Tat, überhaupt mit Zuspruch und Aufmunterung Frau Prof. Dr. Helga Gesche (Gießen) stets zur Seite. Ihnen schulde ich ebenso großen Dank wie Herrn Privatdozent Dr. Bernd Schneidmüller (Braunschweig) und Herrn Prof. Dr. Horst Enzensberger (Bamberg) für zahlreiche Anmerkungen und Gespräche, die zum Gelingen der Arbeit beitrugen. Wichtige Anregungen und Bestätigungen erfuhr ich dankenswerterweise ferner von Herrn Prof. Dr. Herwig Wolfram (Wien) und Herrn Prof. Dr. Otto Kresten (Wien).

Dankeschön sage ich meinem Bruder, Herrn Prof. Dr. Gernot Rotter (Hamburg), für die vielen fruchtbaren Diskussionen sowie für die Überprüfung der arabischen Terminologie. Der Deutschen Forschungsgemeinschaft bin ich für den großzügigen Zuschuß, der den Druck der Studie erst ermöglicht hat, zu Dank verpflichtet.

Ganz besonders aber möchte ich Herrn Prof. Dr. Bertold Spuler und Herrn Prof. Dr. Albrecht Noth (Hamburg) danken, die sich als Herausgeber der „Studien zur Sprache, Geschichte und Kultur des islamischen

Orients" für den Druck der vorliegenden Untersuchung einsetzten und sie freundlicherweise in die genannte Reihe aufnahmen.

Goldbach bei Aschaffenburg
im Frühjahr 1986

Ekkehart Rotter

Inhalt

Abkürzungen

a.	abu
AAB	Abhandlungen der kgl.-preußischen Akademie der Wissenschaften, phil.-hist. Kl. (Berlin)
AASS	Acta Sanctorum
Act	Liber actuum apostolorum (Novum Testamentum)
AK	Archiv für Kulturgeschichte
b.	ibn
BEC	Bibliothèque de l'École des Chartes
BKV	Bibliothek der Kirchenväter (Kempten 1869–1888)
BKV^2	Bibliothek der Kirchenväter (Kempten 1911 ff.)
BRGK	Berichte der Römisch-Germanischen Kommission
BZ	Byzantinische Zeitschrift
CCSL	Corpus Christianorum (Series Latina)
CHE	Cuadernos de Historia de España (Buenos Aires)
CSCO	Corpus Scriptorum Christianorum Orientalium
CSEL	Corpus Scriptorum Ecclesiasticorum Latinorum
DA	Deutsches Archiv
DHGE	Dictionnaire d'Histoire et de Géographie écclésiastique (Paris 1912 ff.)
EHR	English Historical Review
EI	Enzyklopädie des Islam
EI^2	Encyclopaedia of Islam
Etym.	Etymologiae sive Origines Isidorii Hispalensis
Ex	Exodus (Vetus Testamentum, Pentateuchus)
FrvStGA	Freiherr vom Stein-Gedächtnisausgabe
FWG	Fischer Weltgeschichte (Frankfurt/M.)
Gal	Epistula Pauli ad Galatas (Novum Testamentum)
Gn	Genesis (Vetus Testamentum, Pentateuchus)
GSB	Abhandlungen der Gesellschaft der Wissenschaften, phil.-hist. Kl. N.F. (Berlin)
HAW	Handbuch der Altertumswissenschaften
HO	Handbuch der Orientalistik
HVJ	Historische Vierteljahresschrift
HZ	Historische Zeitschrift
Idc	Vetus Testamentum, Liber Iudicum
Is	Isaias (Vetus Testamentum)
Lc	Evangelium secundum Lucam (Novum Testamentum)
LThK	Lexikon für Theologie und Kirche (Freiburg)
M–A	Le Moyen Age
Mansi	Sacrorum conciliorum nova et amplissima collectio, ed. J. D. Mansi, 53 Bde., (Nachdr.) Graz 1960–1961
Mc	Evangelium secundum Marcum (Novum Testamentum)

MGH	Monumenta Germaniae historica
MIÖG	Mitteilungen des Instituts für Österreichische Geschichtsforschung
Mt	Evangelium secundum Mattheum (Novum Testamentum)
MW	The Moslem World
NA	Neues Archiv
N.F.	Neue Folge
NGG	Nachrichten der Gesellschaft der Wissenschaften zu Göttingen
Nm	Numeri (Vetus Testamentum, Pentateuchus)
PJb	Palästinajahrbuch
PEQu	Palestine Exploration Quarterly
PG	Patrologia Graeca, ed. J. P. Migne
PL	Patrologia Latina, ed. J. P. Migne
PRE	Realencyklopädie für protestantische Theologie und Kirche
Ps	Psalmi (Vetus Testamentum)
RB	Revue Bénédictine
RBPH	Revue belge de philologie et d'histoire
RCHA	Realenzyklopädie der christlichen Altertümer
RE	Realencyclopädie für die classischen Altertumswissenschaften (ed. Pauly/Wissowa)
REI	Revue des Études Islamiques
Rg	Vetus Testamentum, Liber regum
RH	Revue Historique
SG	Studia Gratiana
SLH	Scriptores Latini Hiberniae
SM	Studien und Mitteilungen zur Geschichte des Benediktinerordens
ThZ	Theologische Zeitschrift
TzF	Texte zur Forschung
WdF	Wege der Forschung
ZDMG	Zeitschrift der Deutsch-Morgenländischen Gesellschaft
ZDPV	Zeitschrift des Deutschen Palästinavereins

Einleitung

Qui non respicit initium
non prospicit finem
Augustinus
De civitate Dei VII 7

Es steht zu vermuten, daß Ph. K. Hitti die hier vorgelegte Untersuchung allein aufgrund des Titels 'Abendland und Sarazenen', genauer wegen der Verwendung des Begriffs 'Sarazenen', abgelehnt hätte. Aus ebendiesem Grund hat er nämlich im Vorwort zur zehnten Auflage seines erstmals 1937 erschienenen Werkes 'History of the Arabs' 1970 als mittlerweile 84jähriger ein Buch, das sich als 'A Short History of the Saracens' verkaufte, abgekanzelt: „The occurance of the word 'Saracens' in the title left no doubt about the obsolete character of the work."

Ich habe mich nicht bemüht, das auf diese Weise abqualifizierte Buch deshalb eigens zu lesen. Hitti mag sogar recht haben mit seinem vernichtenden Urteil; doch wenn er das Verdikt lediglich aufgrund des Begriffs 'Sarazenen', der offensichtlich im Titel den Terminus 'Araber' vertritt, ausspricht, dann handelt er unüberlegt, bar eines historischen Verständnisses oder zumindest in Unkenntnis der Tatsache, daß der Araber der vorislamischen *und* islamischen Ära im Abendland immer nur als Sarazene bezeichnet wird. Man könnte daher dem Autor der beanstandeten Schrift a priori allenfalls unterstellen, es sei ihm um eine Darstellung aus streng europäischer Sicht gegangen; die Aufnahme des Begriffs 'Sarazenen' in den Titel wäre dann als Reminiszens an die abendländische Geschichtsschreibung vergangener Jahrhunderte zu verstehen. Es ist unkorrekt von Hitti zu behaupten (S. 43), daß der Terminus 'Sarazene' „had had a history of its own besides Arabians and Arabs". Das gilt aber für unsere Tage. Das Mittelalter, zumal das frühe, besitzt in seiner Vorstellungswelt diese Alternative nicht, es kennt den zeitgenössischen Araber nur als Sarazenen. Deshalb nennen wir gemäß den Autoren, deren Werke wir hier in einer vorgegebenen, von äußeren Kriterien festgelegten Zeitspanne gründlich untersuchen wollen, die Sarazenen als das zu betrachtende Ethnos bewußt im Titel unserer Studie.

Hinsichtlich der zeitlichen Abgrenzung nach oben schließen wir die Untersuchung annähernd zu einem Punkt, der treffend durch den Namen des Beda Venerabilis (gest. 735) markiert wird, mit dem R. W. Southern seine Betrachtungen zum 'Islambild des Mittelalters' (Stuttgart 1981) beginnen läßt: „Was er schrieb, blieb bis zum zwölften Jahrhundert die Grundlage ... Außerdem gaben die Sarazenen zu seinen Lebzeiten zum ersten Mal Anlaß zu europäischer Besorgnis. Noch bevor er starb, hatten sie bereits die Grenze ihrer nach Westen gerichteten Expansion erreicht" (ibid. S. 18f.). An diesem Punkt der arabischen Geschichte, oft noch viel später, setzt in der Regel die Forschung ein, die sich mit der geistigen Verarbeitung des Islam im mittelalterlichen Abendland befaßt. Wendet man sich indes der okzidentalen Darstellung des Menschen zu, der für diese Religion steht, muß man zur Erklärung, wie das Araberbild und, davon herrührend, in beträchtlichem Maß auch das des Islam entstand, weit vor Beda einsetzen.

Die Autoren des Frühen Mittelalters zeichnen den Weg vor. Selbst Southern folgt ihm, etwa wenn er auf die Genealogie der Sarazenen eingeht, die die Zeit u.a. — und zwar völlig unabhängig von auch nur der minimalsten Kenntnis ihrer religiösen Auffassungen! — beschäftigte. Er bemerkt wohl, daß ein Beginnen vor Beda angezeigt wäre; doch auf welche Vorarbeiten wollte er zurückgreifen? Beinahe resignierend klingt es, wenn er sagt: „Dabei wird rasch deutlich werden, daß es immer noch viele unausgeleuchtete Ecken und einige Themen gibt, die bislang kaum berührt wurden" (ibid. S. 9).

Wir verstehen den Satz von Southern als Ermutigung und Auftrag; wir hoffen, mit der hier vorgelegten Untersuchung einen Beitrag zu liefern, der dazu dient, die Darstellung des arabischen Menschen im Abendland von ihren Wurzeln her zu erhellen.

Den Gegenstand der Untersuchung bilden die Araber gemäß dem lateinisch-okzidentalen Begriff der Zeit, d.h. der Teil der semitischen Völkerfamilie, wie er von den Verfassern unserer Quellen vom ausgehenden sechsten bis zur Mitte des achten Jahrhunderts einer üblichen Völkergenealogie gehorchend als 'arabisch' erkannt wurde. Eine Begriffsbestimmung zur ethnischen bzw. geographischen Abgrenzung erwies sich in diesem Zusammenhang als unumgängliche Vorarbeit. Zu dieser Beobachtung der Araber durch die Zeitgenossen aus der lateinischen Welt als *gens* mit den unterschiedlichsten Namen gesellen sich Hinweise auf ihr Verbreitungsgebiet, Formen des Alltagslebens und Kultes sowie auf ihre Geschichte. Durch den zur Untersuchung gewählten Zeitraum wird der Schwerpunkt auf den islamischen Araber gelegt.

Das Ziel der Arbeit besteht darin, die Kenntnis von den Arabern zu erfassen, wie sie im lateinischen Westen von ca. 570 bis 740 bestand. Antike Rezeption soll dabei von zeitgenössisch Gewonnenem geschieden werden, um entsprechend einer möglicherweise wachsenden Beachtung der Araber und einer beginnenden Nuancierung der tradierten Sichtweise auf ihre zunehmende Bedeutung für den Westen rückschließen zu können. Der in die vorislamische Periode ausgreifende Beginn sollte darüber hinaus gewährleisten, ein — zunächst nur postuliertes — Ansteigen der Intensität in der Betrachtung jenes Volkes und seiner Aktivitäten in Relation zu einer steten Annäherung an Europa zu erkennen; schließlich sollte er den Zeitpunkt zu ermitteln helfen, zu welchem die Araber (und sich ihnen mittlerweile angeschlossene Völkerschaften) als Muslime, d.h. als Anhänger einer nichtchristlichen Religionsgemeinschaft begriffen werden. Dies erscheint uns wichtig für die Auffassung der Kirche und ihrer sowie der weltlichen Mächte Haltung gegenüber den Arabern. Wir wollen eine Antwort auf die Frage versuchen, ob sich nicht in erheblich früheren Zeiten, als etwa von H. E. Mayer in seiner Geschichte der Kreuzzüge noch angenommen, Indizien für die Grundlegung einer geistigen Position aufdecken lassen, wie sie dann vor dem Hintergrund eines verfügbaren militärischen Potentials im 'Kreuzzugsgedanken' eskaliert.

Daneben mag sich das Ziel einer kommentierten Sammlung aller zeitgenössischen literarischen Zeugnisse über Araber als sekundär ausnehmen. Es wurde darum mit nicht geringerer Akribie verfolgt. Was die Arbeit nicht liefert, ist eine Geschichte der Araber jener Epoche, auch wenn an gegebener Stelle infolge neuer Quelleninterpretationen bisherige historische Erkenntnisse revidiert werden müssen.

Der Gründe, die zu vorliegender Untersuchung veranlaßten, gibt es mehrere. Der wichtigste: Es ist uns kein Werk bekannt geworden, das sich mit der Wirkung beschäftigt hätte, die von den Arabern während der Phase ihrer Expansion (und kurz davor) auf das Abendland ausgegangen ist. Ein solches aber ist dringend nötig, wenn man den Ursachen für die Entstehung des hochmittelalterlichen Araberbildes auf die Spur kommen will. Nur zur Klärung politischer bzw. ereignisgeschichtlicher Fragen sind unsere Quellen bisher teilweise herangezogen worden. Die Frage nach Art und Weise, wie die Araber, wann und wo sie in die abendländische Historiographie und andere literarische Gattungen der Merowingerzeit aufgenommen werden, sehen wir zusammenfassend nirgends gestellt.

Der Araber der Antike, gerade auch in seiner Bedeutung für und Beachtung durch den Westen, fand seine Bearbeiter grundlegend in

F. Altheim und R. Stiehl[1]. Ihren Arbeiten kann das Handbuch der Orientalistik an die Seite gestellt werden[2]. Für die Folgezeit reißt eine mächtige Lücke auf. Erst unter dem Eindruck höchster wissenschaftlicher Leistungen der Araber im Hochmittelalter geraten sie erneut ins Licht der Forschung, gern im Zusammenhang mit den Kreuzzügen, aber auch zur Vertiefung der philosophischen und religiösen Auseinandersetzungen in Europa, die die Beschäftigung mit arabischen Lehren ausgelöst hat.

Eine solche Diskussion unterblieb für den von uns ausgewählten Untersuchungszeitraum bislang völlig, oft mit einem entschuldigenden Hinweis auf die mißliche Quellenlage. Bücher wie das von N. Daniel[3] setzen unter dem Aspekt der Geistesgeschichte zeitlich mit der Untersuchung zu spät ein; man bekommt den Eindruck, als hätte ein Frühes Mittelalter, wohlgemerkt ein für den abendländischen wie arabischen Kulturkreis gemeinsames nicht existiert, oder aber die Araber seien erst im zehnten Jahrhundert für Europa relevant geworden. Allerorts ist in der Literatur diese ungerechtfertigte zeitliche Eingrenzung zu beobachten.

Es gilt also, in diese Lücke zwischen Hochmittelalter und Spätantike zu stoßen. Wir wollen nachweisen, daß sich das frühmittelalterliche Abendland mit den Fremden nicht nur auf den Schlachtfeldern auseinandergesetzt hat. Da aber ferner ähnlich wie Antike und Hochmittelalter die karolingische und ottonische Epoche mit ihren Sarazenenkriegen und Gesandtschaften zwischen Kaisern und Kalifen genügend Einzeluntersuchungen zu diesen Themen erfahren hat und auf der anderen Seite bei Altheim/Stiehl die Spätantike weit in die Völkerwanderungszeit hinein ausgedehnt wird, glaubten wir unsere Arbeit auf die Merowingerzeit begrenzen zu dürfen.

Diese Einengung bietet sich darüber hinaus inhaltlich an. Wir erinnern an die Geburt Mohammeds um 570. Das Einsetzen zu etwa diesem Zeitpunkt erlaubt es, den Wandel im okzidentalen Araberbild von dem vorislamischer (d.h. antiker) zu dem islamischer (d.h. originärer, nicht rezeptiver) Prägung nachzuvollziehen, das die Grundlage für alle späteren Auseinandersetzungen bildet. Nach oben ist die Abgrenzung der Arbeit markiert durch Dynastiewechsel im fränkischen wie im arabischen Reich, den — klammern wir die byzantinische Sphäre hier einmal aus — bedeutendsten politischen Mächten jener Tage. Im Orient lösen in

[1] F. Altheim/R. Stiehl, Die Araber in der Alten Welt, 5 Bde., Berlin 1964–1969.

[2] HO I, 2, 4, 2, Leiden/Köln 1966.

[3] N. Daniel, The Arabs and the Medieval Europe, London 1975.

einem gewaltsamen Umsturz die Abbasiden die bis dahin herrschenden Umaiyaden 749/750 ab; im Abendland kommen aufgrund einer bereits Jahrzehnte währenden Verschiebung der realen Herrschaftsausübung von den fränkischen Königen auf ihre jeweiligen Hausmeier in einem nach außen hin friedlich wirkenden Akt, dem der Papst sein Plazet nicht verweigert, 751 die Karolinger für die Merowinger auf den Thron. Gleichzeitig setzt ein erster Gesandtschaftsverkehr zwischen Franken und Arabern ein. Das bedeutet, daß die Beziehungen zwischen dem lateinisch schreibenden Abendland und der islamischen Welt auf eine neue Stufe gehoben werden; man darf erwarten, daß das westliche Araberbild in der Folgezeit Erweiterungen und Vertiefungen erfährt. Ebenso dürfen wir jedoch voraussetzen, daß man spätestens bis zu diesem Zeitpunkt erster diplomatischer Missionen bzw. im Zuge ihrer Vorbereitungen ein Bild vom Gegner ausgeprägt hat. Dies wollen wir nachzuzeichnen versuchen.

Um dem gerecht zu werden und die gesteckten Ziele zu erreichen, wurden zunächst alle lateinisch schreibenden Autoren der Merowingerzeit ganz Europas anhand der Repertorien bzw. Übersichten von Altaner/Stuiber[4], Baumstark[5], Brunhölzl[6], Diaz y Diaz[7], Duckett[8], Ebert[9], Elter[10], Jones[11], Manitius[12], Schanz[13], Teuffel[14] und Wattenbach/Levison[15] zusammengestellt. Eine thematisch orientierte Vorauswahl wurde dabei nicht getroffen; sonst wäre es beispielsweise auch kaum gelungen, in Aldhelms Traktat 'De virginitate' auf Sarazenen zu stoßen. Der Feststellung der Autoren folgte die Verzettelung sämtlicher Stellen, die sich auf Arabien nebst Randgebieten (Syrien, Palästina, Sinai, Nordafrika) sowie die in islamischer Zeit eroberten Territorien (Nordafrika, Byzantinisches Reich, Mittelmeerinseln, Spanien, Frankreich) und natürlich auf

[4] B. Altaner/A. Stuiber, Patrologie, Freiburg 1966.

[5] A. Baumstark, Abendländische Palästinapilger des ersten Jahrtausends und ihre Berichte, Köln 1906.

[6] F. Brunhölzl, Geschichte der lateinischen Literatur des Mittelalters, 1, München 1975.

[7] M. C. Díaz y Díaz, Index scriptorum latinorum medii aevi hispanorum, Madrid 1959.

[8] E. S. Duckett, Anglo-Saxon Saints and Scholars, New York 1948.

[9] A. Ebert, Allgemeine Geschichte der Literatur des Mittelalters im Abendland, 1, Leipzig 1889.

[10] A. Elter, Itinerarstudien, Bonn 1908.

[11] C. W. Jones, Saints, Lives and Chronicles in Early England, Ithaka/New York 1947.

[12] M. Manitius, Geschichte der lateinischen Literatur des Mittelalters, 1, München 1959.

[13] M. Schanz, Geschichte der römischen Literatur, 8, München 1920.

[14] W. S. Teuffel, Geschichte der römischen Literatur, 3, Berlin 1913.

[15] W. Wattenbach/W. Levison, Deutschlands Geschichtsquellen im Mittelalter. Vorzeit und Karolinger, Heft 1, Weimar 1952.

die Araber selbst (*Arabes, Saraceni, Agareni, Ismaelitae*) beziehen ließen. Dazu wurden neben gesonderten Textausgaben unbedeutenderer Autoren die bekannten Editionsreihen der MGH[16], des CSEL[17] und CCSL[18], der SLH[19], Mansi[20] und Migne[21], der Liber pontificalis von Duchesne[22] sowie die zweisprachigen Ausgaben der Reihen Medieval Classics[23] bzw. Oxford Medieval Texts[24] und Ausgewählte Quellen zur deutschen Geschichte des Mittelalters[25] herangezogen; neueren Ausgaben wurde diesen gegenüber mitunter der Vorzug gegeben. Anhand angetroffener Indices konnte nicht vorgegangen werden, nachdem einige Stichproben z.B. in Lindsays Ausgabe der Etymologiae Isidors von Sevilla oder auch in der von G. Spitzbart besorgten lat.-dt. Fassung von Bedas Kirchengeschichte[26] teilweise Unkorrektheiten und grobe Auslassungen erbracht hatten. Möglicherweise noch unedierte Texte blieben unberücksichtigt.

Nicht aufgenommen wurden schließlich die Chronica byzantia arabica ad annum 741 und die Chronica muzarabica (nebst Continuatio hispana), die beide eine gesonderte Studie verdienten. Dafür fließen mit ein der Bericht von der Pilgerfahrt, die Willibald 723–729 ins Heilige Land unternommen hat, obwohl er erst in der zweitem Hälfte des achten Jahrhunderts von anderer Hand aufgezeichnet wird, sowie die Informationen aus der Kosmographie des anonymen Ravennaten, obwohl man sie entgegen der früheren Datierung auf um 700 in der letzten Fassung nun „bald nach 800“[27] entstanden glaubt. Trotz späterer Überlieferung dürfen wie aber annehmen, daß beide Quellen ohne nennenswerte weitere Zutaten einen älteren, unserem Untersuchungszeitraum entstammenden Erkenntnisstand bewahrt haben. Das Chronicon Moissia-

---

[16] Monumenta Germaniae historica, Hannover 1826ff.

[17] Corpus Scriptorum Ecclesiasticorum Latinorum, Wien 1866ff.

[18] Corpus Christianorum, Series latina. Collectum a monachis O.S.B. abbatiae S. Petri in Steenbrugge. Turnhout 1953ff.

[19] Scriptores Latini Hiberniae, Dublin 1955ff.

[20] G. D. Mansi, Sacrorum conciliorum nova et amplissima collectio, Bd. 10–12, (Nachdr.) Graz 1960.

[21] J. P. Migne, Patrologiae cursus completus, Series latina, Paris 1841ff.

[22] Le Liber pontificalis, ed. L. Duchesne, 1, Paris 1955².

[23] Medieval Classics, London etc. 1949ff.

[24] Oxford Medieval Texts, Oxford 1967ff.

[25] Ausgewählte Quellen zur deutschen Geschichte des Mittelalters (Freiherr vom Stein-Gedächtnisausgabe), hg. R. Buchner, Darmstadt 1955ff.

[26] Isidori hispalensis episcopi etymologiarum sive originum libri XX, ed. W. M. Lindsay, 2 Bde., Oxford 1911. Beda der Ehrwürdige. Kirchengeschichte des englischen Volkes (TzF 34), lat.-dt., übers. G. Spitzbart, 2 Bde., Darmstadt 1982.

[27] W. Wattenbach/W. Levison, Deutschlands Geschichtsquellen im Mittelalter. Vorzeit und Karolinger, Heft 2, Weimar 1953, S. 69.

cense, das als 'Chronik des Südens' wertvolle Nachrichten zu den Auseinandersetzungen zwischen Arabern und Franken enthält, aber in den Einzelteilen hinsichtlich der Entstehungszeiten nicht sauber zu scheiden ist, muß konsequenterweise fehlen und kann nur vergleichsweise herangezogen werden.

Kostengründe zwangen uns, auf eine bereits erstellte lat.-dt. Quellensammlung in chronologischer Kollokation als Anhang am Ende des Buches zu verzichten, obwohl die Einsichten, die eine Darstellung möglichst geschlossener Quellentexte vermittelt, einen Wert für sich bedeuten und weitere Dimensionen historischer Betrachtung erschließen. Trotzdem hoffen wir, in den nach einzelnen Schwerpunkten angeordneten Übersichten zu Pilgerreisen ins Heilige Land, zur Geographie Arabiens und benachbarter Gebiete, zur Genealogie seiner Bevölkerung, zur Geschichte und – abschließend, zusammenfassend – zum in der Hauptsache jüdisch-christlich geprägten Bild vom arabischen Menschen, die Enststehung des okzidentalen Araberbildes im Frühmittelalter ausreichend verständlich zu machen.

I. Augenzeugen als Pilger im Heiligen Land

Auf der Suche nach Aussagen zur Ethnographie eines bestimmten Volkes bieten sich als erstes Augenzeugenberichte an. Unter den dreien, die wir zur Auswertung heranziehen können, ist freilich keiner, der zum Zweck einer Darstellung der Araber angelegt worden wäre. Weder unter diesem Aspekt noch unter dem, die politische Lage zu analysieren und historiographisch zu verarbeiten, findet der Orient im Abendland Beachtung. Bei den Reisenden handelt es sich ausnahmslos um christliche Pilger; ihre Berichte liegen zeittypisch als Itinerare bzw. in einem Fall als Teil einer Vita vor. Vor diesem doppelten Hintergrund, nämlich der Person des Beobachtenden und der bei ihr vorauszusetzenden Orientierung sowie der literarischen Formen mit den ihnen eigenen, immanenten Ansprüchen und Zielsetzungen, haben wir die Quellen zu betrachten.

In dem Maß der Ausdehnung des Christentums ist die Entfernung zu den als zentral empfundenen, meist in hervorragender Weise verehrungswürdigen Plätzen, die sich in der Regel nach Meinung der Gläubigen durch eine außerordentliche Gottesnähe auszeichnen, gewachsen. An ihnen Gottesdienst zu halten, bildet nicht nur das Ziel höchster persönlicher Heilsbemühungen, sondern wird vielfach unter die wertvollsten Aufgaben des Gläubigen in den religiösen Pflichtenkodex aufgenommen. Ähnlich schreibt der Islam die einmalige Pilgerfahrt nach Mekka als verbindlich vor; den katholischen Christen erwartet nach dem Besuch der heiligen Stätten Roms noch heute die Befreiung von seiner ganzen Sündenlast[1]. Immer locken Bethlehem und Jerusalem die

---

[1] Bei dem Versuch, Vergleichbares zwischen Islam und Christentum herauszuarbeiten, stellt Daniel, The Arabs and Medieval Europe, S. 15 fest: „Finally the pilgrimage, so cardinal to Muslim devotion, had much closer Christian parallels in those days than it would have later. Then it was possible to speak of pilgrims going to Jerusalem 'because they desire to fulfil their religion' (*legem eorum adimplere*), a phrase which more exactly describes the sentiment of the Hajji . . . Pilgrimage to Rome was frequent, and kings would make it." – So erbaut Ina, der König von Wessex, anläßlich seiner Romfahrt 728 die Kirche S. Spirito in Sassia. – Zur Gewinnung des Wallfahrtsablasses in Rom müssen besucht werden: Basilica di S. Pietro in Vaticano, S. Giovanni in Laterano, S. Maria Maggiore, S. Paolo fuori le Mura, S. Lorenzo fuori le Mura, S. Croce in Gerusalemne, S. Sebastiano.

Christenheit zur lohnendsten Wallfahrt aber ins 'Heilige Land'. Daran ändert auch kaum etwas die warnende Stimme, die von solchen Unternehmungen abrät; wie Kötting[2] aufzeigt, argumentieren die Kirchenväter dagegen freilich weniger auf einer theologischen Basis, eher sehen sie an den zahlreichen Übernachtungsplätzen unterwegs die guten Sitten in Gefahr.

In Palästina gilt es den Spuren Jesu zu allen Orten zu folgen, an welchen er sich dereinst aufgehalten haben soll und die darum den Pilgern als durch Gott selbst geweihte Plätze erscheinen müssen. Der dort lebende Mensch erzielt daneben kaum Aufmerksamkeit, es sei denn als exotisches Kuriosum oder aber, und dies in zunehmendem Maß, als Bedrohung für die Wallfahrer und als Hindernis auf dem Weg zu den angestrebten Orten. In diesem Sinn bilden die drei hier herangezogenen Quellen, chronologisch hintereinandergestellt und auf den Araber bezogen, eindeutig eine Steigerung.

Um über die einzuschlagenden Wege im voraus Klarheit zu gewinnen, gilt es für den Reisenden zunächst, sich ein Itinerar zu besorgen, d. h. eine Beschreibung der Route, die zu dem gewünschten Zielort hinführen sollte[3], einen 'Reiseführer' mit einem durchaus spärlichen Informationsangebot; man halte sich nur das Itinerarium Burdigalense aus der 1. Hälfte des 4. Jh.s beispielhaft vor Augen[4]. Sie anzufertigen begnügen sich die Hersteller vielfach damit, nacheinander die Orte aufzuführen, wie sie diese als Wegstationen auf einer Karte wie etwa der Tabula Peutingeriana[5] vorfinden.

Aufschlußreicher sind die sogenannten Erinnerungsitinerare, die erst nach Art von Etappenberichten oder Reisetagebüchern nach Beendigung einer Fahrt rückblickend verfaßt werden. In der Regel zuverlässiger und mehr an der Wirklichkeit orientiert bieten sie den zeitgenössischen Benutzern reichhaltigere und auch kurzweiligere Informationen an als die dürren Gerippe von Ortslisten, wie sie die im Handel befindlichen, zur Planung von Geschäfts- wie Pilgerreisen gleichermaßen nötigen Itinerare des anfangs erwähnten Typs in erster Linie aufweisen.

Zwei Berichte unserer Orientreisenden liegen uns in der Form solcher Erinnerungsitinerare vor. Das früheste, das eines anonymen Mannes aus Piacenza, fällt in die Jahre um 560/570 und erwähnt Araber vorislamischer Zeit auf der Sinai-Halbinsel und in Nordsyrien. Wir entnehmen ihm wertvolle Notizen zu den Lebensformen der Beduinen, über ihre

[2] B. Kötting, Peregrinatio religiosa, Regensburg/Münster 1950, S. 421 ff.
[3] Zum Itinerar allgemein: RE IX, Sp. 2308 ff.; A. Elter, Itinerarstudien, Bonn 1908.
[4] CCSL 175, S. 1–26.
[5] Im Faksimiledruck von K. Miller, Weltkarte des Castorius, Ravensburg 1888.

religiösen Vorstellungen und ihr Verhalten gegenüber Christen in vorislamischer Zeit.

Gute hundert Jahre später liegt die Fahrt Arkulfs ins Heilige Land; zwischen den Jahren 679/682 hält er sich als Pilger in Palästina auf, das mittlerweile von den Arabern besetzt ist. Er sieht ihre ersten Moscheen in Jerusalem und Damaskus und weiß von dem Kalifen Muʿāwiya I., der in seinem Bericht als Richter zwischen Juden und Christen auftritt.

Willibald schließlich bereist den Nahen Osten etwa vierzig Jahre nach Arkulf; vier Jahre, von 723 bis 727, dauert seine Pilgerfahrt, auf der er – als Spion verdächtigt – von den Arabern in Haft genommen wird.

Aus der Art der Darstellung ist zu schließen, daß der anonyme Pilger aus Piacenza den Bericht eigenhändig verfaßt hat. Infolge eines Mißverständnisses, das einer falschen Interpretation der Eingangsworte seiner Schrift erwachsen war, glaubte man früher, den schreibenden Pilger aus Piacenza Antoninus Placentinus nennen zu können. Kötting, Peregrinatio, S. 361, bezeichnet den Autor deshalb richtig 'Anonymus von Piacenza' und folgt damit den Ausführungen H. Grisars[6]. Um so bedauerlicher ist es, auch in neueren Publikationen noch den Namen Antoninus wiederzufinden[7]. Selbst in der jüngsten Edition des Itinerars von C. Milani wird im Titel keine Revision des Namens vorgenommen[8].

Die Fahrt des gallo-fränkischen Bischofs Arkulf dagegen zeichnete der irische Abt Adamnan, von 679 bis 704 Vorsteher des Klosters auf der kleinen Insel Iona (Hy) vor der schottischen Westküste, auf[9], wohin es Arkulf auf der letzten Etappe seiner Rückkehr aus dem Heiligen Land verschlagen haben soll[10]. Trotz einer anzunehmenden guten Bildung ist

6 H. Grisar, Zur Palästinareise des sog. Antoninus Martyr um 580, in: ZKTH 26 (1902), S. 760–770; ders., Nochmals das Palästinaitinerar des Anonymus von Piacenza, in: ZKTH 27 (1903), S. 776–780; vgl. DHGE 3, Sp. 852 (Nr. 8). Erste Zweifel hinsichtlich des Namens hatte bereits angemeldet J. Gildemeister, Antonini Placentini itinerarium (Ed. m. dt. Übers.), Berlin 1889, S. XVII.

7 z.B. L. Casson, Reisen in die alte Welt, München 1976, Ss. 372; 386; 390.

8 Itinerarium Antonini Placentini, ed. C. Milani, Milano 1977.

9 Adamnan (vgl. Manitius, S. 236ff.), geb. 624, in erster Linie bekannt als Verf. einer Vita Columbae; nicht zu verwechseln mit einer Biographie Columbans durch den Mönch Jonas! Einer solchen Verwechslung aufgesessen ist Ch. Gross, The Sources and Literature of English History, New York 1951, S. 281, der zwischen beiden Viten nicht unterscheidet bzw. nicht bemerkt, daß in der Darstellung bei Jonas ein anderer Columba(n) geschildert wird als in der des Adamnan. Vermutlich wurde Gross durch den Gleichklang des Personennamens Jonas mit dem Namen der Insel Iona (Hy), wo Adamnan schrieb, irritiert.

10 Schwer vorstellbar, „that a storm in the Bay of Biscay might have driven the returning pilgrim off his course and eventually on to the Scottish coast within striking distance of Jona" (SLH 3, S. 7), wenn man sich den Weg, den das Schiff in diesem Fall unfrei-

es demnach Arkulf selbst kein Bedürfnis, seine Erlebnisse eigenhändig zunächst ins Unreine, d.h. auf Wachstäfelchen zu schreiben und schließlich auf Pergament zu bannen, wie es dann Adamnan tut[11]. Erst das Zusammentreffen des fränkischen Bischofs mit dem irischen Abt als neugierig fragendem, philologisch gebildeten Schreiber läßt das Werk, angereichert mit erläuternden Zusätzen vor allem aus dem Onomastikon des Hieronymus, in den späten achtziger Jahren des 7. Jh.s entstehen. Wohl 686 oder 688 überreicht Adamnan das fertige Buch an König Aldfrith[12]. Endlich nimmt Beda Venerabilis frühestens 703 das Werk in leicht überarbeiteter Fassung in seine Schriften auf[13].

Ebenfalls nur mündlich gibt Willibald seine Erlebnisse an seine Mitwelt weiter. Hochbetagt diktiert er sie erst fünf Jahrzehnte nach Abschluß seiner Reise der Nonne Hugeburc, um 730/740 in Südengland geboren, während seiner Besuche im Kloster Heidenheim in die Feder[14].

Arkulf und Willibald, der erste Bischof von Eichstätt, sind Kleriker; von dem Anonymus Placentinus dürfen wir es annehmen. Diesem Umstand haben wir bei der Interpretation ihrer Berichte, wiederum notiert von Mitgliedern des geistlichen Standes, Rechnung zu tragen.

Anonymus Placentinus

Auf welchem Weg der Anonymus Placentinus mit seinen Begleitern die erste Teilstrecke von seiner Heimatstadt nach Konstantinopel zurückgelegt hat, teilt er in seinem Itinerar nicht mit[15]. Von Konstantinopel aber gelangt die Gruppe mit dem Schiff über *Constantia* auf Zypern (Salamis: nördl. Famagusta)[16] zu der *Antaradus* (Ṭarṭūs) vorgela-

---

willig genommen haben müßte, anhand einer Karte verdeutlicht. Wahrscheinlicher ist ein Zusammentreffen beider im Südwesten Englands, wo sich Adamnan gelegentlich aufhielt.

[11] Vgl. die Praefatio zu Adamnans Bericht, CCSL 175, S. 183.

[12] SLH 3, S. 9.

[13] CCSL 175, S. 249–280.

[14] A. Bauch (Hg.), Biographien der Gründungszeit. Quellen zur Geschichte der Diözese Eichstätt, 1, Eichstätt 1962, S. 13–15.

[15] Hier zitiert nach der Ausgabe: Antonini Placentini Itinerarium, ed. P. Geyer, in: CCSL 175, S. 127–174. Eine knappe Zusammenfassung des Reiseberichts gibt Kötting, Peregrinatio, S. 362.

[16] In der Klammer gibt der erste Begriff den korrekten und/oder älteren antiken Namen des Ortes, der zweite dagegen den modernen oder mittelalterlichen (meist) arabischen Namen wieder. Befindet sich in der Klammer nur ein Name, handelt es sich um die heutige Ortsbezeichnung.

gerten Insel (Arwād) und weiter nach *Tripolis* (Ṭarābulus). Die Küste entlang nach Süden kommt sie über das „zerstörte" *Byblus* (Byblos: Ǧubail), den Ort *Trieris* (al-Hirī), *Berytus* (Bairūt) „unter dem Libanon", *Sidon* (Ṣaidā'), *Sarapta* (aṣ-Ṣarafand), *Tyrus* (Ṣūr) nach *Ptolemais* ('Akkā), wo man sich ins Landesinnere aufmacht, nachdem die Umgebung der letzten Stadt in Augenschein genommen ist. Von *Diocaesarea* (Ṣaffūriya) in Galiläa ist es nicht weit nach *Cana* (Kafar Kannā)[17] und *Nazareth* (an-Nāṣira). In Richtung Osten streben die Pilger am Berg Thabor vorbei dem See Tiberias zu, den sie mit einer Stadt *Neapolis* erreicht haben wollen, die nicht zu lokalisieren ist; auch die Bezeichnung Samaria, die der Autor darüber hinaus der Stadt zulegt, hilft bei der Identifizierung nicht weiter. Womöglich hat sich ein Abschreiber in der Zeile vertan und *Neapolis* (Nābulus) in Samaria gemeint. Andererseits ist schon seit Eusebius – wie noch z.B. bei Isidor v. Sevilla – eine Gleichsetzung von Neapolis, das auch auf dem Kartenmosaik von Madaba erscheint[18], mit Sichem bei Nablus geläufig. Weiter über den Ort *Tiberias, Capharnaum* (Ḥūm), einen Abstecher zu den Jordan-Quellen und *Gadara*, das alte Galaad (Umm Qais), umwandern sie schließlich den ganzen See. Südlich von diesem überschreiten sie wieder, auf *Scythopolis* (Bīsān) zu, den Jordan, zu dem sie über *Sebaste* (Sabasṭiya) und den Kleinen Berg Hermon[19] nochmals zurückkehren, um an der Stelle, an welcher christlicher Tradition zufolge Jesus von Johannes getauft wurde, das Erscheinungsfest zu feiern. Nachdem sie die Gegend etwas erkundet haben, kommen sie über *Jericho* (Arīḥā) endlich nach Jerusalem, von wo die frommen Wanderer noch manche, durch die Bibel bekannte Orte, darunter selbstverständlich Bethlehem, besuchen.

Die Nennung des Erscheinungsfestes erlaubt an dieser Stelle eine knappe Überlegung zum Zeitpunkt der Reisedurchführung: Es erstaunt zu lesen, daß der Anonymus nicht die erste Gelegenheit wahrnimmt, das Weihnachtsfest in Bethlehem zu begehen; unvorhergesehene Verspätungen mögen daran schuld sein. So mag man sich zu dem Weg über den Taufplatz Jesu am Jordan, wo man in frommer Übereinstimmung mit dem Festkalender pünktlich am 6. Januar das Erscheinungsfest

---

[17] Hier vermutet christliche Tradition den Ort, an welchem Jesus Wasser in Wein verwandelt haben soll. Tatsächlich aber dürfte es sich bei dem im Neuen Testament genannten Kana um das heutige Chirbet Qana handeln. Daß unser Anonymus dieses 'richtige' Kana gesehen hat, glaubt G. Dalmann, Orte und Wege Jesu, Darmstadt 1967, S. 109.

[18] A. Jacoby, Das geographische Mosaik von Madaba (= Studien über christliche Denkmäler, hg. J. Ficker, N.F. 3. Heft), Leipzig 1905, S. 80f.

[19] Unklar, welche Erhebung der Autor damit bezeichnet.

feiert (cap. 11,1: *Tenui autem theophaniam in Iordane, ubi talia fiunt mirabilia in illa nocte in loco, ubi baptizatus est Dominus*[20].), nach Bethlehem entschlossen haben. Andererseits wird er wenigstens das Osterfest in Jerusalem zu begehen keinesfalls versäumt haben; d.h. die Reise zum Sinai und zurück müßte zwischen diesen beiden Eckpunkten vonstatten gegangen sein. Die Tatsache, daß der Anonymus in der Sinai-Halbinsel auf Sarazenen trifft, die sich ebenfalls auf einer Wallfahrt zu einem Heiligtum befinden, spricht neben dem angenehmen Klima in diesen Monaten für den Frühjahrstermin; trotz einer gegenläufigen Meinung, die den Hochsommer mit seiner Sonnenwende als „heilige Zeit" der Araber generell anspricht[21], ist es als Tradition nomadisierender Stämme jener Region zu konstatieren, sich im Frühjahr ihren Mysterien zuzuwenden.

Will man den gesamten Reiseweg der Pilgergruppe in drei Abschnitte zerlegen, stellt Jerusalem einen zentralen Punkt dar, es bildet (trotz quantitativer Unausgewogenheit der Berichtsteile in Relation zur zurückgelegten Strecke) die Zäsuren, welche die als Einheit beschriebene Fahrt deutlich zergliedern. Zum einen stellt die Stadt das erste und höchste Ziel des christlichen Pilgers dar; die meisten Itinerare enden mit der Ankunft in Jerusalem. Unser Anonymus indes tritt von hier aus zu einem zweiten und äußerst beschwerlichen Teil seiner Reise an, die ihn über den Berg Sinai bis nach Alexandria bringt. Und noch ein weiteres Mal bricht er von hier, nachdem er aus Ägypten nach Jerusalem zurückgekehrt ist, zu einer Fahrt auf, die ihn durch Syrien bis zum Euphrat führt.

Doch während er anläßlich dieser letzten Reise Sarazenen nur einmal erwähnt, trifft er auf seiner Wanderung nach Süden persönlich mit ihnen zusammen. Über *Eleutheropolis* (Bait Ǧibrīn) gelangen die Pilger zunächst nach *Ascalon* (ʿAsqalān) am Mittelmeer; von dort geht es die Küste entlang durch die Orte *Sariphaea* (Šarāf) und *Majoma* (Maimās) nach *Gaza* (Ġazza), wo der Marsch ins Landesinnere beginnt.

Erste Station ist *Elusa* (Ruinen von Ḥalaṣa/Ḥorvot Ḥaluẓa/Khalasa, sö. von Beersheba: vgl. The Times Atlas, Karte Nr. 35) am Ostrand der nach ihm benannten Wüste Ḥolot Ḥaluẓa. Dann verliert sich die Fährte unseres Autors; seine dürftigen Angaben lassen eine weitere kartographische Lokalisierung der von ihm und seinen Begleitern eingeschlagenen Route nach Orten nicht mehr zu. Deutlich ist das Bemühen des Anonymus zu spüren, diesem Umstand durch Entfernungsangaben in Tagen und andere Hinweise entgegenzuwirken.

[20] CCSL 175, S. 135.

[21] Altheim/Stiehl 3, S. 133.

Sein Weg läßt sich nur annähernd rekonstrieren. Offensichtlich hat er nicht den üblichen Pilgerweg über Eilat und das Westufer des Golfes von ʿAqaba zum Sinai eingeschlagen. Sein fünffacher Hinweis auf die Wüste kann im Gegenteil nur dahin gedeutet werden, daß er sich westlich der Linie Khalasa-Eilat nach Süden bewegt. Unterstützt wird diese Annahme durch die Begleitumstände der Reise wie z.B. die sparsame Versorgung mit Wasser, die anscheinend eine Rationierung erforderlich macht; ... *cameli nobis aquam portantes sextarium mane et sextarium sero pro hominem accipiebamus* (cap. 36,1).

Nach seinen Angaben hat er von Elusa aus nach einem Wüstenmarsch von zwanzig Meilen ein *castrum* erreicht, in *quo est xenodochius sancti Georgi, in quo habent quasi refugium transeuntes uel heremitae stipendia*[22]. Von dort geht es weiter durch die 'innere Wüste' (*interiorem heremum*), bis sie an eine Stelle kommen, die er nur noch mit den Worten von Psalm 107,34 beschreiben kann: „Land in Salzwüste wegen der Bosheit ihrer Bewohner" (cap. 35,2). Das Zitat vermittelt nachhaltig etwas von dem tiefen Eindruck, den der erste Kontakt mit der harten und trostlosen Wüstenlandschaft bei dem Wanderer hinterläßt; daß daneben ihre Bewohner in ein schlechtes Licht gerückt werden, wird uns an anderer Stelle noch beschäftigen; denn aus eigener Anschauung, also weg von literarischen Weisheiten, ist der Anonymus zu diesem Zeitpunkt der Reise zu einem solch gravierenden Urteil nicht in der Lage. Im Gegenteil: *Vbi uidimus raros homines cum camelos, fugientes nos* (cap. 35,1), und er muß vergleichsweise an die dunkelhäutigen Menschen (*homines a parte Aethiopiae*) erinnern, die er in Jerusalem gesehen habe, um ein Bild von den Nomaden der nördlichen Sinai-Halbinsel zu vermitteln. Doch auch in diesem Fall einer versuchten äußeren Darstellung der Menschen mit ihren geschlitzten Nasen, den eingekerbten Ohren, Sandalen an den Füßen, aber auch Ringen, die durch die Zehen gezogen sind — Feststellungen, die er an den scheuen Menschen, die sofort auf ihren Kamelen Reißaus nehmen, bis in diese Details unmöglich treffen kann —, sind aufgrund der Art und Weise, wie der Anonymus zur Erklärung der markanten Merkmale die Antike bemüht, Zweifel an der Authentizität seiner Beobachtung angebracht. Er beabsichtigt wohl eher, ein weiteres Zeugnis seiner guten Bildung zu liefern, indem er die nach ihrem Äußeren (in Jerusalem wohlgemerkt!) Gefragten antworten läßt: „*Traianus imperator Romanus signum hoc nobis dimisit*" (cap. 35,4). So handelt es sich bei der Beschreibung der Nomaden wohl um einen Topos, den schon antike Schriftsteller benutzen und der

[22] Cap. 35,1; CCSL 175, S. 146f.

mit Sicherheit etymologisch an den nahen Ort Rhinokorura gebunden ist, den Grenzpunkt, wie man damals annimmt, zwischen Asien und Afrika[23].

Aus nächster Nähe sieht er Sarazenen erst fünf oder sechs Tage später[24], als das Wasser in den Schläuchen schon bitter wie Galle ist und man den Geschmack durch die Zugabe von Sand zu lindern sucht. Da sitzen dann Frauen, die Kleider vor sich hingelegt, klagend am Weg und betteln um Brot. Ihre Männer gesellen sich später dazu; sie haben frisches Wasser mitgebracht, von dem sie im Tausch gegen Brot den Pilgern abgeben. Geschäfte zu tätigen ist den Nomaden, die der Anonymus in einer Stärke von 12000 Köpfen gesehen haben will, aufgrund eines frommen Eides anläßlich gewisser Festtage, die sie gerade begehen, untersagt. Selbst von den Blattstengeln mit den Wurzeln daran, die so herrlich duften, verkaufen sie aus demselben Grund nichts an die Fremden.

Am achtzehnten Tag[25] ihrer Wüstenwanderung passieren die abendländischen Pilger die Stelle, wo Moses der Überlieferung gemäß

[23] Vgl. Gildemeister, Antonini Plac. itinerarium, S. 54 Anm. 45; E. Nestle, Rhinocolura, in: ZDPV 35 (1912), S. 107; H. Gressmann, Rhinokorura, in: ZDPV 47 (1924), S. 244: „Die Erklärung des Namens Rhinokorura durch Strabon 759 ist richtig; denn den Verbrechern wurden im alten Ägypten vielfach Nasen (und Ohren) abgeschnitten. Sie wurden dann außer Landes verwiesen entweder nach Nubien . . . oder an die kanaanitische Grenze nach Rhinokorura . . ." Zu den erwähnten Ringen vgl. im AT auch Idc 8,24.

[24] Cap. 36,1; CCSL 175, S. 147: . . . *Ambulantibus nobis per heremum dies V uel VI cameli nobis aquam portantes* . . . Bezüglich der Angaben über die Anzahl der Tage bestehen zwischen den einzelnen Texten bzw. Editionen z.T. erhebliche Unterschiede. Nach dem hier wiedergegebenen lat. Text kann man die Stelle nur so auffassen, daß nach fünf oder sechs Tagen das Wasser, das die Pilger auf Kamelen mit sich führen, ungenießbar wird und sie mit den Sarazenen zusammentreffen. Ähnlich lautet die Version in der Recensio altera (CCSL 175, S. 170: *Ambulantes per heremum dies VI camelis nobis aquam portantibus* . . .), die freilich klar von sechs Tagen spricht. Gildemeister, Antonini Plac. itinerarium, S. 54 übersetzte gemäß seiner Textvariante (*Ambulantibus nobis per eremum dies vel sex cameli nobis aquas portantes*): „Während wir durch die Wüste wandern, bringen uns etwa alle sechs Tage die Kamele Wasser"; Milani, Itinerarium Antonini Plac., S. 202/203 dagegen gibt in allen drei Versionen nur die Zahl VI; nach ihrer Recensio altera übersetzt sie (ibd. S. 255): „Camminando per il deserto per sei giorni, mentre i cammelli ci portavano l'aqua . . ."

[25] Cap. 37,1; CCSL 175, S. 147: *Qui perambulantes per heremum octaua decima die uenimus ad locum, ubi Moyses de petra eduxit aquas. Exinde alia die uenimus ad montem Choreb, et inde mouentes, ut ascenderemus Sina* . . .; während hier von achtzehn Tagen die Rede ist, hat die Recensio altera (CCSL 175, S. 170) zehn Tage weniger: *Qui perambulantes heremum octaua die uenimus ad montem dei Choreb.* Die Versionen bei Gildemeister und Milani, Itinerarium Antonini Plac., S. 204/205 bieten ebenso unterschiedlich die Angabe von acht und achtzehn Tagen.

(Ex 17,1–6) Wasser aus dem Felsen hervortreten ließ, und erreichen am andern Tag den Horeb, um schließlich auf dem weiteren Weg zum Berg Sinai von einer Schar Mönche des Katharina-Klosters und zahlreichen Einsiedlern der Umgebung eingeholt und *in uallem inter Choreb et Sina* geleitet zu werden, wo sich, des Anonymus Aussage nach zu urteilen, die wenn auch bescheidene, aber mauerumwehrte Anlage des genannten Klosters befindet[26].

Sinai und Horeb werden uns später noch beschäftigen, und zwar nicht in dem Sinn, den historischen, alttestamentlichen Gottesberg in Arabien zu lokalisieren[27], sondern im Zusammenhang mit dem Heiligtum der Sarazenen, das der anonyme Autor dort gesehen haben will.

Wenden wir uns zunächst nochmals der Wegstrecke zu, die der Autor zurückgelegt hat. Da er als einziger der hier behandelten Autoren in vorislamischer Zeit ohne Zweifel tatsächlich mit Sarazenen zusammengetroffen ist, sollte die Frage nach der Stelle, an der die Begegnung mit ihnen stattfindet, möglichst exakt beantwortet werden.

Ausgangsort der Reise durch die Wüstenregion bildet – wir rekapitulieren – Elusa, das dem Schreiber bzw. Leser des ausgehenden 6. Jh.s bereits durch die Lektüre der von Hieronymus verfaßten Vita des Hilarion als Kultzentrum der Sarazenen geläufig sein mag[28]. Anscheinend hatten die Bekehrungsbemühungen dieses Eremiten, von denen der Kirchenvater schreibt, zwischenzeitlich Erfolg. Zumindest der damalige Leser kann, da der Anonymus in Verbindung mit Elusa keine Sarazenen erwähnt, zu dem Schluß kommen.

Wie wir sahen, muß der Anonymus, um Sarazenen zu erleben, weiter nach Süden vorstoßen. Das zwanzig Meilen von Elusa entfernt angege-

---

[26] Zur Geschichte des Klosters s. B. Moritz, Der Sinaikult in heidnischer Zeit, in: GSB N.F. 16,2 (1916), S. 60 f.; ders., Beiträge zur Geschichte des Sinaiklosters im Mittelalter, in: AAB Nr. 4 (1918), S. 54 ff. Zur Lage des Klosters s. G. Ebers / H. Guthe, Palästina, Bd. 2, Stuttgart/Leipzig 1884, S. 363 ff.

[27] Heute sucht man ihn nämlich entgegen altchristlicher Tradition größtenteils nicht mehr auf der gleichnamigen Sinai-Halbinsel, sondern östlich des Golfes von ʿAqaba; vgl. H. Gese, Τὸ δὲ Ἀγὰρ Σινὰ ὄρος ἐστὶν ἐν τῇ Ἀραβίᾳ (Gal 4,25), in: Das ferne und das nahe Wort (Festschrift L. Rost), Berlin 1967, S. 81–94. Den Berg Sinai im Norden der Halbinsel und den Horeb östlich des Golfes von ʿAqaba vermutete G. Hölscher, Sinai und Choreb, in: Festschrift R. Bultmann, Stuttgart 1949, S. 127–132. Gegen eine Lage des Sinai im Norden oder Osten sprach sich u. a. aus M. Noth, Der Wallfahrtsweg zum Sinai (Nu 33), in: PJb 36 (1940), S. 21 (Anm.) (Nachdr. in: ders., Aufsätze zur biblischen Landes- u. Altertumskunde, Neukirchen/Vluyn 1971, S. 72 f.). Vgl. neuerdings dazu G. I. Davis, The Significance of Deuteronomy 1.2 for the Location of Mount Horeb, in: PEQu 111 (1979), S. 87–101.

[28] Hieronymus, Vita S. Hilarionis eremitae, PL 23, Sp. 41; dt.: Leben des hl. Einsiedlers Hilarion, BKV 15, S. 53 f.

bene Castrum mit Hospiz des hl. Georg setzt ein gebildeter Leser damals wohl mit dem Ort in eins, der z.B. auf der Tabula Peutingeriana in Richtung Sinai als Wegstation zunächst liegt, also mit Eboda[29], und erliegt damit einem Irrtum. Das Beispiel zeigt so gut wie kaum ein zweites, wie wenig Gültigkeit zum Ende des 6. Jh.s die antiken Routenbeschreibungen noch besitzen. Da der Anonymus nämlich hinzufügt, daß sich am Zielort dieses betreffenden Tages ein Hospiz des hl. Georg der Durchreisenden annimmt, steht fest, daß er in Sobota (Sbeita) die Nacht verbringt, wo Archäologen längst der Nachweis eines Georgsklosters gelungen ist[30]. Die weitere Beschreibung der Strecke aber läßt jeden Hinweis auf eine Ansiedlung vermissen. Alleine aufgrund der folgenden Entfernungsangaben in Tagen sieht sich der frühere Leser in der Lage, den weiteren Verlauf des Marsches zu verfolgen, die Strecke in einzelne Abschnitte zu zerlegen und somit zumindest einen relativen Anhaltspunkt für die Stelle(n) zu gewinnen, wo unser Autor Sarazenen getroffen hat. Dazu ist aber nötig, die totale Distanz zwischen Elusa und dem Berg Sinai ermessen zu können.

Zunächst gilt es noch festzuhalten, daß dem den Reisebericht aufmerksam Verfolgenden aufgefallen sein sollte, daß sich der Autor lediglich auf dem Wegstück zum Sinai bemüht, zurückgelegte Strecken statt nach Toponymen in Tagesreisen anzugeben, von dem Hinweis (cap. 40,1) einmal abgesehen, daß die Straße Sinai–Aila (die er selbst nicht beschreitet!) acht Stationen zur Einkehr aufweise, d.h., nach dem Verständnis der Zeit, wiederum jeweils am Ende eines Tagesmarsches[31].

Der frühmittelalterliche Leser wird zu Recht gefolgert haben, daß es dem Erzähler um Genauigkeit geht, um eine möglichst exakte Beschreibung des Weges zu tun ist, und er wird wohl verfolgt haben, wie dem Autor sichtlich die Örtlichkeiten, welche er zur retrospektiven Markierung seiner Reiseroute nötig gehabt hätte, buchstäblich vor den Augen verschwimmen. Als er das System, den Weg mittels Ortsangaben zu fixieren, aufgeben muß, unternimmt er, bevor er zu Tagesangaben wech-

[29] Das Oboda der Tabula Peutingeriana (vgl. RE V,2, Sp. 1896), wo freilich zwischen Elusa und Oboda 24 Meilen angegeben sind. Diese Entfernung entspricht der von Khalasa nach El-Auga (al-ʿAuǧā', = Qezi'ot, = Nitsana): ca. 35 km. Dort lokalisierte Kiepert den Ort; vgl. H. Kiepert, Atlas antiquus, Berlin o.J., Tab. II ('Aegyptus'); vgl. jedoch andererseits Großer JRO-Weltatlas, München 1970, Karte 8c, wo Eboda als Abda südöstlich von Elusa eingetragen ist.

[30] H. D. Colt, Castles in Zin, in: Archaeological Discoveries in the Holy Land, hg. The Archaeological Institute of Amerika, New York 1967, S. 187–192 (Abb. S. 186 u. 191).

[31] Vgl. E. E. Hudemann, Geschichte des römischen Postwesens, Wiesbaden 1966 (zuerst 1875), S. 116ff.

selt, den hilflos wirkenden Versuch, die Gegend, in welcher er den dunkelhäutigen Nomaden begegnet, mit einem Psalmwort zu benennen. Die Stelle, an der er mit den Sarazenen zusammentrifft, markiert er dagegen relativ genau mit dem Hinweis, daß zwischen dieser und dem Beginn der Wüstenwanderung fünf bzw. sechs Tagesmärsche seit Elusa zurückgelegt worden sind.

Nach dem Bericht des Autors dauert der Zug durch die Wüste insgesamt achtzehn Tage. Auch wenn seit der Abreise aus Elusa noch die erste Entfernungsangabe in Meilen erfolgt, wird der Leser aufgrund des Hinweises, ebenda die Wüste betreten zu haben, den Beginn des achtzehntägigen Marsches in Elusa ansetzen. Rechnet er schließlich einen weiteren Tag hinzu, den die Pilgergruppe von der Stelle, *ubi Moyses de petra eduxit aquas* (cap. 37,1)[32], bis zum Sinai benötigt, kommt er auf die Summe von neunzehn Reisetagen für die Strecke Elusa–Sinai. Auf die Sarazenen ist der Anonymus demnach gestoßen, als er ein gutes Drittel seines Weges hinter sich gebracht hat. Im Streckenmaß ausgedrückt mag dies den Zeitgenossen bedeuten, daß der Autor die Sarazenen in einer Entfernung von fünfundsechzig bis neuzig Meilen zu Elusa gesehen hat. Um zu konkretisieren: Wir vermuten einen Reiseweg über die Strecke al-Quṣaima, El-Thamad bzw. El-Quṣaima, El-Kuntilla, Wadi Girāfi, um dann vom Wadi Watir von Nordosten her in das Sinai-Massiv einzudringen, freilich ohne einen der damaligen Orte[33] berührt zu haben; sicher hätte der Autor sonst z.B. das alte Gerasa erwähnt.

Die gesamte Strecke Elusa–Sinai mißt ca. 253 Meilen bzw. 375 km. Bei einer Reisedauer von neunzehn Tagen ergibt dies eine tägliche Marschleistung von 13,3 Meilen bzw. 19,7 km. Der Angabe des Anonymus ist also durchaus zu trauen, dies um so mehr, als sie sich – im Vergleich – gut mit der von ihm selbst genannten Entfernung der Strecke Sinai–Aila deckt, die er mit acht Tagesreisen beziffert. Diese Angabe muß ihm, da er diese Strecke nicht persönlich zurücklegt, mitgeteilt worden sein; sie beträgt 115 Meilen bzw. ca. 170 km. Das heißt, daß man für einen Tag durchschnittlich mit einer Marschleistung von 14,4 Meilen, also 21,3 km rechnet. Zieht man zum Vergleich ein Itinerar wie das Burdigalense heran, erkennt man unschwer, daß ein solcher Tagesschnitt durchaus üblich ist (im Itin. Burdigal. sind vielfach zwei

---

[32] CCSL 175, S. 147; diese Angabe fehlt in der Recensio altera. Als Ortsangabe hat die Bibel Ex 17,1 'Rephidim'. Zur Lokalisierung s. Bibl.-hist. Hwb 3, Sp. 1551 s.v. 'Raphidim'.

[33] Die modernen Ortsangaben nach The Times Atlas of the World, London 1977, Karte Nr. 86.

mansiones pro Tag angegeben, so daß man selbstverständlich die Angaben von z.B. sechs und acht Meilen zu einer Tagesetappe addieren muß).

Das Sinai-Gebiet verlassend gelangt der Anonymus über *Fara* (Feiran), *Surandala* (Wadi Gharandal), *Clisma* (Suez), *Magdalum, Sochot* (El-Maschūta[34]) und vorbei an *Babylonia*[35] (südl. Kairo) nach *Memphis* in Ägypten, wo er die Pyramiden für die Kornkammern des Joseph ansieht. Über *Athlibis* (Athribis: Atrīb[36]) erreicht die Pilgergruppe *Alexandria* (al-Iskandarīya). Vermutlich mit dem Schiff kehrt sie nach Palästina zurück, wo unser Autor in Jerusalem für längere Zeit erkrankt. Schließlich bricht er aber über *Joppe* (Tel Aviv-Yafo), *Caesarea Palaestina* (Ruinen von Qesari, nördl. Sedot Yam) bzw. *Caesarea Philippi*[37] (Banyās) zu seiner abschließenden Fahrt nach Norden auf. Von *Damascus* (Dimašq) führt der Weg über *Heliopolis* (Ba'labakk), *Emiza* (Ḥimṣ), Epifania (*Hama*, Ḥamāt), *Larissa* (Segar), *Aristosa* (Arethusa: ar-Rastan), *Apamia* (Apamea: Qal'at al-Muḍīq), *in qua est omnis nobilitas Syrorum* (cap. 46,8), nach *Antiochia maior* (Anṭākiya). Nun wendet sich der Pilger nach Osten und erreicht über *Chalkis* (Qinnasrīn), *Carrae* (Ḥarrān), seiner Überzeugung nach die Geburtsstadt Abrahams[38], und *Barbarissus* (Barbalissos: Bālis) die Stadt *Sura* (Ruinen von Sūriya) am Euphrat, um von ihr aus schließlich noch auf den Ort *Tetrapyrgium* (Qser as-Sele[39]), nördlich von Ruṣāfa, dem Risapa der Tabula Peutingeriana[40], zu verweisen, ohne ihn wohl selbst besucht zu haben; so lautet denn der Schluß des Itinerars:

---

[34] Nach Bibl.-hist. Hwb. 3, Sp. 1887.

[35] Die Reihenfolge der Orte zwischen *Surandala* und *Babylonia* ist im Text (Cap. 41–43) vertauscht.

[36] Égypte (Les guides bleus), hg. J.-J. Fauvel / D. Meeks, Paris 1979, S. 410. Auf der Karte bei Milani, Itinerarium Antonini Plac., ist über den Namen 'Athlefi' eine andere Lokalisierung versucht.

[37] Im Bericht des Anonymus bzw. durch spätere Verschreibung sind beide Orte *Caesarea* (Cap. 46) zu einem verschmolzen.

[38] Diese Auffassung ist nicht biblisch (vgl. Gn 11,31; 27,43). Nach Wetzer u. Welte's Kirchenlexikon, 5, Sp. 1500 genießt der Ort durch die Araber große Verehrung.

[39] RE V,A,1, Sp. 1089; danach ist die Verwechslung des Ortes Tetrapyrgium mit Sergiopolis, der auch der Anonymus unterliegt, sichergestellt. – Nach dem auch vom Anonymus erwähnten Sergius, der hier im Jahr 305 das Martyrium erlitt, trug Ruṣāfa auch den Namen Sergiopolis. Die ihm zu Ehren errichtete Basilika wurde hier ausgegraben. Es kann also kein Zweifel sein, daß dem Autor eine Verwechslung unterläuft. Das Grab des hl. Bacchus verehrt man dagegen in dem ebenfalls erwähnten Barbalissos; vgl. J. Kollwitz, Die Grabungen in Resafa, in: Neue deutsche Ausgrabungen im Mittelmeergebiet und im Vorderen Orient, Berlin 1959, S. 46; W. Karnapp, Deutsche Grabungen und Forschungen in der Ruinenstadt Resafa in Syrien, in: Antike Welt, 8. Jahrg., Heft 4 (1977), S. 17–30.

[40] Miller, Weltkarte, Segment XI,1.

Deinde uenimus in ciuitate Suras, per qua ciuitate media descendit fluuius Eufrata, qui in ipso loco per ponte transitur. In ipsa passi sunt sanctus Sergius et sanctus Bacchus, et ad duodecim milia intus in heremo inter Sarracenos requiescit sanctus Sergius in ciuitate Tetrapyrgio.[41]

Im Vergleich zu den negativen oder positiven, in den meisten Fällen jedoch sehr allgemeingehaltenen Bemerkungen über 'Land und Leute', d.h. in der Regel über die Bevölkerung dieser oder jener Stadt, in welcher sich die Reisegruppe einmal feundlich aufgenommen[42], einmal weniger willkommen fühlt[43], nehmen die ausführlichen, kulturgeschichtlich bemerkenswerten Hinweise auf die Sarazenen eine Sonderstellung ein.

Der Anonymus schreibt ihnen ein Gebiet von beachtlicher Größe zu. Über die wahre Ausdehnung des von ihm besuchten Raumes mag er keine genaue Vorstellung besessen haben; immerhin müssen ihm die dort zurückgelegten Strecken aber einen Eindruck von der Weitläufigkeit jener Region vermittelt haben, innerhalb welcher er Sarazenen selbst antrifft und zum anderen als Bewohner – ohne diese dort unbedingt gesehen zu haben – ansetzt. Sollte es ihm zudem möglich gewesen sein, einen Blick auf eine der (heute rekonstruierten) frühmittelalterlichen bzw. spätantiken Karten wie etwa die Tabula Peutingeriana[44] mit ihren enormen Verzerrungen[45] zu werfen, muß ihm die Entfernung zwischen den beiden Punkten, die er in seinem Bericht als Gebiete, in denen Sarazenen leben, ausweist, noch gewaltiger erschienen sein.

Ethnologische Studien haben verdeutlicht, daß das südliche Euphratufer sowie die Sinai-Halbinsel, die Regionen also, die der Anonymus als Lebensräume der Sarazenen kennt, zu dem Zeitpunkt seiner Pilgerfahrt

41 Cap. 47,5; CCSL 175, S. 153. Nach dem Text der Recensio altera ist ein hl. Georgius an die Stelle des Sergius getreten, dessen Grabmal sich in Tyrus befindet; Sarazenen werden dabei nicht erwähnt. Der Text bei Gildemeister weist zwar Sergius und die Sarazenen auf; im Unterschied zu oben gibt er freilich die Entfernung von Sura nach Tetrapyrgium nicht mit zwölf sondern mit achtzehn Meilen an (*et decem et octo milia intus inter Saracenos in eremo requiescit sanctus Sergius in civitate Tetrapyrgio*); ähnliche Textvarianten bei Milani, Itinerarium Antonini Plac., S. 232/233.

42 z.B. in Alexandria (Cap. 45).

43 z.B. in den Ortschaften der Samariter (Cap. 8).

44 Miller, Weltkarte, Segment IX,4 – XI,2, wo auf der untersten Strecke der Ort Sure, das Sura des Anonymus, vermerkt ist; das von ihm ebenfalls erwähnte Tetrapyrgium ist zwischen diesem Ort und dem vorangehenden Risapa zu suchen. Da nach der Darstellung in der Tabula Peutingeriana Sura jedoch fernab des Euphrat liegt und der Anonymus andererseits feststellt, daß es sich an jenem Strom befindet, hat er natürlich keinesfalls die Tabula Peutingeriana benutzt. Dies erhellt weiter auch aus den zwischen unserem Bericht und der Tabula Peutingeriana differierenden Orts- bzw. Meilenangaben.

45 Vgl. z.B. K. Miller, Mappaemundi 6, Stuttgart 1989.

natürlich längst in der Hand arabischer Stämme sind[46]. Sie als *Saraceni* zu bezeichnen, beruht auf spätantiker, vor allem oströmischer Tradition. Der Terminus *Arabes* bleibt, in der Regel ohnedies nur in biblischem Zusammenhang gebraucht, den Bewohnern der Arabischen Halbinsel vorbehalten.

Abgesehen von dem vorgefundenen Begriffsmuster, mit dem der Autor gut erst an Ort und Stelle konfrontiert worden sein kann, stellt er selbst ein Charakteristikum fest, das ihn unabhängig von der dort übernommenen Bezeichnung *Saraceni* möglicherweise zu dem Schluß kommen läßt, daß es sich in der Tat jeweils um ein und dasselbe Ethnos handelt, obwohl die Plätze, an welchem er sie antrifft, so weit auseinanderliegen. Auffällig ist nämlich der Bezug zwischen Sarazenen und Wüstenregion, den der Berichterstattende wiederholt betont, wie diese Korrelation Mensch/Wüste ja auch zur Ausbildung des arabischen Begriffs zur Bezeichnung des Wüstenbewohners schlechthin — denn nichts anderes bedeutet(e) *al-ʿarab* — geführt hat. Noch Mohammed benutzt im Koran den Begriff 'Araber' zur Abgrenzung der im Land umherziehenden Nomaden von der seßhaften Bevölkerung[47].

Für das Gebiet, das der Anonymus bereist, erwähnt er als Völkerschaften Hebräer[48] (Juden[49], Samariter[50]), Syrer[51] und — am ausführlichsten — Sarazenen (cap. 36; 38–40; 47). Die Nennung von *Aethiopes* (cap. 35) in der Nordostecke der Sinai-Halbinsel wird von dem zeitgenössischen Leser als Versuch gewertet worden sein, die Dunkelhäutigkeit mancher dort angetroffener Nomaden hervorzuheben, dies um so mehr, als einmal (seit der Antike[52]) die Bezeichnung generell für die Bevölkerung Schwarzafrikas gilt, man denke nur an die *Aethiopica nigritudo* in Aldhelms De laudibus virginitatis[53], und zum anderen der Verfasser — wie er an dieser Stelle einflicht — in Jerusalem persönlich mit, wie wir annehmen müssen, Negern zusammengetroffen ist und gelernt hat, in ihnen *Aethiopes* zu sehen. Die über sie abgegebene Schilderung von geschlitzten bzw. abgeschnittenen Nasen und Ohren sowie Ringen an den Füßen bezieht sich freilich nicht auf die dunkelhäutigen Nomaden der Sinai,

[46] A. Dietrich, Geschichte Arabiens vor dem Islam, in: HO I,2,4,2, S. 307–325.
[47] Ph. K. Hitti, History of the Arabs, London 1977[10], S. 41; W. Caskel, Die Bedeutung der Beduinen in der Geschichte der Araber, Köln 1952, S. 7f.
[48] Cap. 5.
[49] Stets im Gegensatz zu Christen nur gebraucht; s. Cap. 5 u. 30.
[50] Cap. 8.
[51] Cap. 46.
[52] RE I, Sp. 1097 u. 1102.
[53] MGH AA 15, S. 306.

sondern auf die in Jerusalem beobachteten Aethiopen; wir haben bereits darauf hingewiesen. Dennoch brauchte der Leser des sechsten nachchristlichen Jahrhunderts bezüglich der Hautfarbe an des Autors Aussage nicht zu zweifeln: Seit dem sechsten vorchristlichen Jahrhundert ist mit negriden Bevölkerungsteilen auf der Sinai zu rechnen.

In umgekehrter Wertung verbietet diese Beobachtung aber dem Autor, diese flüchtenden Nomaden im Norden der Sinai-Halbinsel als Sarazenen anzusehen, obwohl er sie wie jene in der Wüste antrifft. Der Begriff 'Sarazene' wird demnach von ihm und den Zeitgenossen zu Hause enger gefaßt und bedeutet nicht allein 'Wüstenbewohner' bzw. (nach einer Einschränkung, die man a priori voraussetzen darf) 'Bewohner der nordarabischen, syrischen und Sinai-Wüste', sondern verlangt darüber hinaus offensichtlich Hellhäutigkeit als weiteres Merkmal.

Es ist schwer zu sagen, inwieweit man unserem anonymen Autor eine theoretische Auseinandersetzung mit einer frühmittelalterlichen Stammeslehre, so diese überhaupt auf einer unteren Ebene und einheitlich entwickelt ist, zugrundelegen kann. Ist das – wenn auch mit Abstrichen – der Fall, dann mag ihm die Tatsache eines besonderen Kultes unter den Sarazenen als weiteres Indiz für ethnische Eigenständigkeit gegolten haben[54]. Folgt in der zweiten Hälfte des 6. Jh.s jedenfalls ein Leser dem Wortlaut seiner Erzählung, dann muß er sich davon überzeugen lassen, daß die Sarazenen in unmittelbarer Nachbarschaft zum Berg Sinai, wohin eine spätere christliche Tradition Moses Gotteserlebnis verlegt[55], ein Heiligtum unterhalten. Vom Sinai nur durch ein Tal getrennt, in welchem die Pilgerschar das Kloster aufgesucht hat, verehren die Sarazenen an einer bestimmten Seite des Berges Horeb, wie der mittelalterliche Leser mit seiner Vorstellung von den beiden unterschiedlichen Gipfeln Sinai und Horeb (cap. 37,3: *in uallem inter Choreb et Sina*; cap. 39,1: *Inter Sina et Choreb est uallis*) den Text von cap. 38 sicher versteht, einen schneeweißen Marmorblock, an welchem ein mit Dalmatica und leinenem Pallium bekleideter Priester ständig Dienst tut (cap. 38,3: *In quo etiam permanet sacerdos ipsorum indutus dalmatica et pallium lineum.*). Zum Höhepunkt der Feier, mit welcher wohl der Wiederkehr des Mondes gehuldigt wird, verwandelt sich zur Verwunderung des Autors die Farbe des Marmors für die Dauer der Festtage von einem ursprünglichen Schneeweiß in ein Pechschwarz; cap. 38,2–4: *Et in ipso monte in parte montis habent idolum suum positum Saraceni marmoreum, candidum tam quam nix . . .; mox luna introierit, quando coeperint adorare, fit nigra marmor illa tamquam pice.*

[54] Vgl. R. Wenskus, Stammesbildung und Verfassung, Köln–Graz 1961, S. 105.
[55] Moritz, Sinaikult, S. 33f.

Doch jeder Ausfall gegen den heidnischen Kult oder das Volk, das ihn ausübt, unterbleibt. Durchaus objektiv stellt der Autor das Vorgefundene dar und zeigt sich in keiner Weise befremdet darüber, daß nebeneinander Christen und Sarazenen ihren religiösen Übungen nachgehen. Er mag freilich darauf vorbereitet gewesen, über das Brauchtum der Sarazenen vorab informiert worden sein; schließlich hat schon Hieronymus in der Vita des Eremiten Hilarion auf den Steinkult der Sarazenen im nicht fernen Elusa hingewiesen[56].

So nimmt der Anonymus nicht einmal die feindlichen Auseinandersetzungen, zu welchen es zwischen christlichen Pilgern, Einsiedlern und Mönchen auf der einen und Sarazenen auf der anderen Seite zweifellos kommt, zum Anlaß, den Grund für die Differenzen in den unterschiedlichen Religionsauffassungen zu suchen. Er verschweigt zwar nicht, daß das erwähnte Kloster *circumdatum muris munitis* (cap. 37,4) ist, doch sogar den naheliegenden Schluß, darin eine Abwehrmaßnahme gegen Übergriffe umherschweifender Nomaden zu sehen, muß der Leser selbst ziehen, etwa anhand der Warnung, die zum Ende der sarazenischen Festtage ausgegeben wird, nämlich nicht durch deren Gebiete, sondern über Ägypten oder *per Arabiam* die Heimreise nach Palästina anzutreten: *Et quia iam se complebant dies festi Saracenorum, praeco exiuit: ut, quia non subsisteret per heremo reuerti, per quo ingressi sumus, alii per Arabiam reuerterentur in sanctam ciuitatem*[57]; oder infolge der besorgniserregenden Feststellung (cap. 40,6–8), nach dem Verlassen der Sinai auf dem Weg in Richtung Ägypten getroffen, daß eine bewegliche Truppe in einer Stärke von 800 Mann auf Araberpferden (*equae Saracenae*) Klöster und Einsiedler vor Sarazenen schützen solle und für diese Dienste — einer anderen Tätigkeit könnten die Leute wegen des Sandes, den es dort einzig gebe, ohnedies nicht nachgehen — von Ägypten aus mit Lebensmitteln und Kleidung (für sich und ihre Familien) entlohnt würde. Doch die Sarazenen scheinen sich dadurch bei ihren Unternehmungen nicht behindern zu lassen, wie der Anonymus erfährt, sondern suchen sogar die Wohnstätten derer auf, vor denen sie sich eigentlich hüten sollten, so daß für diese Schutztruppe und ihre Angehörigen die makabre Situation entsteht: ... *exeuntes de ipsa ciuitate a foris illi serant et claues tollent secum. Et*

---

[56] Hieronymus, Vita S. Hilarionis eremitae, cap. 25; PL 23, Sp. 41 (BKV 15, S. 53 f.); s. auch bei demselben die den Luzifer verehrenden Sarazenen im Amos-Kommentar, PL 25, Sp. 1055 B. Vgl. dazu F. Tuch, Einundzwanzig sinaitische Inschriften, in: ZDMG 3 (1849), S. 159; J. H. Mordtmann, Dusares bei Epiphanius, in: ZDMG 29 (1876), S. 106.

[57] Cap. 39,4; CCSL 175, S. 147. In der Recensio altera (CCSL 175, S. 171) sind die *dies festi Saracenorum* durch *dies festi Hysmahelitarum* ersetzt.

illi, qui sunt ab intus, similiter faciunt propter insidias Saracenorum, quia nec habent, ubi exeant foris, praeter caelum et harenam[58].

Deutlicher als mit der Erwähnung der eigens zum Schutz vor den Sarazenen eingerichteten 'Wüstenpolizei' kann der Autor gar nicht auf die Furcht hinweisen, die man anscheinend vor dem kriegerischen Volk hegt. Umso beachtenswerter bleibt, daß er an keiner Stelle des Itinerars den Versuch unternimmt, den Leser zu der Annahme zu verleiten, die Auseinandersetzungen könnten in der unterschiedlichen Religionsauffassung ihre Ursache bergen — eine Erklärung zu beinahe universalem Zweck, der sich doch das Frühe Mittelalter zu gerne bedient. Der christliche Autor, der er ist, bedient sich ihrer aber nicht; er gibt vielmehr vor, zur Zeit der jährlichen Hauptfeier dieses Steinkultes das Heiligtum betreten und besichtigt zu haben, was freilich schwer zu glauben ist. Sonst würde er mit Sicherheit ausführlicher vom Ritual der Sarazenen berichten und nicht nur erwähnen, daß sie zu beten begännen. Er wird nur weitergeben, was ihm die Mönche aus dem Kloster, wenn nicht gar unterwegs getroffene Sarazenen, über die sonderbare Verfärbung des Idols an Legenden zu erzählen wissen.

Ansonsten deckt sich die Schilderung mit den Vorstellungen, die man über die religiösen Formen früharabischer Stämme gewonnen hat[59], und steht außerhalb jeden Zweifels. Verehrt werden Steine von auffallend weißer oder schwarzer Färbung, die für Gottheiten stehen und denen man teilweise die Fähigkeit beimißt, Orakel zu verkünden. Auch Priesterschaft ist bekannt, vielfach durch die Mitglieder eines ganzen Stammes wahrgenommen, in dessen Gefilden das Heiligtum liegt, doch treten ebensogut einzelne Priester auf, die sich — wie das auch unser Autor bekundet — stets am Kultort aufhalten.

Man geht sicher richtig in der Annahme, daß es sich im Fall der vorliegenden Erzählung um einen Mondkult handelt, auch wenn der zeitgenössische Leser den Hinweis auf den Erdtrabanten im Zusammenhang mit der Verfärbung des Steines vielleicht nur als Fixierung des Zeitpunktes, zu welchem die Festtage einsetzen, versteht: *Quando etiam uenit*

[58] Cap. 40,8; CCSL 175, S. 150. In der Recensio altera (CCSL 175, S. 172) die gesamte Passage über die Sarazenen nicht enthalten. Zur unsicheren Textgestaltung und den Problemen, die sich bei der Übersetzung ergeben, s. Gildemeister, Antonini Plac. Itinerarium, S. 58 Anm. 54; vgl. Milani, Itinerarium Antonini Plac., S. 214/215.

[59] Zum folgenden s. J. Wellhausen, Reste arabischen Heidentums, Berlin 1961, S. 45–60; 101 f.; 211; vgl. bestätigend E. Osiander/M. A. Levy, Zur himjarischen Altertumskunde, in: ZDMG 19 (1865), S. 244 f.; Tuch, Inschriften, ZDMG 3, S. 159; L. Perlitt, Sinai und Horeb, in: Beiträge zur Alttestamentlichen Theologie (FS W. Zimmerli), Göttingen 1977, S. 311 f.; F. Mian, L'Anonimo Piacentino al Sinai, in: Vetera Christianorum 9 (1972), S. 295 f.

tempus festiuitatis ipsorum recurrente luna, antequam egrediatur luna, ad diem festum ipsorum incipit colorem mutare marmor illa; mox luna introierit, quando coeperint adorare, fit nigra marmor illa tamquam pice. Completo tempore festiuitatis reuertitur in pristinum colorem, unde omnino mirati sumus (cap. 38,4–5). Doch die Art und Weise, wie die Mondaufgangserwartung beinahe Spannung erzeugend eingesetzt und der Vorgang dann selbst augenscheinlich Wunder wirkt, läßt uns an einer Mondverehrung nicht zweifeln, zumal unser Autor mit Sicherheit im Fall des Datierungsversuchs auf einen christlichen Festtag zurückgegriffen hätte. Als Stütze für eine Mondverehrung darf man wohl auch die Bemühung ins Spiel bringen, den Namen Sinai von 'Sīn', einer altsemitischen Mondgottheit, abzuleiten[60] (auch wenn dem kürzlich L. Perlitt – m. E. nicht ganz überzeugend – widersprochen hat[61]). Wir haben weiterhin davon auszugehen, was Tuch schon behauptet hat: „Damit stimmt das Zeugnis des Antoninus Martyr" – (= Anonymus Placentinus) – „überein, der Cap. 38 das Heiligtum der Mondgöttin am Horeb, worunter er nach Cap. 37 die östliche Talwand des Wadi Shu'èb versteht, antraf."[62] Mit Blick auf die arabischen Quellen konnte Wellhausen allgemein feststellen: „Daß der Mond angebetet wurde, läßt sich wohl erschließen, wird aber nicht ausdrücklich bezeugt"[63]. Von frühmittelalterlicher (lateinischer) Seite her kann man dagegen gut den Bericht des Anonymus als Bestätigung des Mondkultes unter arabischen Nomaden gelten lassen.

Tatsächlich dürfte unsere Pilgergruppe an den Berg Sinai/Horeb gelangt sein, als die Sarazenen ihre jährliche[64] Hauptfeier[65] abhielten wie früher zu Nomadenzeiten „die Nabatäer" – von den in dieser Arbeit herangezogenen Autoren synonym für 'Sarazenen' gebraucht! – „an ihren 'hohen Orten' vermutlich vor allem im Frühjahr, jener für den Hirten kritischen Jahreszeit, in der die Anzahl der neugeborenen Lämmer, die Regenmenge und neue Weiden über den Wohlstand der Gemeinschaft für das ganze Jahr entscheiden"[66]. Weitere Indizien dafür bilden aus dem Text des Anonymus heraus nicht alleine die Beobachtung, die Sarazenen zögen in der unglaublichen Anzahl von 12600 Per-

[60] Osiander/Levy, Himjar. Altertumskunde, ZDMG 19 (1865), S. 244 f.

[61] Perlitt, Sinai u. Horeb, S. 302–322.

[62] Tuch, Inschriften, ZDMG 3 (1849), S. 162.

[63] Wellhausen, Reste arab. Heidentums, S. 210 u. 214.

[64] Vgl. Tuch, Inschriften, ZDMG 3 (1849), S. 158 u. 160, wonach die Feste auch nur alle fünf Jahre stattfinden konnten.

[65] Vgl. Wellhausen, Reste arab. Heidentums, S. 84.

[66] B. Goldmann, Die Religion der Nabatäer, in: Die Nabatäer. Ein vergessenes Volk am Toten Meer, 312 v.–106 n. Chr. Katalog der Prähist. Staatssammlung, Nr. 13, Kallmünz 1970, S. 24 f.

sonen von weither, sondern vor allem die Bemerkung, *nihil licentes, quia anathema habebant . . ., dies festos celebrabant.* Diesen Bann, der ihnen Geschäfte verboten haben soll, können wir dem Bericht des Autors zufolge dahingehend in seiner Wirkung ausweiten, daß er ebenso das Gebot, Frieden zu halten, beinhaltet hat. Denn wenig später teilt er doch seinen Lesern mit, daß es mit der Beendigung des Sarazenenfestes wenig geraten sei, durch deren Gebiet heimwärts zu ziehen, und man deshalb den Umweg über Ägypten gewählt habe[67].

Bei der Beschreibung der friedlichen Sarazenen in ihrer Armut, die den Pilgern auf dem Hinweg begegnen, brauchen wir keine überhebliche Sichtweise vermuten, die man auf eine möglicherweise sich Barbaren[68] überlegen fühlende, europäische Haltung zurückzuführen hätte. Daß sich dabei die klagenden Beduinenfrauen, wie der Autor beobachtet, teilweise entblößen, „um die höchste Not drastisch anzuzeigen"[69], darf als typisch gelten. In diesem Kontext wird man sich auch nicht dazu verleiten lassen – schon gar nicht im Hinblick auf das Verständnis des damaligen Lesers –, von vornherein die *equas Saracenas*-Nennung als frühe (vielleicht erste mittelalterliche?) Hochschätzung der später so berühmten Araberpferde anzusehen[70]; der Autor selbst läßt offen, ob die Tiere ihrer besonderen Qualität oder aber Minderwertigkeit wegen als 'Sarazenenstuten' zu bezeichnen sind.

Ein letztes Zeugnis von einem Ineinandergreifen der Gebiete sowohl ortsansässiger Christen als auch wandernder Araberstämme liefert der Autor zum Ende seines Berichts mit dem Hinweis, daß der zuletzt von ihm erwähnte Ort Tetrapyrgium, an welchem er das Grab des hl. Sergius vermutet, zum Einzugsbereich der Sarazenen gehöre.

Nach Art der Ausführung ist jedoch anzunehmen, daß er diesen Sachverhalt kaum persönlich überprüft hat, sondern lediglich bis zum – nach seiner Angabe – achtzehn Meilen entfernten Ort Sura vorgestoßen ist. Wenn der Autor zum Ausdruck bringen will, daß er einen Ort besucht hat, geschieht das immer unter der Verwendung von 'venimus (in)' mit darauffolgendem Casus obliquus des entsprechenden Toponyms (und häufig dazwischengeschalteter näherer Bestimmung wie *civitas, castrum* etc.). So auch hier: *Deinde uenimus in ciuitate Suras* (cap. 47,4). Dagegen fehlt jeder Hinweis darauf, daß er von hier selbst

---

[67] Man denke vergleichsweise an den Gottesfrieden auf der Pilgerfahrt in islamischer Zeit; s. Wellhausen, Reste arab. Heidentums, S. 89.

[68] Als Barbaren bezeichnet durchweg der ägyptische Abt Neilos die Sarazenen: Nili monachi narratio quarta, PG (lat.) 41, Sp. 304 ff.

[69] Wellhausen, Reste arab. Heidentums, S. 195.

[70] Ob dieser Hinweis jemals in einer 'Geschichte des Pferdes' berücksichtigt wurde?

nach Tetrapyrgium gelangt ist, wo übrigens das Sergius-Grab nicht anzunehmen ist; die Sergius-Basilika, an welche der Autor erinnern will, befindet sich im weiter südlich gelegenen Ruṣāfa[71].

Die Textstelle läßt sich auf zweifache und nicht unbedingt widersprüchliche Weise deuten. Zum einen ist nicht auszuschließen, daß es sich bei den Euphrat-Arabern um Christen handelt, die in der Tradition der nordarabischen christlichen Pufferstaaten der Ġassāniden und Laḫmiden stehen. Dann spielt der Autor mit dieser Nennung von Sarazenen ein weiteres Mal nicht auf religiöse Unterschiede an, sondern will lediglich die Bevölkerung dieser Gegend, in der Tetrapyrgium liegt und sich Beduinen aufhalten, korrekt beim Namen nennen und, was nun beinahe zu erwarten wäre, eventuell auf ihre Gefährlichkeit hindeuten. Möglicherweise hält ihn gerade eine solche letzte Erwägung unausgesprochen davon ab, den Weg bis eben Tetrapyrgium fortzusetzen und die Grabesstätte des hl. Sergius mit einem persönlichen Besuch zu beehren; gedenkt er doch eindringlich der Opfer, die in dieser Region den Tod gefunden haben: *Deinde uenimus in ciuitate Sura . . . In ipsa passi sunt sanctus Sergius et sanctus Bacchus, et ad duodecim milia intus in heremo inter Saracenos requiescit sanctus Sergius in ciuitate Tetrapyrgio* (cap. 47,4–5). Den beiden Brüdern Sergius und Bachchus, dessen Grab er immerhin besucht, nachzueifern, verspürt er wohl wenig Lust. Alle Stellen zusammengenommen vermittelt der Anonymus somit von den Wüstenbewohnern das Bild recht kriegerisch gesinnter Leute; denn auch im letzten Fall der beiden Sergius und Bacchus muß man nach der Art der Darstellung wohl davon ausgehen, daß die Sarazenen als Mörder der beiden angesehen werden.

Als Summe bleibt dem Leser: Der Raum des kriegerischen, hellhäutigen, nomadisierenden Volkes der Sarazenen, das einen eigenen Kult pflegt, erstreckt sich (mindestens) vom südlichen Ufer des mittleren Euphrat bis zum Roten Meer. Ursache seiner Aggressivität kann die nicht übersehbare Armut sein. Als Haustiere trifft man bei ihnen das Kamel sowie Pferde einer, wie der Autor auch gemeint haben kann, nur bei ihnen beheimateten Rasse an.

Über eine soziale Struktur des fremden Volkes schweigt sich der Autor aus. Doch bei den spärlichen Kontakten wird er selbst keine erkannt haben; so ist sein Schweigen darüber für den zeitgenössischen Leser im negativen Fall nur dahingehend zu deuten, daß die Sarazenen

---

[71] Vgl. o. S. 20f. Daß der Autor nicht alle Orte, die er in seinem Reisebericht erwähnt, besucht hat, erkennt man auch an dem Beispiel der Stadt Zoar(a) – das Segor des Anonymus –, von welcher er Cap. 10 u. 34 nur Gehörtes weitererzählt.

kein Staatswesen entwickelt bzw. kein Administrationssytem mit einer Zentralgewalt ausgebildet haben. In der Tat gehören zum Ausgang des 6. Jh.s die nordarabischen Reichsbildungen seit Jahrhunderten der Vergangenheit an. Die antiken Reiche von Petra und Palmyra sind längst in den Staub der Wüste gesunken[72]. Doch selbst wenn der Autor von den sarazenischen Kleinkönigen oder Phylarchen gehört hat, den Ġassāniden- und Laḫmidenherrschern seiner Tage, die sich mit ihren Kriegern gegen gute Bezahlung einmal der byzantinischen, ein anderes Mal der persischen Streitmacht als geschlossene Heeresteile verdingen bzw. in eigener Regie für den einen oder anderen Partei nehmend losziehen, zählt er es nicht zu seinen Obliegenheiten, darüber zu schreiben. Er arbeitet nicht historiographisch; mit keiner Zeile seines Berichts bedenkt er die innere Verfassung einer Stadt oder Region, in der er sich aufhält, weder in Palästina, noch in Ägypten oder Syrien (den schwachen Hinweis auf den syrischen Adel, der in Apamea versammelt sei, ausgenommen). Seine ganze Intention beruht darin, von den Plätzen des Alten und Neuen Testaments zu sprechen, die allen zuhause aufgrund des Bibelstudiums vertraut und die zu sehen ihm jetzt vergönnt sind. Jenen anderen Bereich versuchen in seiner Zeit Historiographen wie Viktor von Tunnuna oder Johannes von Biclaro abzudecken, natürlich, was Sarazenen anbelangt, in höchstem Maße unvollkommen.

Umso mehr aber müssen dem Leser die ungewohnt breiten Einlassungen des Anonymus zu den Sarazenen aufgefallen sein. Für die Geschichte des Mittelmeerraumes stellen die Sarazenen nur eines der Völker am Rande der damals bekannten Welt dar. Erst unter dem Gesichtspunkt der Ethnographie, d.h. in erster Linie bei dem Versuch, sich auf biblischer Grundlage die Entstehung von Völkern (Sprachen) und ihre Verbreitungsgebiete über den Erdkreis seit Noah und der Sintflut zu erklären, erweitert sich zumindest theoretisch das Blickfeld, und auch die Araber werden als eines unter vielen in die bunte Völkertafel aufgenommen. Wie dies geschieht, wird anhand etwa der Etymologien des Isidor von Sevilla und der die gesamte Menschheit umfassenden Ahnenreihe beim sogenannten Fredegar veranschaulicht werden.

Im Zusammenhang mit den beiden zuletzt genannten Autoren wird überhaupt eingehend die geographische Vorstellungswelt des Früheren

---

[72] Das Nabatäerreich endet infolge der Einrichtung der Provinz Arabia durch die Römer im Jahr 106 v.Chr. Das Reich von Palmyra hört auf zu existieren, nachdem die legendäre Königin Zenobia von den Truppen Aurelians im Jahr 273 vernichtend geschlagen und die blühende Stadt zerstört worden ist; vgl. Dietrich, Gesch. Arabiens, HO I,2,4,2, S. 309f. bzw. 317.

Mittelalters ausgebreitet werden, so daß an dieser Stelle nicht näher auf die das Sarazenen-/Arabergebiet abgrenzenden territorialen Begriffe — sämtliche Städte samt ihrem jeweiligen Umfeld einmal ausgeklammert — wie Syrien, Mesopotamien inmitten der beiden Ströme Euphrat und Tigris, Palästina mit den Provinzen Galiläa und Judäa, sowie Ägypten, die der Anonymus von Piacenza gebraucht, eingegangen wird. Auch das Land Madian, das die Antike zu Recht östlich des Golfes von ʿAqaba sucht, soll uns hier nur so weit kümmern, als daß der Autor auf seinem Weg nach Ägypten, freilich infolge einer Reminiszens an den Zug des Moses (Ex 3,1), indem er die Stadt Phara(n) nordwestlich des Berges Sinai betritt, sich nach Madian gekommen wähnt. Zweimal führt er schließlich den Begriff *Arabia* an, das er zwar selbst nicht anläuft, aber als eine Möglichkeit für den Rückweg vom Sinai, auf welchem es den Sarazenen auszuweichen gilt, in Erwägung ziehen kann. Von Norden her ist er ziemlich direkt zum Sinai gepilgert; diese Route versperren nun offensichtlich die Beduinen. Er weicht deshalb nach Nordwesten, also Ägypten, aus, um über Alexandria wieder Palästina zu erreichen.

Der andere Weg in nordöstlicher Richtung — wenn man den Schluß so wagen darf — wäre demnach der über Arabien gewesen, das er sich somit seltsamerweise ohne Sarazenen denkt. Ob wir darin eine Unterscheidung zwischen Arabern und Sarazenen zu sehen haben, muß an dieser Stelle noch offenbleiben. Andererseits nennt er das lediglich sieben bzw. acht Tagesreisen entfernte Aila an der nördlichen Spitze des Golfes von ʿAqaba eine arabische Stadt. Der Leser muß folgern, daß die Region von Aila durch Sarazenen nicht heimgesucht wird und der Autor bei der zweiten Möglichkeit, wieder nach Palästina zu finden, an eine Strecke über Aila und durch das Wādi ʿAraba geradewegs nach Norden denkt.

Dem scheint zunächst völlig der Satz zu widersprechen: *De monte Sina in Arabia in ciuitatem, quae uocatur Abila, sunt mansiones octo* (cap. 40,1). Er wird ursprünglich auch kaum so gelautet haben, da er im Kontext betrachtet einen Widerspruch enthält: Der Autor befindet sich ja doch am Sinai und, nach der obigen Lesart, wie sie wohl erst ein Bibelkundiger[73] aus dem ursprünglichen Text hergestellt hat, damit auf einmal auch in Arabien; wie aber sollte er dann gemäß der Empfehlung von cap. 39,4 *per Arabiam* nach Palästina zurückkehren können, wenn er sich nach dem letzten Zitat zu schließen bereits in Arabien befindet? Wir halten uns daher an die Recensio altera des Berichts; dort lautet der Satz: *De monte Syna usque in Arabiam ciuitatem, quae uocatur Abela, sunt*

---

[73] Nach Gal 4,25 liegt der Berg Sinai in Arabien.

mansiones VII[74]. So formuliert und wie oben ausgedeutet darf man aber vermuten, daß er seine Leser dennoch unbeabsichtigt in die Irre führt, indem er Gehörtes (*'Araba*) weitergibt, das er fälschlicherweise als *Arabia* identifiziert und entweder mit dem gleichnamigen geographischen Großraum, wie man ihn von der Antike her so begreift, oder der römischen Provinz desselben Namens in Eins setzt. Das vermutlich gleiche Mißverständnis, nämlich die Jordan-Senke, also das Wādi 'Araba, als *Arabia* zu verstehen, obwohl eine Stelle in Bedas In libros regum I,22 dagegen zu sprechen scheint, dürfte ebenfalls einem Pilger widerfahren sein, der etwa hundert Jahre nach dem Anonymus Placentinus den Nahen Osten bereist, nämlich dem Franken Arkulf.

Arculfus / Adamnanus Hiensis

Ungeachtet der Tatsache, daß inzwischen muslimische Araber die Landstriche, die der Anonymus von Piacenza erwanderte, wie auch Nordafrika zum größten Teil erobert und Konstantinopel während der gesamten siebziger Jahre des 7. Jh.s stürmisch attackiert und mehrmals belagert haben, bis der Tod Mu'āwiyas I. 680 für eine längere Ruhepause sorgt, beobachtet der fränkische Bischof Arkulf die Verhältnisse völlig objektiv und ohne sich zu einer Verurteilung der Sarazenen hinreißen zu lassen. Die Araber als 'Ungläubige' (*increduli,* wie auch die Juden) einzuführen, bedeutet ihm nicht mehr als eine sachliche Feststellung. Weder im Heiligen Land noch während seiner abschließenden Visite in Alexandria[75] (im Jahr 680?) behindern ihn Araber, die nun seit vierzig Jahren diesen Landstrich beherrschen. Keine einzige Klage wird in seiner Erzählung laut, daß er sich zu irgendeinem Zeitpunkt – im Gegensatz etwa zu Willibald – durch die neuen und, wie er weiß, nichtchristlichen Herren gestört fühlte, etwa so, wie es die römische Synode des Jahres 649 unter dem Vorsitz des Papstes Martin I. durch die Schrift, die der palästinensische Bischof Stephan in die Versammlung eingebracht hat, bereits einmal von Sophronius, zur Zeit des ersten Arabersturms Patriarch von Jerusalem, glauben muß.

---

[74] Gildemeister, Antonini Plac. itinerarium, hat zu Beginn des 40. Kapitels *De monte Sina in Arabiam in civitatem quae vocatur Ahila sunt mansiones octo* und übersetzt (ibid. S. 58): „Vom Berg Sina nach der Stadt Arabia, die Aila genannt wird . . ."; diese Übertragung trifft möglicherweise das zeitgenössische Verständnis; vgl. Milani, Itinerarium Antonini Plac., S. 212/213 (Übers. S. 257).

[75] Vgl. D. Meehan, Adamnan's De Locis Sanctis (= SLH 3), Dublin 1958, S. 9–11.

Unbehelligt verläßt Arkulf auch Alexandria am Ende seiner Pilgerreise in Richtung Konstantinopel, wo er vermutlich am Konzil teilnimmt, das ungestört von arabischen Angriffen tagen kann[76]. Die endgültige Heimfahrt tritt er wohl zusammen mit den ebenfalls heimkehrenden Mitgliedern der päpstlichen Delegation an, die nachweislich 682 Rom erreicht, um schließlich, wenn man dabei bleiben will, an der englischen bzw. schottischen Küste zu stranden und dem Abt Adamnan die Geschichte seiner Pilgerfahrt zu erzählen, damit dieser sie aufschriebe. Wir haben oben bereits unsere Zweifel an dieser Version der Textentstehung vorgetragen. Andererseits haben wir quellenmäßig der Aussage Bedas, des Gewährsmannes dieser biographischen Notiz (Hist. eccl. V,15), nichts Gleichwertiges entgegenzusetzen.

Als Pilgerbericht angelegt und darum der unterhaltsamen oder — hinsichtlich der Bibellektüre — auch erbaulichen Literatur einzureihen, beachtet der zeitgenössische Leser darin sicherlich weniger solche Details zur Geographie, wonach die Stelle am rechten Jordan-Ufer, an der kirchlicher Tradition zufolge Jesus von Johannes getauft worden ist, durch ein Kreuz markiert sei, von welcher ein kräftiger Mann mit Hilfe einer Schleuder einen Stein bis an das Ufer auf der arabischen Seite (*usque in alteram ripam in parte Arabiae*[77]) werfen könne, und sich das Tote Meer in seiner 'Länge', d.h. nach Süden, bis Zoar in Arabien (*ad Zoaros Arabiae*[78]) ausdehne, auch wenn die Angaben auf den ersten Blick durchaus dazu angetan scheinen, die Lage Arabiens einmal nach dem bisher Gewonnenen in seinen Grenzen zu bestätigen und diese zum anderen noch schärfer zu umreißen.

Dabei die Stadt Zoar Arabien zuzurechnen, ist im Grunde seit römischen Tagen möglich, genauer seit dem Jaher 106, das die Einrichtung der Provinz Arabia erlebt hat. Nach der Teilung der großen Provinz zählt man die Gegend dieser Stadt der Provinz Palaestina III zu. Es wäre also durchaus denkbar, daß hier bei Adamnan/Arkulf antik-historische Begriffsmuster durchschimmern, doch wir erkennen keine Möglichkeit, wie etwa die Feststellung eines Ptolemäus, der im 2. Jh. unbeeinflußt

---

[76] Zum Konzil s. C. J. v. Hefele, Conciliengeschichte, Bd. 3, Freiburg 1877², S. 260ff.; E. Caspar, Geschichte des Papsttums, Bd. 2, Tübingen 1933, S. 597. Zu Arkulf in diesem Zusammenhang s. Meehan, SLH 3, S. 11; J. Haller, Das Papsttum — Idee und Wirklichkeit, 1, o.O. 1965, S. 245–248. Zur Geschichte der Araber in dieser Zeit s. Hitti, Arabs, S. 202.

[77] Adamnani de locis sanctis II 16,3; CCSL 175, S. 213.

[78] II 18,7; CCSL 175, S. 215.

von römischen Verwaltungseinheiten Zoar zur Arabia Petraea rechnet[79], in Adamnans Schrift oder Arkulfs mündlichen Bericht Eingang gefunden haben könnte. Die Überlieferungsgeschichte des Topos *ad Zoaros Arabiae* weist dagegen auf das Alte Testament, auf dessen Grundlage Josephus[80] (gest. ca. 95 n.Chr.) die Stadt Zoar dem Territorium von Moab zurechnet, das der Makkabäerkönig Alexander Jannai (103–76) für die Juden gewonnen hat. Eine komprimierte lateinische Version der Antiquitates des Josephus liegt indes als Werk eines sogenannten Hegesippus vor, der nicht vor dem 4. Jh. gearbeitet hat; aus diesem ist wohl das 'arabische Zoar' in Adamnans Beschreibung gewandert[81].

Eine wie hier vorgeführte literarische Überlieferung aber für das erste Zitat, wonach Arabien — von Westen her gesehen — jenseits des Jordan liege, ist schwerlich anzunehmen. Wir wollen stattdessen andere Erklärungsversuche anbieten: Auch der linke Ufersaum des Flusses nördlich des Toten Meers, an der Stelle, an der Christen die Taufe Jesu vermuten[82], gilt gemäß der politischen Grenzziehung vor dem Einbruch der islamischen Araber zu keiner Zeit als arabisch. Die römische Provinz Arabia, die Trajan eingerichtet hat, verläuft zwar weitgehend parallel zum Jordan, allerdings in einer Entfernung zum Fluß von zirka zwölf bis siebzehn Kilometern. Diese Grenze bleibt durch die folgenden Jahrhunderte für die Kirchenverwaltung gültig. So dürfen wir in diesem Fall im Gegensatz zur Lagebestimmung der Stadt Zoar mit Sicherheit biblische bzw. antike Rezeption sogar ausschließen. Aus der vorgefundenen geographischen Betrachtungsweise jedoch sofort den Schluß zu ziehen, daß Adamnan damit der Veränderung der politischen Landschaft nun Rechnung tragen will, heißt die Möglichkeiten, mehr aber noch die Intention des Berichterstatters zu überzeichnen, um so mehr, als das 7. Jh. terminologisch mit dem Begriff *Arabia* zwischen dem geo-

---

[79] Ptol. V 17,5. Zur Eintragung des Ortes Zoar(a)/Segor auf dem Kartenmosaik von Madaba s. Jacoby, Das geographische Mosaik von Madaba, S. 95. Zur Lage von Zoar(a)/Segor am Südostrand des Toten Meers s. F. W. Putzger, Historischer Weltatlas, Berlin-Bielefeld 1965, S. 32 (Cf); Atlas zur Kirchengeschichte, hg. Jerdin/Latourette/Martin, Freiburg 1970, S. 21; H. Kiepert, Formae orbis antiqui, Berlin 1894ff., Karte VI (Palästina).

[80] Antiquitates XIII 15,4.

[81] L. Bieler, Adamnan und Hegesipp. Wiener Studien 69 (1956), S. 344f.; LThK 5, Sp. 61 s.v. 'Hegesippus'.; PL 15, Sp. 2221 C: *Longitudo lacus eius usque ad Zoaros Arabiae . . .*

[82] Südöstlich von Arīḥā' (Jericho); über der angenommenen Taufstelle befindet sich auf der Höhe der Bergwand das ebenfalls von Adamnan II 16 erwähnte Kloster Johannes des Täufers, das als Qaṣr al-Yahūd noch heute existiert; vgl. Mittlerer Osten (Les guides bleus), hg. R. Boulanger, Paris 1966, S. 543.

graphischen Großraum Arabien und eventuell der durch die Araber jetzt besetzten Region dann zu unterscheiden gehabt hätte.

Es ist vorstellbar, daß Adamnan keine der beiden Möglichkeiten berücksichtigt und, angeleitet durch Arkulfs Erzählung, Arabien auf eine andere Weise einführt. Wir haben zu bedenken, daß Arkulf, als Reisender zu Fuß in jener Landschaft unterwegs, wie der Anonymus aus Piacenza den Begriff *Arabia* wohl an beiden Stellen auf einen lokalen geographischen Zustand bezieht, ihn in engerem Sinn gebraucht und allein das Wādi ʿAraba, d.h. jedoch nicht nur in der heutigen Auffassung die Fortsetzung der Jordan-Senke südlich des Toten Meers[83], in welcher übrigens auch die Ortschaft Zoar liegt, sondern ebenso nördlich des Toten Meers vornehmlich den östlichen Uferstreifen[84] damit bezeichnet. Offen läßt dieser Erklärungsversuch allerdings, weshalb er dann nicht auch den westlichen Ufersaum als Arabia gelten läßt.

Man könnte dem Autor deshalb unterstellen, er verwende den Begriff Arabia zur Kennzeichnung des transjordanischen Gebiets wie zur Region, in welcher Zoar liegt, vielleicht so wie Hieronymus[85] oder Isidor[86] vor ihm, die den Jordan als Grenze zwischen Judäa und Arabien bezeichnen. Adamnan muß deswegen nicht auf diese älteren Autoren zurückgegriffen haben. Man darf dem Pilger Arkulf zutrauen, von den ethnischen Zuständen, wie sie sich seit Jahrhunderten um Palästina herum ausgebildet hatten, gehört zu haben. Längst war der Judenstaat im Süden und Osten von einer sich zusehends verdichtenden, arabischen Bevölkerung der Landstriche, die das Alte Testament noch Edomitern, Moabitern und Ammonitern zurechnete, umfaßt[87]. Die Tatsache freilich, daß seit der nun bald ein halbes Jahrhundert zurückliegenden Eroberung Palästinas durch die Araber der Jordan aufgehört hat, überhaupt Völkerbarriere zu sein, ja jene verstärkt in den Raum zwischen Jordan und Mittelmeer hineindrängen, findet im Sprachgebrauch der Geographen keinen Niederschlag. Für Adamnan ist *Arabia* somit jedenfalls kein Terminus, der die äußerste Ausdehnung der politischen Machtsphäre eines Volkes beschreibt, zu dem er sich nicht weiter äußert. Es muß sogar offenbleiben, ob er die Araber, die er als

---

[83] Vgl. EI^2 2, S. 558 s.v. "Araba'; N. Glueck, The river Jordan, Philadelphia 1946, S. 3 u. 92.

[84] Kiepert, Formae orbis antiqui, Karte VI (Palästina).

[85] Eusebius, Onomastikon (= Eusebius-Werke, hg. E. Klostermann, Bd. 3,1, Leipzig 1904), S. 105,16: *Iordanis fluuius diuidens Iudaeam, Arabiam ...*

[86] Etym. XIII 21,18.

[87] Vgl. R. Hartmann, Palästina unter den Arabern, in: Land der Bibel, Bd. 1, Heft 2, Leipzig 1914, S. 36–41.

Ethnos nicht einbringt, als Sarazenen identifiziert, in denen er ohne Zweifel die Herren des Landes sieht.

Durch die Vermittlung Adamnans gibt Arkulf an den Westen weiter, daß diese Menschen unter der Herrschaft eines Königs stehen, der in Damaskus residiert, sich auch einmal in Jerusalem aufhält, den Namen *Mauias* (= Muʿāwiya, 661–680) trägt sowie in einem erstaunlichen Fall zwischen christlichen und nichtchristlichen Juden als Richter fungiert: *Damascus ciuitas regalis magna . . . in campo posita lato, amplo murorum ambitu circumcincta, insuper etiam et crebris turribus communita, plurima extra muros in circuitu habens olíueta, quem et magna quatuor flumina interfluentia gaudenter laetificant. In qua Saracinorum rex adeptus eius principatum regnat* (II 28,1–2; CCSL 175, S. 220). Die Darstellung der Stadt Damaskus, des mauerumwehrten, wasserreichen und fruchtbaren 'Paradieses', deckt sich mit Bewunderungen im Osten und mag bestätigen, was kundige Leser bereits in der Bibel (IV Rg 5,12; Ez 27,18) vorgefunden haben. Nun ist sie zusätzlich *civitas regalis* des Sarazenenkönigs, der sie bis zu seinem Tod im April 680 nachweislich nicht mehr verläßt[88]. Begonnen hat der spätere Kalif seine politische Karriere als Mohammeds Sekretär; er nahm dann mit beachtlichen Erfolgen an der Eroberung Syriens teil und folgte nach dem Ableben seines Bruders Yazīd diesem in das Amt des Statthalters von Syrien (mit Sitz in Damaskus) nach. Er „schuf im Verlauf seiner zwanzigjährigen Verwaltung aus Syrien eine Musterprovinz, welche die bestorganisierte war und die geschultesten Truppen des jungen Reiches hatte"[89]. Die Rache für die Ermordung des Kalifen ʿU̱tmān (656) machte er zu seiner Angelegenheit und wandte sich gegen ʿAlī, der das Kalifat übernommen hatte. Der folgende Bürgerkrieg endete mit einem Sieg Muʿāwiyas. Seit 661 werden die arabischen Länder damit wieder von einer Hand regiert[90]. Die Art und Weise, wie Arkulf die Übernahme der Herrschaft durch Muʿāwiya wenigstens erwähnt (*adeptus eius principatum*), läßt die Folgerung zu, daß man den Fremden über die Vorfälle um den Aufstieg des ersten Umaiyaden-Kalifen ins Bild gesetzt hat.

Einer Wertung des Kalifen und seines Wirkens enthält sich der Erzähler. Ohne dies selbst zu bekräftigen, nimmt er vielmehr mit der wundersamen Geschichte von Muʿāwiya als Richter zwischen Christen und Juden, die um das Schweißtuch Jesu in Streit geraten waren, einer durchaus allmählich im Westen aufkeimenden Kritik an der arabischen

---

[88] EI 3, S. 666.

[89] EI 3, S. 665.

[90] J. Wellhausen, Das Arabische Reich und sein Sturz, Berlin 1960² (zuerst 1902), S. 47–71; M. A. Shaban, Islamic History, A.D. 600–750, Cambridge, S. 73f.

Expansion etwas den Wind aus den Segeln (I 9,11–14): Von beiden Parteien um eine Entscheidung angegangen, ob Juden oder aber Christen das Schweißtuch zustehe, habe der Sarazenenkönig zunächst einmal die Juden zur Herausgabe des *sudarium Domini* aufgefordert, nach Erhalt des Tuches einen Scheiterhaufen errichten und anstecken lassen und es schließlich in aller Öffentlichkeit unter Anrufung Christi den Flammen übergeben: *'Nunc Christus mundi Saluator, passus pro humano genere qui hoc quod nunc in sinu conteneo sudarium in sepulchro suum super capud habuit positum, inter uos de hoc eodem linteo contendentes per flammam iudicet ignis, ut sciamus cui parti horum duum exercituum contentiosorum hoc tale donum condonare dignetur.'* Das Tuch sei unbeschadet der Flammen in die Höhe geflattert und schließlich zu den Christen herabgeschwebt, womit das Urteil gefunden gewesen sei.

Gemessen an der staatsmännischen Bedeutung Muʿāwiyas und seiner religiösen Toleranz[91], dürfen sich die Zeitgenossen Arkulfs bzw. Adamnans durchaus wahrheitsgemäß unterrichtet fühlen. Daß der Sarazenenkönig das Amt eines Richters versieht, wird – mit Blick auf die eigenen Herrscher – ohnedies niemand bezweifelt haben; daß Muʿāwiya sich den Christen stets gewogen gezeigt hat, ist vielleicht schon vor dem Bericht Arkulfs durch frühere Pilger, durch orientalische Bischöfe, die 'Dienstreisen' nach Byzanz und Italien unternommen haben, oder durch syrische Händler, die mündlich weitertragen, was die Chronisten in ihrer Heimat schriftlich fixieren, im Westen bekannt. Das syrische Chronicon Maroniticum beschreibt einen ähnlichen Sachverhalt, indem es den Kalifen, der übrigens bei anderer Gelegenheit am Grab Marias betet[92], als Richter zwischen Maroniten und Jakobiten fungieren läßt[93], wenn auch weniger spektakulär.

Noch eine weitere Parallele zur oben angeführten Richterszene verdient Interesse: Auch von arabischer Seite bringt man Muʿāwiya mit einem (blut-)befleckten Leinen in Verbindung. Dabei handelt es sich selbstverständlich nicht um das Schweißtuch Jesu, sondern um das blu-

---

[91] Vgl. EI 3, S. 667; Wellhausen, Arab. Reich, S. 87.

[92] CSCO 4, S. 55,23 ff.: *congregati sunt Arabes multi Hierosolymis, et regem creaverunt Moʿawiam: is adscendit in montem Golgotha, ibi sedit et oravit, et ivit ad hortum Gethsemani, et descendit ad sepulcrum beatae Mariae et in eo oravit.*

[93] CSCO 4, S. 55,1 ff.: *Eodem mense, venerunt episcopi Jakobitarum, Theodorus et Sebōkt, Damascum et disputationem coram Moʿawia habuerunt cum viris gregis Mar Maronis circa fidem. Cum autem victi essent Jakobitae, iussit Moʿawia ut darent XX milia denariorum, mandavitque ut in quiete starent*; inwieweit es sich bei dem Bericht um maronitische Propaganda handelt, ist kaum zu entscheiden. Immerhin hätte sich Muʿāwiya damit auch gegen seine Frau Maisūn, eine Jakobitin (vgl. Hitti, Arabs, S. 195), entschieden.

tige Hemd des ermordeten Kalifen ʿUṯmān, das Muʿāwiya geschickt bekommt und er quasi als Reliquie für ein ganzes Jahr in der Moschee zu Damaskus ausstellen läßt[94]; so ist es nach Arkulfs Bericht mit dem Linnen Jesu im Jerusalem seiner Zeit noch immer geschehen: *Quod noster frater Arculfus alia die scrinio eleuatum uidit et inter populi multitudinem illud osculantis et ipse osculatus est in ecclesiae conuentu*[95].

Die Unlogik des Vorgangs bei der Suche nach der Entscheidung, wem nun das Leintuch gehören sollte, d.h. die Tatsache, daß Muʿāwiya das Linnen in das Feuer geworfen haben soll, ohne zu befürchten, es könnte Schaden nehmen, verbietet, einen historischen Hintergrund auf der geschilderten Ebene anzunehmen. Die Erzählung von der Urteilsfindung durch den Kalifen mit den scheinbar salomonischen Fähigkeiten birgt so keinen realen Kern, allenfalls Assoziationen hinsichtlich mancher untergeordneter Teilaspekte; sie ist als Märchen oder fromme Legende zu klassifizieren, ohne daß wir uns gattungsbegrifflich festlegen wollen. Welche Begebenheiten zusammenspielen, welche Intentionen die Geschichte um das Leintuch, wie sie den Lesern zum Ende des 7. Jh.s unterbreitet wird, fördern, soll nicht weiter aufgeführt werden.

An das Sujet des Märchens jedenfalls rührt das dem oben zitierten Passus I 9,3–7 vorgeschaltete gleichnishafte Bild von dem 'guten' und dem 'schlechten' Sohn: Vor seinem Ableben stellt der Vater den beiden zur Wahl, was ein jeder erben wolle, nämlich materiellen Besitz oder das Schweißtuch. Der 'schlechte' Sohn entscheidet sich für ersteres und wird dennoch bettelarm; der 'gute' mit nur dem Schweißtuch als väterlicher Hinterlassenschaft aber kommt zu Wohlstand und Ansehen.

Allein den Vorgang auf der geschilderten Ebene vor Augen wird man die Rechtsfindung Muʿāwiyas als Losverfahren zu bezeichnen haben, wie es schon in der Antike unter Anrufung bestimmter Götter beliebt und in der Zeit des Alten Testaments als oft gesuchte göttliche Entscheidungshilfe gepflegt wird. Dem vorislamischen Araber ist das Verfahren ebenso geläufig; im jüdisch religiösen Leben spielt die Befragung Gottes durch Los eine bedeutende Rolle. Der Ausformung zur christlichen Legende dient schließlich die Aufnahme eines „rechtsprechenden Feuers" in die Erzählung als Mittel zur Wahrheitsfindung, wie es dem arabischen Kulturkreis bestens vertraut ist[96] und wie es in Gestalt der Feuersäule im Alten Testament als von Gott eingesetzt wegweisend und

---

[94] Wellhausen, Arab. Reich, S. 47f.; C. H. Becker, Die Kanzel im Kultus des alten Islam, in: ders., Islamstudien, Bd. 1, Leipzig 1924 (Nachdr. Hildesheim 1967), S. 465.

[95] Adamnani de locis sanctis; CCSL 175, S. 194.

[96] Vgl. Wellhausen, Reste arab. Heidentums, S. 189.

schützend wirkt. Mit unserer Geschichte vergleichbar[97] steht sie Ex 14,20 zwischen zwei feindlichen Lagern (Ägypter–Israeliten) als „äußerlich wahrnehmbare symbolische Erscheinung seiner [= Gottes] Herrlichkeit[98]. Nicht anders 'benutzt' Mu'āwiya das hochlodernde Feuer des Scheiterhaufens denn als sichtbares, absolutes Werkzeug Gottes.

Insofern müssen spätestens dem Leser jener Tage Assoziationen mit einer durchaus üblichen Rechtsprechung, der ein Gottesurteil wie die Feuerprobe als legitimes Mittel zur Wahrheitsfindung dient, erwachsen. Einige Details innerhalb der Erzählung lassen sogar darauf schließen, daß Arkulf bzw. Adamnan bei der Ausformulierung der Geschichte der schematische Ablauf einer solchen Gerichtsverhandlung vorschwebt[99]. Der Gebrauch von *dignetur* – insbesondere von Augustin eingesetzt, um im Zusammenhang mit Gottesurteilen zu betonen, man könne Gott lediglich darum bitten, jemanden einer Sache für wert zu erachten – erhärtet diese These[100] (I 9,13; vgl. o. S. 36). Somit dürften bei der Ausgestaltung der Erzählung Vorstellungen von westlichen Gottesurteilen und alttestamentlich-jüdischen Losverfahren, wie sie auch von Arabern vorgenommen werden, verwoben sein.

Aber der Leser des ausgehenden 7. Jh.s fragt nicht nach der Genese seiner Lektüre. Wie der Gebildete es nur rechtens findet, Zitat um Zitat meist ohne Angabe der Autorschaft und als solches in den seltensten Fällen überhaupt kenntlich gemacht in eigenen Schriften aneinanderzureihen, empfindet er es beim Lesen nicht als lohnende Aufgabe oder Notwendigkeit, den Text auf seine inhaltliche Gestaltung hin zu untersuchen. Ob eine solche Haltung jedoch dazu geführt hat, die positive Schilderung etwa des Sarazenenkönigs durch Arkulf kritiklos anzunehmen, muß bezweifelt werden, wenn man andere Quellen zur Hand nimmt, die mit Kritik an den Arabern zu diesem Zeitpunkt nicht (mehr) sparen mögen.

Adamnan selbst bleibt als Notar von Arkulfs Bericht auch bei Stellen objektiv, an welchen es – den entsprechenden Willen vorausgesetzt – kaum Mühe bereitet hätte, sich über die muslimischen Araber abfällig zu äußern. Doch auch der wahrscheinlich in der Tat recht dürftig aufgeführte erste Bau einer Moschee auf dem verfallenen Gelände des salo-

[97] Adamnan betont: *cui parti horum duum exercituum contentiosorum . . .*; *quasi in procinctu belli consertas sedentes acies . . .*

[98] Wetzer/Welte 4, Sp. 1469.

[99] Vgl. C. Leitmaier, Die Kirche und die Gottesurteile. Wiener Rechtsgeschichtliche Arbeiten, Bd. 2, Wien 1952, S. 36.

[100] S. Rietschel, Gottesurteil, in: PRE 7, S. 33.

monischen Tempels, genauer der Königshalle des Herodes[101], nach der Eroberung Jerusalems durch 'Umar[102] verleitet Arkulf/Adamnan nicht zu einer geringschätzigen Bemerkung über die Sarazenen, weder als ihre Erbauer, obwohl er I 1,14 die Moschee trotz ihres enormen Fassungsvermögens von 3000 Menschen nur als „geringe Arbeit"[103] einschätzt, noch als gläubige Besucher: *Ceterum in illo famoso loco, ubi quondam templum magnifice constructum fuerat, in uicinia muri ab oriente locatum nunc Saraceni quadrangulam orationis domum, quam subrectis tabulis et magnis trabibus super quasdam ruinarum reliquias construentes uili fabricatis sunt opere, ipsi frequentant; quae utique domus tria hominum milia, ut fertur, capere potest*[104]. Dabei bilden *opus vile* und beachtliche Kapazität nebeneinander noch keine Unstimmigkeit beim Autor; denn zu der auch noch so bescheiden aufgeführten Moschee gehört nicht nur das überdachte Hauptgebäude, sondern ebenso der geräumige Innenhof. Diesen mitgerechnet erklärt sich das erstaunliche Fassungsvermögen.

Eine weitere Moschee sieht Arkulf in Damaskus: *Et in honore sancti Johannis Baptistae ibidem grandis fundata eclesia est, et quaedam etiam Saracinorum eclesia incredulorum et ipsa in eadem ciuitate quam ipsi frequentant fabricata est* (II 28,2)[105]. Diese Stelle unterscheidet sich in der Bezeichnung des Gebäudes wesentlich von der Beschreibung der Jerusalemer Moschee. Während diejenige in Jerusalem funktional als Bethaus, d.h. als *domus orationis* begriffen wird, was ganz exakt dem arabischen *masǧid* (= Ort, an dem man sich zum Beten niederläßt) entspricht[106], nennt Adamnan die Moschee in Damaskus wie die christlichen Kirchen auch *ecclesia*. Ursache für diese begriffliche Divergenz bildet entweder die Tatsache, daß einmal der arabische Terminus technicus von Arkulf/Adamnan aus Verständnisgründen nicht verwendet werden kann, was freilich im Hinblick auf die erste Stelle mit der Verwendung von *domus orationis* (= *masǧid*) wenig einleuchtet, oder aber der Erzähler andererseits über die unterschiedliche Entstehungsgeschichte bzw. kultische Nutzung der beiden Moscheen informiert ist und die Abweichung der einen Anlage von der anderen betonen will, nämlich daß die Moschee

---

101 EI² 1, S. 609.

102 Vgl. P. Mickley (Übers.), Arculf. Eines Pilgers Reise nach dem heiligen Lande, 2. Teil, in: Das Land der Bibel, Bd. 2, Heft 3, Leipzig 1917, S. 19 Anm. 1; EI 3, S. 176; EI 4, S. 449 s.v. 'Al-Masdjid'; EI 3, S. 337.

103 Mickley, Arkulf, 1. Teil, in: Das Land der Bibel, Bd. 2, Heft 2, Leipzig 1917, S. 20.

104 CCSL 175, S. 186.

105 CCSL 175, S. 220.

106 Vgl. R. S. McClenehan, The Moslem's Mosque and the Christian's Church, in: MW 32 (1942), S. 159.

in Jerusalem mit ihrer für die frühe Bauphase typischen viereckigen Form (Adamnan I 1,14: *quadrangula orationis domus*) von Anbeginn an eine arabische Gründung darstellt[107], die Moschee in Damaskus hingegen eventuell in einer arabischen Kirche eingerichtet worden ist. Diesen Vorgang hätte man sich dann so vorzustellen, daß die Muslime in Damaskus entweder eine ruinöse Kirche so weit wieder herstellen, daß sie ihren Zwecken genügt, was den Arabern in ihrer neuen Herrenrolle aber kaum zuzutrauen ist, oder sich aufgrund ihrer Machtbefugnisse ein christliches Gebäude ganz oder teilweise aneignen; daß es zu diesen Kirchenbesetzungen kommt, ist in der Forschung opinio communis. Unter der Betonung dieses oder jenes Aspektes scheint man nur noch die Häufigkeit solcher Vorfälle zu diskutieren; stellvertretend seien zwei Stimmen zitiert (wobei die jüngere den Fortschritt in der Forschung gegenüber der älteren dokumentiert): „Die Kirchen und Synagogen verblieben im großen Ganzen ungeschmälert im Besitz der Glaubensgemeinschaften“[108] und „In these early days, the Muslims, when they conquered a town in Syria, usually took one of the churches and used it as a mosque or merely divided one of the churches if the town had surrendered without resistance“[109]. So erscheint vor unseren Augen schießlich das einer späteren arabischen Tradition entstammende Bild von der zweifachen Nutzung der – auch durch Adamnan unmittelbar davor erwähnten – Kirche Johannes des Täufers durch Christen und Muslime. Man muß in diesem Zusammenhang nicht unbedingt an gewaltsame Aktionen denken; der Nutzung eines einzigen Kulthauses durch zwei Religionsgemeinschaften dürfte eher eine nur noch schwer nachvollziehbare tolerante Haltung untereinander zugrunde liegen. Bereits der anonyme Reisende aus Piacenza erwähnt anläßlich seiner Pilgerfahrt um 570 im 30. Kapitel seines Itinerars die Teilung eines Gotteshauses zwischen Juden und Christen.

Als Orte, an denen in islamischer Zeit Gebäudeteilungen vorgenommen werden, führt K. A. C. Creswell neben Ḥimṣ, Aleppo, Cordoba und Diyārbakr auch Damaskus an[110], modifiziert später diese Aussage aber

---

[107] Vgl. K. A. C. Creswell, Early Muslim Architecture, 1,1, Oxford 1969, S. 32ff. u. 156ff. Der Archetyp der Anlage führt sich möglicherweise auf die Verhältnisse in Medina zurück; vgl. C. Saarda, Origins of the Mosque, in: MW 28 (1938), S. 336 u. 343. Andererseits ist nicht zu verkennen, daß zahlreiche viereckige Anlagen auf ebensolche antike Tempelstätten zurückzuführen sind, wie das z.B. in Damaskus der Fall ist.

[108] Hartmann, Palästina unter den Arabern, S. 17f.

[109] EI^2 1, S. 609.

[110] Creswell, Early Muslim Architecture 1,1, S. 17; vgl. EI 3, S. 377; Saarda, Origins of the Mosque, MW 28 (1938), S. 342f.

insofern, als er nicht von einer Teilung des eigentlichen Kirchenbaus zu Damaskus ausgeht, sondern von einer Teilung des gesamten offenen ehemaligen Tempelgevierts, also des antiken Temenos. Im westlichen Teil dieses riesigen Hofes stand die Kirche, den östlichen dagegen scheinen seit der Eroberung der Stadt die Araber zu nutzen[111]. Schon Arkulf läßt keinen Zweifel darüber aufkommen, daß er in Damaskus vor zwei verschiedenen Bauten steht. In der schriftlichen Abfassung durch Adamnan ist sein Bericht die einzige Quelle, die sich expressis verbis gegen die Behauptung, die Johannes-Kirche sei zwischen Christen und Mohammedanern aufgeteilt gewesen, und damit gegen die arabische Tradition stellt[112]. In dem einen Gebäude erkennt er klar die Johannes-Kirche, in dem anderen — separat von dem ersten — das Kulthaus der Sarazenen, das sich in der äußeren Form der Anlage schon von dem in Jerusalem gesehenen unterscheidet und sich ‘nach Art einer Kirche’ errichtet (*quaedam etiam Saracinorum eclesia . . . fabricata*) dem gallischen Bischof präsentiert, in die Südseite des Säulenumgangs installiert und wahrscheinlich an der sich bis zum Gestaltungswandel unter ‘Abdalmalik (685–705) bzw. al-Walīd I. (705–715) an christlichen Vorbildern orientierenden Moscheebauweise ausgerichtet[113].

Eine arabische Legende — hier in der Version von C. H. Becker wiedergegeben — veranschaulicht plastisch und bestätigt die knappe Beobachtung Arkulfs: „Walīd besichtigt den von ihm veranlaßten Neubau der Prophetenmoschee zu Medina. Der primitive Empfangshof des Propheten war schon von seinen ersten Nachfolgern, besonders von ‘Uṯmān, erweitert worden. Walīd trifft einen Sohn ‘Uṯmāns und sagt zu ihm: ‘Wie sehr übertrifft doch unsere Bauweise die eure.’ ‘Gewiß’, erwidert ihm der Erbe ‘Uṯmāns, ‘wir haben eben nach der Bauweise (altarabischer) Masāǧid gebaut, ihr aber nach der Art christlicher Kirchen.’“[114] Exakt auf dieselbe Weise drückt sich Arkulf/Adamnan bezüglich der Moschee in Damaskus aus. Hat er gar noch von der Existenz einer Kanzel[115] im Innern des Baues gehört und womöglich wie einen Kirchturm

---

[111] Vgl. die beiden Skizzen bei Creswell, Early Muslim Architecture 1,1, S. 194f.

[112] Vgl. EI 1, S. 942f.

[113] EI^2 1, S. 608 s.v. ‘Architecture’.

[114] C. H. Becker, Zur Geschichte des islamischen Kultus, in: ders., Islamstudien, 1, Leipzig 1924 (Nachdr. Hildesheim 1967), S. 492.

[115] Becker, Die Kanzel im Kultus des alten Islam, S. 463ff. Danach ist der genaue Zeitpunkt, zu welchem der transportable „Sitz des Richters bzw. Herrschers zum Platz des stehenden Predigers“ wurde, ungewiß; ibid. S. 466: „Zwischen Mu‘āwijas Regierungsantritt und dem Sturz der Umaijaden vollzieht sich also die Wandlung des Minbars zur Kanzel.“ Vgl. Saarda, Origins of the Mosque, MW 28 (1938), S. 340ff.

ein erstes Minarett[116] hochgezogen gesehen, ist es seinerseits nur konsequent, von der Moschee zu Damaskus 'wie von einer Kirche' zu sprechen.

Über die Jerusalemer Moschee äußert er sich nicht nur hinsichtlich der äußeren Form, der viereckigen Anlage; er bezeichnet sie in erster Linie als *domus orationis*. Wir müssen daher zumindest zu bedenken geben, ob Arkulf, um zu seiner Unterscheidung von Moschee und Kirche zu gelangen, tatsächlich nur von einer Gegenüberstellung von Äußerlichkeiten ausgeht bzw. sich alleine von baulich-formalen Kriterien leiten läßt. Im Fall der Moschee zu Damaskus können wir zwar nur vermuten, daß er meint, das Bauwerk werde auch nach Art einer Kirche genutzt; für den ersten Fall der Jerusalemer Moschee aber geht Arkulf bei der Suche nach der korrekten Bezeichnung eindeutig von der Funktion des Gebäudes aus.

Zu der Zeit, da sich Arkulf in Palästina und Syrien aufhält, beginnt sich der islamische Gottesdienst in festen Kultformen zu ritualisieren[117]. Dies geschieht vornehmlich am Sitz des Kalifen selbst, aber auch an Orten, von welchen aus seine Statthalter die einzelnen Provinzen überwachen. Nur dort gibt es die festlichen Freitagsgottesdienste mit Predigt[118]. In sämtlichen anderen Moscheen der inzwischen muslimischen Länder wird lediglich das Gebet gesprochen.

Man muß nun nicht annehmen, daß Arkulf selbst in Jerusalem und Damaskus an solchen Gottesdiensten teilgenommen hat; es genügt, daß er gut über die islamischen Kulthandlungen informiert worden ist. Er weiß jedenfalls, daß in der Moschee zu Jerusalem die Muslime (nur) zur Verrichtung der vorgeschriebenen Gebete zusammenkommen; folglich nennt er das Gebäude richtig *domus orationis*.

Völlig anders verläuft dagegen der Freitagsgottesdienst in der jungen Hauptstadt Damaskus, der *civitas regalis*, wie Arkulf betont. Gerade wenn er davon nur erzählt bekommt, seine Ohren nicht durch den für ihn wohl harten Klang der fremden Sprache, seine Augen nicht durch ungewohnte Gebärden abgelenkt werden, muß der Ablauf des Gottesdienstes den gallofränkischen Bischof sehr an ihm vertraute Meßfeiern erinnern, aḏān an Vormesse, erste und zweite ḫuṭba an Schriftlesung und Predigt, der du'ā' li l-mu'minīn an das Kirchengebet und die ṣalāt an die eigentliche Messe[119].

---

116 Vgl. Becker, Zur Gesch. d. islam. Kultus, S. 493f.

117 C. H. Becker, Christentum und Islam, in: ders., Islamstudien, 1, S. 418f. u. 479.

118 EI 2, S. 1054ff. s.v. 'Khuṭba'; Saarda, Origins of the Mosque, MW 28 (1938), S. 341.

119 Nach Becker, Zur Gesch. d. islam. Kultus, S. 483–491.

Willibaldus / Hugeburc

Den Abschluß der Betrachtung von Reiseberichten über den Orient bildet die *peregrinatio* innerhalb der Vita des späteren ersten Bischofs von Eichstätt, des Angelsachsen Willibald. Mit seinem Vorläufer Arkulf hat er gemeinsam, daß er nicht selbst seine Erlebnisse und Eindrücke festhält, sondern dies einer anderen Person überläßt, in diesem Fall einer Heidenheimer Nonne, die ihren Namen als Verfasserin des Werks in einer Geheimschrift festhält (München, Bayer. Staatsbibliothek, Clm 1086, fol. 71ᵛ), die 1931 dank einer zündenden Idee B. Bischoffs enträtselt wurde[120]. Mit dieser Entdeckung erst wurde der Schleier um den Namen der Frau gelüftet, die die Biographie Willibalds verfaßt hat, in welcher die ausgedehnte Orientfahrt großen Raum einnimmt.

Während uns aber von dem Pilger aus Piacenza nicht einmal der Name und von Arkulf kaum mehr als dieser bekannt ist, liegt der Lebenslauf Willibalds in großen Zügen offen vor uns. Um 700 geboren genießt er bis zum 20. Lebensjahr die übliche monastische Erziehung; dann verläßt er Britannien. Am Martinstag, also am 11. November des Jahres 720, kommt er mit Wunibald und weiteren Landsleuten in Rom an, bleibt bis Ostern 723 in der Ewigen Stadt und bricht anschließend in Richtung Osten auf. Auf den Tag genau vier Jahre nach seiner Ankunft in Rom erreicht Willibald Jerusalem. Dreimal durchzieht er Palästina; erst Ende November 726 verläßt er auf einem Schiff das Heilige Land. Bis Ostern des nächsten Jahres aber benötigt er, um endlich Konstantinopel zu betreten und dann gute zwei Jahre dort zu verbringen. Im Sommer 729 tritt er schließlich zusammen mit kaiserlichen und päpstlichen Gesandten die Heimreise nach Italien an, so wie einst auch Arkulf die Begleitung solcher in offizieller Mission reisender Gesandter für den Rückweg nach Italien gesucht hat. Von 730 bis 739 beobachten wir ihn als Bruder im Kloster Monte Cassino. Eine Begegnung mit Bonifatius aber verleiht seinem Leben eine neue Bestimmung; 740 wird er zum Priester geweiht und begibt sich nach Eichstätt, wo er im Jahr darauf die Bischofsweihe empfängt. Von Frühjahr 776 bis September 778 sehen wir ihn häufig das benachbarte Kloster Heidenheim besuchen. In diese Spanne fällt der Tag, an welchem er nach gängiger Auffassung von seiner Pilgerfahrt erzählt: „Am Vorabende vor der Sommersonnenwende, am 23. Juni des Jahres 778, es war ein Dienstag, war Willibald abermals Gast im Konvente zu Heidenheim. Und da geschah es, daß der greise Oberhirte, entweder daß die Klostergemeinde ihn darum ersuchte oder daß er

[120] B. Bischoff, Wer ist die Nonne von Heidenheim?, in: SM N.F. 18 (1931), S. 357f.

es aus eigenem Antriebe tat, ausführlich aus seinem Leben bis zur Bischofsweihe, besonders von seiner Pilgerfahrt nach Rom und seiner Reise ins Heilige Land, erzählte. Und was er berichtete, das durfte mit seiner Erlaubnis die jüngste Nonne, Hugeburg ist ihr Name . . ., niederschreiben. Ja, wenn wir die Worte Hugeburgs buchstäblich nehmen dürfen, dann hat Willibald seiner schreibkundigen, entfernten Verwandten in Gegenwart von zwei Diakonen manches direkt in die Feder diktiert."[121]

Es ist dieser späte Abfassungszeitpunkt des Reiseberichts, der die Aufnahme dieser Quelle in die vorliegende Untersuchung zunächst als problematisch erscheinen lassen muß, denn er liegt etwa drei Jahrzehnte jenseits der Jahrhundertmitte, die wir als Grenze nach oben zogen. Für eine Auswertung des Reiseberichts spricht dagegen die Tatsache, daß Willibald die Pilgerfahrt, von welcher er erst im hohen Alter erzählt, über fünfzig Jahre zuvor unternommen hat, und diese somit in unseren Untersuchungszeitraum fällt. Außerdem wird Willibald – er stirbt wohl an die neunzig Jahre alt im Jahr 787 – auch die ganzen verflossenen Jahre über seine Reise nach Jerusalem nicht verschwiegen sondern bereitwillig von seinen Erlebnissen erzählt haben, bis sich bei ihm selbst eine festgefügte mündliche Version mit ausformulierten Wendungen und stehenden Phrasen herausgebildet hat. Glauben wir schließlich trotz weniger Abstriche, die wir gegebenenfalls exemplifizieren wollen, der Nonne Hugeburc, dann liegt uns ein solch authentischer Bericht nach Wilibalds mündlicher Abfassung hier schriftlich vor; Hugeburc betont: „Nicht von einem anderen in Erfahrung Gebrachtes, nur von ihm selber Gehörtes und von seinem Mund Diktiertes haben wir im Kloster Heidenheim niedergeschrieben."[122]

Wir wissen nicht, ob Willibald vor Antritt seiner Reise über die Sarazenen Erkundungen eingeholt hat. Mit Blick auf andere Quellen der Zeit und die Ausweitung der arabischen Machtsphäre dürfen wir es aber vermuten; Hugeburc selbst äußert sich in der Vita dazu nicht. Der Bericht legt allenfalls nahe, daß ihm während der Hinreise spätestens auf Zypern die Sarazenen ins Bewußtsein dringen. So liest man einerseits zwar davon, daß Willibald erst, indem er mit dem Schiff von Zypern herkommend den syrischen Hafen Ṭarṭūs (Antarados) erreicht,

---

[121] J. Braun, Der heilige Willibald, o.O. 1953, S. 9f.

[122] Quellen zur Geschichre der Diözese Eichstätt, 1 (Vita Willibaldi; lat.-dt.), hg. A. Bauch, Eichstätt 1962. Den Nachweis, daß es sich bei dem Pilgerbericht um eine eigenständige Erzählung Willibalds handelt, erbringt die sprachliche Untersuchung von E. Gottschaller, Hugeburc von Heidenheim (Münchener Beiträge zur Mediävistik und Renaissance-Forschung 12), München 1973, S. 88.

regionem Sarracinorum (MGH SS 15, S. 94,8)[123] betritt, aber auf der anderen Seite wird zweimal betont, daß sich deren Hoheitsgebiet bis Zypern erstrecke bzw. die Insel, 649 erstmals von den Arabern erobert[124], die Machtsphären *inter Grecos et Sarracinos* (MGH SS 15, S. 94,5; 95,15) abgrenze. Insofern bildet Zypern in Willibalds Augen den Scheidepunkt, und der erste Hinweis auf die *regio Sarracinorum* dient nicht einer exakten Beschreibung der arabischen Territorialgewinne, sondern bringt eher die Philologen auf die Spur, daß *regio* — in welchem Nebensinn auch immer — stets 'Festland' bedeutet. So gesehen kann Willibald behaupten, die Grenze zwischen Griechen und Arabern sei durch Zypern markiert; arabischen (Festlands-)boden habe er aber erst mit dem Hafen von Ṭarṭūs an der syrischen Küste betreten.

Im Zusammenhang mit Zypern ist ihm die Tatsache, daß er ihre Bewohner unbewaffnet antrifft, eine Erwähnung wert. Der Grund hierfür liegt erneut bei den Arabern: *pax multa fuit et conciliatio inter Sarracinis et Grecis* (MHG SS 15, S. 95,16), was plausibel genug klingt, Waffenlosigkeit zu erklären; der Satz enthält indes nur die halbe, besser gesagt den ersten Teil der Wahrheit. Wir wissen heute, daß das Verbot, Waffen zu tragen, zu den Einschränkungen gehört, mit welchen die Christen in arabisch besetzten Gebieten leben müssen[125], und können deshalb davon ausgehen, daß Hugeburc Eigenbeobachtungen Willibalds wiedergibt. Nimmt man schließlich den Anreiseweg Willibalds auf Zypern, vergleichbar dem des Anonymus von Piacenza, hinzu, läßt man ferner gelten, daß die Insel Ende des 7. Jh.s geteilt worden ist[126], und schließt man aus, daß das byzantinisch-arabische Kondominium Zypern nicht generell als waffenfreie Zone eingerichtet ist, dann steht fest, daß sich Willibald (auch) im arabischen Teil der Insel bewegt.

Weder hier noch auf dem weiteren Weg gerät die Pilgergruppe in Kriegsgebiet. Da Willibald auch nichts von den arabischen Sommerrazzien, die in diesen Jahren in erster Linie gegen Kleinasien vorgetragen werden, sowie den regional gebundenen Grenzscharmützeln[127] mit-

---

[123] Die Vita hier stets nach der Monumenta-Edition von O. Holder-Egger (s. dazu Wattenbach/Levison, 2, S. 177 Anm. 38) zitiert, die auch A. Bauch seiner zweisprachigen Ausgabe zugrundegelegt hat, welche in einem überaus umfangreichen Anmerkungsteil zu möglichst allen Einzelfragen Erklärungen anbietet.

[124] Hitti, Arabs, S. 167; Ostrogorsky, Geschichte des byzantinischen Staates (= HAW XII 1,2), München 1963, S. 97.

[125] Th. W. Juynboll, Handbuch des islamischen Gesetzes, Leipzig 1910, S. 353.

[126] EI^2 5, S. 302 s.v. 'Ḳubrus'; Ostrogorsky, Gesch. d. byzant. Staates, S. 108.

[127] Vgl. die Auflistungen zu den entsprechenden Jahren bei L. Caetani, Chronographia Islamica, Paris 1912.

bekommt, trifft seine Feststellung von Friede und Verständigung zwischen Griechen und Sarazenen zu. Arabische und griechische Quellen bestätigen mit geringfügigen Einschränkungen der oben genannten Art Willibalds Beobachtung. Die letzte bedeutende, d.h. gezielt vorgetragene und zentral gesteuerte Aktion der Araber gegen Byzanz, von der damals selbstredend auch die Insel Zypern betroffen ist, liegt mit der – aus arabischer Sicht – fehlgeschlagenen Belagerung Konstantinopels 716/717 in der Tat sieben Jahre zurück[128]. Die Situation spitzt sich erst im Jahr 726 wieder zu [129], und wir dürfen mit einigem Recht annehmen, daß wenn nicht die Abreise Willibalds aus dem Heiligen Land Ende dieses Jahres selbst, so doch die nicht anders erklärbare lange Dauer seiner Fahrt von Tyros nach Konstantinopel mit den erneut einsetzenden Kriegshandlungen zwischen Byzantinern und Arabern in Beziehung steht; von Tyros, das er am Ende seines knapp zweieinhalbjährigen Palästinaaufenthalts zu Schiff verläßt, benötigt er bis Konstantinopel über vier Monate, d.h. *a natale sancti Andreae apostoli usque una ebdomada ante pascha* (MGH SS 15, S. 101,18), also vom 30. November 726 bis zum 6. April 727. Die Vita klärt nicht darüber auf, was oder wer den frommen Wanderer unterwegs so lange aufgehalten hat. Um eine Vorstellung davon zu geben, wie sehr sich Willibald verspätet, sei vergleichsweise an den 1. Kreuzzug erinnert: In ebenfalls vier Monaten durchquert das schwerfällige Heer bei Sommerhitze, von Schlachten begleitet, von Belagerungen und Eroberungen aufgehalten, vom Gegner zum Kampf gestellt oder zu Umwegen gezwungen und wegen notwendiger Ruhepausen bisweilen tagelang an einen Platz gebunden ganz Anatolien[130]. Die Kreuzritter legen trotz solcher Behinderungen die Strecke Nikäa–Antiochia in der gleichen Frist zurück, die Willibald von Tyros bis Konstantinopel benötigt. Der Hinweis, Willibald habe sich den ganzen fraglichen Winter auf dem Schiff aufgehalten (MGH SS 15, S. 101,17: *Et postea tunc navigaverunt totum gemem . . .*), verwirrt und kompliziert eher, als daß er zur Klärung von Willibalds Verbleib beiträgt.

Über die Verzögerungen auf seinem Weg durch Syrien und Palästina informiert die Vita dagegen bis in erstaunliche Details. Sie genießen

---

[128] Hitti, Arabs, S. 203; Shaban, Islamic History, S. 129 u. 144; Wellhausen, Arab. Reich, S. 212; nach Ostrogorsky, Gesch. d. byzant. Staates, S. 130f. fand die Belagerung 717/718 statt.

[129] ibid. S. 131; nach F. Gabrieli, Il Califfato di Hishâm (= Mémoires de la Société royale d'archéologie d'Alexandrie, Bd. 7,2), Alexandria 1935, S. 86 wird im Jahr 726 ein militärisches Unternehmen gegen Zypern mit 4000 Mann durchgeführt.

[130] H. E. Mayer, Geschichte der Kreuzzüge, Stuttgart 1973³, S. 55–60.

unsere besondere Aufmerksamkeit, da in diesem Zusammenhang die Araber — gewissermaßen verursachend — eine tragende Rolle spielen.

Zu den ersten Unannehmlichkeiten kommt es für Willibald bereits kurz nach der Landung in Syrien. Die Pilger gelangen vom Hafen Ṭarṭūs über das *castellum que dicitur Arche* (MGH SS 15, S. 94,9), heute ʿArqa (ʿIrqa), das unten bei der Klärung der Anschuldigung, die gegen Willibald und seine Landsleute — *Tunc erant cum Willibaldo 7 contribuli illius, et ille ipse fuit octavus* (MGH SS 15, S. 94,13) — von arabischer Seite erhoben werden, noch von Bedeutung sein wird, gerade bis Emessa, d.h. Ḥimṣ. Auf den ersten Blick legt die Vita nahe, mit den Entfernungsangaben *9 aut 12 mil.* für die Strecke von Ṭarṭūs nach ʿArqa und *12 mil.* von ʿArqa nach Ḥimṣ anzunehmen, Willibald habe nach zwei Tagen, mit einer Übernachtung in ʿArqa, Ḥimṣ erreicht; zu stark erinnern die Meilenangaben an Tagesetappen älterer Itinerare[131]. Doch Hugeburc bleibt, was der zeitgenössische Leser freilich nicht nachvollziehen kann, mit ihren Entfernungsangaben so weit unter den tatsächlichen Gegebenheiten, daß man gut mit einer Woche Reisedauer von Ṭarṭus bis Ḥimṣ rechnen darf.

Dort trägt sich nun, in geraffter Wiedergabe der Willibald'schen Erzählung, folgendes zu[132]: Sofort (*Confestim*) nach der Ankunft in der Stadt werden die christlichen Pilger von Sarazenen festgehalten und der Spionage beschuldigt; zu ihrer Überprüfung werden sie zu einem wohlhabenden alten Herrn gebracht, der sich von ihrer Unschuld und ihrem wahren Ansinnen, der Pilgerfahrt, überzeugt zeigt.

Von diesem begeben sie sich — man ist geneigt zu glauben: als freie Leute wieder von Ḥimṣ weg — zu einem Palast, um sich mit erforderlichen Reisepapieren zu versorgen. Der dort angetroffene Statthalter — wie Bauch den *preses* der Vita übersetzt[133] — erneuert jedoch den Vorwurf der Spionage (MGH SS 15, S. 94,22: *quod speculatores fuissent*) und steckt sie allesamt in den Kerker. Aus ehrenwerten Motiven (MGH SS 15, S. 94,27: *sibi in elemosinam et animae suae redemptionem*) unternimmt ein Kaufmann — wir wissen nicht nach wievielen Tagen Haft für die Pilger — den Versuch, die Eingesperrten freizubekommen, allerdings ohne Erfolg. Wohl zum Trost schickt er seinen Sohn mittwochs und samstags ins Gefängnis, damit dieser Willibald und seine

---

131 z.B. das Itinerarium Burdigalense, CCSL 175, S. 1–26; vgl. Hudemann, Postwesen, S. 116ff.

132 In knappster Form wiedergegeben bei J. Braun, Der heilige Willibald, Eichstätt 1953, S. 21–24.

133 Bauch, Vita Willibaldi, S. 51; 53; 67.

Gefährten zum Bad begleitet; sonntags schafft er ihnen Gelegenheit, Kirche und Markt zu besuchen und sich auf Kosten des Wohltäters mit dem einzudecken, wonach ihnen der Sinn steht.

Vom Verhalten des Statthalters während der Haft ihnen gegenüber weiß die Vita nichts zu erzählen. Dem Hinweis, *precepit illos in carcerem trudi usque ad illum tempus, quo repperiret a rege, quid fecisset de illorum causa* (MGH SS 15, S. 94,22–24), ist nicht einmal zu entnehmen, ob er von sich aus Aktivitäten entwickelt, um die anscheinend zur Urteilsfindung notwendige Entscheidung des Kalifen einzuholen. Auf der anderen Seite müssen wir annehmen, daß ohne Willen und Wissen des *preses* der wohlmeinende — gewiß christliche — Kaufmann und sein Sohn sich unmöglich um die einsitzenden Pilger kümmern konnten.

Auch der *homo de Ispania* (ibid. S. 95,1), mit dessen Erscheinen sich das Blatt für die Pilger entschieden wendet, erhält selbstverständlich nicht ohne die Erlaubnis des *preses* Zutritt zum Kerker. Er bemüht sich allem Anschein nach auch nicht — wie der Kaufmann zuvor — zur Rettung seines Seelenheils um die Fremden; *venit et loquebat cum illis in carcere et diligenter ab illis inquisivit, quid esset aut unde essent*, sagt die Vita lapidar (MGH SS 15, S. 95,1 f.). Er hat einen Bruder *in palatio regis, qui fuit cubicularius regis Sarracinorum* (ibid. S. 95,2 f.). Inwieweit diese Beziehung für die weitere Entwicklung bestimmend wirkt, läßt sich nur erahnen. Jedenfalls weiß die Vita, daß sich beim Kalifen alsbald der *preses*, der *homo de Ispania* sowie — wir wissen nicht woher — der Kapitän des Schiffes, auf dem die Pilger von Zypern her an die syrische Küste gelangten, einfinden und dem Herrscher, nachdem der als 'Kammerdiener' im Schloß tätige Bruder des Mannes aus Spanien im Sinn einer Beeinflussung seines Herrn instruiert ist, über die inhaftierten Fremden Bericht erstatten. Der Kalif kann nach der Anhörung nur deren Unschuld feststellen (MGH SS 15, S. 95,13: *Non habent peccatum contra nos*) und — vermutlich an den im Gegensatz zu den Beschuldigten anwesenden *preses* gerichtet — ihre Freilassung verfügen: *Da eis viam et sine illos abire* (ibid. S. 95,13 f.). Damit ist der Fall abgeschlossen. Der Bericht betont am Ende dieser leidigen Episode nur noch, daß die Gefangenen im Gegensatz zu anderen Inhaftierten anläßlich der Freilassung nichts bezahlen müsen: *Alii homines, qui in carcere habebantur, debebant censum reddere unum tremesem, illis fuit concessum* (MGH SS 15, S. 95,14 f.). *Census* deuten wir dabei wohl richtig als *capitatio*, als Kopfsteuer, die sich die Araber auch von den christlichen Pilgern zu fordern nicht scheuen[134]; wel-

[134] Vgl. F. Løkkegaard, Islamic Taxation in the Classical Period, Kopenhagen 1950, S. 142; Juynboll, Islam. Gesetz, S. 351.

chen Betrag der eine Tremissis aber bezeichnen soll, der den Pilgern erlassen wird, ist nicht mehr bestimmbar[135].

Sicherer zielen wir mit unseren Fragen nach der Identifizierung bzw. näheren Bestimmung von Personen und Handlungsplätzen.

Unschwer ist zu erkennen, daß gerade im Zusammenhang mit der ersten Festnahme Willibalds und seiner Begleiter[136] hinsichtlich der Exekutivgewalten die arabischen Vertreter im lateinischen Text der Vita terminologisch nicht erfaßt werden, sondern stattdessen ihrer ethnischen Bestimmung nach generalisierend, für das 8. Jh. geradezu üblich, als *pagani Sarracini* bezeichnet werden. Dieser Begriff zielt nicht eo ipso auf eine Herabsetzung der Araber. Wie in der Antike Griechen und Römer alle Menschen außerhalb des eigenen ethnischen Zugehörigkeitsbereichs als 'Barbaren' bezeichnen, so versteht das Frühe Mittelalter unter *paganus* lediglich den 'Nicht-Christen' und meint nicht 'heidnisch' im pejorativen Sprachgebrauch unserer Tage.

Wichtiger aber als diese religiöse Negativ-Etikettierung der Sarazenen ist die Feststellung, daß sie allem Anschein nach auf Willibald weder als Amtsträger noch in anderer Form Staatsmacht verkörpernd wirken. Selbst als diese Araber die Pilger, d.h. *captivos eos, ducebant ad quendam senem*, wird der Leser nicht zu der Annahme verleitet, dieser Vorgang bedeute die Überstellung Willibalds und seiner Begleiter an einen Richter oder eine Person mit ähnlicher Funktion. Viel eher denkt man an einen alten Privatmann, der als erfahren, vielleicht weltläufig genug gilt, die Fremden und ihre Absichten richtig beurteilen zu können. Den

---

135 Bei der Münze kann es sich nur um einen byzant. Triens oder, was zur damaligen Zeit bereits wahrscheinlicher ist, um einen arabischen Dīnār gehandelt haben. Vgl. z.B. im Catalogue of the Byzantine Coins in the Dumberton Oaks Collection and in the Whittemore Collection, II,2 (Phocas to Theodosius III, 602–771), Washington 1968, Plate XXXVII Nr. 13,2–14,2; bzw. J. Walker, A Catalogue of the Arab-Byzantine and Post-Reform Umaiyad Coins, S. 93–98, Tafel XIII; Juynboll, Islam. Gesetz, S. 351: „Als Minimum bestimmt das Gesetz einen Dīnār", also eine Goldmünze, die – wie oben gesagt – dem byzant. Triens bzw. dem ebenfalls in Gold geschlagenen Tremissis, d.h. dem fränkischen Drittelsolidus in Willibalds Augen gleichkommt; zum fränkischen Triens vgl. H. Gebhart, Die deutschen Münzen des Mittelalters und der Neuzeit, Berlin 1930, S. 1f.; M. Prou, Les Monnaies Mérovingiennes, Graz 1969 (zuerst Paris 1896), S. XIV–XXVIII; zum Gegenwert vgl. eine Bestimmung aus den um 717/719 entstandenen Leges Alamannorum (MGH Leges I,5, S. 82; hier zitiert nach G. Duby, Krieger und Bauern. Die Entwicklung der mittelalterlichen Wirtschaft und Gesellschaft bis um 1200, Frankfurt 1984, S. 56): „Die Sklaven der Kirche sollen ihren Tribut gemäß den gesetzlichen Vorschriften leisten: fünfzehn Maß Gerstenbier, ein Schwein im Wert von $^1/_3$ solidus . . ."; zum Triens vgl. ibid. S. 68, 71.

136 MGH SS 15, S. 94,13–20.

Reichtum dazugenommen, der Willibald aufgefallen sein muß, entsteht vor dem geistigen Auge des Lesers jedenfalls eher das Bild eines in geschäftlichen Dingen gereisten und darüber zu Wohlstand gekommenen orientalischen Handelsherrn als eines mit einem wenn auch noch so hohen Titel ausgestatteten Vertreters der arabischen Justiz. Islamkundliche Forschungen verbieten nachgerade — zumindest in der idealtypischen Ausformung legislativer Texte — die Verbindung 'Richter' und 'reich'. Th. W. Juynboll hat darauf hingewiesen, daß ein Qāḍī sich gemäß islamischer Rechtsvorstellungen vom Handel (und damit jeder Begünstigung) fern halten sollte[137]. Somit hätten wir zu konstatieren, daß es sich bei dem *dives senex* so wenig um einen Richter handelt wie bei den *pagani Sarracini* um Vertreter eines Exekutivvorgangs; vielmehr hätten den Übergriff gegen die abendländischen Pilger dann einige Einwohner von Ḥimṣ verschuldet, die unter dem Vorwand oder aber — nicht a priori von der Hand zu weisen — dem tatsächlichen Eindruck der Spionage die Europäer unmittelbar nach ihrer Ankunft in der Stadt an der Weiterreise hindern: *Confestimque illi pagani Sarracini repperientes, quod adveni et ignoti homines illic venti fuerunt, tulerunt eos et captivos habebant; quia nesciebant, de quale fuerant gente, sed speculatores esse illos estimabant, et captivos eos ducebant ad quendam senem divitem, ut videret et agnosceret, unde essent. Ast ille senex interrogavit illos, unde essent aut quale fungerentur legatione. Tunc illi respondentes, ab exordio totam intimaverunt ei itineris sui causam. Et ille senex respondens ait: „Frequenter hic venientes vidi homines de illis terre partibus istorum contribulos; non querunt mala, sed legem eorum adimplere cupiunt.“* Auf der anderen Seite verschweigt Juynboll aber nicht, daß es sich nur um eine islamische Gesetzesempfehlung handelt, d.h. wir müssen sie nicht als realistisch ansetzen, sondern werden nicht unrecht tun, wenn wir einer derartigen Empfehlung nicht mehr Kraft als die frommer Wünsche beimessen und die Möglichkeit, daß ein Mann *dives senex* und Richter zugleich sein kann, nicht von vornherein in Abrede stellen; im Gegenteil. Wir haben davon auszugehen — wie der Bericht e silentio doch auch bestätigt —, daß Willibald sowohl den *dives senex* als auch die *pagani Sarracini* ihrer offiziellen Funktion nach einfach nicht erkennt bzw. mangels hinreichender Deklarierung derselben als Vertreter der Obrigkeit nicht zu bestimmen vermag. Das hängt ursächlich mit dem Phänomen zusammen, das J. Sauvaget für diese Zeit erkannt und „l'absence d'uniformité dans les institutions administratives“[138] genannt hat.

---

137 Juynboll, Islam. Gesetz, S. 311.

138 J. Sauvaget, Chateaux Umayyades de Syrie, in: REI 35 (1967), S. 15.

Eine Begebenheit zum Abschluß seiner Palästinareise liefert einen weiteren Beleg für dieses Unvermögen Willibalds. Da ist die Rede davon, daß nach der Ankunft der Pilger *ad urbe Tyro . . . cives urbis tollentes eos constringebant et omnem scirfam eorum exquirebant, ut repperirent, si aliquid habuissent absconditum, et si aliquid invenissent, cito illos punientes martyrizarent. Cumque omnia exquirentes nihil invenerunt . . .* (MGH SS 15, S. 101,10–13). Es liegt auf der Hand, daß Willibald nicht von irgendwelchen 'Bürgern' der Stadt Tyros, wie zu lesen steht, auf verbotene Waren hin untersucht wird, sondern von Zöllnern, die befugt sind, auf der Stelle nicht nur Bestrafungen auszusprechen, sondern offensichtlich auch gleich vorzunehmen. Insofern ermangelt dieses Zitat mit den *cives urbis* ebenso einer korrekten Funktionsangabe oder Amtsbezeichnung der Handelnden wie die zuvor herangezogene Passage mit *dives senex* und *pagani Sarracini* in Ḥimṣ, bei welchen es sich mit Wahrscheinlichkeit um den Qāḍī und 'Polizisten' handelt.

Ganz anders die zweite Verhaftung, nachdem die Pilger — wie die Heidenheimer Nonne wissen läßt — infolge der günstigen Beurteilung und Verwerfung des Spionageverdachts durch den *dives senex* (vermutlich) zunächst auf freien Fuß gesetzt worden sind: *Tum illi inde pergentes, venerunt ad palatium, ut rogarent illis viam transire ad Hierusalem. Cumque illic veniebant, statim ille preses dixit, quod speculatores fuissent, et precepit illos in carcerem trudi usque ad illum tempus, quo repperiret a rege, quid fecisset de illorum causa.* Alles wirkt förmlich, offiziell, 'von Amts wegen'. Anstelle der *pagani Sarracini* und des *dives senex* tritt ein *preses* auf, der in einem *palatium* residiert, einem Gebäude also, bei dem jeder Leser der Vita Willibalds im 8. Jh. an einen Sitz höchster administrativer Gewalt, bisweilen durch den anwesenden König selbst verkörpert, denkt. Mit einem *carcer* ist es zudem für Verhaftungen bestens gerüstet; bei der ersten Festnahme in Ḥimṣ ist von einem solchen keine Rede. Damit aber noch nicht genug. Im Zusammenhang mit der zweiten Verhaftung wird die Machtstruktur arabischer Herrschaft bis an die Spitze offengelegt, indem als letzte entscheidende Instanz hinter dem *preses* der *rex Sarracinorum* erscheint, an dessen Willen ersterer in dem Maß gebunden zu sein scheint, daß das weitere Schicksal der christlichen Pilger — so die Vita — von dessen Spruch abhängen soll.

Mit dem 'Sarazenenkönig' ist selbstredend der Kalif gemeint, *cui nomen Myrmumni*[139]. Den in der Willibald'schen Verballhornung kaum mehr erkennbaren Titel *amīr al-mu'minīn* ('Beherrscher der Gläubigen'), der dahintersteht, trug jeder Kalif. Möglicherweise wird die Bezeich-

[139] MGH SS 15, S. 95,6 f.; S. 100,5: *nomine Myrmumni.*

nung auch von Willibald korrekt nicht als Eigenname, sondern als Gattungsbegriff verwendet; denn wie auf der einen Seite zwar richtig ist, daß mit Wendungen *cui nomen est* oder *nomine* (und dem folgenden Namen im Genitiv) der Zeit gemäß Personen bei ihren Eigennamen genannt werden, so ist auf der anderen Seite nicht zu verkennen, daß gerade auch in jenen Tagen *nomen* allgemein 'Bezeichnung' heißt. Dies verdeutlicht der 'Nomen-Streit', der diese und die folgenden Jahrzehnte durchzieht[140]. So wie man die Ablösung der Merowinger durch die Karolinger damit rechtfertigt, daß der fränkische König nicht nur das *nomen regis* führen dürfe, sondern auch die *potestas* eines Königs besitzen müsse und später das *nomen imperatoris* diskutiert (gegen das Karl der Große sich angeblich sträubt)[141], so betrachtet vielleicht auch Willibald den fremden Ausdruck, nämlich das *nomen Myrmumni*, lediglich als zusätzlichen Titel, als ein weiteres *nomen* des *rex Sarracinorum* und nicht als nomen proprium des Kalifen.

Als solcher kommt für die Zeit, in der sich Willibald im Orient aufhält, entgegen einer trük vertretenen, längst berichtigten Meinung[142] einzig Hišām in Frage, der erst wenige Monate vor Willibalds Ankunft in Syrien an die Stelle des Ende Januar 724 verstorbenen Kalifen Yazīd II. rückt[143]. Der Vita nach zu schließen hält er sich wie der erwähnte *preses* ebenfalls in einem *palatium* auf, versorgt unter anderem von einem *cubicularius*, einem 'Kammerdiener'. Dort spricht er auch, jedenfalls der Pilger wegen, nach Anhörung von Zeugen in Abwesenheit der Angeklagten Recht.

Den Kalifen Hišām bekommt weder Willibald noch einer seiner Begleiter zu Gesicht. Der auf ihnen ein zweites Mal lastende Spionagevorwurf wird ohne sie, dafür mit dem *preses*, der sie in Haft genommen, dem Seefahrer, der sie an die syrische Küste gebracht hat, sowie ihrem Fürsprecher, dem Mann aus Spanien, vor dem 'König der Sarazenen' verhandelt: *Cumque ille preses, qui eos in carcere mittebat, ad palatium veniebat, et ille Ispanius, qui cum illis in carcere loquebatur, et ille nautor in cuius nave fuerunt, quando pergebant de Cypro, omnes simul venerunt coram rege Sarracinorum cui nomen Myrmumni. Et cum locutio evenerat de illorum causa, ille Ispanius homo omnia que illi dixerunt ei in carcere suo intimavit fratre et illum rogavit, ut regi indicasset et in subsidia illis foret. Post haec ita-*

140 Vgl. A. Borst, Kaisertum und Namentheorie um 800, in: Zum Kaisertum Karls des Großen, hg. G. Wolf (= WdF Bd. XXXVIII), Darmstadt 1972, S. 216–239.

141 Vgl. H. Beumann, Nomen imperatoris, in: HZ 185 (1958), S. 515–549.

142 T. Tobler (Hg.), Descriptiones Terrae Sanctae, Leipzig 1874 (Nachdr. Hildesheim-New York 1974), S. 300.

143 Caetani, Chronographia, S. 1321 (Nr. 25).

que cumque omnes isti tres simul coram rege veniebant et omnia iuxta ordinem intimando illo iudicabant de eorum causa (MGH SS 15, S. 95,4–10), ist Hišām von der Unschuld der Pilger überzeugt. Weshalb er zu dieser Haltung gelangt, wird unten noch zu besprechen sein.

Ob das Urteil gegen die Überzeugung des 'Statthalters' gefällt worden ist, der die Pilger immerhin festgenommen hat, nachdem sie schon einmal für unschuldig befunden worden waren, verrät der Text nicht; an keiner Stelle wird eine Beziehung zu dem *homo de Ispania*, der für die Befreiung der frommen Wanderer eintritt, hergestellt. Einen Eigennamen des 'Statthalters' nennt die Vita nicht; auch vor dem Hintergrund seines Umfeldes bleibt er ohne Konturen und wird durch seine materielle Umgebung nicht näher bestimmt, als daß er in einem *palatium* residiert und — nach allem, was schon gesagt wurde — Leute festnehmen darf. Später anzustellende Textinterpretationen ergeben, daß sich dieses 'Schloß' in Ḥimṣ bzw. in allernächster Nähe zur Stadt befinden muß.

Entscheidungen geringerer Tragweite, d.h. routinemäßige Verwaltingsvorgänge wie das Ausfertigen von Papieren fallen in seinen Zuständigkeitsbereich, zumindest wenn der Kalif (mit seiner Kanzlei) nicht zu erreichen ist. Diesen Eindruck erweckt der Bericht in dem Abschnitt, der von Willibalds Zwangsaufenthalt in as-Salamīya handelt[144]: Bis eine Woche vor Ostern verbringt er die gesamte (christliche) Fastenzeit des Jaheres 726 in dem von Ḥimṣ ca. 50 km (Luftlinie) entfernten, stark christlichen Ort, um von einer schweren Erkrankung, die wir wohl richtig als Beulenpest ansprechen, wieder zu genesen. In der Zwischenzeit bemühen sich seine Freunde um offensichtlich erneut notwendig gewordene Reisepapiere; den Kalifen indes finden sie nicht. So begeben sie sich um Ostern 726 ein letztes Mal mit der Bitte um Ausweise zum *preses* von Ḥimṣ und erhalten von diesem die verlangte *epistola*, wenn auch nicht in einem für die gesamte achtköpfige Gruppe, sondern — *quia facilius sic potuerunt alimenta obtinere illis* — je eine für zwei Personen. Schwerwiegendere Entscheidungen dagegen, wie der Spionagevorwurf gegen die abendländischen Pilger und seine Verhandlung wahrscheinlich macht, muß er dem Kalifen selbst überlassen.

Nach der Eroberung durch die Araber wurde Syrien in fünf Militärdistrikte untergliedert, an deren Spitze 'Statthalter' stehen wie der zitierte *preses* von Ḥimṣ[145]. Entsprechend der territorialen Reichseinteilung wäre nun zwischen *rex Sarracinorum* und *preses* der Verwaltungseinheit Ḥimṣ ein 'Gouverneur' (*amīr*) von Syrien[146] zu erwarten, der den anfallenden

[144] MGH SS 15, S. 100,2–12.
[145] Vgl. Hitti, Arabs, S. 154 u. 169.
[146] ibid. S. 224.

Problemen mit vielleicht unbotmäßigen christlichen Pilgern allein, d.h. ohne Eingreifen des Kalifen, als dem *preses* zunächst übergeordnete Instanz gewachsen sein sollte. Doch an keinem Ort ist von einem solchen die Rede; es scheint ihn nicht zu geben. Unser *preses* von Ḥimṣ ist in seinen Entscheidungen gänzlich vom Kalifen abhängig und hat sie hinauszuschieben *usque ad illum tempus, quo repperiret a rege, quid fecisset de illorum causa* (MGH SS 15, S. 94,23 f.). Mit dieser Beobachtung bestätigt Willibald, was J. Sauvaget für das dem Kalifen direkt unterstellte Syrien jener Tage festgehalten hat: 'la Syrie est la seule province de l'empire umayyade qui n'ait pas de Gouverneur. Elle est régie directement par le calife lui-même, qui lui sert de préfet, et non par un personnage délégué par le chef de l'État pour tenir sa place, et responsable devant lui.'[147] Wenn wir aus der Um- bzw. Neuverteilung wichtiger Positionen nach dem Tod des Kalifen Hišām (743) richtig rückschließen, dann bekleidet zu Willibalds Zeiten ein Mitglied der Sippe der Banū Qaʿqāʿ das Amt des 'Statthalters' von Ḥimṣ und der dieser Stadt zugeordneten Region[148], in der sich unsere Pilger mehrfach aufhalten. Darüber hinaus aber läßt sich sein Name nicht enger fassen.

Vergleichsweise noch viel weniger jedoch läßt sich über die restlichen in der Vita erwähnten Personen aussagen.

Den ersten der beiden Helfer, die sich während der Haft um Willibald kümmern, identifizieren wir als christlichen Handelsmann. Nur unter dieser Voraussetzung ergibt die Behauptung einen Sinn, daß jener *negotiator sibi in elemosinam et animae redemptionem* (MGH SS 15, S. 94,27) die Pilger freizukaufen (*redimere*) versucht. Des weiteren wird man die Tatsache, daß der Kaufmann die Werke christlicher Nächstenliebe, d.h. hier die Begleitung der Gefangenen auf ihrem wöchentlichen Gang ins Bad und zur Kirche, seinem Sohn überläßt, weil von islamischer Seite wohl schon ein gewisser gesellschaftlicher Druck auf ihm selbst lastet, der es möglicherweise angeraten erscheinen läßt, sich solch einseitiger, sprich: pro-christlicher Tätigkeiten zu enthalten, auch wenn sie nicht direkt verboten sind[149]. Über das Ende seiner schließlich erfolglosen Bemühungen um die Freilassung Willibalds wird der Leser im ungewissen gelassen. Hugeburc stellt lapidar fest: *volebat illos redemere et de carcere eripere, ut liberi essent pergere in suam voluntatem, et non poterat.*

Dem Bericht ist vorderhand nicht zu entnehmen, ob die Anstrengungen des danach in der Gestalt eines *homo de Ispania* auftauchenden zwei-

---

[147] Sauvaget, Chateaux Umayyades, S. 16.
[148] Vgl. Wellhausen, Arab. Reich, S. 221.
[149] Juynboll, Islam. Gesetz, S. 353 f.

ten Helfers letztlich die Freilassung bewirken. Die Wende zum Guten jedenfalls setzt mit dem Erscheinen des Mannes ein, in dem wir wohl keinen Araber aus Spanien, sondern eher einen, wenn nicht islamisierten, so doch arabisierten Hispanier zu sehen haben. Auf wessen Betreiben er sich der Christen aus dem Westen annimmt, steht dahin; fromme Absichten unterstellt ihm die Vita nicht. Sein Auftreten im Kerker wirkt eher amtlich: . . . *loquebat cum illis in carcere et diligenter ab illis inquisivit, quid essent aut unde essent. Et illi dixerunt ei omnia secundum ordinem de sua itinere* (MGH SS 15, S. 95,1 f.). In der Folge erweist sich seine Beziehung zum Kalifen über einen Bruder, der dem Herrscher als *cubicularius* dient, als förderlich; bei diesem *cubicularius*, arab. ḥāǧib, kann es sich eigentlich nur um den *maulā*, d.h. Freigelassenen und Nicht-Araber Ġālib b. Masʿūd handeln, der dem Kalifen Hišām während seiner ganzen Regierungszeit in dieser Funktion diente[149a]. Der Hispanier läßt es dabei nicht erst auf die Verhandlung vor dem Kalifen ankommen, sondern informiert seinen Bruder, den *cubicularius in palatio regis* vorab über den Fall und sucht über diesen auf den Kalifen Einfluß zu nehmen: *Et cum locutio evenerat de illorum causa, ille Ispanius homo omnia que illi dixerunt ei in carcere suo intimavit fratre et illum rogavit, ut regi indicasset et in subsidia illis foret* (ibid. S. 95,7–9).

Völlig unergiebig bleibt der Beschreibungsversuch der ebenfalls an der Verhandlung beteiligten Person des Seemannes, da er über die durch die Quelle vorgegebene spärliche Plattform nicht hinausreicht; dort ist zu ihm vermerkt: *nautor in cuius nave fuerunt quando pergebant de Cypro* (ibid. S. 95,5 f.). Auf die sich daraus ergebenden Fragen, nämlich weshalb man den Kapitän des Schiffes hört, wie man den Mann, der doch üblicherweise wohl zur See fährt, ausfindig macht und in das *palatium* des Kalifen beordert, sind Antworten spekulativ. Das Einbringen dieser Figur mag manchem literarisch wirken und einen weiteren guten Grund dafür liefern, dem gesamten Bericht über die Aktion, die zur Freilassung der Pilger führt, mit Zweifeln zu begegnen, die nichts mit einem Mißtrauen gegenüber Willibalds Wahrheitsliebe oder Hugeburcs Sorgfalt bei der Wiedergabe von Willibalds Erzählung zu tun haben. Sie setzen hinsichtlich der Genese des Berichts chronologisch schon vorher ein; denn bereits Willibald ist auf die Glaubwürdigkeit eines oder mehrerer anderer angewiesen, was die Vorsprachen am Kalifenhof wegen seiner Freilassung angeht. Weder Willibald noch einer seiner Gefährten ist jemals Gast einer solchen Unterredung.

149a Ḫalīfa, Tārīḫ, S. 379.

Auch die abschließende Verhandlung im *palatium regis* findet ohne die Beschuldigten statt. Doch aufgrund der deutlich zu beobachtenden inhaltlichen Stringenz, der strengen Konzentrierung auf einen, wesentlichen Punkt bei allen Befragungen sind Zweifel an Willibalds Erzählung nicht angebracht.

Wir erinnern uns an den Vorwurf der Spionage; gemessen an der Geradlinigkeit früherer Geschichtsepochen wie wohl auch noch jener Tage, da Willibald samt Gefährten in diesen Verdacht gerät, mag Spionage zwar im Grund nichts anderes als heute bedeuten, aber in ihrer aktiven Ausübung immer an Vertreter des an Information interessierten Volkes gebunden sein[150]. Dahinter steckt das antike Bild des 'Kundschafters', der auf fremdem bzw. feindlichem Territorium für die Heimat Wissenswertes in Erfahrung zu bringen trachtet. So kommt der Spionageverdacht im lateinischen Text der Vita dadurch zum Ausdruck, daß von den Pilgern geglaubt wird, *quod speculatores fuissent*[151]. So begeben sich Griechen aus Byzanz in nunmehr arabische Länder und ziehen für den Basileus Erkundungen ein. Dabei als Pilger aus westlicheren Gefilden Europas aufzutreten, dürfte ihnen das Geschäft spürbar erleichtert haben.

Das Jahr 724, in dem Willibald und seine Landsleute syrischen Boden betreten, wirkt nach außen weitgehend ruhig. Doch das Arabische Reich durchlebt im Inneren Spannungen, die durch den Tod des Kalifen Yazīd II. im Januar desselben Jahres noch erhöht worden sind. Christliche Pilger leben in solchen Zeiten gefährlich, griechische allemal. Im Oktober 724 soll eine sechzigköpfige griechische Pilgergruppe in Jerusalem hingerichtet worden sein, weil sie sich geweigert habe, dem christlichen Glauben abzuschwören[152]. Willibald verliert darüber erstaunlicherweise kein Wort, obwohl er knapp drei Wochen danach, d.h. am Martinstag, erstmals die Stadt Jerusalem betritt.

Der Vita ist an keiner Stelle zu entnehmen, ob Willibald weiß, worauf die Araber ihren Spionagevorwurf gründen. Mit keinem Wort geht der Bericht über die eigentliche Tatsache der Anschuldigung hinaus, so daß man vermuten könnte, Willibald verschweige etwas in eigenem Inter-

[150] Selbstverständlich kannten auch die Araber davon bereits Ausnahmen; so „waren die Samaritaner grundsätzlich von der ḫarāǧ ausgenommen, da sie den Arabern bei der Eroberung als Spione und Führer dienten" (M. Borgolte, Der Gesandtenaustausch der Karolinger mit den Abbasiden und mit den Patriarchen von Jerusalem, München 1976, S. 22, nach A. Fattal, Le statut légal des Non-Musulmans en pays d'Islam, Beirut 1958, S. 59).

[151] MGH SS 15, S. 94,15 u. 22.

[152] L. Bréhier, La situation des chrétiens de Palestine a la fin du VIIIe siècle, in: M–A (1919), S. 68.

esse. Doch aufgrund des Freispruchs, der am Ende steht, erscheint eine solche Absicht als wenig plausibel. Die Geschichte von seiner erfolgreichen Balsamschmuggelaktion weist ihn ferner als Mann aus, der keine Scheu hat, auch von eigenen Unkorrektheiten zu erzählen[153]. Mehr für sich hat daher die Annahme, daß die Anklage sehr allgemein gehalten ist und die Araber erst hinter den vermeintlichen Auftrag der *speculatores* kommen wollen, d. h. mit den Worten Hugeburcs, *quale fungerentur legatione.*

In diesem Zusammenhang erachten wir als wesentlich, gewissermaßen als Anfang aller Unbill für Willibald, gleich zu Beginn der Reise auf syrischem Boden den Abstecher zu dem Ort *Arche* (ʿIrqa), der doch um einiges südlich des nächsten Weges von Ṭarṭūs nach Ḥimṣ liegt, das er wohl der leidigen Papiere wegen zuerst ansteuern muß. *Arche* aber ist ein bedeutender Stützpunkt der griechischen Kirche[154]; Willibald selbst beobachtet: *et ibi fuit episcopus de gente Grecorum. Et ibi habebant letania secundum consuetudinem eorum* (MGH SS 15, S. 94,9 f.). Dadurch muß er bei den Arabern Argwohn in der Richtung erweckt haben, es könnte sich bei ihm und seinen Landsleuten möglicherweise um Griechen handeln. Alle Fragen, die ihm daraufhin von arabischer Seite vorgelegt werden, zielen auf die Feststellung ihrer Herkunft. Deutlich ist zu spüren, daß die Araber in dieser Hinsicht nach überzeugender Sicherheit suchen.

Bereits bei der ersten Festnahme in Ḥimṣ durch *pagani Sarracini* steht die Frage im Mittelpunkt, *de quale fuerant gente.* Der reiche Alte bzw. wohl Richter, dem sie anschließend vorgeführt werden, soll feststellen, *unde essent.* Unter Berücksichtigung seiner Erkenntnis, daß sie zur Erfüllung ihrer religiösen Pflicht *de illis terre partibus* — worunter mit Sicherheit nicht das Gebiet des Byzantinischen Reichs fällt — nach Syrien gekommen seien, zeigt er sich von der Unschuld der Pilger überzeugt. Der Hispanier endlich, der sie im Verlauf ihrer zweiten Festnahme durch den Statthalter von Ḥimṣ befragt, will herausfinden, *quid essent aut unde essent.* Den Kalifen selbst schließlich scheint nur zu interessieren, *unde essent.* In der Antwort auf diese letzte Frage versichern *illi,* also wohl der Statthalter von Ḥimṣ, der Mann aus Spanien sowie der ebenfalls anwesende Kapitän des Schiffes, auf welchem die Pilger an die syrische Küste gelangt sind: *De occidentale plaga, ubi sol occasum habet, isti homines veniebant, et nos nescimus ruram citra illis et nihil nisi aquam* (MGH SS 15, S. 95,11 f.). Krasser kann man die Heimat eines Menschen

---

[153] MGH SS 15, S. 101, 6–16.

[154] Vgl. Bauch, Vita Willibaldi, S. 94 Anm. 76.

im äußersten Westen, also hier am Rand der Welt, nicht angeben. Aufgrund dieser Aussage verfügt der Kalif die Freilassung Willibalds und seiner Reisegefährten. Der Verdacht, es könnte sich bei ihnen um Griechen handeln, war damit ausgeräumt.

Als zweiten Aspekt, der eventuell zur Verhaftung führt bzw. den Spionageverdacht erhärtet, dürfen wir die m.E. anfangs zu beobachtende Sorglosigkeit hinsichtlich erforderlicher Dokumente (*epistola*; *carta*; *licentia*) nicht außer acht lassen. Nach der ersten Festnahme in Ḥimṣ, dem Willibald, wie wir oben gesehen haben, auch nicht gerade auf schnellstem Weg zustrebt, hören wir in der Vita erst davon, daß sie sich beim Statthalter um die Erlaubnis bemühen, die Straße nach Jerusalem benutzen zu dürfen (ibid. S. 94,21: *venerunt ad palatium, ut rogarent illis viam transire ad Hierusalem*). Im weiteren Verlauf der Reise und unter dem Eindruck der wochenlangen Haft scheinen sie sich freilich den notwendigen Ehrgeiz, die jeweils erforderliche *epistola* rechtzeitig zu bekommen, erworben zu haben. Als Willibald im Frühjahr 726 erkrankt und die gesamte Fastenzeit in as-Salamīya liegt, versuchen seine Freunde deswegen sogar, den Kalifen ausfindig zu machen: *pergerunt ad regem Sarracinorum nomine Myrmumni et voluerunt rogare illis epistolam, ut pergerent* ... (MGH SS 15, S. 100,5 f.). Sie haben kein Glück; die Pest hat auch den Herrscher aus jener Gegend vertrieben[155]. So wenden sie sich in dieser Angelegenheit erneut an den Statthalter von Ḥimṣ; *tunc venerunt iterum ad Emesam et rogaverunt illum presem dare illis epistolam* (ibid. S. 100,9 f.). Diesmal mit Erfolg: *et dedit illis epistolam duobus et duobus.*

Zu der durch den *turris Libani* markierten, streng bewachten Grenzstation auf dem Weg von Akko nach Tyrus, am Ra'Ds al-Baiyāda wohl, erinnert sich Willibald noch deutlich der Notwendigkeit, einen 'Geleitbrief'[156] vorweisen zu können, wenn man nicht eine Bestrafung in Kauf nehmen wollte: *Et qui illic venit non habens cartam, non pertransiret locum, qui in custodia est ille locus et est claustrum; sed cito, si venerit sine carta, tollent illum cives et mittunt ad urbe Tyro* (MGH SS 15, S. 101,3–5).

Wie man die anfängliche Sorglosigkeit hinsichtlich der in einer *epistola* oder *carta* bestehenden Auflage der arabischen Administration auch bezeichnet, ob als nachlässiges oder unkorrektes Verhalten — erschwerend bzw. verursachend ist als Charakterschwäche des späteren Bischofs eine gewisse Respektlosigkeit gegenüber weltlichen Vorschriften und Skrupellosigkeit nicht zu übersehen, wenn es darum geht, solche zu umgehen. Das beweist die Episode beim Abschied aus Palä-

---

155 ibid. S. 69.

156 Vgl. Bauch, Vita Willibaldi, S. 94 Anm. 79.

stina[157]. Der Stolz des Erzählers über seinen gelungenen Balsamschmuggel, zu welchem er raffinierte Vorbereitungen treffen muß, bricht noch in der Hugeburc'schen Wiedergabe der Geschichte durch. Obwohl ihn nach Auskunft der Vita als Strafe die Folter erwartet, geht er mit List und Tücke und fester betrügerischer Absicht zu Werke, füllt bereits während eines Aufenthalts in Jerusalem, also lange bevor er den Zollposten der Stadt Tyrus (Ṣūr) erreicht, das Balsamöl in einen ausgehöhlten Kürbis und danach ein Rohr, das unten geschlossen ist und wohl exakt in die Öffnung im Kürbis paßt, mit Steinöl, steckt dieses in den Kürbis hinein und schneidet das hervorstehende Ende so mit dem Messer ab, daß das Rohr genau mit der Kürbisöffnung abschließt und nicht mehr sichtbar ist; die Folge: die arabischen Kontrolleure, die ihn nach Schmuggelware durchsuchen, finden zwar den Kürbis, stellen bei einer Geruchsprobe aber lediglich das Steinöl fest, das anscheinend keinen besonderen Bestimmungen unterliegt, und lassen ihn passieren. Daß ein Mann, der sich in der gezeigten Weise über die Gesetze eines Gastlandes hinwegsetzt, sich leicht Ärger schafft, liegt in der Natur der Sache. Fahrlässigkeit und eine gehörige Portion jugendlicher Unbesonnenheit lassen ihn beinahe eine (durchaus im Bereich des Möglichen liegende) dritte Verhaftung provozieren.

Die Dauer seiner Kerkerhaft als Folge der Festnahme durch den *preses* von Ḥimṣ setzen wir mit etwa fünf Wochen an. Dieser Wert ist notwendigerweise erschlossen, da die Vita keine Zeitspanne angibt. Zwischen dem Geburtsfest Johannes des Täufers (24. 6.), das Willibald noch auf Zypern begeht, und dem Martinstag (11. 11.), an dem er erstmals Jerusalem betritt, findet sich für das Jahr 726 keine absolute Datierung mehr. Doch von diesen Eckwerten ausgehend läßt sich die Haftdauer recht zuverlässig ermitteln. Nach Abzug der für die Strecke Zypern–Ḥimṣ wohl zu veranschlagenden Zeitspanne müssen wir annehmen, daß die Festnahme Willibalds und seiner Landsleute nicht nach Mitte Juli erfolgt. Auf der anderen Seite ergibt – beim Martinstag angefangen – die Rückrechnung der Reisedauer von Ḥimṣ nach Jerusalem, die auf Willibalds eigenen Strecken- bzw. Tagesangaben basierend vorgenommen wurde, etwa achtzig Tage. Somit sitzt Willibald von Mitte Juli bis in die zweite Augusthälfte hinein in Haft.

Von dem nicht einkalkulierbaren Zeitverlust einmal abgesehen, den die Pilger infolge der Haft hinnehmen müssen, kann sie der Arrest, wie man angesichts der geregelten Badegänge mittwochs und samstags und Kirchenbesuche am Sonntag wohl besser sagt, nicht hart angekommen

---

[157] MGH SS 15, S. 101,6–16.

sein. Der Kaufmann, der sich zur Rettung seiner Seele zunächst der Pilger annimmt, vermag ihnen anscheinend ohne Widerstände von muslimischer Seite diese Annehmlichkeiten zu bereiten, wohl zum Trost über sein Unvermögen, die Festgehaltenen auszulösen. Außerdem schickt er ihnen täglich zwei Mahlzeiten (*cottidie illis misit prandium et cenam*) in den Kerker; und auf dem Weg zur Kirche werden die Pilger über den Marktplatz geleitet, wo sie sich auf seine Kosten nach Herzenslust mit allem eindecken dürfen, *quid eorum mente delectaret*, und alsbald selbst – *iuvenes et decori et vestium ornatu induti* – bei der Bevölkerung (*cives urbium*) eine Attraktion darstellen[158]. Willibald sieht keinen Grund, sich zu beschweren. Die Vita äußert weder Verbitterung noch Klagen wegen ungerechter Behandlung. Wir haben daher davon auszugehen, daß sich die Muslime auch sonst den christlichen Pilgern gegenüber in jeder Phase korrekt verhalten und ganz offensichtlich Hafterleichterung zugestehen, wo es nur irgend möglich ist. Das Lob des hilfreichen, gerade „zwischen Geschossen und Folterwerkzeugen, unter Barbaren und Kriegstreibern sowie in Kerkern und inmitten von Scharen verstockter Menschen“[159] beistehenden Gottes, das Willibald/Hugeburc mit Blick auf eigene Situation und hilfreichen Kaufmann anstimmt, dient mit seinem toposhaften, allgemeinen Charakter kaum einer konkreten Herabsetzung der arabischen Bevölkerung und seiner Justiz, sondern dokumentiert lediglich Willibalds Erstaunen über die unerwartet gute Behandlung im Kerker, die er sich nur *deo iuvante* eingetreten erklären kann.

Wir haben oben bereits klargestellt, daß *paganus* den Gegensatz zu *christianus* bildet und als Attribut in die Rubrik sachlicher Differenzierung einzuordnen ist, soweit das für einen Christen gegenüber einem Andersgläubigen freilich möglich ist. Dies gilt auch im Zusammenhang mit einer Feststellung, die Willibald angesichts der Kirche von Nazareth trifft: *Illam aecclesiam christiani homines sepe conparabant ad paganis Sarracinis, qui illi volebant eam destruere*[160]. Doch selbst diese für den Geistlichen Willibald und sein klerikales Publikum unerfreuliche Mitteilung veranlaßt ihn nicht zu Ausfällen gegen die Muslime. Sie bleibt die einzige Bemerkung in der gesamten Vita, die etwas von Spannungen zwischen Christen und Muslimen offenbart. An allen Orten können die Christen unbehelligt ihrem Glauben leben. Erwähnt wird für Syrien/

---

[158] ibid. S. 94,29–34.

[159] ibid. S. 94,25 f.

[160] ibid. S. 95,23 f. Zerstört wird die Kirche erst im Jahr 1000 als Antwort der Araber auf den Anmarsch des Kreuzfahrerheeres; vgl. Bauch, Vita Willibaldi, S. 96 Anm. 90.

Palästina unter insgesamt 31 Orten in lediglich sieben Fällen keine Kirche. Wie z.B. Ḥimṣ, Damaskus oder Bethlehem werden in toto 14 Orte mit jeweils einer Kirche angeführt; für die Orte *Arche* , wo Willibald den Gottesdienst nach griechischem Ritus mitfeiert, Gaza, für welches die Vita *sancta locus* bezeugt, und Bethamar (*ad Sanctum Mathian*), wo er an der Messe teilnimmt, in deren Verfolg er für eine Zeitlang erblindet, dürfen wir desweiteren Gotteshäuser annehmen. Ähnliches gilt für Hebron mit den Ruhestätten der Patriarchen Abraham, Isaak und Jacob sowie für Ludd (*ad sanctum Georgium*). Für den Ort Tiberias nennt die Vita gar *multe aecclesie* und für Jerusalem exakt sieben Kirchen. Unter diesen Orten nicht mitgezählt kommen schließlich noch hinzu das Eustochios-Kloster zwischen Jericho und Jerusalem, das *monasterium monachorum* auf dem Berg Thabor mit eigens erwähnter Kirche sowie das Johannes-Kloster am Jordan mit seinen ungefähr zwanzig Mönchen und einer weiteren Kirche nahebei. In der Gesamtschau vermittelt der Bericht Willibalds in der Wiedergabe durch die Nonne Hugeburc somit das Bild eines ungestört funktionierenden Kirchenlebens. In Caesarea Philippi gibt es *multitudo christianorum*, und auch hinsichtlich der Nazarether Kirche, die die Christen nach Willibalds Auffassung nicht nur einmal von den Sarazenen auslösen müssen, um sie vor der Zerstörung zu bewahren, lassen die Muslime anscheinend jedesmal mit sich reden.

Um so unverständlicher wirken manche Kommentare, die zu Willibalds Verhältnis zu den Muslimen abgegeben wurden. A. Bauch etwa glaubte aus der Vita herauslesen zu können: „Dabei lernte er die geballte Macht des Islams, der von nun an zur tödlichen Bedrohung des Abendlandes wurde, in nächster Nähe kennen.“[161] J. Braun meinte 1953 in einem ‘Lebensbild’ des späteren Bischofs auf diesen bezogen: „Und wie schmerzlich berührte es ihn, daß Palästina nicht mehr den Christen gehörte, sondern seit 637 unter der Herrschaft der Mohammedaner stand.“[162] Solche Behauptungen sind schlichtweg falsch, da durch keine noch so kühne Textinterpretation zu belegen. Bis auf die irrige, auf einen noch unvollkommenen Kenntnisstand zurückzuführende Annahme, Willibalds Orientreise falle in die Regierungszeit zweier Kalifen, liegen Tobler und Molinier näher bei der historischen Wahrheit, wenn sie — obwohl ebenso wenig frei von innerer Anteilnahme — bereits 1877/80 feststellen: ”Man vernimmt mit vergnügen, daß beide Chalifen die fremden durchaus nicht feindlich behandelten, obwohl die Zeit von 722 bis 727 für die abendländer keine günstige war; denn in

[161] Bauch, Vita Willibaldi, S. 17.
[162] Braun, Willibald, S. 23.

diesem zeitabschnitt führen die sarrazenen krieg in Frankreich und Spanien."[163]

Im Gegensatz zu den zahlreichen Kirchen, die Willibald für die meisten Orte anführt, sowie zu der Synagoge, die er sich zu Tiberias gemerkt hat, tauchen in seinem Bericht, wie ihn die Nonne Hugeburc aufgeschrieben hat, keine Moscheen auf. Daß Willibald sie, wie auch gar nicht anders denkbar, dennoch wahrnimmt, verrät die Bezeichnung *aecclesia christianorum* (MGH SS 15, S. 96,7) für die Kirche *ad Corazaim*. Wenn aber eine an sich exklusive Gebäudetypenklassifizierung wie *ecclesia* nach einer an ihren Besuchern/Benutzern orientierten, weiterführenden Modifizierung verlangt, kann dies ursächlich nur damit zusammenhängen, daß *ecclesia* nicht mehr automatisch mit *Christiani* zusammengebracht wird. So hat bereits Adamnan gezeigt, daß auch eine Moschee als *ecclesia* bezeichnet werden kann[164].

In der ethnographischen Nomenklatur verfährt die Vita dagegen wieder etwas großzügiger. Deutlich kann Willibald einzelne Ethne zunächst gemäß ihrer Interdependenz unterscheiden. Über allen stehen die Sarazenen, und zwar ausschließlich mit diesem Namen. Beziehungen zu einer anderen, früheren Heimat werden nicht hergestellt, auch fehlen onomastische Überlegungen exegetischer Natur, wie wir das bei zeitlich früheren Autoren schon sehen können. Die Sarazenen beherrschen mit ihrer Macht offenbar das ganze Gebiet, das Willibald – bei Zypern angefangen – im Orient bereist. Sie sind im Zusammenspiel mit der konkurrierenden Großmacht Byzanz Herren über Krieg und Frieden; die Vita stellt *Greci* und *Sarracini* gleichrangig nebeneinander, dreimal wird der *rex Sarracinorum* (*nomine Myrmumni*) erwähnt. Dagegen verblassen *Iudaei, Samaritani* und der *Ethiops* mit den beiden Kamelen und dem Maultier, der Erinnerungen an die Beduinen weckt, die der Anonymus von Piacenza im Norden der Sinai-Halbinsel beobachtet hat[165]. Will die Vita in religiösem Sinn betonen, daß es sich weder um Juden noch um Muslime handelt, wird der Begriff 'Christen' eingebracht (*christiani homines; aecclesia christianorum; multitudo christianorum*). Sobald die Glaubenszugehörigkeit jedoch belanglos ist, wird von 'Leuten' (z.B. *homines dixerunt*) bzw. 'Bürgern' (z.B. *cives nominant*) gesprochen. Gleichzeitig dient der Terminus *cives*, der nur in der Verbindung

---

[163] Tobler, Descriptiones Terrae Sanctae, S. 301.

[164] De locis sanctis II 28,2; CCSL 175, S. 220: . . . *et quaedam etiam Saracinorum eclesia incredulorum et ipsa in eadem ciuitate quam ipsi frequentant fabricata est.*

[165] Antonini Placentini Itinerarium, cap. 35; CCSL 175, S. 147: *Vbi uidimus raros homines cum camelos, fugientes nos,* (*nam et in Hierusolima uidimus*), *homines a parte Aethiopiae* . . .

mit einem festen Platz auftaucht (z.B. *cives urbium; cives urbis*), zur Unterscheidung von der Landbevölkerung und kann wohl über ethnische Grenzen hinweg angewandt werden, ohne daß mit letzter Sicherheit gesagt werden könnte, ob es sich bei den *cives* der Befestigung *turris Libani*, die die Pässe der Reisenden kontrollieren, und den *cives* in Tyrus, die als Zöllner Willibald erfolglos durchsuchen, um Araber oder bereits im Dienst der neuen Herren stehende und vielleicht auch religiös assimilierte Juden oder Griechen bzw. Syrer, die er einmal zur Lagebestimmung des Ortes as-Salamīya erwähnt, handelt. Die Menschen, die er auf freier Strecke im Gebiet der Jordan-Quellen kennenlernt[166], bezeichnet Willibald — vordergründig hinsichtlich ihrer Beschäftigung, der sie nachgehen — als *pastores* und verweist damit auf die Zweigeteiltheit der angetroffenen Gesellschaft in Seßhafte und Nomaden.

Außerhalb Palästinas nur, das die Vita nicht beim Namen nennt, d.h., in alten Grenzen gemessen, lediglich in Syrien und, diesem als Küstensaum vorgelagert, in Phönizien sehen sich die Pilger mit staatlicher Autorität konfrontiert; sie ist an wenigen Plätzen festzustellen: am 'Libanon-Turm' (Ra's al-Baiyāda) südlich von Tyrus (Ṣūr); in Tyrus selbst sowie, in konzentrierter Form, in Ḥimṣ und Umgebung, in welcher Willibald viele Wochen zubringt, und wo sich der 'Sarazenenkönig' aufzuhalten scheint. Bauch vermutet, daß die „Intervention für Willibald und seine Gefährten . . . in seinem Schlosse zu Rusafa" (Ruṣāfa) stattfindet[167], und geht davon aus, daß die Gefährten Willibalds bei ihrem Bemühen um neue Reisepapiere an jenem Platz [168] *non poterant invenire regem, qui ipse fugerat foras extra regionem illam infirmitatem atque cladem, quae erat super regionem illam* (MGH SS 15, S. 100,6ff.). Richtig hat Bauch wohl erkannt, daß es sich bei dem *palatium*, in welchem der Kalif über die Pilger urteilt, und dem unbekannten Ort, an den er sich, um der Krankheit auszuweichen, flüchtet, um zwei verschiedene Plätze handelt. Auch wir interpretieren die Formel *foras extra regionem* als Ortsveränderung; doch alles weitere muß Spekulation bleiben. Bauchs Vermutung zielt unseres Wissens auf Ruṣāfa allein deshalb, weil es sich bei dem Umaiyaden-Schloß in der Nähe jenes Ortes um eines der bekanntesten und berühmtesten seiner Art handelt und vor allen anderen in der älteren Literatur, die Bauch heranzieht, Beachtung findet sowie im

[166] MGH SS 15, S. 96,9f.

[167] Bauch, Vita Willibaldi, S. 95 Anm. 84.

[168] ibid. S. 111 Anm. 171: „Der Kalif Hischam hielt sich gerne . . . auf seinem Schloß zu 'Rucafa' bei Raqqa auf, war aber anscheinend auch dort nicht anzutreffen." Der sich anschließende Verweis Bauchs auf Wellhausen, Arab. Reich, S. 208 ist völlig unverständlich.

Gegensatz zu ähnlichen Wüstenrefugien zum Zeitpunkt der Reise Willibalds bereits fertiggestellt ist[169] und Hišām sich in der Tat dort lieber als in seiner Hauptstadt Damaskus aufhält[170]. Die anderen Schlösser, die in Frage kämen, sind nach übereinstimmender Auskunft erst so spät in Angriff genommen worden, daß sie als Objekte jeglicher Überlegung ausfallen, vorausgesetzt freilich, die ermittelten Baudaten stehen für den Beginn und nicht das Ende der Bautätigkeit. Für das Qaṣr al-Ḥair al-Ġarbī etwa gilt das Gründungsjahr 727 oder 728[171]; das Qaṣr al-Ḥair aš-Šarqī sogar soll, nach einer Inschrift zu schließen, auf Geheiß Hišāms von den Bewohnern der Stadt Ḥimṣ durch Sulaimān, den Sohn des ʿUbaid, 726 errichtet worden sein[172]. Wenn man denn überhaupt glauben mag, daß sich zur Entscheidung des Spionage-Vorwurfs durch den Kalifen der Mann aus Spanien, der Kapitän und der Statthalter von Ḥimṣ 210 km (Luftlinie) bis nach Ruṣāfa begeben haben, könnte man ebenso das nur unwesentlich entferntere Qaṣr al-Ḥair aš-Šarqī als Verhandlungsort annehmen. Ohnedies erscheint angesichts der Nichtigkeit des Vorgangs, so weit er für uns noch durchschaubar ist, ein Verhandlungsort, der näher bei Ḥimṣ liegt, plausibler. Als Hišām sich später vor der Pest in die nordsyrische Wüste absetzt, mag er sich dann gut nach Ruṣāfa bzw. ins Qaṣr al-Ḥair aš-Šarqī zurückgezogen haben.

Dagegen gehen wir mit guten Gründen davon aus, daß sich das *palatium* des Statthalters, in dessen Kerker Wilibald einsitzt, in Ḥimṣ selbst noch, höchstens aber in allernächster Nähe zur Stadt befindet[173]. Der Bericht legt nahe, letzteres in Erwägung zu ziehen: *Tunc* — d.h. nachdem der *dives senex*, dem die Pilger in Ḥimṣ zur Befragung vorgeführt waren, sie für unschuldig befunden hat — *illi inde pergentes, venerunt ad palatium . . . Cumque illic veniebant, statim ille preses dixit, quod speculatores fuissent, et precepit illos in carcere trudi* . . . (MGH SS 15, S. 94,20–23). Die Hafterleichterungen, die Willibald dank der Fürsorge eines christlichen Kaufmannes und dessen Sohn genießt, sind nur in Ḥimṣ vorstellbar, das über Bäder, Kirche und Markt verfügt; *et in quarta feria et in sabbato misit filium suum in carcerem, et eduxit eos ad balneum et introduxit; et dominica die ducebat eos ad aecclesiam per mercimonium, ut de rebus venalibus viderent*

169 Vgl. EI 3 S. 1279; danach hat Hišām 723/724 Ruṣāfa zur Residenz erhoben, in der er 743 auch starb und seine Grabstätte fand.

170 Wellhausen, Arab. Reich, S. 217 (über Hišām): „Vor der Öffentlichkeit hatte er eine gewisse Scheu, er zog sich in dem einsamen Ruçâfa gern in den Hintergrund zurück . . ."

171 Sauvaget, Chateaux Umayyades, S. 26.

172 Mittlerer Osten, S. 345.

173 Vgl. Bauch, Vita Willibaldi, S. 95 Anm. 81 u. 83.

... (ibid. S. 94,29ff.). Eine andere Stadt anzunehmen, verbietet die Sorgfalt, mit der sämtliche Orte von einiger Bedeutung und solche mit einer Kirche allemal in der Vita vermerkt sind. Das *inde* ist demnach hier nicht zu großräumig, wenn nicht überhaupt zeitlich oder kausal aufzufassen und soll lediglich einen direkten Bezug zwischen der Befragung durch den *dives senex* und die neuerliche Beschuldigung durch den *preses* von Ḥimṣ herstellen.

Mit den Orten Ḥimṣ (*est in Syrim; in Syriae*[174]), dem nahe gelegenen as-Salamīya (*Salamaitha, illa est in extremis finibus Syrium*[175]) und dem 100 Meilen von Ḥimṣ entfernten Damaskus (*est in terra Syrim*[176]) ist Syrien nur grob markiert. Die Entfernung von Ḥimṣ nach Jerusalem gibt die Vita zudem mit 300 Meilen an (MGH SS 15, S. 100,2). Bibelkundig zeigt sich Willibald oder Hugeburc, als je einmal zur Landschaftsbezeichnung Galiläa und *Samaritanorum regio* eingesetzt werden[177]. Andere Länder- bzw. Landschaftsnamen treten für das von den Arabern okkupierte Gebiet nicht auf. Der arabische Mensch wird, abgesehen von äußerst blaß geschilderten Personen, mit keinem Wort erwähnt; es sei denn, man wollte mit Sicherheit behaupten, daß es sich bei den Hirten an den Jordanquellen, bei denen Willibald eine Nacht zubringt, deren saure Milch er kostet und deren Wasserbüffel er am Hule-See bestaunt[178], tatsächlich um arabische Beduinen handelt, oder die bildhafte Passage von den 'Barbaren und Kriegstreibern ... und Scharen verstockter Menschen'[179], unter denen er sich in Haft wähnt, real auf den Muslim bezogen gelten lassen. Inwieweit die Bevölkerung der von Willibald bereisten Landstriche (auch) aus Arabern besteht, vermag der Leser nicht einmal zu erahnen.

---

174 MGH SS 15, S. 94,12; S. 100,2.

175 ibid. S. 100,3.

176 ibid. S. 95,19.

177 ibid. S. 95,21: *ambulabant in Galileam*; S. 100,20f.: *super Samaritanorum regionem in extremis finibus illorum* ...

178 ibid. S. 96,9–13.

179 ibid. S. 94,25f.

II. Herkunft und Heimat der arabischen Völker

De quale fuerant gente – die Frage, in deren Mittelpunkt Willibald des öfteren bei den Muslimen steht, scheint auf diese bezogen weder ihn noch einen seiner Vorläufer, den Anonymus Placentinus so wenig wie Arkulf, bewegt zu haben. In den Fällen, da die Pilger nicht selbst ihre Reiseberichte niederschreiben, muß man dieses Desinteresse an Herkunft und Heimat der Araber zudem für Adamnan und Hugeburc konstatieren. Bei der durchaus lebhaften Hingabe, mit welcher man sich im lateinisch schreibenden Europa selbst im engsten Kreis dieser Frage widmet, und der bisweilen im Abendland doch zu beobachtenden Neigung, den Sarazenen das *de quale fuerant gente* zurückzugeben, kann man den Mangel an Neugier bei den Pilgern nur mit einer starren Ausrichtung auf die Bibel erklären, die neben sich keine anderen Fragen und ebensowenig andere Deutungen duldet. Insofern repräsentieren der Anonymus aus Piacenza, Adamnan/Arkulf und Hugeburc/Willibald in diesem Punkt die im Abendland verbreitete Haltung. Wenn sich dagegen etwa Isidor von Sevilla zu Beginn des 7. Jh.s dennoch die Frage nach der Herkunft der Sarazenen vorlegt, dann dokumentiert dies eine Hinwendung zur antiken Literatur, die jedoch in keiner Weise mit einer Abwendung von der Heiligen Schrift oder den Kirchenvätern einhergeht. Denn erst beide zusammengenommen, hier die Rezeption einer den Bedürfnissen der Zeit genügenden etymologischen Methode zur letztgültigen Klärung aller Dinge, dort das Reservoir über alle Zweifel erhabener Wahrheiten, das die Bausteine für die angestrebten Definitionen liefert, sind die Antworten zu finden. Auf die Religion nur gemünzt, hat W. Southern bestimmt recht, wenn er sagt: „Für das Verständnis des Islam konnte das Abendland keine Hilfe von der Antike . . . erwarten."[1] Hinsichtlich ihrer Träger wie bereits der Araber der präislamischen Periode indes schafft sich das Abendland des Frühen Mittelalters durch die Summe der Paarungen Etymologie/antikes Wissen und Altes Testament/Exegese sehr wohl eine Antwort auf die Frage: *de quale fuerant gente.*

---

[1] Southern, Islambild S. 11.

Der Ursprung der Sarazenen (Agarenen; Ismaeliten)

Die Pilger kennen die Araber nur unter dem Namen 'Sarazenen'; der von antiken Schriftstellern, aber auch aus der Bibel bekannte Terminus *Arabes* oder auch *Arabi* wird nicht auf die zeitgenössischen Araber angewendet. Allein über die Vorstellungen von ihrer Abstammung sowie von dem gleichen Lebensraum für *Arabes* und *Saraceni* ist Identität zwischen den beiden Völkern, wie sie in der Literatur durch die Jahrhunderte hinweg auftreten, zu erzielen.

Im Vorgriff auf noch heranzuziehende Quellen ist hinzuzufügen, daß unter den auf Araber abzielenden Volksbezeichnungen den größten Raum aber die Bezeichnung *Saraceni* (mit all ihren Varianten[2]) einnimmt. Mit diesem Begriff sehen wir, gerade in den späteren historiographischen Notizen, jedoch nicht nur die muslimischen Araber zur Zeit ihrer Expansion seit dem 7. Jh. und auch afrikanischen Berber während des gemeinsamen Ausgreifens nach Europa erfaßt. Schon die nordarabischen Stämme der vorislamischen Ära werden einheitlich unter den Oberbegriff *Saraceni*, dem aus dem Griechischen in den lateinischen Sprachgebrauch übernommenen Σαρακηνοί, gestellt.

Ein einziges Mal unternimmt Anfang des 7. Jh.s Isidor von Sevilla[3], zwischen 560 und 570 geboren sowie mit den Vorzügen gerüstet, die ein begütertes und sehr angesehenes Elternhaus bietet, später „einer der einflußreichsten Lehrer des Mittelalters“[4] und „doctor Hispaniae“[5], an einer Stelle seiner Etymologiae den weder von ihm weiterverwendeten, noch von einer anderen Seite überhaupt aufgegriffenen Versuch, das Wort *Saraceni* als Verstümmelung eines in der ursprünglichen Form *Syriginae* lautenden Begriffs zu erklären und damit die Sarazenen als Abkömmlinge der Syrer – *quod origine Syrorum sint, quasi Syriginae*[6] –

---

[2] Vgl. H. D. Leicht, Abendland und Islam. Politische Auseinandersetzungen und wechselseitige Beziehungen, maschinenschriftl. Diss. Münster 1951, S. 161ff.

[3] Zu Isidor s. J. Pérez de Urbel, San Isidoro de Sevilla, Barcelona 1945 (dt. Ausgabe: ders., Isidor von Sevilla, Köln 1962); K. Vossler, Isidorus von Sevilla, in: Hochland 39 (1946/47), S. 420–428; A. Borst, Das Bild der Geschichte in der Enzyklopädie Isidors von Sevilla, in: DA 22 (1966), S. 1–62. Zur außerspanischen Überlieferung Isidors bis zur Mitte des 9. Jh.s vgl. C. H. Beeson, Isidor-Studien (= Quellen und Untersuchungen, Bd. 4,2, hg. G. Traube), München 1913.

[4] Teuffel, Röm. Lit. 3, S. 540.

[5] A. E. Anspach, Das Fortleben Isidors im VII. bis IX. Jahrhundert, in: Miscellanea Isidoriana, Rom 1936, S. 322.

[6] Etym. IX 2,57: *sicut gentiles aiunt, quod origine Syrorum sint, quasi Syriginae.* Entsprechend diesem Ableitungsschema wäre Isidor imstande gewesen, ausgehend von der Stadt Tyros eine weitere Deutung anzubieten; Etym. XII 6,38: *Civitas Syriae, quae*

auszugeben. Isidor behauptet nicht, die zweifellos originelle Deutung zuwege gebracht, sondern von *gentiles*[7] angenommen zu haben, nach mittelalterlichem Sprachgebrauch von irgendwelchen Heiden also, was nicht ausschließt, daß wie in einem noch zu beobachtenden Fall möglicherweise an die Sarazenen selbst als Urheber dieser Etymologie gedacht wird. Als Informanten kann er sie so oder so jedenfalls nicht hoch einschätzen, wenn man sich seine Worte aus dem Kapitel De paganis vor Augen hält: *Gentiles sunt, qui sine lege sunt, et nondum crediderunt* (Etym. VIII 10,12).

Es mag dies ein Grund sein, weshalb die Namenserklärung der Sarazenen als 'von Syrern Gezeugte' nicht fortlebt. Ein weit gewichtigerer besteht freilich in der Gleichsetzung der Sarazenen mit den Ismaeliten und der Tatsache, daß die Vorkommnisse um die Geburt ihres Ahnherren Ismael ausführlich und mit dem Anspruch unbedingter Wahrheit im Alten Testament erzählt wird. Willkommen nimmt man jedes, die Schöpfung Gottes erklärende Wort aus der Bibel auf; das Pergament mit den Behauptungen irgendwelcher *gentiles* wird demgegenüber wertlose Makulatur.

Bereits die sogenannte Fredegar-Chronik wartet in dem Teil, den man einem ersten, bis 613 oder 616/617 arbeitenden Kompilator[8] zuweist,

---

nunc Tyrus dicitur, olim Sarra vocabatur . . . (nach Hieronymus, Hebraicae quaestiones in libro Geneseos; CCSL 72, S. 1–56). Wie B. Schneidmüller, Nomen patriae. Studie zur politisch-geographischen Terminologie im hochmittelalterlichen Frankreich (im Druck) zu entnehmen ist, erscheinen dieselben Wortbildungsmuster in späteren Jahrhunderten auch bezüglich des fränkischen Reichs bzw. dessen Nachfolgestaaten: Dudo von St. Quentin etwa, gest. vor 1043, spricht des öfteren vom *Francigenae gentis regnum* (ebenda, Kap. 4 Anm. 68); Ordericus Vitalis erwähnt in der 1. Hälfte des 12. Jh.s eine *Angligena* (ebenda, Kap. 4 Anm. 138); Stephan von Rouen bringt um die Mitte des 12. Jh.s die interessante Dreiteilung des Reichs in *Alamanni, Romulidae und Francigenae* (ebenda, Kap. 4 Anm. 183).

7 Etym. IX 2,57 (s. o. Anm. 6).

8 Was heute als Fredegar-Chronik (Chronicarum quae dicuntur Fredegarii Scholastici libri IV; MGH SS rer. Merov. 2, S. 1–168) vorliegt, hielt man bis zum 19. Jh. für die einheitliche Arbeit eines Mannes namens Fredegar; dieser Name tauchte freilich erst seit der Wende vom Mittelalter zur Neuzeit auf. Nach fachgerechter Textkritik wurden von B. Krusch (Die Chronicae des sogenannten Fredegar, in: NA 7 (1882), S. 247–351 u. 421–516) alsbald drei verschiedene Autoren herausgeschält: Dem ersten fällt demnach das Verdienst zu, die Kompilation in Angriff genommen und begonnen zu haben, was einmal die wesentliche und über Strecken einzige Quelle – im Anschluß an Gregor von Tours – für das verwirrende Zeitalter der Merowingerkönige werden sollte. Ein exakter Hinweis auf den Ort seines Schaffens fehlt. Diese Erkenntnis Kruschs unterzog G. Schnürer (Die Verfasser der sog. Fredegar-Chronik. Collectanea Friburgensia fasc. IX, Freiburg 1900) einer Kritik, ohne zu einer grundlegend verschiedenen Auffassung zu gelangen; vgl. Wattenbach/Levison 1, S. 109 ff.;

mit der kurzen, stereotyp im Mittelalter immer wiederkehrenden, über Hieronymus auf das Alte Testament (Gn 16) zurückreichenden Abstammungserklärung von Ismaeliten/Agarenen/Sarazenen auf: *Abraham de ancilla Agar habuit filium nomen Ismail, unde Ismaelitae et postea Agarrini, postremum Sarracini vocantur*[9].

Dieser bescheidene Satz hebt im Vergleich zu anderen, in der Chronik zuvor angeführten Völkerschaften ob seiner relativen Ausführlichkeit die Sarazenen weit von jenen ab; geschieht hier doch bislang einmaliges, indem nicht 'Begriffsgeschichte' insofern vorgeführt wird, als man ein Volk aus einer in der Regel männlichen Einzelperson hervorgegangen sich denkt, deren Namen — unschwer zu erkennen — um entsprechende Suffixe oder im Wortstamm erweitert die zugeordneten Völker bezeichnet: So haben sich aus Madian die Midianiter, aus Moab die Moabiter herausgebildet und so kann man zu den Ammonitern als Urahn den Amon rekonstruieren, oder eben zu den Ismaeliten Ismael. Doch hier hält der Autor in seiner Erklärung nicht inne. Als zusätzliche Bezeichnung weiß er für die Ismaeliten noch den Namen 'Agarenen' und mag sich darüber im klaren sein, daß dieser Begriff, wie von ihm selbst fortgeführt, vom Namen der Ismael-Mutter Agar (bzw. Hagar) abzuleiten ist; immerhin erscheint sie im gleichen Satz. Andererseits findet sich der Bezug zwischen der Magd Agar und den Agarenen (bzw. Hagarenen), der später stets wie selbstverständlich hergestellt wird, expressis verbis noch nicht im Alten Testament, wo sie Ps 82,7 (*tabernacula Idumeorum et Ismahelitae, Moab et Aggareni*), I Par 5,10 (*in diebus autem Saul proeliati sunt contra Agareos*), I Par 5,19 (*procedentes ad pugnam dimicaverunt contra Agarenos*), I Par 5,20 (*traditique sunt in manus eorum Agareni*) und I Par 27,31 (ein einzelner *Agarenus*) erwähnt werden[10].

Manitius 1, S. 223 ff.; Brunhölzl 1, S. 140 f. — Von den drei Fredegar-Autoren ging sowohl Krusch als auch Schnürer aus. In der Zuweisung der Autoren A und B zu den einzelnen Abschnitten der beiden ersten von insgesamt vier Büchern sind sie sich einig. Erst Buch III, in Gänze ein Auszug aus der Chronik Gregors von Tours, ließ Krusch Autor B, Schnürer dagegen noch Autor A in den 'Fredegar' eingebracht haben. Während Krusch dem 1. Autor (A) überhaupt eigenständige historiographische Arbeit über das Jahr 613 hinaus absprach, hielt sie Schnürer bis zum Jahr 616/617 für erwiesen. — Da die Abschnitte der Chronik, über welche bezüglich der Autorschaft und damit der Abfassungszeit in der Forschung keine Einigkeit besteht, hier nicht herangezogen werden müssen, ist es nicht nötig, auf die unterschiedlichen Meinungen an dieser Stelle näher einzugehen.

[9] Fredegar II,2; MGH SS rer. Merov. 2, S. 44,13–15.

[10] Zur Identifizierung der Agarenen als Banū Haǧar an der Westküste des Persischen Golfs vgl. RE VII,2, Sp. 2188 f.; H. Kiepert, Lehrbuch der alten Geographie, Berlin 1878, S. 185. Nach den Bibelzitaten, aber auch nach Ptolemäus und Strabon sind sie

Nichts erklärt indessen zunächst die Weiterführung von den Agarenen zu den Sarazenen und es muß offenbleiben, inwieweit dieser Sprung eine Selbstverständlichkeit bedeutet, die auch den zeitgenössischen Lesern der Fredegar-Chronik gegenüber keiner Erläuterung bedarf, oder ein Indiz mehr für die Annahme liefert, daß man sich mit unkritischem Verstand und dazu häufig unkorrekt die Quellen auszuschreiben angewöhnt hat.

Zuerst ist von folgendem Satzverständnis auszugehen: 'Abraham hatte von der Magd Agar einen/den Sohn namens Ismael, wonach (sie) sich Ismaeliten und/auch nachher Agarenen, endlich Sarazenen nennen.' Diese Interpretation legt zumindest die Vorlage nahe, aus welcher der Kompilator schöpft. In der Eusebius/Hieronymus-Chronik lautet der Satz nämlich noch: *Abraham de ancilla genaret Ismahel, a quo Ismahelitarum genus, qui postea Agareni et ad postremum Saraceni dicti.*[11] In diesem wird deutlich, daß der Autor die verschiedenen Bezeichnungsformen aufzeigen will, die ein und dasselbe Volk durchläuft. Der davon abgeleitete Satz im 'Fredegar', in dem der Autor darauf verzichtet, mittels eines Relativpronomens eindeutige Bezüge herzustellen, läßt dagegen noch die Deutung zu, aus Ismael seien zwei Stämme hervorgegangen, nämlich Ismaeliten und Agarenen (wie auch Ps 82,7 nahelegt!), welche später Sarazenen hießen. Bei einer bewußten Darstellung dieser Art hätte man dem ersten Autor der Fredegar-Chronik die Kenntnis von verschiedenen arabischen Stämmen zu unterstellen, was, wenn wir etwa an Fredegar I,6 oder I,9 mit der Nennung der Banū Ṭaiyi' (*Tadeni*) denken, nicht völlig von der Hand zu weisen ist. Auf der anderen Seite würde dies aber gleichzeitig bedeuten, daß unser Chronist den Hieronymus vorsätzlich, vielleicht in stiller Berufung auf Psalm 82, verbessert hätte. Obwohl auch Beda etwa hundert Jahre später einmal im Zusammenhang mit

---

eher nordwestlich bzw. nördlich der eigentlichen Arabischen Halbinsel zu lokalisieren. Historisch wären sie auch mit den Bewohnern von Egra/Hegra gleichzusetzen, einer bedeutenden Siedlung am Südrand des nabatäischen Königreichs (der mittleren Periode), heute Madā'in Ṣāliḥ in Saudi-Arabien. — Wahrscheinlicher ist mir eine Verbindung mit dem alten Namen von Petra, der Nabatäerstadt Ἄρκη; vgl. RE XIX,1, Sp. 1170–1178 (Nr. 8). Nimmt man die Gottheit Dusares (ḏū-Sarā) hinzu, die in Petra verehrt wird, ist der Bezug zwischen den Bezeichnungen Agarenen und Sarazenen zu diesem Ort augenfällig. Eine Vertiefung dieser Zusammenhänge, die hier nicht vorgenommen werden kann, führt m.E. zu dem eindeutigen Schluß, daß der Begriff *Agareni* nichts anderes als 'Bewohner von Ἄρκη (*Arrhaceni* bei Plinius!) und der Begriff *Saraceni* nichts anderes als 'Verehrer der Gottheit ḏū-Sarā' (am selben Ort!) bedeuten kann und daß beide Bezeichnungen ein und dasselbe Ethnos meinen.

[11] Eusebii Pamphili chronici canones, latine vertit, audaxit, ad sua tempore produxit S. Eusebius Hieronymus, ed. I. Fotheringham, London 1923, S. 24.

Sarazenen eine Behauptung des Kirchenvaters korrigiert, muß man jedoch dem 'Fredegar' eine solche Intention nicht attestieren. Wenn man den Aufbau des Satzes mit seiner Steigerung (*postea* — *postremum*) betrachtet, die von den Ismaeliten über die Agarenen zu den Sarazenen hochreicht, erkennt man deutlich seine einzige Absicht. Sie besteht darin, mitteilen zu wollen, daß es hier ein Volk gibt, das im Verlauf der Zeiten unter mehreren Namensformen erscheint. Am gefälligsten löst sich daher der Satz auf, wenn man den *unde*-Anschluß schwerpunktmäßig auf Agar bezieht und übersetzt: 'Abraham hatte von der Magd Agar einen Sohn namens Ismael, wonach die Ismaeliten später auch Agarenen, zuletzt Sarazenen genannt werden.'

Auch Isidor betrachtet mit dem Blick des gläubigen Christen Abraham — ohne diesen Sachverhalt besonders zu würdigen[12] — als Vorfahren der Sarazenen. Freilich wird er in dieser Richtung erst aufgrund einer Konstruktion fündig, die wir in der Fredegar-Chronik und in Isidors eigener Chronik ähnlich auch antreffen: *Ismael filius Abraham, a quo Ismaelitae, qui nunc corrupto nomine Sarraceni, quasi a Sarra, et Agareni ab Agar*[13]. Es fügt sich, mehr noch als in der Fredegar-Chronik zu beobachten, so trefflich eins zum andern, weil das offenbar starke Bemühen, den Dingen etymologisch auf den Grund ihres Wesens zu gehen, selbst überraschende Deutungen zuläßt, stets gesichert natürlich durch die Federführung Gottes selbst in den heiligen Schriften, wo der von Isidor u.a. skizzierte Vorgang genauer zu studieren ist (Gn 16): Nachdem sich Abrahams Frau Sarai als unfruchtbar erwiesen hatte, führte sie aus Sorge um einen Nachkommen und Erben in der wohlmeinendsten Absicht ihrem Mann die ägyptische Sklavin Hagar bzw. Agar zu; mit ihr zeugte Abraham den Ismael. Dreizehn Jahre darauf sollte Abraham auf Gottes Geheiß seine Sarai nun Sarah rufen[14], worauf diese ihm mit neunzig Jah-

[12] Abraham stammt von Sem ab, was Etym. V 39,5–8 zu entnehmen ist. Die Abstammung Jesu von Sem — ansonsten wird immer nur die Abstammung Jesu von Abraham erwähnt — wird betont Etym. VII 6,16: *Sem dicitur nominatus, quod nomen ex praesagio posteritatis accepit. Ex ipso enim patriarchae et apostoli et populus dei. Ex eius quoque stirpe et Christus, cuius ab ortu solis usque ad occasum magnum est nomen in gentibus.* Dies geschieht, da Sem auch der Urvater der Juden ist.

[13] Etym. IX 2,16; vgl. die knappe Aussage Isidors in seiner Chronik, MGH AA 11, S. 432.

[14] Gn 17,15. Isidor erklärt den Hintergrund für diese Namensänderung Etym. VII 6,29: *Sarai interpretatur princeps mea, eo quod esset unius tantummodo domus materfamilias. Postea causa nominis inmutata, ablata de fine i littera, dicitur Sara, id est princeps. Omnium quippe gentium futura princeps erat, sicut et Dominus pollicitus fuerat ad Abraham* (Gn 17,16): *'Dabo tibi ex Sara filium, et benedicam ei, et erit in gentes, et reges populorum erunt ex ea.'* Isidor hat sich dabei wohl auf Hieronymus gestützt; die Interpretationen

ren als seinen zweiten Sohn den Isaak schenkte; der Vater konnte inzwischen auf hundert Lebensjahre zurückschauen.

Der Angelsachse Beda[15], den bereits die Mitwelt mit dem Ehrennamen 'Venerabilis' auszeichnet, meldet sich nach 700 zu Wort. Als er im Jahr 703 sein 'Buch über die Zeiten' (De temporibus liber[16]), eine Schrift für seine Schüler, abschließt[17], sind ihm in dem fernen, einsamen Kloster Jarrow an der Tyne-Mündung[18] die Sarazenen, die sich anschicken, Europa ernsthaft zu bedrohen, noch so wenig ein Begriff, daß er nicht einmal nach dem von Hieronymus und Isidor standardisierten Satz *Abraham annorum C genuit Isaac. Nam primo genuit Ismael, a quo Ismaelitae*[19] auf die Sarazenen zu sprechen kommt.

Vor dem Hintergrund der Anfang des 8. Jh.s im Gegensatz zu den Zeiten eines Isidor völlig veränderten politischen Welt und in Anbetracht einer in späteren Jahrhunderten auch auf religiösem Gebiet mit den Muslimen ausgetragenen Diskussion um die wahre Nachfolge Abrahams und damit um die wahre Vertretung des rechten Glaubens wie um den legitimen territorialen Anspruch auf Jerusalem ist bemerkenswert, daß Beda eine ethnische Einstufung der Agarenen als Abkömmlinge der Agar und damit als Ismaeliten nicht vornimmt.

---

von 'Sarai' als 'princeps mea' und von 'Sara' als 'princeps' stammen aus dessen Liber interpretationis hebraicorum nominum, in: CCSL 72, S. 71 (*Sarai*) bzw. 72 (*Saraa*). Dazu muß Isidor die Erläuterungen des Hieronymus zum Buch Genesis gekannt haben; denn er zitiert annähernd wörtlich, was der Kirchenvater, der im Gegensatz zu Isidor das Hebräische beherrschte, zu Sarai/Sarah als philologische Erklärung gab (vgl. Hebraicae quaestiones in libro Geneseos, in: CCSL 72, S. 21 f.). Die grammatikalischen Überlegungen, die Hieronymus an dieser Stelle zwar nicht aussprach, aber angestellt haben mußte, um von der 'princeps mea' Sarai nach Streichung des den semitischen Sprachen eigenen Possessiv-Suffixes 'i' der 1. Pers. Sing. auf die 'princeps' Sarah zu kommen, vermochte Isidor wohl kaum nachzuvollziehen. Daß Hieronymus selbst diese Struktur erkannt hatte, beweist er im Comment. in Zach. 13,7: *'jod' in fine sermonis 'meum' significat* (zitiert nach M. Thiel, Grundlagen und Gestalt der Hebräischkenntnisse des frühen Mittelalters, in: Studi Medievali 10 (1969), Spoleto 1970, S. 3).

[15] geb. 672/673, vgl. Manitius 1, S. 70; zur Person s. ferner C. E. Whiting, The Life of the Venerable Bede, in: A. H. Thompson, Bede. His Life, Times and Writings, Oxford 1969, S. 3ff.; Duckett, Saints and Scholars, S. 225ff.

[16] Dazu: C. W. Jones, Bedae opera de temporibus, Cambridge/Mass. 1943, S. 130ff. Leider hat Jones die letzten Kapitel des Buches (17–26) und deshalb den Satz von den Ismaeliten nicht aufgenommen.

[17] Manitius 1, S. 77; Duckett, Saints and Scholars, S. 245ff.; Jones, Bedae opera, S. 130.

[18] P. H. Blair, The World of Bede, London 1971, S. 3f.

[19] Beda, De temporibus liber, 19; PL 90, Sp. 289 A. Vgl. Isidor, Chronik, MGH AA 11, S. 432 und Etym. IX 2,16, der beide Male die biblische Herleitung um den Begriff 'Sarazenen' (nach Hieronymus) erweitert.

Selbst wo er auf den aus der Verbindung zwischen Agar und Abraham hervorgegangenen Sohn Ismael zu sprechen kommt[20], sieht er offensichtlich keine Veranlassung, von dessen Nachkommen, den Ismaeliten, ausgehend auf die Agarenen abzuheben.

Die seit Hieronymus üblich gewordene Gleichsetzung der Ismaeliten mit den Sarazenen dagegen hat Beda – wie z. B. auch der später, d. h. bis zum Jahr 751 arbeitende zweite Fredegar-Fortsetzer[21] – ebenfalls; im Zusammenhang mit der Wüste Faran fällt ihm ein: *In deserto Faran scriptura commemorat habitasse Ismahelem unde et Ismahelitae qui nunc Sarraceni*[22]. Einen weiteren Beleg für die Abstammung der Sarazenen bietet er unter Anspielung auf Gn 16,12 in seinem Kommentar zum Hohenlied. Dabei tritt auch Kedar als Sohn Ismaels auf[23]. Dessen Nachkommen[24] schließlich komplettieren bei Isidor das Bild des Volkes mit den zahlreichen Namen, indem er sie alle gleichrangig behandelt: *Saraceni ... Ipsi sunt et Ismaelitae, ut liber Geneseos docet, quod sint ex Ismaele. Ipsi Cedar a filio Ismaelis. Ipsi Agareni ab Agar*[25]. Letzten Endes bilden sämtliche Nachkommen der ägyptischen Magd ein und dasselbe Ethnos. Selbst den anderen, bei Isidor Etym. IX 2,7 eingebrachten Ismael-Sohn Nabajoth, *a quo Nabathei*[26], muß man mit seinen Nachkommen aufgrund ihres Siedlungsraumes ab *Euphrata in mare Rubrum* bzw. in der *Nabathea regio*[27] zu dieser großen Völkerfamilie hinzurechnen.

Nun darf freilich alleine der Terminus *Agareni* vor dem bibelkundigen Auge Isidors Anspruch auf Anerkennung erheben. Obwohl durchaus nicht üblich, ein Volk etymologisch auf den Namen einer Urmut-

---

[20] z. B. in den Quaestiones super Genesim, PL 93, Sp. 309 D u. 316 D ff.

[21] MGH SS rer. Merov. 2, S. 177,10 f.; The Fourth Book of the Chronicle of Fredegar, ed. J. M. Wallace-Hadrill, London 1960, S. 93: *Denuo rebellante gente valida Ismahelitarum, quos modo Sarracinos corrupto vocabulo nuncupant ...*

[22] Beda, Nomina locorum, CCSL 119, S. 278.

[23] Beda, In Cantica Canticorum, PL 91, Sp. 1088 D: *Cedar Ismaelis filius fuit ...*

[24] Unter den antiken Schriftstellern waren die Kedräer nur Plinius als Nachbarvolk der Nabatäer bekannt (vgl. Naturalis Historia V,65); auch im Alten Testament stehen sie nebeneinander, in der Völkertafel Gn 25,13 werden sie unter den zwölf Ismael-Söhnen nach Nabajoth an zweiter Stelle aufgeführt. Vgl. dazu F. Hommel, Ethnologie und Geographie des Alten Orients, HAW III,1,1, S. 591 f.

[25] Etym. IX 2,57.

[26] Vgl. Gn 25,12–16: *Haec sunt generationes Ismael filii Abrahae, quem peperit ei Agar Aegyptia, famula Sarae. Et haec nomina filiorum eius in vocabulis et generationibus suis. Primogenitus Ismaelis Nabajoth, deinde Cedar et Adbeel et Malsam, Masma quoque Duma et Massa, Hadar et Thema et Jethur et Naphis et Cedma. Isti sunt filii Ismaelis, et haec nomina per castella et oppida eorum, duodecim principes tribuum suarum*; ähnlich I Par 1,28–31.

[27] Etym. XIV 3,26: *Nabathea regio a Nabeth filio Ismael nuncupata.*

ter zurückzuführen, erscheint ihm die Ableitung der *Agareni* von Agar, der Magd, infolge des im Alten Testament angebotenen Abstammungsschemas als einzig denkbar und möglich. Schwierigkeiten ergeben sich bei der Ausdeutung des Begriffs *Saraceni*, und zwar dann, wenn man sie wie Isidor und – wohl zum Großteil ihm folgend – im gesamten frühen Mittelalter auch mit den Ismaeliten gleichsetzt. In Analogie zu den Agarenen mit ihrer Urmutter Agar entdeckt man offensichtlich – ganz Isidors einfachem Muster entsprechend – auch zu den Sarazenen den ältesten Vorfahren; was liegt da näher, als auf Abrahams Frau und Ismaels Stiefmutter Sarah zu verfallen. Dem wiederum ist entgegenzuhalten, daß ohne Zweifel nicht Sarah, sondern eben Agar den Ismael zur Welt gebracht hat. Die Ismaeliten daher nach einer Mutter Sarah Sarazenen zu nennen, ist schlichtweg falsch.

Isidor bemerkt den Widerspruch. Nachdem er zuvor einräumt, daß sogar gelehrteste Männer bisweilen vor Rätseln stünden, wenn es gelte, die Entwicklung so mancher Völkernamen zu ergründen[28], bietet er, eindeutig um den Irrtum richtigzustellen, als Erklärung die Hoffart der Sarazenen an. Isidor erläutert seinen Lesern, die Sarazenen hießen so, da sie sich selbst als aus der Sarah hervorgegangen betrachteten[29], d.h. er lädt den Trägern dieses Namens die Schuld an der irrigen Interpretation auf und unterstellt ihnen möglicherweise eher als die Unwissenheit die Absicht, sich durch den genealogischen Bezug auf die Sarah (im Gegensatz zu der untergeordneten Magd Agar) aufwerten zu wollen[30]. Dasselbe bringt Isidor vier kurze Sätze weiter noch eine Spur deutlicher zum Ausdruck, indem er zu den Ismaeliten betont: *Ipsi Agareni ab Agar; qui, ut diximus, perverso nomine Saraceni vocantur, quia ex Sarrae se genitos gloriantur*[31].

Dieses Urteil ist von Bestand. Der letzte Autor der Fredegar-Chronik mag zwar ganz sachlich feststellen, daß man unter Berufung auf Orosius

---

[28] Etym. IX 2,37 f.: *de quibus postea inmutata sunt plurima, cetera permanent ut fuerunt. Nam multarum gentium vocabula partim manserunt, ita ut hodieque appareat unde fuerant derivata, sicut ex Assur Assyrii, ex Heber Hebraei: partim vero temporis vetustate ita mutata sunt, ut vix homines doctissimi antiquissimas historias perscrutantes, nec omnium, sed aliquarum ex istis origenes gentium potuerunt reperire.*

[29] Etym. IX 2,57: *Saraceni dicti, vel quia ex Sarra genitos se praedicent . . .*; A. Borst, Der Turmbau von Babel 2,1, Stuttgart 1958, S. 447 sieht darin für Isidor anscheinend kein Problem, „daß von Abrahams Magd Agar die Agareni und Saraceni stammten".

[30] Zu dieser Sichtweise vgl. Hieronymus, Comment. in Ecclesiasten 10,16–17, in: CCSL 72, S. 341: *non de ancilla Agar, sed de Sarae libertate generatum*; ähnlich auch Isidor in seiner Chronik (nach Hieronymus), MGH AA 11, S. 432.

[31] Etym. IX 2,57.

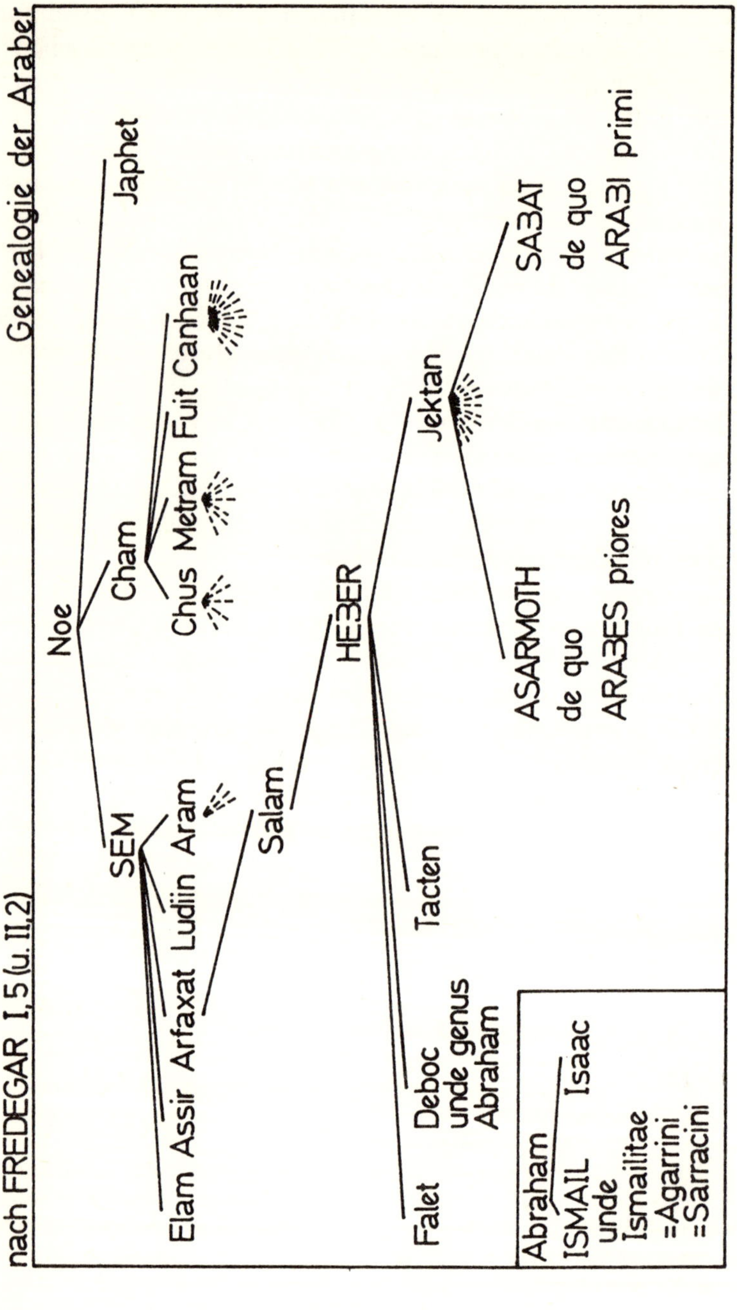
nach FREDEGAR I,5 (u. II,2)
Genealogie der Araber
Noe
SEM
Cham
Japhet
Elam
Assir
Arfaxat
Ludiin
Aram
Chus
Metram
Fuit Canhaan
Salam
HEBER
Falet
Deboc unde genus Abraham
Tacten
Jektan
ASARMOTH de quo ARABES priores
SABAT de quo ARABI primi
Abraham
ISMAIL unde Ismailitae =Agarrini =Sarracini
Isaac

die Agarenen auch Sarazenen nennen könne[32]; bei dem zweiten Fortsetzer derselben Chronik indes knapp hundert Jahre später taucht die Vorstellung von dem Namensbetrug, wie Isidor sie entwickelt, ungetrübt wieder auf[33].

Der Ursprung der Araber (Sabäer)

Die Herkunft der Araber reicht in tiefere Schichten und führt entsprechend biblischer Zeitenvorstellungen den genealogischen Stammbaum weiter zu den Wurzeln hinab. Es besiedeln Araber bereits Teile der Welt, da ist noch keine Rede von Ismael und seinen Nachkommen. Die Nähe zu Urvater Sem wirkt, wo sie zu diesem hergestellt wird, noch unmittelbarer und bestätigt den Leser in der Zuweisung der Araber in die semitische Völkerfamilie.

Gerade der erste Autor der Fredegar-Chronik wird diesen Vorstellungen gerecht, die letztlich auf das Alte Testament (Gn 10,21 ff.) hinzielen; er hält die Herkunft der Araber in dem Abschnitt der Chronik fest, den er dem sog. Liber generationis[34] entnommen hat. Diese, häufigen Wandlungen unterzogene Kompilation geht bereits auf ein entsprechendes Werk des Hippolytus von Rom[35] aus der ersten Hälfte des 3. Jh.s zurück. Das schon aus dem Griechischen ins Lateinische übertragene und erweiterte Bindeglied zwischen dem ursprünglichen Text und der Fassung, in der er in die Fredegar-Chronik einfließt, hat die Jahrhunderte nicht überdauert.

Unser Chronist ist auf solche Informationen angewiesen. Die tagespolitischen Ereignisse in ihrer der merowingischen Epoche eigenen Turbulenz, die er am Ende seiner Chronik zeitgenössisch und selbständig darstellt, erlauben es nicht, über den engen Horizont zu schauen und fremden Völkern über das durch den antiken wie biblischen Wissensschatz vorgegebene Maß hinaus Beachtung zu schenken. So ist es jener Zeit infolge des Glücksfalles, daß der unbekannte Autor den Liber gene-

---

32 MGH SS rer. Merov. 2, S. 153,12; Wallace-Hadrill, S. 54: *Agarrini, qui et Saracini, sicut Orosiae liber testatur . . .*

33 s. Anm. 21.

34 Vgl. Borst, Turmbau von Babel 2,2, Stuttgart 1959, S. 932–936; Wattenbach/Levison 1, S. 53 u. 110.

35 Gegenbischof zu Papst Callistus (217–222), später zu Papst Pontinianus, bis Maximinus Trax beide Kontrahenten 235 nach Sardinien verbannte, wo Hippolytus verstarb. Seine griechischen Schriften erlangten im lateinisch ausgerichteten Westen kaum Beachtung, dafür umso mehr im Osten. Seine 'Canones' blieben sogar nur in arabischer Fassung erhalten.

rationis ausschreibt, gestattet, mit einer formalen Differenzierung von Arabern aufzuwarten – Sarazenen inbegriffen –, die etwa Isidor von Sevilla wenig später aufgrund des ihm vorliegenden Materials nicht mehr vornehmen kann. Dieser Umstand muß überraschen, wenn man sich die wahrlich unterschiedlichen Beurteilungen des Bildungsstandes einmal der Fredegar-Chronisten insgesamt und zum anderen Isidors vergegenwärtigt[36].

Nachdem die Chronik aufgezeigt hat, wie sich das Menschengeschlecht von Noah über Sem und Heber bis zu Jektan fortentwickelt hat, kommt die Sprache auf dessen Nachkommen, unter welchen sich Araber in zweifacher Gestalt befinden, nämlich *Arabes priores*, die von dem Jektan-Sohn Asarmoth abstammen, sowie *Arabi primi*, die als Nachkommen des Sabat, also eines weiteren Jektan-Sohnes, gelten[37]. Wenn auch abgewandelt erscheinen die Araber ein weiteres Mal zweifach in einer der obigen Stelle folgenden Aufzählung ethnischer Gruppen, die der Chronist, ohne dafür Gründe zu nennen – wiewohl dahinter leicht die Zäsur des 'Turmbaus zu Babel' mit einhergehender Sprachverwirrung anzunehmen ist[38] –, aus den bis hierher Sem zugedachten Volksgemeinschaften zum Teil neu erwachsen, zum Teil einfach weiterbestehen läßt, während viele der unter der Nachkommenschaft Sems zuvor noch aufgeführten Völker nicht mehr länger existieren; in dieser Reihung treten die Araber neben den schon andernorts mit den Sarazenen gleichgesetzten Kedräern als *Arabes primi* und – höchst sonderbar – als *Arabes ultra* auf[39]. Möglicherweise korreliert diese Zweifachnen-

---

[36] Nach Manitius 1, S. 225 zeigt die Fredegar-Chronik, „mit wie geringen Mitteln in der Geschichtsschreibung während des 7. Jh.s auch hochstehende Leute sich begnügten". Dagegen ist F. G. Maier, Die Verwandlung der Mittelmeerwelt (= Fischer Weltgeschichte 9), Frankfurt 1968, S. 334 vom „Format eines Isidor von Sevilla" überzeugt.

[37] Fredegar I,5 (MGH SS rer. Merov. 2, S. 23,13–17): *Iectan autem genuit Helmo, de Indii, et Salef, de quo Bactriani, et Asarmoth, de quo Arabes priores, et Cyduran, de quo Kamei . . . et Abimelech, de quo Hyrcani, et Sabat, unde Arabi primi, et Eufer, de quo Armoenii . . . Omnes autem de tribu filiis Sem.* Die Stelle nennt insgesamt zwölf Jektan-Söhne; Gn 10,26–29 kennt einen mehr. Die Abstammung der Völker von diesen Söhnen ist erst spätere Zutat und noch nicht biblisch. – Vgl. die zweifache Nennung der Araber im Liber generationis, MGH AA 9, S. 105.

[38] Vgl. Fredegar I,5 (MGH SS rer. Merov. 2, S. 21,14–22,6), wo Japhet mit seinen Nachkommen abgehandelt wird und die Sprache auf die Ereignisse von Babel kommt, als deren Folge dort neue Völker entstehen.

[39] Fredegar I,6 (MGH SS rer. Merov. 2, S. 23,19–22): *Haec sunt autem quae sunt factae ex his gentes: Hebrei, qui Iudaei, Persae, Medi, Paenes, Arriani, Assirii, Indii, Magardi, Parti, Germani, Helimei, Cessei, Arabes primi, Cedrisiae, Scitae, Arabes ultra, sapientes qui dicuntur Gymnosofistae, nudi sapientes.* Die Aufzählung ist freilich weit davon entfernt, selbst im Rahmen der Möglichkeiten dieses Autors vollständig zu sein; später führt er

nung mit den geographischen Begriffen *Arabia vetus* und *Arabia eudemon*, die der Chronist ebenfalls einzubringen vermag[40]. Allen Arabern gemeinsam indes scheint zu sein: *Omnes autem de tribu filii Sem*[41].

Dem kann ein Leser des 7. und der folgenden Jahrhunderte, der sich statt der Fredegar-Chronik des etymologischen Werks Isidors, der 'Realenzyklopädie' des frühen Mittelalters[42], bedient, jedoch keineswegs zustimmen. Im 2. Kapitel des de linguis, gentibus, regnis, militia, civibus, affinitatibus handelnden 9. Buches[43] gibt Isidor die biblische Erklärung zur Herkunft der Sabäer, die er dann mit den Arabern gleichsetzt, und zeigt sich darin zunächst korrekter als der Fredegar-Chronist, der mit seinen Behauptungen den Anschein erweckt, als habe er die Herkunft der Araber so in der Bibel vorgefunden. Dem aber ist nicht so. Eine biblische Angabe, die die Abkunft der Araber erklärte, existiert nicht. Lediglich eine unklare Andeutung bezüglich ihres Lebensraumes findet sich II Par 21,17[44].

Ausgehend von den männlichen Noah-Nachkommen Japhet, Ham und Sem sowie weiter dem Ham-Sohn Chus stellt Isidor fest: *Filii Chus: Saba et Hevila, Sabatha, Rhegma, Seba, Cuza. Saba, a quo progeniti et appellati Sabaei . . . Hi sunt et Arabes*[45]. Zeilen später nur muß Isidor nochmals auf diese Herleitung eingehen. Er sieht sich genötigt, einer möglichen genealogischen Irritation vorzubeugen, die aus der Zuordnung der

---

wieder Völker an, die er hier ausspart, z.B. die Chaldäer, denen er zusammen mit Juden, Persern, Medern, Indern und Assyrern die Fähigkeit zu schreiben konstatiert; s. Fredegar I,6 (MGH SS rer. Merov. 2, S. 23,23 f.). – Die genannten Elamiter, Cesaner und Kedräer waren der Antike als arabische Völker bekannt.

40 Fredegar I,6 (MGH SS rer. Merov. 2, S. 23,26–24,1): *Vocabula autem eorum haec sunt: Persis, Bactrianae, Hyrcaniae, Babilonia, Cordulia, Assiria, Mesopotamia, Arabia vetus, Alimadas, India, Arabia eudemon, Coelesyria, Commagena et Finicia, quae est filiorum Sem.*

41 vgl. Anm. 37.

42 Gegen diesen weit verbreiteten Ausdruck und ähnliche andere Bezeichnungen für die Etymologiae wandte sich Borst, Das Bild d. Geschichte i. d. Enzyklopädie Isidors, in: DA 22 (1966), S. 6 Anm. 27.

43 Zur Kapiteleinteilung des Buches und zu den zahlreichen von Isidor benutzten Quellen vgl. Manitius 1, S. 60ff.; A. Philipp, Die historisch-geographischen Quellen in den etymologiae des Isidors von Sevilla, Berlin 1912; H. L. W. Nelson, Etymologiae van Isidorus van Sevilla, Leiden 1954, S. 13; J. Fontaine, Isidore de Seville et la culture classique dans l'Espagne wisigothique, Paris 1959 (leider ohne an einem Ort zusammengefaßte Quellenübersicht).

44 *Suscitavit ergo Dominus contra Joram spiritum Philistinorum et Arabum, qui confines sunt Aethiopibus.* Ähnlich natürlich auch Isidor, Etym. IX 2,39, der wie die sabäischen Araber die Äthiopier über Ham herkommen läßt.

45 Etym. IX 2,13–15.

Sabäer — Araber nach Isidors ethnologischem Bild — zu dem 'richtigen' Saba als ihrem Urvater entstehen könnte. Denn nicht nur Chus nannte gemäß alttestamentlicher Vorstellung einen seiner Söhne Saba. Ein Bruder dieses Saba, Rhegma war es, verfuhr mit einem seiner Söhne ebenso. Um nun den einen von dem anderen Saba unterscheiden zu lernen und nicht in den Nachkommen Sabas, Rhegmas Sohn, sondern alleine in denen des Chus-Sohnes Saba die nach diesem benannten Sabäer zu erblicken, bietet Isidor eine kleine Hilfestellung: „Dieser Saba [gemeint ist der Sohn Rhegmas] wird im Hebräischen mit dem Buchstaben 'Sin' geschrieben. Jener oben genannte Saba, der Sohn des Chus eben, aber wird mit dem Buchstaben 'Samech' geschrieben; nach diesem werden sie als Sabäer bezeichnet. Jetzt jedoch wird Saba als Arabien verstanden"[46]. Mit diesem letzten Satz macht er alle Bemühungen, möglichst korrekt zu verfahren, zunichte. Ob die Sabäer nun von diesem oder von jenem Saba abzuleiten sind, das kann man in seiner Etymologie nachlesen; aber gleichzeitig nimmt man auf, daß die Araber über die Gleichsetzung mit diesen Sabäern keine Semiten sind. Die Araber sind bei Isidor zu Hamiten geworden.

Wir haben davon auszugehen, daß es zur Ausbildung divergierender genealogischer Vorstellungen über die Herkunft der Araber infolge unterschiedlicher Zielsetzungen gekommen ist. Dem Fredegar-Autor bzw. Verfasser seiner Vorlage geht es um einen 'sauberen' Stammbaum, wobei es ihm gemäß seiner strengen genealogischen Normen unerträglich erscheint, die Aufspaltung in zwei arabische Völkerschaften, wie er sie vorfindet und hinter der sich die historisch-ethnologisch korrekte Beobachtung von der Existenz einmal eines südarabisch (= sabäisch)-ostafrikanischen Bevölkerungsaustausches und zum anderen rein semitischer Araber im Norden der Halbinsel verbirgt, als so tiefgreifend anzunehmen, daß er sie dann auch zwei verschiedenen Urvätern zuzuordnen hätte. Andererseits wagt er es nicht, sich über das vorgefundene Wissen, wonach die Araber auch mit einem Saba(t) als Ahn verknüpft werden, hinwegzusetzen. Diese beiden Überlegungen führen bei dem Fredegar-Chronisten im Zusammenspiel mit den Bemühungen um einen 'sauberen' Stammbaum dazu, daß er zu den *Arabi primi* schließlich einen Jektan-Sohn namens Sabat findet. Die *Arabes priores* müssen

[46] Etym. IX 2,18: *Hic Saba per Sin litteram scribitur in Hebraeo; ille autem superior Saba per Samech, a quo appellatos Sabaeos: interpretatur autem nunc Saba Arabia* (nach Hieronymus, Hebraicae quaestiones in libros Geneseos 10,7, in: CCSL 72, S. 12). — Die Abstammung der Araber/Sabäer über Saba — Chus (— Cham) nochmals Etym. XIV 3,15: *Ipsa est et Saba apellata a filio Chus, qui nuncupatus est Saba.*

Genealogie der Araber

nach ISIDOR, Etym. IX, 2

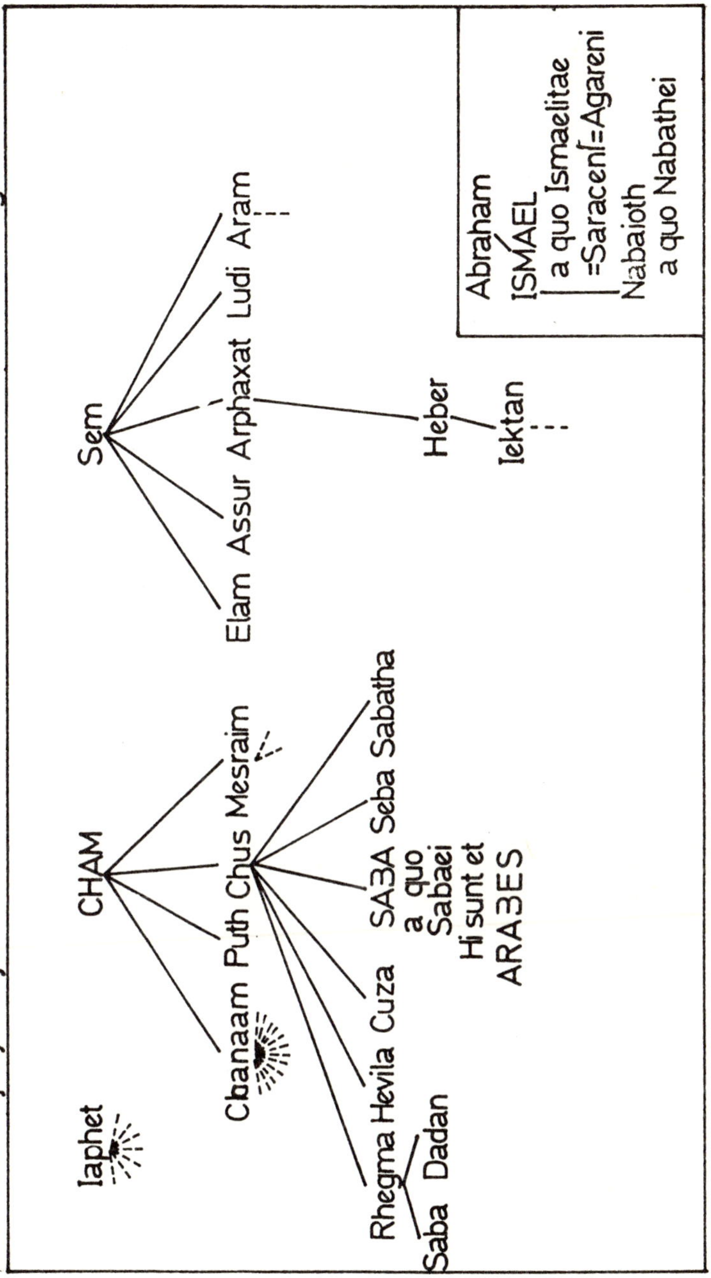

nach seinem genealogischen Verständnis dann notgedrungen von einem anderen Jektan-Sohn, bei ihm dem Asarmoth, abstammen.

Isidor dagegen, der seine Araber alleine in den Sabäern wiederentdeckt, betont ausdrücklich die Herleitung über den Chus-Sohn (und damit Hamiten) Saba. Ihm wird man dabei — neben aller Bibelfestigkeit — eher eine auf kartographische Kenntnisse beruhende Überlegung zugute halten dürfen, die ihn lehrt, daß in einer Region, die der Antike als Arabien bekannt ist, die alttestamentlichen Sabäer ihre Heimat haben. Da er darüber hinaus offensichtlich keine semitischen Araber kennt — die Sarazenen in diesem Raum ausgenommen, die aber von Ismael herrühren und nie als *Arabes* gelten — und infolgedessen nicht in den Zwiespalt gerät, zwei (oder mehr) arabische Völkerschaften auf einen Urvater vereinen zu müssen, kann er es bei der — richtigen — Bestimmung der Sabäer als Hamiten belassen. Diese entsprächen dann wohl den *Arabi primi* des ersten Fredegar-Autors.

Arabien und seine Bevölkerung

Mensch und Landschaft stellen den ersten abstrakten Bezug zueinander in der Regel über den Namen her, der beide verbindet. In der Antike steht vielfach ein und derselbe Begriff für beides, ohne daß für uns immer klar zu erkennen wäre, ob die Menschen oder die entsprechende Region zuerst mit dem Namen bedacht worden waren. In diesem gemeinsamen Namen verschmelzen beide Größen zu einer historischen Gemeinschaft. An dieser Erkenntnis haben auch zweitausend Jahre nichts zu ändern vermocht. Wenn wir darum — ganz nach Art und Weise unserer frühmittelalterlichen Autoren — den arabischen Menschen betrachten wollen, „beginnt man wohl am besten mit einem Blick auf die Landschaft. Sie bestimmt immer und überall die Schicksale der in ihr Lebenden mit“[47].

Für die Chronisten, Exegeten und Etymologen des ausgehenden sechsten bis zur Mitte des achten Jahrhunderts ist der Inhalt des Begriffs *Arabia* keineswegs eindeutig definiert. Wahlweise sieht man ihn entweder für die gesamte Arabische Halbinsel — vielleicht die *Arabia maior* des anonymen Kosmographen aus Ravenna[48] — oder aber auch lediglich

---

[47] M. R.-Alföldi, Die Geschichte des numidischen Königreiches und seiner Nachfolger, in: Die Numider (Führer des Rheinischen Landesmuseums Bonn Nr. 96), hg. H. G. Horn/Ch. B. Rüger, Bonn 1979, S. 43.

[48] Cosmographia II,7.

für die gleichnamige römische Provinz angewandt, jeweils in der Form, wie *Arabia* in den von unseren Autoren ausgeschriebenen Vorlagen gebraucht wird. In der Gleichsetzung des alttestamentlichen *Saba* mit Arabien zielt der Begriff gar auf den Süden der Halbinsel. Andere, enger gefaßte Termini wie etwa *Arabia eudaemon* weisen auf einen Teil des Ganzen, um dann aber doch als pars pro toto wieder für die Abbildung des Gesamten zu stehen. Es sind also weniger die als arabisch erkennbaren Grenzen – wie unten sofort festgehalten wird –, sondern vielmehr die Bezeichnungen für den Raum Arabien, die schillernd oszillieren. Erschwerend kommt hinzu, wie gesagt, daß bei der Verwendung des Begriffs *Arabia* ohne spezifizierende Attribute die inhaltliche Differenzierung zwischen dem gleichnamigen geographischen Großraum und Teillandschaften wie etwa der ebenso genannten römischen Provinz regelmäßig unterbleibt; und wenn doch auf sie etwa abgehoben wird, geschieht dies mittels Bezeichnungen, die den angestrebten Bezug in der Vorstellungswelt des Lesers mit Sicherheit nicht erzeugen können. Bedas *Arabia citerior* im 33. Kapitel seiner Schrift De temporum ratione dürfte beispielsweise auf die römische Provinz Arabia bezogen sein[49]. Sonst ist sie durch arabische Städte festgemacht.

Völlig ungewiß ist, auf welchen Raum die *Arabia vetus* des ersten Fredegar-Chronisten anspielt. Sie tritt als Folge einer Zweiteilung des arabischen Ethnos in *Arabes primi* und *Arabes ultra* in folgender Reihung auf: *Vocabula autem eorum* [d.h. der semitischen Völker] *haec sunt: Persis, Bactrianae, Hyrcaniae, Babilonia, Cordulia, Assiria, Mesopotamia, Arabia vetus, Alimadas, India, Arabia eudemon, Coelesyria, Commagena et Finicia, quae est filiorum Sem*[50]. Der Autor legt mit seiner Absicht, damit die Lebensräume der zuvor genannten Völker aufzuzählen, selbst die Möglichkeit nahe, die *Arabia vetus* als Lebensraum der *Arabes primi* anzusehen. Doch ein einfacher Blick auf die beiden Aufzählungen der Völker sowie der Landschaften macht die Unmöglichkeit einer analogen Gleichsetzung von Volk und Landschaft offenbar. Der mittelalterliche Leser mag dabei noch hinnehmen, daß die Kedräer in Midian leben und womöglich die Skythen aus Indien kommen; aber daß die Gymnosofisten und die sogenannten nackten Weisen[51] in Phönizien und Umgebung zu Hause sein sollen, muß er nicht glauben; dazu sind gerade diese Regionen von alters her zu gut bekannt.

---

[49] Cap. 33; Jones, Bedae opera, S. 241 (nach Plinius): *Sequens circulus incipit ab india vergente ad occasum, vadit per medos, parthos, persepolim, citima persidis, arabiam citeriorem, iudaeam, libani montis accolas.*

[50] Fredegar I,6; MGH SS rer. Merov. 2, S. 23,26–24,1.

[51] Vgl. Fredegar I,6; MGH SS rer. Merov. 2, S. 23,19–22.

Das Peträische Arabien aus Isidors Etymologie, die *Arabia Petraea*[52], dagegen wird bei Beda durch die Nennung der dazugehörigen Stadt Petra, einer *ciuitas . . . Arabiae nobilis*[53], genauer bestimmt. Er lokalisiert dieses Arabien in Anlehnung an eine antike Geographie im 1. Erdkreis[54]. Daß diesen Raum das alte Nabataea abdeckt, wird an keiner Stelle zum Ausdruck gebracht. Nur durch die Angabe seiner Lage läßt es sich unschwer ebendort finden und genauso mit Arabien in Beziehung bringen. Isidor schreibt, daß es zum einen *inter Iudaeam et Arabiam* liege, zum anderen aber als *pars Arabiae* anzusehen sei[55].

Der Satz dokumentiert ein weiteres Mal etwas von den Schwierigkeiten, die eine Unterscheidung zwischen dem geographischen Großraum Arabien und der (römischen) Provinz gleichen Namens aufwirft. Ferner spiegeln sie die politischen Veränderungen in jener Region wieder. Vor dem Hintergrund zweier unterschiedlicher Zeitebenen nämlich will Isi-

---

52 Etym. XVII 7,71: *Prima est resina terebinthina, omnium praestantior; adfertur ex Arabia Petraea* . . . Interpretierte man füher die Bezeichnung *Arabia petraea* in Kenntnis der zerklüfteten Berglandschaft vielfach als 'steiniges Arabien', so hat sich nun durchgesetzt, die Bezeichnung auf die Stadt Petra zurückzuführen und demnach als Peträisches Arabien zu übersetzen. Dem widerspricht in keiner Weise, daß das gr. 'Petra' ein bereits im Alten Testament (Idc 1,36; IV Rg 14,7) vorkommendes has-selāʿ (= der Fels) als Ortsnamen wiedergibt; vgl. dazu Ph. C. Hammond, The Nabataeans (Studies in mediterranean archeology, Bd. 37), Lund 1973, S. 42: „In spite of certain objections raised in recent times, the probability that Petra represents the 'Sela' (i.e. 'Rock') of Edom continues to be quite plausible. The extend of Edomite sherds, the large number of cisterns on Umm il-Biyara, the prominence of that particular 'rock', its defens works, and other factors maintain Petra as still a most possible site-identification for the Edomite Selaʿ. The fact is that a nearby site, still called 'Selaʿ' and also having similar remains, does not appear equal to the Petra site in the magnitude of its defenses and its present name is not necessarily its original one. That even ancient writers could single out Petra's rock among neighboring crags in describing the Nabataean occupation would seem to indicate a priority for it. Likewise, the Hellenizing of 'Selaʿ' into 'Petra', at an early date, must also indicate a local name adopted by the Nabataeans when they assumed occupation." Vgl. RE XIX,1, Sp. 1170–1178.

53 Beda, In regum librum XXX quaestiones, cap. 21; CCSL 119, S. 314; vgl. Beda, Nomina locorum, CCSL 119, S. 283: *Petra ciuitas Arabiae in terra Edom.*

54 Cap. 33; Jones, Bedae opera, S. 241 (nach Plinius): *Igitur in sexto naturalis historiae libro de his scribens: plura sunt, inquit, segmenta mundi, quae nostri circulos appellavere, graeci parallelos. Principium habet indiae pars versa ad austrum, patet usque arabiam, et rubri maris accolas. Continentur gedrosi, carmani, persae, . . . mesopotamia, seleucia cognominata babylonia, arabia ad petras usque, syria coele, pelusium, aegypti inferiora* . . . Zur geographischen Einteilung in Erdkreise bzw. Zonen und Klimata s. die Abb. bei A.-D. v. den Brincken, Mappa mundi und Chronographia, in: DA 24 (1968), S. 134f.

55 Etym. XIV 3,26: *Nabathea regio a Nabeth filio Ismael nuncupata. Iacet autem inter Iudaeam et Arabiam, et surgens ab Euphrata in mare Rubrum porrigitur, et est pars Arabiae.* Vgl. dazu hier S. 97f.

dor doch nur zum Ausdruck bringen, daß das Nabatäerreich der Antike den Raum zwischen Judäa und dem Teil der Welt, der als Arabien bekannt ist, lag; seit der Gründung der Provinz Arabia durch die Römer jedoch und der damit einhergegangenen Zerschlagung des Nabatäerreiches ist dieses Gebiet einem Teil nach der Provinz Arabia zuzurechnen. Der anonyme Kosmograph von Ravenna bringt im selben Raum Agarenen und Nabatäer zusammen[56] und erwähnt Nabatäa stets in Verbindung mit Madian[57]. Auf der anderen Seite läßt er — vermutlich nördlich dazu, über den Jordan hinweg — Arabien direkt an Judäa anstoßen[58].

Die ursprünglich griechische Bezeichnung *Arabia eudaemon* sowie der biblische bzw. ebenfalls antike Begriff *Saba* sind austauschbar und können — jeder Ausdruck für sich — auch generell Arabien meinen. So wird Arabien, das seinem Wortsinn nach 'Ebene' oder 'Einöde' (*campestris*[59]) bedeuten soll, mit *Arabia eudaemon* in Eins gesetzt, da aufgrund seines Reichtums an Weihrauch und Gewürzen Bedas und Isidors Meinung nach die Griechen das Land als *eudaemon* gepriesen hätten, was der Angelsachse mit dem lateinischen *beata* erklärt: *Hinc eam Graeci Eudaemona, nostri Beatam vocaverunt*[60]. Danach bedeuten die Begriffe *Arabia* und *Arabia eudaemon* hinsichtlich der durch diese beschriebenen geographischen Größen keine unterschiedlichen Gebiete, sondern beziehen sich auf ein und denselben Raum. Hinzu kommt, daß man *Arabia* auch nach einer zweiten Etymologie, die sich ebenfalls bei Isidor und Beda findet und nach welcher es 'geweiht' bedeuten soll, glücklich, d.h. *eudaemon*, schätzen darf. Beda sagt: *Arabia autem sacra interpretari dicitur, eo quod sit regio thurifera, odora creans*[61]; er schließt sich wortwörtlich der Interpretation Isidors an[62].

Ohne weitere Erklärung wird dem hinzugefügt, daß es sich bei der Region mit dem Namen *Saba*, der sich von einem ebenso genannten Sohn des alttestamentlichen Chus herleite[63], um dasselbe Land wie *Arabia eudaemon* handele. Isidor sagt dies nicht nur unmißverständlich — *Ipsa est et Saba* —, sondern gibt sowohl für die *Arabia eudaemon* als auch

56 Cosmographia I,2: *Prima ut hora diei Indorum reperiuntur prosapiae . . . inter quas et Agarenorum transit brevi eremum Madian Nabathaei olitana patria.*

57 ibid.; II,5: *Item patria quasi ad partem meridianam quae dicitur patria Hentru Nabathaei Mazianitae . . .*

58 Cosmographia II,14: . . . *quae Iudaeorum patria etiam Arabia ex uno latere conscribitur.*

59 Beda, In psalmorum librum, cap. 71; PL 93, Sp. 865C.

60 Beda, De nominibus locorum, PL 92, Sp. 1035B.

61 ibid.

62 Etym. XIV 3,15.

63 Etym. IX 2,13–15; IX 2,18; vgl. die Ausführungen hier zur Genealogie der Araber S. 79f.

Saba als Grenze im Norden Chaldäa an: . . . *Euphraten* . . .; *cuius a meridie sequitur Babylonia, deinde Chaldaea, novissime Arabia εὐδαίμων* . . . *Ipsa est et Saba* . . . *Haec autem angusto terrae tractu ad orientem versus ad Persicum sinum extenditur, cuius septentrionalia Chaldaea claudit, occasum sinus Arabicus* (Etym. XIV 3,13–15).

Auch *Arabia* allein, d.h. ohne Attribute wie *petraea* oder *eudaemon*, wird mit *Saba* gleichgesetzt. Einmal mehr Hieronymus folgend stellen Isidor und Beda übereinstimmend fest: *interpretatur vero/autem nunc Saba Arabia*[64]. Wieder stellt der Weihrauch, aufgrund dessen das Land schon als 'geweiht' oder 'glücklich' bezeichnet wurde, die Brücke zwischen beiden Begriffen dar; so wie die 'Wohlgerüche des Orients' die wesentlichsten Handelsprodukte zwischen den arabischen Landstrichen und den antiken Hochkulturen des Mittelmeerraumes bildeten. In der christlichen Liturgie wird der Gebrauch des Weihrauchs fortgeführt, so daß zumindest in dieser Hinsicht ein Interesse an den Beziehungen zu den östlichen Kaufmannsplätzen und ihren Waren nie erlischt. Nach einem Wort Vergils, das Isidor zitiert, gehört der Weihrauch den Sabäern (*Solis est thurea virga Sabaeis*[65]), also gemeinhin den Arabern nach seinem ethnologischen Verständnis.

Nach wiederum einer zweiten Etymologie, die Saba nicht von dem Namen einer Figur aus dem Alten Testament herleitet, hatte man zur Erklärung des Wortes *Saba* auf das griechische Verbum σέβεσθαι zu rekurrieren. Über dieses wird erneut die Verbindung zum Weihrauch gesucht. Isidor faßt zusammen: 'Die Sabäer haben ihren Namen von σέβεσθαι – das bedeutet 'anflehen', 'anbeten' –, weil wir die Gottheit mit Hilfe ihres Weihrauchs verehren. Dieselben sind die Araber, weil sie in den Bergen Arabiens, d.h. im Libanon und Antilibanon, leben, wo der Weihrauch zusammengetragen wird' (Etym. IX 2,49). Mit der Nennung der Gebirgszüge aber und der damit einhergehenden Identifizierung der Sabäer als Araber demonstriert Isidor nachdrücklich, daß die Verwendung des Begriffs *Saba* mitnichten Erinnerungen an das ebenso genannte südarabische Königreich heraufbeschwört. Wie *Arabia* selbst und das erweiterte *Arabia eudaemon* steht es für Arabien schlechthin. Die vereinzelte Notiz des Kosmographen von Ravenna, wonach die *Arabia eudaemon* auch *Omeritia* genannt werden kann, hat keinen Eingang in das geographische Weltbild des frühen Mittelalters gefunden[66].

---

64 Etym. IX 2,18; Beda, Quaestionum super Genesim ex dictis patrum dialogus, PL 93, Sp. 300 B.

65 Etym. IX 2,15.

66 Cosmographia II,6: *Item non longe ab ipsa regione est patria quae dicitur Omeritia, quae et Eudaemon Arabia dicitur.* Nach antiker Auffassung umfaßt Omeritia grob das Gebiet des heutigen Yemen. Vgl. S. 92.

Aus Bedas Sicht liegt Arabien am anderen Ende dieser Welt. Er baut auf die Erkenntnisse des Plinius und gibt die Position Arabiens in Erdkreisen an, die demjenigen, in dem sich nach dieser Erdeinteilung seine eigene angelsächsische Heimat befindet, äußerst fern sind. In einem ersten Erdkreis liegt, wie wir schon gesehen haben, das petrâische Arabien[67]. In einem zweiten, der von Indien bis Nordafrika reicht, hat er an einer anderen Stelle – ohne das petrâische Arabien zuvor dem ersten wieder zugeordnet zu haben – neben Persien und Syrien nochmals ein Arabien entdeckt[68]. Bei einer letzten Einteilung in segmenta mundi nimmt Arabien wieder seinen Platz (nach Plinius Nat. hist. VI,39) im ersten ein: *principium habet Indiae pars versa Austrum, patet usque Arabiam, et Rubri maris accolas*[69]. Hierher ist auch die Angabe des Kosmographen von Ravenna zu stellen, der in einem ersten Tagesstundenkreis Madian bzw. Nabatäa entdeckt, begrenzt auf der einen Seite von der Wüste der Agarenen, auf der anderen von den Völkern in der Nachbarschaft Indiens[70]. Im Gegensatz zu allen übrigen Aussagen liegt die *patria Araborum quae aromata profert* nach Auskunft desselben Autors erst in einem dritten Tagesstundenkreis[71].

Wenn mit dem Satz *Tempore enim Alexandri magni luna defecit in Arabia hora noctis secunda, eademque in Sicilia exoriens*[72] nicht allein auf eine einmalige, fabelhafte Begebenheit angespielt werden soll, dann trägt er zumindest für Beda selbst, der sich stets wegen der Berechnung des korrekten Ostertermins mit den Bewegungen des Mondes beschäftigt, mit den genannten Angaben dazu bei, Arabien in weite Ferne zu rücken und nahezu an das Ende der Welt zu schieben. Denn als Astronom, der er auch ist, vermag er den beinahe wörtlich aus Plinius (Nat. hist. II,72) exzerpierten Hinweis, daß über Sizilien die Nacht hereinbricht, während in Arabien bereits der Morgen dämmert, mit Sicherheit für eine Entfernungsbestimmung zwischen diesen beiden Landschaften zu verwerten.

Arabien wird in erster Linie von Wasser umsäumt. Es wird nach dem Kosmographen von Ravenna vom Ozean begrenzt, der sich von den

[67] Beda, De temporum ratione, cap. 33; Jones, Bedae opera, S. 241; vgl. hier Anm. 54.

[68] Beda, De natura rerum, cap. 46; CCSL 123 A, S. 229: *Secundus ab occasu Indiae per Medos uadit et Persas, Arabiam, Syriam, Cyprum, Cretam, Lylibaeum, et septentrionalia Africae contingens*; vgl. Beda, In cantica canticorum allegorica expositio, PL 91, Sp. 1077 B: . . . *in primis orbis partibus, Arabia dico et India, Iudaea et Aegypto* . . .

[69] Beda, De temporum ratione, cap. 33; s. hier Anm. 54.

[70] Cosmographia I,2; s. hier Anm. 56.

[71] Cosmographia I,2: *Tertia ut hora diei Araborum quae aromata profert est patria* . . .

[72] Beda, De natura rerum, cap. 23; CCSL 123 A, S. 215.

Küsten Indiens, Persiens und eben Arabiens bis Ägypten erstreckt[73], bzw. ragt in seiner 'schmalen' Gestalt, *angusto terrae tractu* wie Isidor Etym. XIV 3,15 sagt, in das Rote Meer hinein, das sich – östlich von Arabien – in den Persischen Golf und – auf der gegenüberliegenden, westlichen Seite – in den Arabischen Golf teilt. Isidor und Beda halten diesen Sachverhalt zu wiederholtem Mal fest; ... *ad orientem versus ad Persicum sinum extenditur, ... occasum sinus Arabicus* (Etym. XIV 3,15); *Hoc mare in duos sinus scinditur. Ex his, qui ab oriente est, Persicus appellatur ... Alter vero Arabicus dicitur, quod sit circa Arabiam* (Etym. XIII 17,4; vgl. XIV 3,16); *Scinditur autem in duos sinus: quorum Persicus aquilonem, Arabicus petit occidentem, qui CXV passibus distat ab Aegyptio mari*[74]; *Arabiam quae nunc vocatur εὐδαίμων, usque ad mare Rubrum*[75]; *Arabia, regio inter sinum maris Rubri, qui Persicus, et eum qui Arabicus vocatur*[76]; *in deserto Saracenorum contra Orientem Rubri maris in Arabia*[77]. Nach Norden bzw. Nordwesten hin dienen – über Chaldäa hinweg – Euphrat[78] und Jordan als natürlicher Abschluß Arabiens. Gerade letzterer zieht mit seinem Lauf anscheinend eine scharfe Markierung in die Landschaft, *dividit Iudaeam et Arabiam* gemäß Isidor (Etym. XIII 21,18). Beda stellt in seinem Kommentar zum Matthäus-Evangelium fest: *Gerasa urbs est Arabiae trans Jordanem*[79]; und nach Adamnan, der den Pilgerbericht des gallo-fränkischen Bischofs Arkulf notiert hat, ist die Stelle am rechten Jordan-Ufer, an der kirchlicher Tradition zufolge Jesus von Johannes getauft worden war, durch ein Kreuz markiert, von wo aus ein kräftiger Mann mit Hilfe einer Schleuder einen Stein bis an das andere Ufer *in parte Arabiae* werfen könne[80].

---

[73] Cosmographia V,28: ... *Ad partem vero meridianem habet totus mundus finem Oceanum qui venit de praedicta India Thermantica Elamonte. qui Oceanus tangit Persas, Arabas, Aegyptum inferiorem ...*

[74] Beda, De natura rerum, cap. 42; CCSL 123 A, S. 226.

[75] Beda, Quaestionum super Genesim ex dictis patrum dialogus, PL 93, Sp. 323 A.

[76] Beda, De nominibus locorum, PL 92, Sp. 1035 B.

[77] Beda, Super canticum Habacuc, PL 91, Sp. 1244 A; nach Duckett, Saints and Scholars, S. 322 wurde die Schrift vor 731 verfaßt.

[78] Etym. XIV 3,13 f.: *Mesopotamia Graecam etymologiam possidet, quod duobus fluviis ambiatur; nam ab oriente Tigrim habet, ab occiduo Euphraten. Incipit autem a septentrione inter montem Taurum et Caucasum; cuius a meridie sequitur Babylonia, deinde Chaldaea, novissime Arabia* εὐδαίμων ...; ähnlich Beda, De nominibus locorum, PL 92, Sp. 1038 C; vgl. ibid., PL 92, Sp. 1036 B–C: *Chaldaeorum regio inter Babyloniam et Arabiam ...*

[79] II,8; PL 92, Sp. 43 C; vgl. die ähnlichen Stellen in Bedas Schriften: In Lucae evangelium III 8,26; CCSL 120, S. 182 f. bzw. In Marci evangelium II 5,1; CCSL 120, S. 491.

[80] Adamnani de locis sanctis II,16; s. hier Kap. I, Anm. 77.

Die weite Lücke im Norden zwischen Euphrat und Jordan wird in der Anschauung Isidors notdürftig durch die Berglandschaften von Libanon und Antilibanon geschlossen, die er nachdrücklich als *montes Arabiae* ausweist[81]. Ob sich eine Stelle aus Bedas im Jahr 725 verfaßter Schrift De temporum ratione[82] mit der Wendung *Arabia ad petras usque Syriacoele*[83] ebenfalls auf den Libanon beziehen läßt, ist zwar naheliegend, jedoch mit letzter Sicherheit nicht zu bestimmen.

Auch bei der Sicherung des Abgrenzungsverlaufs vom Jordan bis zum Roten Meer erwachsen augenscheinlich Schwierigkeiten; auf verschiedenen Wegen trachtet man sie zu umgehen.

Bis zum Nil jedenfalls erstreckt sich Arabien nicht. Selbst das sich im Osten an den Nil anschließende, aus der Bibel bekannte Land Gosen mag Beda nicht mehr zu Arabien zählen. Er weist dezidiert auf den Fehler hin, daß Gosen wohl schon einmal (Gn 45,10: *terra Gosen Arabiae*) zu Arabien gerechnet worden sei; doch in seinem Genesis-Kommentar bezeichnet er diese Behauptung – selbst wohl nur die Grenzen wieder der römischen Provinz Arabia vor Augen! – als Verfälschung der Schriften: *Hic 'Arabiae' additum est: In Hebraeis enim voluminibus non habetur. Unde et error increbuit quod terra Gosen in Arabia sit*[84].

Die Grenze ist demnach weiter östlich zu suchen; nach heutigem Verständnis läßt sie sich gut mit dem Gebiet der Sinai-Halbinsel wiedergeben, das der Kosmograph von Ravenna etwa auch als Lebensraum der Agarenen ansieht[85]. Die Region östlich dazu kennzeichnet er freilich als Madian bzw. Nabatäa, an welches sich seiner Auffassung nach erst die *Arabia eudaemon* (bzw. *Omeritia*) anschließt. Auch Beda hat Madian zunächst außerhalb Arabiens, wenn er, wie es bei ihm ein einziges Mal anklingt, den Berg Sinai 'in Madian über Arabien'[86], also außerhalb Arabiens demnach, zum Himmel ragen läßt. Doch an anderer Stelle sagt er ohne Umschweife: *Sina enim mons est in Arabia*[87]. Die gleiche Auffas-

[81] Etym. IX 2,49: *Sabaei ... Ipsi sunt Arabes, quia in montibus Arabiae sunt, qui vocantur Libanus et Antilibanus ...*; Etym. XVII 8,3: ... *a monte Arabiae, ubi Sabaei sunt. Nam mons eorum Libanos dicitur ...*

[82] Vgl. Duckett, Saints and Scholars, S. 309; Blair, The world of Bede, S. 69.

[83] Beda, De temporum ratione, cap. 33; s. hier Anm. 54.

[84] Beda, Super Genesim, PL 93, Sp. 350 A.

[85] Cosmographia I,2; s. hier Anm. 56.

[86] Beda, De nominibus locorum, PL 92, Sp. 1040: *Sina mons in regione Madian super Arabiam in deserto qui alio nomine Horeb appellatur.* Vgl. Beda, Epistola XIV, PL 94, 699 C–D.

[87] Beda, Libri quatuor in principium Genesis ..., IV 21,9; CCSL 118 A, S. 239. Vgl. Beda, Martyrologium, XI. Kalend. Ian.; PL 94, Sp. 1139 A: *mons Arabicus*; diese Beda wohl zu unrecht zugeschriebene Stelle nicht mehr aufgenommen in der neuen Edi-

sung von der Lage des Berges Sinai auf arabischem Gebiet vertritt zuvor schon der anonyme Pilger aus Piacenza, der den Berg selbst erklimmt; dabei ist gleichgültig, ob man der ersten oder zweiten Rezension seines Itinerars folgt. Nach der ersten Version ist *De monte Sina in Arabia* die Rede[88]; nach der Recensio altera lautet die Aussage: *De monte Syna usque in Arabiam ciuitatem, quae uocatur Abela . . .*[89]. Aber so klar wie die erste Feststellung ist, so eindeutig lokalisiert sie in der zweiten Fassung den Berg expressis verbis zumindest nicht außerhalb Arabiens. Denn wie sollte er das Land zwischen dem arabischen Aila (am Golf von ʿAqaba) und Gosen sonst nennen? Gleichzeitig wird Eindeutigkeit hinsichtlich der Relation von Madian zu Arabien hergestellt. d.h. Madian in seiner biblischen Ausdehnung um den Golf von ʿAqaba durch die Bezeichnung Ailas als arabische Stadt als Teil Arabiens deklariert.

Auch die weiteren Städte alle oder namentlich die in Arabien erwähnten Orte lassen sich, mit Ausnahme der vielfach unklaren Angaben beim Kosmographen von Ravenna[90], für uns unschwer erkennbar in der römischen Provinz Arabia lokalisieren. Die biblische Pentapolis, von der Isidor schreibt, gibt dieser selbst als im Grenzgebiet zwischen Palästina und Arabien liegend, d.h. *in confinio Arabiae et Palaestinae sita*[91], an. Ganz zu Arabien gerechnet werden das heutige Amman, das auch *Philadelphia* oder *Rabbath* heißen kann[92], ferner das für die gesamte Region Nabataea stehende *Petra* (*ciuitas . . . Arabiae nobilis*[93]), dann *Gerasa*, das nördlich von Amman liegende heutige Ǧeraš, als *urbs insignis Arabiae trans Jordanen*[94] und *Zoar* am südlichen Ausgang des Toten Meers, das ob seiner Lage in der Regel dazu dient, die Längenausdehnung dieses Binnengewässers anzugeben, *quod in longitudine per stadia DLXXX usque*

---

tion von J. Dubois / G. Renaud, Edition pratique des Martyrologes de Bede, de l'Anonyme Lyonnais et de Florus, Paris 1976, S. 227.

88 Antonini Placentini Itinerarium, cap. 40; CCSL 175, S. 149.

89 Antonini Placentini Itinerarium, Rec. alt., cap. 40; CCSL 175, S. 171.

90 Cosmographia II,6–7; vgl. dazu die Interpretationen von

91 Etym. XIV 3,24. Es kann sich bei der Pentapolis nur um die fünf Städte am Südausgang des Toten Meeres handeln; vgl. Gn 14,2.

92 Etym. XV 1,13: *Philadelphiam urbem Arabiae . . .*; Beda, Nomina locorum, CCSL 119, S. 273: *Amman, quae nunc Filadelfia urbs Arabiae nobilis . . .*; ibid., S. 284: *Rabbath metropolis regni Ammon nunc Filadelfia uocata a Ptolemeo Filadelfo qui Arabiam obtinuit cum Iudaea.*

93 Beda, In regum librum XXX quaestiones, cap. 21; CCSL 119, S. 314. Vgl. Beda, Nomina locorum, CCSL 119, S. 283: *Petra ciuitas Arabiae in terra Edom.*

94 Beda, In Lucae evangelium III 8,26; CCSL 120, S. 182f. bzw. In Marci evangelium II 5,1; CCSL 120, S. 491; ähnlich Beda, In Matthaei evangelium II,8; PL 92, Sp. 43C und Nomina locorum, CCSL 119, S. 274.

ad Zoaros Arabiae in latitudine CL usque ad uicinia Sodomorum progreditur[95]. Das Areopolis der Antike wird als *Moab* bzw. *Aeropolis* eingebracht, wobei Beda den Wandel der Zeiten, der sich in den verschiedenen Namensformen wiederspiegelt, anmerkt: *Moab . . . urbs Arabiae, quae nunc Aeropolis dicitur*[96]. Nahebei, d.h. *iuxta Aeropolim,* erwähnt Beda wohl aufgrund eines Mißverständnisses außerdem als Ort ein *Dudanium, de qua Esaias in uisione scribit Arabiae*[97]. Weder als Ort, wie Beda den Begriff sicherlich versteht, noch als Gebiet des Dedan, der nach biblischer Völkergenealogie den Arabern zuzurechnen ist, läßt es sich heute ausmachen. Jesaja hatte bestimmt die alttestamentliche Landschaft Dedan mit seiner arabischen Bevölkerung im Sinn, die für Beda bei Areopolis zu suchen ist. Das ferner aufgeführte *Neven,* wohl das heutige Nawa in Syrien, befindet sich in der Nordostecke der Provinz Arabia, *in angulo Arabiae*[98]. Auch das Kastell mit der Bezeichnung 'Macheronta' verdankt seine Nennung der Bibel; den Worten des Rufinus folgend will er den Ort nicht verschweigen, an dem sich das Schicksal Johannes des Täufers erfüllte: *decollatus vero est in castello quodam Arabiae quod Macheronta nominant*[99].

Allen Orten ist gemeinsam, daß sie sich in dem relativ engen Raum der römischen Provinz Arabia zusammendrängen. Ein determinierender Hinweis der Art, daß es sich bei dem in Verbindung mit den Ortsnamene genannten Arabia nicht um den sonst mit diesem Terminus bedachten geographischen Großraum handelt, sondern einzig um die zu Beginn des 2. Jh.s durch Trajan eingerichtete, bis Diokletian wohl existierende, d.h. noch nicht um das peträische Gebiet verringerte und danach unter der Bezeichnung Palaestina III weitergeführte römische Provinz[100], fehlt überall. Nicht zuletzt deshalb wird man bezweifeln müssen, ob die Autoren des hier untersuchten Zeitraums sich zu einer solchen Differenzierung überhaupt in der Lage sehen; eher sind beide zu bezeichnenden Objekte, also Landschaftsbezeichnung und Provinzname, in dem einen Terminus *Arabia* inhaltlich verschmolzen. Ledig-

---

[95] Beda, Quaestionum super Genesim ex dictis patrum dialogus, PL 93, Sp. 304 A; Beda, In regum librum XXX quaestiones, CCSL 119, S. 315; ähnlich: Adamnani de locis sanctis II,17; CCSL 175, S. 215.

[96] Beda, Nomina locorum, CCSL 119, S. 282.

[97] Beda, Nomina locorum, CCSL 119, S. 278, Vgl. Is 21,13.

[98] Beda, Nomina locorum, CCSL 119, S. 283: *Niniue urbs Assyriorum . . . Est autem et alia usque hodie ciuitas Iudaeorum nomine Nineue in angulo Arabiae quam nunc corrupte Neuen uocant.*

[99] Beda, Homelia II,23; CCSL 122, S. 355.

[100] RE II,1, Sp. 359.

lich Adamnan schert aus dieser Betrachtungsweise aus und läßt bereits an einer Stelle des Jordan, wo dieser nie den Grenzverlauf der Provinz Arabia markierte, den Pilger Arkulf ein arabisches Ufer sehen. Aber dieser holt bezeichnenderweise seine Beobachtungen vor Ort ein und transportiert die zu jenem Zeitpunkt im Land geläufige Vorstellung von den Grenzen Arabiens, wie sie vielleicht ethnisch oder sprachlich von den Anrainern erkannt werden, nach Europa. Auf die gleiche Weise legt ein Brief De situ Hierusolimae die Grenze zu Arabien hin auch nördlich des Toten Meers mit dem Jordan fest[101].

Eine Ausnahme in vielfältiger Hinsicht bildet das geographische Bild Arabiens, wie es die Kosmographie des anonymen Ravennaten festhält, die in der letzten Überarbeitung irgendwann um 700 bzw. 800 entstanden ist und – was Arabien betrifft – einen sehr alten und dazu verwirrenden Kenntnisstand vertritt. Keine der Auflistungen zahlreicher Städte Arabiens[102] und der diesem in großer Fülle vorgelagerten Inseln[103] findet sich in einem verwandten Werk kompiliert. Nicht einmal die Kopisten seiner Schrift wissen mit den allzu detaillierten Angaben etwas anzufangen, wie die Nachlässigkeit beim Abschreiben und die daraus resultierenden schlimmen Fehler offenbaren. Wohl keinem seiner Leser auch sagt der Begriff *Omeritia* etwas, den er für *Arabia eudaemon* zusätzlich einbringt und mit welchem Ptolemäus etwa das Gebiet des heutigen Yemen umreißt, das alttestamentliche Saba in engerem Sinn.

Ein einziges Mal finden sich zur *Arabia eudaemon* ganz folgerichtig als Bevölkerung dieses Landstrichs auch *Arabes eudaemones* konstruiert; in einem wahrhaft barbarischen Latein, das schonungslos den Niedergang dieser Sprache in der Merowingerzeit aufdeckt[104], verkündet die Fredegar-Chronik: *Arabum inhabitatorum Arabes eudemones, hoc enim nomine appellantur Arabia eudemones*[105]. Doch zunächst geschieht eine begriffliche Ausweitung zur Bestimmung des Volkes nur durch eine Gleichsetzung von Arabern und Sabäern, wie man sie bei Isidor Etym. IX 2,13–15 oder IX 2,49 antrifft. Erstaunlicherweise haben die Araber nicht durchgängig als Semiten zu gelten; nach Isidor stammen die Sabäer von einem

---

101 Cap. 29. *Principium Samariae de Arabiae finibus a uico, cui nomen Iordanis, finis ab aquilone porrigitur uico Borceo* . . . (CCSL 175, S. 242 f.).

102 Cosmographia II,6–7.

103 Cosmographia V,18.

104 Zum Fredegar-Latein s. O. Haag, Die Latinität Fredegars, (Diss.) Freiburg 1898; wieder abgedruckt in: Mittellateinische Philologie, hg. A. Önnerfors (WdF 292), Darmstadt 1975, S. 13–87.

105 Fredegar I,7 (MGH SS rer. Merov. 2, S. 24,13 f.).

Saba ab, der ein Sohn des Chus war; und dieser leitet sich nach biblischem Muster von Ham her, einem Bruder des Sem also. Damit reiht Isidor die Araber genealogisch, wie wir oben bereits ausgebreitet haben, in die Familie der hamitischen Völker ein und stellt sich damit an die Seite moderner Ethnologen, denen längst der Zusammenhang zwischen Südarabern und hamitischen Bevölkerungsteilen im gegenüberliegenden Ostafrika bekannt ist.

Unseren Vorstellungen von den Arabern als Semiten genügt der erste Autor der Fredegar-Chronik. Aber dieser verzichtet auch auf die Gleichsetzung Araber = Sabäer, wie Isidor sie vornimmt, obwohl er ebenso durch die Aufnahme des Begriffs *Sabaei* (der sich nicht bei ihm findet!) dazu in der Lage gewesen wäre; immerhin läßt er doch seine *Arabi primi* von einem gewissen Sabat herkommen[106]. Darüber hinaus weist der Stammbaum in der Fredegar-Chronik freilich noch *Arabes priores* auf, die er auf einen Bruder jenes Sabat, auf Asarmoth, zurückführt; und Asarmoth wie Sabat stammten über Jektan, Heber, Salam und Arfaxat von Sem ab, so daß der Autor (unter Einbeziehung zahlreicher weiterer Völker) die Araber als Semiten bezeichnen kann.

Expressis verbis werden desweiteren neben den biblischen Moabitern, Ammonitern und Idumäern[107] auch Adiabener Arabien zugerechnet, die man als Bewohner der Adiabene (östlich von Mesopotamien und damit auch jenseits des Euphrat) gemäß der oben gefundenen Abgrenzung Arabiens nicht unter seiner Bevölkerung erwartet. Aber der Fredegar-Chronik ist an dieser wie an ähnlichen Stellen ein gewisses systematisches Prinzip nicht abzusprechen, was die Kollokation der Völker, die nach der Meinung des Autors jeweils eine eigene Sprache sprechen, innerhalb der Reihung angeht: *Gentes autem quae linguas suas habent haec sunt: Hebrei, qui Iudaei, Assirii, Chaldaei, Persae, Medi, Arabes, Madiani, Adiabenici, Tadenici, Alamorsyni, Sarracleni, Magi, Caspii, Albani, Indi, Ethiopis, Aegyptii, . . . Samaritae, Foenices, Syri . . .*[108]. Nach dieser Liste reden eine andere Sprache als die Araber also nicht bloß Inder oder Syrer, sondern ebenso z.B. die Sarazenen, die – übrigens nicht von biblischen Vorvätern abgeleitet – hier in der Fredegar-Chronik erstmals erwähnt werden, und die zwischen Arabern und Sarazenen aufgezählten *Alamorsyni, Tadenici, Adiabenici und Madiani.* Auffallend eng stehen auch Assyrer, Chaldäer, Perser und Meder beieinander,

[106] Vgl. Anm. 37.

[107] Beda, De nominibus locorum; PL 92, Sp. 1035 B: *Habet gentes multas, Moabitas, Ammonitas, Idumaeos, Sarracenos aliasque quam plurimas.*

[108] Fredegar I,6 (MGH SS rer. Merov. 2, S. 24,1–5).

berühren sich Kaspier und Albaner[109] wie Inder und Äthiopier, denen die Ägypter folgen. In eine gemeinsam bewohnte Region gehören die ebenfalls zusammen genannten Samariter, Phönizier und Syrer. Es liegt nun auf der Hand, auch für die zwischen Arabern und Sarazenen eingebrachten ethnischen Verbände der Midianiter, Adiabener, Ṭaiyi' und 'Alamorsyni' eine nicht unmittelbar faßbare Nähe zueinander, wie sie von den Medern zu den Persern keiner Erklärung bedarf, zu ergründen.

Obwohl zunächst naheliegend, wird man dabei die an erster Position angeführten Araber nicht als Oberbegriff für die bis zu den Sarazenen hin aufgezählten Stämme ansehen dürfen. Dagegen spricht zunächst gerade die Nennung der *Adiabenici*, die fürs erste außerhalb Arabiens anzusiedeln sind; die Region Adiabene bildete einen nördlichen Teil der nach ihrer Eroberung durch Trajan eingerichteten Provinz Assyria. Trotzdem werden die *Adiabenici* schon nach der Art, wie sie in die zitierte Völkerliste aufgenommen sind, wenn nicht als Araber angesehen, so aber doch dem arabischen Raum zugeordnet. Und in der Tat erstreckte sich für einen kurzen Zeitraum vor Trajans Eroberungen im Osten die Macht der Könige von Adiabene u.a. über die arabische Bevölkerung der Osrhoene im nördlichen Mesopotamien[110]. Ferner hat Hieronymus – und nach diesem Prosper in seiner Chronik ebenfalls[111] – in der Notiz zu Septimius Severus und dem Jahr 200 die Nähe von Arabien und Adiabene demonstriert: *Severus Parthos et Adiabenos superavit, Arabesque interiores ita cecidit, ut regionem eorum Romanam provinciam faceret, ob quae Parthicus, Arabicus et Adiabenicus cognominatus est*[112].

Aus demselben Grund, d.h. der Art ihrer Nennung zwischen Arabern und Sarazenen, bieten sich als weitere *gens Arabiae* die *Tadenici* an, hinter denen sich in der Tat der mächtige arabische Stamm der Ṭaiyi' verbirgt, die wie die Sarazenen u.a. bereits der Antike dort bekannt sind[113]. Von den Kirchenvätern kennen sie Eusebius[114] und Hippolytus; von diesem

---

[109] *Albania*: Landschaft westlich des Kaspischen Meeres. – Die Aufzählung sprengt den bis dahin vorgegebenen Rahmen der 'semitischen' Völker und versucht, jedes Ethnos, dem man eine eigene Sprache zumaß, zu erfassen, so z.B. auch *Germani, Romani, Galli, Mauri* u.a.

[110] Dietrich, Geschichte Arabiens, HO I,2,4,2, S. 209.

[111] MGH AA 9, S. 434 (750).

[112] PL 27, Sp. 635f.; Eusebii Pamphili chronici canones (latine vertit, audaxit, ad sua tempora produxit S. Eusebius Hieronymus), hg. I. Fotheringham, London 1923, S. 293.

[113] RE IV,A,2, Sp. 2025f.

[114] Eusebius, Praeparationis evangelicae libri quindecim, VI 10,14; PG (lat.) 13, Sp. 884D: *apud Tainos et Saracenos*. Vgl. MGH AA 9, S. 107.

ausgehend nehmen die *Tadenici* über den Liber generationis (MGH AA 9, S. 107) den Weg in die Fredegar-Chronik. In der Forschung ist man sich offenbar nicht sicher, ob sie oder die Tanūḫ das Reich von Ḥīra, das Zentrum der nachmaligen (arabischen) Laḫmiden-Herrscher, gründen[115]. Keine Zweifel bestehen darüber, daß sie zumindest aus Gründen der Stammesverwandtschaft in engem Kontakt zu den Laḫmiden, den Sarazenen z.T. auch unserer Quellen, stehen. Die Rolle, die sie noch in islamischer Zeit spielen, ist beachtlich. Bezüglich der Differenzierung auf sprachlicher Ebene zwischen Arabern, Ṭaiyi' und den anderen Völkern der Aufzählung durch den ersten Autor der Fredegar-Chronik ist bemerkenswert, daß man auch in der Orientalistik durchaus von einer eigenen „Mundart der Ṭaiy"[116] spricht.

Drei Absätze weiter beseitigt der Autor selbst jegliche Zweifel; danach leben *Adiabenichi et Tadeni contra Arabiam*[117]. Nun geht zwar O. Haag in seiner Studie zum Latein in der Fredegar-Chronik[118] auf den Gebrauch von *contra* in Verbindung mit Länderbezeichnungen gerade nicht ein; doch die weitere Verwendung von *contra* im gleichen Passus, wo mit Hilfe dieser Präposition die Verbindung von Sarazenen und Arabien etwa hergestellt wird, läßt uns H. D. Leicht zustimmen, der das *contra Arabiam* der Fredegar-Chronik wie klassisches *in Arabia* deutet[119]. Auch die an keiner anderen Stelle mehr genannten Leute von Aden, d.h. der alten Hafenstadt Adana in der Arabia felix[120], werden solchermaßen (*Adenus contra Arabiam*[121]) als Bevölkerungsteil Arabiens eingebracht.

Ferner leben die in der ersten Aufzählung (Fredegar I,6) ebenfalls zwischen Arabern und Sarazenen stehenden *Madiani* als Bewohner der historischen respektive biblischen Küstenlandschaft Midian am Nordostausgang des Roten Meers, wo sie bereits Ptolemäus lokalisiert hat[122], in Arabien. Genealogisch leitet Beda sie *ab uno filiorum Abraham ex Cethura, qui vocabatur Madian*[123], her. Dieselben *Madiani* zitiert der erste Fredegar-Autor auch nochmals im Verbund mit den bereits erwähnten

[115] Vgl. G. Rothstein, Die Dynastie der Laḫmiden in al-Hira, Berlin 1899, S. 28ff.
[116] EI 4, S. 675.
[117] Fredegar I,9 (MGH SS rer. Merov. 2, S. 25,10f.).
[118] Mittellateinische Philologie, hg. A. Önnerfors (WdF 292), S. 60f.
[119] Leicht, Abendland u. Islam, S. 157.
[120] Vgl. Kiepert, Alte Geographie, S. 187.
[121] Fredegar I,9 (MGH SS rer. Merov. 2, S. 25,11).
[122] Vgl. RE XV,2, Sp. 1544–1547 (s.v. Midian); Bewohner dieser Region, also Midianiter, sind römischen Schriftstellern kein Begriff.
[123] Beda, Super canticum Habacuc; PL 91, Sp. 1244A. Vgl. Gn 25,1–4.

Adiabenern, Ṭaiy und Leuten von Aden, als er I,9 die abschließende Verteilung der einzelnen Völker — in der Ära nach der babylonischen Sprachverwirrung, wie der kundige Leser sich denken muß — über die östliche Erdhälfte vornimmt; insgesamt lautet die Stelle: *Incipiam ergo dicere de gentibus ab oriente. Adiabenichi et Tadeni contra Arabiam, Saraceni, Saraceni alii et Adenus contra Arabiam, Albani contra Figias Caspias, Madianitae maiores, quod expugnavit Moyses, inter Mesopotamiam et mare Rubrum; minor autem Madiam est contra mare Rubrum iuxta Aegyptum, ubi regnavit Ragohel, socer Moysi, qui et Getthor*[124]. Die Aufstellung weist, selbst wenn sie ohne Bezug zum Alten Testament wieder einmal nicht auskommt, auf eine neuere Zeit und läßt das weitgehend verwirrende und sich bislang vielfach widersprechende Gebäude biblischer und nachbiblischer Völkerschaften zwar nicht ganz vergessen, aber doch etwas im Hintergrund verschwinden. Die *Arabes* sind, entsprechend der zeitgenössischen Bedeutungslosigkeit des Begriffs, gegenüber der Übersicht zuvor nicht mehr vertreten, aber deswegen nicht unterrepräsentiert, wie die zweifache Nennung von Sarazenen dokumentiert; und unter der landschaftsbezogenen Bezeichnung Midianiter können sie ihren Platz noch beträchtlich ausbauen, als *Madianitae maiores* sowie als — wie man zu ergänzen hat — Leute von *minor Madiam* nämlich, und erhalten als solche in toto das weite Gebiet zwischen Mesopotamien und Rotem Meer, in welchem man nach einer früheren Angabe eines der beiden Arabien vermuten darf[125], sowie ein kleineres im Anschluß an Ägypten, gegen das Rote Meer hin, zugewiesen. Die nähere Beschreibung der Midianiter, die die Chronik als 'Fischesser' (*Ἰχθυοφαγοί*), 'Höhlenbewohner' (*Τρωγλοδῦται*) und 'Unzucht treibende Küstenanrainer' (*Κινεδοκολπῖται*) ausgibt[126], ist ohne Wert; denn nicht einmal hier wird man diese Termini attributiv zu den Leuten von Midian — in diskriminierender Absicht etwa, so sie überhaupt in jenen Tagen ver-

---

124 Fredegar I,9 (MGH SS rer. Merov. 2, S. 25,10–14). Eine ähnliche Stelle findet sich im Onomastikon des Eusebius, wo die Leute von Midian in die Nähe der Sarazenen gerückt werden; in der lat. Übersetzung des Hieronymus lautet sie (Eusebius Werke, hg. E. Klostermann, Bd. 3,1, Leipzig 1904, S. 125): *Madiam urbs ab uno filiorum Abraam ex Chettura sic vocata. est autem trans Arabiam ad meridiem in deserto Saracenorum contra orientem maris rubri, unde vocantur Madianaei et Madianaea regio. legimus et filias Jobab soceri Moysi filias Madiam.* Die Nähe von Midianitern und Sarazenen zeigt Hieronymus ein weiteres Mal in seinem Ezechiel-Kommentar VIII 25,1–7 (CCSL 75, S. 335): *... per Madianaeos, Ismaelitas et Agarenos, qui nunc Saracleni appellantur.*

125 Fredegar I,6 (MGH SS rer. Merov. 2, S. 23,27): *... Assiria, Mesopotamia, Arabia vetus, Alimadas, India, Arabia eudemon, Coelesyria, Commagena ...*

126 Fredegar I,7 (MGH SS rer. Merov. 2, S. 24,14 f.): *Madianensium inhabitatores Cynedocolpitae et Trogoditae et Ictiophagi.*

standen werden – zu stellen haben, sondern als das anschauen, was sie sind: längst überlebte Namen für Völker, wie sie nach den Vorstellungen antiker Geographen in den verschiedensten Weltteilen, aber eben auch rund um das Rote Meer hausen können[127].

Die *Alamorsynii*, die gemäß der ersten Aufzählung und ihrer Stellung zwischen Arabern und Sarazenen als Zweig dieses Ethnos anzusehen sind, tauchen in der zweiten Völkertafel schon wieder in der Versenkung unter. Insofern sind sie nicht näher bestimmbar und nur vermutungsweise mit den Nabatäern in Verbindung zu bringen[128], die hinreichend als Araber ausgewiesen sind.

Isidor teilt den Nabatäern als Lebensraum das weite Land zu, dessen Bevölkerung in der Fredegar-Chronik noch *Madianitae maiores* heißt: ... *Nabathei, qui ab Euphrata in mare Rubrum inhabitant* (Etym. IX 2,7); *Nabathea regio ... Iacet autem inter Iudaeam et Arabiam, et surgens ab Euphrata in mare Rubrum porrigitur, et est pars Arabia* (Etym. XIV 3,26), völlig im Sinne Bedas, der doch die Region der *gens Madianitarum* bzw. die 'Sarazenenwüste', in der diese sich aufhalten, *contra Orientem Rubri maris in Arabia*[129] erblickt. Die verwirrende Beschränkung der *Nabathea regio* auf eine Landschaft zwischen Judäa und Arabien, die Isidor oben vornimmt, nachdem er sie andererseits vom Euphrat bis zum Roten Meer reichen läßt, haben wir bereits an anderer Stelle (s. S. 84 u. Anm. 55) als den zu knapp ausgefallenen Versuch gedeutet, jenen Teil der Welt unter Berücksichtigung verschiedener historischer Ebenen zu beschreiben. Wir müssen hier nun – im Zusammenhang mit den Nabatäern und ihrem Siedlungsgebiet – noch einmal genauer darauf eingehen.

Isidor selbst liefert keine Erklärungshilfe für seine merkwürdige Ausdrucksweise. Ganz im Gegenteil sagt er Etym. XIII 21,18, Judäa und Arabien stießen, lediglich durch die Wasser des Jordan voneinander getrennt, unmittelbar zusammen. Auch Arabien und Palästina – ... *et Palaestinam, cuius pars est Iudaea* (Etym. XIV 3,17)! – scheidet seiner Auffassung nach alleine die Region der Pentapolis südlich des Toten Meers[130]. Nach alledem aber gibt es zwischen Judäa/Palästina und

---

[127] Ptolemäus führt *Cynedocolpitae* als Völkerschaft im Glücklichen Arabien, d.h. im Raum des Ḥiǧāz, an; vgl. K. Müller, Geographi graeci minores (Tabulae), Hildesheim 1965 (zuerst 1885), Karte VIII.

[128] Über eine mögliche Gleichsetzung mit den *Salamii*. Vgl. RE I,A,2, Sp. 1824 f.; Moritz, Sinaikult, S. 42.

[129] Beda, Super canticum Habacuc; PL 91, Sp. 1244 A.

[130] Etym. XIV 3,24: *Pentapolis regio in confinio Arabiae et Palaestinae sita, dicta a quinque civitatibus inpiorum quae caelesti igne consumptae sunt.* Es kann sich nur um die fünf Städte am Südausgang des Toten Meers handeln; vgl. Gn 14,2. Nur ein einziges Mal werden sie im Alten Testament (Sap 10,6) als Pentapolis erwähnt.

einem sich direkt östlich anschließenden Arabien gar keinen Platz für Nabatäer.

Die Verwirrung, die sich hier auftut, läßt sich indes beilegen; man hat lediglich die unweigerlich entstehenden Schwierigkeiten zu bedenken, die sofort bei dem Bemühen zutage treten, der Eigenständigkeit des historischen Nabatäerreichs und seiner Einflußzone gesondert von dem sonst als Arabien bekannten geographischen Raum Rechnung zu tragen; Arabia darf bei dieser Sachlage also erst im Osten bzw. Süden auf das nabatäische Gebiet folgen, d.h. Nabatäa erstreckt sich als geschichtliches Gebilde in der Tat zwischen Arabien und Judäa.

Aber dabei kann Isidor es nicht belassen, da er die Nabatäer durchaus als Araber erkannt hat und sogar im Verbund mit den Sarazenen an der Grenze Judäas stehen sieht[131]. Insofern muß er ihr Land in geographischem Sinne unbedingt zu Arabien rechnen und dann als Teil auch desselben betrachten.

Legt man endlich noch die zeitweilige Existenz einer Provinz Arabia in jener Gegend als Faktor, der Verwirrung gestiftet haben mag, den Ausführungen Isidors zugrunde, verwundern die — vermeintlich stets anders — angegebenen Grenzen Arabiens keineswegs.

Aufgrund einer einzigen, wenn auch nicht ganz einfach zu interpretierenden Stelle sind die *Agareni*, sonst nur synonym zu *Saraceni* oder *Ismaelitae* verwendet, gar als Araber bestätigt. Beda erklärt in seiner Interpretation hebräischer Namen den Ausdruck *Arabum Agareni* wohl in Kenntnis des jüdischen *Ger* als 'Fremde' (*advenae*)[132]. Dies karge *Arabum Agareni advenae* läßt sich nun auf zweifache Weise verstehen bzw. — frei — übersetzen, 1.: Das arabische Wort Agareni bedeutet 'Fremde'; 2.: Die Agarenen unter den Arabern/Die arabischen Agarenen bedeuten 'Fremde'. Die erste Version ist zwar grammatikalisch korrekt der lateinischen Vorgabe nachgebaut, liegt aber inhaltlich mit allem, was man Beda an Sprachkenntnissen zumuten darf, im Widerstreit; Arabisch kann der hochgebildete Angelsachse nun wirklich nicht. Nicht einmal diese Etymologie, die man der ersten Version zugrunde legen müßte, vermag er in irgendeiner Vorläuferschrift auszumachen und für seine Zwecke zu exzerpieren. Des weiteren läßt sich mit Bedas christlicher Schöpfungsvorstellung mit Sicherheit keine Ansicht in Einklang bringen, die

[131] Etym. XIV 3,17: . . . *Iudaea absque Sarracenos et Nabatheos*; wohl nach Orosius, Adversum paganos I 2,24 (ed. C. Zangemeister, Historiarum adversum paganos libri VII, Hildesheim 1967, S. 15,3). Ebenso bei Beda, De nominibus locorum; PL 92, Sp. 1040: *Syria . . . habet maximas provincias Commagenam Phoeniciam et Palaestinam, absque Sarracenis et Nabathaeis, quorum gentes sunt duodecim.*

[132] Beda, Interpretatio nominum Hebraeorum; PL 93, Sp. 1102D.

behauptete, der Name der Agarenen, der sich – wie hinlänglich bekannt – auf die Agar des Abraham zurückführt und bereits im Alten Testament benutzt wird, sei seiner Entstehung nach Produkt eines Volkes, das am Rand der Welt in Arabien lebt.

So halten wie uns an die zweite Interpretation des Satzes. Die Skepsis, die wir ihr entgegenbringen, besteht darin, daß sie den Schluß zuläßt, es könnten neben diesen arabischen Agarenen im literarischen Verständnis Bedas noch weitere existieren; warum betont er sonst, daß es sich um *Agareni Arabum* handelt. Aber Beda enthebt die Stelle selbst schon dadurch der gröbsten Zweifel, daß er in seinem gesamten Werk keine anderen Agarenen als diese anführt; denn die Agarenen, die er ohne Zusatz *Arabum* ein weiteres Mal als 'Fremde' und dazu als 'Proselyten' dem Wort nach erklärt[133], können keine anderen sein. *Arabum*, als Nomen rectum zu *Agareni*, ist ethnographisches Beiwerk eines überlegenen Geistes für seine Schüler.

Damit schließt sich in offenkundiger Parallelität zum Zeitgeschehen auf intellektuelle Weise ein Kreis, wie ihn seinem ganzen Umfang nach vielleicht nur Beda ermißt. Der Pseudo-Eucherius kündigt um weniges früher in seinem Schreiben über die Lage Jerusalems den Schluß allenfalls an, indem er *Arabes et Agarenos, quos nunc Sarracenos uocant, in uicinia urbis Hierusalem*[134] weiß. Doch was ihm noch nebeneinandersteht, mehrschichtig, da man nicht einmal sicher ist, ob man neuerdings (nur) die Agarenen als Sarazenen bezeichnete, oder Araber und Agarenen zusammen durch die Zulegung des Namens 'Sarazenen' an Aktualität gewannen, und so, als wage man aus Mangel an letzter Sicherheit über die wahren ethnologischen Zustände nicht die Gleichsetzung von Arabern und Agarenen (und Sarazenen), das fügt Beda mit dem *Arabum Agarini* in geschicktem Griff zur Einheit.

Im Alter von sieben Jahren ist er bereits dem Kloster Wearmoth zur Ausbildung übergeben worden. Alsbald wechselt er in das Kloster Jarrow, wo er zeitlebens bleibt. Mit neunzehn wird er – sechs Jahre vor dem dafür vorgesehenen Termin – Diakon, mit dreißig empfängt er die Priesterweihe[135]. Damit hat er bereits den Höhepunkt seiner Karriere erreicht[135]. Wir wissen nicht, ob der bereits zu Lebzeiten hochberühmte Mann aus freien Stücken auf eine weitere an einem bedeutenderen Kloster verzichtet, sich wohl der Tatsache bewußt, daß es dann weitgehend

133 Beda, In psalmorum librum 82; PL 93, Sp. 928 A: *Agareni interpretantur proselyti, vel advenae.*

134 CCSL 175, S. 240.

135 Manitius, 1, S. 70; Whiting, The Life of the Venerable Bede, S. 3 ff.; Duckett, Saints and Scholars, S. 225–242; Blair, The World of Bede, S. 5.

mit der beschaulichen Zeit literarischen Schaffens vorbei sei, oder ob er tatsächlich nicht zum Abt taugt, dessen Sinn weniger auf Kontemplation und Bibelfestigkeit, sondern vielmehr tatkräftig auch auf Politik und Verwaltung – für Beda vielleicht zu weltliche Beschäftigungen – gerichtet sein muß. So spielt sich sein weiteres Leben ausnahmslos hinter den Mauern des winzigen, fast ärmlichen Peter und Pauls-Klosters über der Tyne-Mündung ab, vertieft in die Heilige Schrift, besorgt um die Einhaltung der göttlichen Gebote wie der Ordensregel und stets bereit, das Lob Gottes zu singen. Damit hat er nach seinen eigenen Worten die Jahrzehnte zugebracht, ergeben, in Demut und zufrieden damit, daß er sich im Lernen, Lehren und Schreiben stets die größte Lebensfreude verschafft. Vor diesem Hintergrund hat man seine Leistungen zu sehen, die zu dem Urteil berechtigen: 'Bede is considered to have been the greatest European scholar of his day, and without an equal in western Europa until the eleventh century.'[136]

Beda verdient die Wertschätzung aber nicht nur für seine gewissermaßen zeitlosen Studien wie die exegetischen Betrachtungen und astronomischen Beobachtungen, die er anstellt. Trotz des konstanten Lebens hinter Klostermauern verliert sich nicht sein starkes Interesse an der Außenwelt, es scheint im Gegenteil mit zunehmendem Alter und fortschreitender Dauer seines Lebens in selbstgewählter, mönchischer Einsamkeit anzuwachsen. Die Tatsache, daß er als Glanzpunkt seines Schaffens eine (Kirchen-)Geschichte Englands in Angriff nimmt, als seine letzten Lebensjahre bereits eingeläutet sind, deuten wir unter diesem Aspekt.

Beda befindet sich, von seinen ersten Schriften einmal abgesehen[137], stets auf der Höhe der Zeit. Nicht zuletzt spricht dafür, daß er den Begriff *Agareni* – anders als in der Umgebung des Papstes etwa! – sorgsam vermeidet und für die Araber entsprechend dem Usus und dem Verständnis seiner Tage den Namen *Saraceni* parat hat, auch wenn er selbstverständlich neben aktuellen Nachrichten zum Großteil durch Isidor übermittelte Bemerkungen aus antiken bzw. biblischen Büchern weitergibt. Aber die Tendenz, an Stelle des Terminus *Agareni* oder der alttestamentlichen Bezeichnung *Ismaelitae* den Begriff 'Sarazenen' verstärkt einzubringen und damit der neuen Zeit Rechnung zu tragen, ist nicht zu übersehen.

Die Sarazenen nehmen unter den arabischen Völkern in den frühmittelalterlichen Quellen bei weitem den größten Raum ein. Gleichberech-

---

[136] M. A. S. Hickmore, St. Paul's Church Jarrow, Newcastle upon Tyne 1979, S. 8.

[137] De natura rerum u. De temporibus, entstanden 703 bzw. kurz danach; vgl. Blair, The World of Bede, S. 261.

tigt treten sie neben die bedeutenden Völker des Altertums, sobald die Autoren die biblische Völkertafel hinter sich lassen und in historische Räume vorstoßen, ohne dabei freilich das Wissen der Antike über sie in der ganzen Breite zu erfassen. Wenn man die *Arrhaceni* aus der 'Naturgeschichte' von Plinius d. Älteren richtig als Sarazenen deutet, liegt ihre erste Nennung im 1. Jh. n.Chr. Im 2. Jh. finden sie sich bei Ptolemäus, der sie auf der Sinai-Halbinsel lokalisiert; Strabon sieht sie etwas weiter nordöstlich leben. Bei Ammian (4. Jh.) meint der Begriff 'Sarazenen' bereits sämtliche nordarabischen Stämme, und im 6. Jh. sind in der griechisch-byzantinischen Literatur die *Ἄραβες* fast ganz von den immer gebräuchlicher werdenden *Σαρακηνοί* verdrängt. Im Gegensatz zu Ismaeliten und Agarenen treten sie weder im Neuen noch im Alten Testament in Erscheinung; möglicherweise verbergen sie sich dort aber — von unseren Autoren des Frühen Mittelalters unerkannt — hinter den Beni Kedem[138].

Dennoch werden als ihre Ahnen in biblischer Epoche ohne jegliche Zweifel die Ismaeliten ausgemacht. Immer wieder betonen unsere Quellen die Abstammung letztlich von Ismael und dessen Mutter Agar bzw. Hagar, nach welcher sie auch Agarenen zu nennen sind, wie im Alten Testament (Gn 16) nachgelesen werden kann[139].

Die Sarazenen (Ismaeliten, Agarenen) werden eindeitig als Bevölkerungsteil Arabiens verstanden. *Arabia, regio inter sinum maris Rubri, qui Persicus, et eum qui Arabicus vocatur. Habet gentes multas, Moabitas, Ammonitas, Idumaeos, Sarracenos aliasque quamplurimas*[140] sagt Beda und stellt eindeutig klar, daß er und seine Zeitgenossen theoretisch völlig in der Lage sind, die nach Europa vordringenden Sarazenen mit Arabien in Verbindung zu bringen. Das Zitat klassifiziert sie ohne Umschweife als arabische *gens*.

Ihre Nennung im Zusammenhang mit Moabitern, Ammonitern und Idumäern verweist auf ein Siedlungsgebiet östlich des Jordan bzw. südlich des Toten Meeres und mag ursprünglich nur auf das Gebiet der römischen Provinz Arabia abzielen[141]. Doch bereits oben haben wir klargestellt, daß — auch bei Beda — eine Differenzierung zwischen der Provinz und dem gleichnamigen geographischen Großraum Arabien an keiner Stelle und zu keiner Zeit vorgenommen wird. Hinzu kommt der

---

[138] Die Stellen gesammelt bei Hitti, Arabs, S. 43.

[139] Vgl. oben S. 70ff.

[140] Beda, De nominibus locorum; PL 92, Sp. 1035B.

[141] Zur christlichen Arabia vgl. C. Schneider, Geistesgeschichte der christlichen Antike, München 1978, S. 341.

Hinweis auf 'eine Wüste der Sarazenen östlich des Roten Meeres in Arabien'[142]. Er deutet nach heutigem Sprachgebrauch auf die Arabische Halbinsel selbst hin. Doch wenn er damals alleine auf die Sinai-Halbinsel gemünzt ist, was aufgrund weiterer Angaben denkbar erscheint, muß das siebte und achte Jahrhundert die Bemerkung hinsichtlich der Sarazenenwüste auf Arabien überhaupt beziehen, da die Scheidung der Sinai von der Arabischen Halbinsel durch den Golf von 'Aqaba nicht bekannt respektive in Vergessenheit geraten ist. Lediglich in der einmal getroffenen Unterteilung des Raumes in ein Großes Midian, gelegen zwischen Mesopotamien und Rotem Meer, sowie ein Kleines Midian nahe Ägypten, aber ebenso am Rotem Meer, mag eine Kenntnis von der wahren Gestalt jener Region durchschimmern, auch wenn der erste Fredegar-Chronist selbst diese Notiz[143] mit Sicherheit nicht mehr auf diese Weise geographisch realisieren kann.

Dafür sprechen andere loci citandi hinsichtlich der Zuordnung der Sarazenen zur — in unserem Sinne — Sinai-Halbinsel eine deutliche Sprache, angefangen bei dem Hinweis auf Ismael, *unde et Ismahelitae qui nunc Sarraceni*, und die Wüste Faran (oder Pharan) als dessen Lebensraum[144]. Von der Lage jener Wüste aber vermag sich der bibelgeschulte Leser, der die Geschichte vom Auszug der Kinder Israel aus Ägypten und die *solitudo Pharan* (Nm 10,12) als deren Durchzugsgebiet kennt, eine Vorstellung zu machen; ebenso wohl von der Wüste Kades, die im Zusammenhang mit dem genannten Zug durch die Wüste, aber auch als Heimat der Ismaeliten eine gewichtige Rolle spielt; nach dem Genesis-Bericht (Gn 16,14) bringt Agar den Ismael an einem Brunnen zwischen Barad und Kades zur Welt. Auch diese Wüste Kades, die man heute im Nordosten der Sinai-Halbinsel um den noch bestehenden Ort Ain Qadeis (südlich von al-Quṣaima) lokalisiert, erstreckt sich bis zur Wüste der Sarazenen; auf der anderen Seite schließt sie an die Ägypten berührende Wüste Sur an[145]. Beda spricht davon im Genesis-Kommentar, als er die Lage des Ortes Gerar (südlich von Gaza) bestimmt und findet: *posita inter Cades et Sur, hoc est inter duas solitudines, quarum una*

---

[142] Beda, Super canticum Habacuc; PL 91, Sp. 1244 A: *in deserto Saracenorum contra Orientem Rubri maris in Arabia.*

[143] Fredegar I,9 (MGH SS rer. Merov. 2, S. 25,10–14); vgl. oben S. 95 f.

[144] Beda, Nomina locorum; CCSL 119, S. 278: *In deserto Faran scriptura commemorat habitasse Ismahelem ...*

[145] Zur Lokalisierung der Wüste Sur östlich des heutigen Suez-Kanals vgl. H. Guthe, Kurzes Bibelwörterbuch, Tübingen/Leipzig 1903, S. 646. Zur Lage der Wüste Kades s. F. M. Abel, Géographie de la Palestine, Bd. 1, Paris 1967, S. 387–392 u. Karten I,1–2; Bibl.-hist. Hwb. 2, Sp. 917 f.

Egypto iungitur, ad quam populus trans fretum Rubri maris peruenit, altera uero Cades usque ad Sarracenorum heremum extenditur[146].

Während Beda sich diese Information aber auf literarischem Weg – und hier wieder einmal wortwörtlich bei Hieronymus – besorgt, berichtet der anonyme Pilger aus Piacenza dagegen authentisch. Die Beobachtungen, die er weitergibt, holt er auf seiner Pilgerfahrt, die ihn Ende des 6. Jh. unter anderem auf die Sinai-Halbinsel bringt, alle selbst ein und gilt damit als sicherster Zeuge. Er lokalisiert die Sarazenen nicht nur mit ihrem Heiligtum auf dem Berg Sinai/Horeb[147], sondern sieht sie bereits auf dem Weg dorthin durch die nördliche Sinai-Halbinsel wandern[148]. Aus Furcht vor ihnen wagt er es nicht, auf der selben Route, auf der er zum Berg Sinai gelangt ist, nach Palästina zurückzukehren, *quia iam se complebant dies festi Saracenorum*[149]. Schließlich sind sie ihm auch für den westlichen Teil der Sinai-Halbinsel als umherstreifende Räuber bekannt; dort sind eigens zur Abwehr der Sarazenen, *propter insidias Saracenorum*, wie der Anonymus Placentinus sich ausdrückt, Schutztruppen eingerichtet, die von Ägypten aus unterhalten werden[150].

Möglicherweise noch auf den nordöstlichen Teil der Sinai-Halbinsel, vielleicht auch schon auf eine darüber hinausreichende Landschaft deutet die Nachricht von den Sarazenen in unmittelbarer Nachbarschaft zu Judäa bzw. als Bewohner eines Teiles jener Region hin. Isidor grenzt Palästina ab, indem er von ihm sagt: . . . *cuius pars est Iudaea absque Sarracenos et Nabatheos* (Etym. XIV 3,17). Sieht man wie Isidor Palästina daneben als eine der drei syrischen Provinzen an, ist auch eine Beziehung zu dem weiter nördlich gelegenen Syrien hergestellt, dessen südliche Linie durch Sarazenen und Nabatäer bestimmt wird. Beda drückt denselben Sachverhalt in leicht abgewandelter Form und um eine in der Bibel nachgerechnete Mengenangabe erweitert aus: *Syria . . . habet maximas provincias Commagenam Phoeniciam et Palaestinam, absque Sarracenis et Nabathaeis, quorum gentes sunt duodecim*[151].

Der enge Zusammenhang zwischen Syrien und Sarazenen wird freilich bei Aldhelm von Malmesbury[152] am deutlichsten sichtbar; die

---

146 Beda, Libri quator in principium Genesis IV 20,1; CCSL 118 A, S. 232; vgl. ibid. IV 16,14 (CCSL 118 A, S. 202): *Notandum autem quod puteus Agar inter desertum Cades et Barad hodieque demonstratur . . .*

147 Antonini Placentini Itinerarium, cap. 38; CCSL 175, S. 148: *Et in ipso monte in parte montis habent idolum suum positum Saraceni marmoreum . . .*

148 Antonini Placentini Itinerarium, cap. 35–36; vgl. oben S. 16, 26 f.

149 Antonini Placentini Itinerarium, cap. 39; CCSL 175, S. 149.

150 Antonini Placentini Itinerarium, cap. 40; CCSL 175, S. 150.

151 Beda, De nominibus locorum; PL 92, Sp. 1040.

Stelle aus seiner wohl 695 verfaßten Epistola ad Acircium[153], die den Eremiten Julian in dem *Sirorum et Sarracenorum confinio*[154] nennt, erinnert ob der Nähe der beiden Völker sogar an Isidors etymologische Deutung des Begriffs *Saraceni* als *Syriginae, quod origine Syrorum sint.*

Damit erreichen wir auf dem Weg durch das Siedlungsterrain der Sarazenen vom Nordwesten bis zum Norden der Arabischen Halbinsel den Euphrat, südlich dessen wiederum der Anonymus von Piacenza Sarazenen weiß, auch wenn er sie nicht selbst sieht, sondern lediglich bis zur Stadt *Sura* vordringt. In diesem Ort am Euphrat sollen seiner Meinung nach der hl. Sergius und der hl. Bacchus das Martyrium erlitten haben, und hier teilt man dem Pilger aus dem Abendland wohl mit: ... *ad duodecim milia intus in heremo inter Saracenos requiescit sanctus Sergius in ciuitate Tetrapyrgio*[155]. Ganz offensichtlich liegt eine Verwechslung mit dem Ort Sergiopolis vor[156], wo zu Ehren des im Jahr 305 verstorbenen Heiligen eine Basilika errichtet wurde. Daneben trägt der Ort den Namen Risapa – wie etwa auf der Tabula Peutingeriana[157] –, der in dem heutigen Ruṣāfa fortlebt[158]. Hierhin hat sich vermutlich auch der Kalif Hišām vor der Pest zurückgezogen, die selbst Willibald heimsucht.

Die Sarazenen unserer Autoren decken somit exakt den Nordwesten des Gebietes ab, das oben als arabisch festgehalten worden ist. Der Name Sarazene steht folglich für sämtliche Araber in dem Grenzraum, in dem man von europäischer Seite mit ihnen in Berührung kommen kann. Hinter der Nennung von zweierlei Sarazenen, den *Saraceni* und *Saraceni alii* der Fredegar-Chronik müssen wir die frühen, miteinander rivalisierenden nordarabischen Stammesverbände der Ġassāniden und

---

152 Zu seiner Biographie vgl. L. Bönhoff, Aldhelm von Malmesbury, Dresden 1894; Manitius, 1, S. 134; Duckett, Saints and Scholars, S. 3–97.

153 Bönhoff, Aldhelm v. Malmesbury, S. 103 u. 114; Manitius, 1, S. 136ff.

154 MGH AA 15, S. 155,16f. Nach R. Ehwald, dem Herausgeber dieses Textes, könnte Aldhelm bei dem genannten Eremiten an Julianus Edessenus gedacht haben. Dieser soll – der von Theodoret erstellten Vita Julians nach zu schließen – als Einsiedler in der Osrhoene gelebt und sich für geraume Zeit am Berg Sinai aufgehalten haben. Damit wäre der Bezug zu den Sarazenen, die man gerne mit der Sinai-Halbinsel zusammenbringt, sogar auf zweifache Weise gegeben; vgl. Acta Sanctorum, Bd. 8 (Octobris), Paris/Rom 1870, S. 353 ff; dt. Übersetzung: K. Gutberlet, BKV^2 50 (München 1926), S. 35–49. Zu Julians syrischem Beinamen Sabba s. PG (lat.) 42, Sp. 1393 A.

155 Antonini Placentini Itinerarium, cap. 47; CCSL 175, S. 153.

156 RE V,A,1, Sp. 1089.

157 Miller, Weltkarte, Segment XI,1.

158 Vgl. Kap. I, Anm. 39.

Laḫmiden, die sich in ihrer Rolle als Pufferstaaten von Byzantinern bzw. Persern ins Spiel bringen lassen, annehmen.

Indem sich der Terminus 'Sarazene', auf die Araber generell bezogen, unabhängig von ihrer Stammeszugehörigkeit als Oberbegriff festigt, verschwinden sämtliche anderen Bezeichnungen für einzelne, in Arabien bekannte Völkerschaften. Zur Zeit des islamischen Aufbruchs aus der Wüste und der Ausbreitung des neuen Glaubens über Nordafrika und weite Teile Europas ist es einzig mit dem Namen 'Sarazene' möglich, die Träger jener plötzlich auftretenden Macht zu bezeichnen; aufgrund genealogischer Schlüsse sind daneben mit abnehmender Tendenz nur noch die Termini 'Ismaeliten' und 'Agarenen' in Gebrauch.

Nur zwei Stellen verlegen die Sarazenen der vorislamischen Periode außerhalb des als Arabien verstandenen Gebietes. Es handelt sich dabei einmal um die historiographische Nachricht, nach welcher sie auf der ägyptischen Seite des Roten Meeres das Antonius-Kloster überfallen haben, und zum anderen um die kurios anmutende Notiz, nach welcher ein Schreiber infolge eines verhängnisvollen Irrtums den Sarazenen als Urheimat ein gewisses Land *Ercolia* am Kaukasus bzw. Kaspischen Meer unterstellt.

Den ersten Hinweis aus der Fredegar-Chronik, den man gleichzeitig als ältesten Beleg des Frühen Mittelalters für die Ermordung eines Christen durch Araber gelten lassen darf (*Sarracini in monasterium beati Antuniae inruentis, Sarmatam interficiunt*[159]), wird man jedoch schon damals als kriegerisches Ausgreifen über den eigentlichen, angestammten Lebensraum hinaus ansehen und nicht etwa als Beleg dafür, daß das Gebiet der Sarazenen nicht mit Arabien deckungsgleich sei; genauso wenig wird man die Araber, die nach Isidor den Markt des ägyptischen Theben besuchen – Etym. XV 1.35: *Thebas Aegyptias . . . ad quas conmercia Arabes undique subvehunt* –, für die Behauptung heranziehen, Theben gehöre zu Arabien.

Der Hinweis auf das sonderbare Land *Ercolia* am Kaspischen Meer dagegen gibt auf den ersten Blick ein unlösbares Rätsel auf. Der Fredegar-Kompilator jener Stelle beginnt seine Ausführungen zur frühesten arabischen Geschichte, indem er – quasi einleitend – kurz den Zusammenhang der beiden Namen *Saracini* und *Agarrini* streift; dann kommt er in nie gehörter Weise auf das Verbreitungsgebiet der Sarazenen vor ihrer Expansion zu sprechen. Für uns unverständlich rekurriert er zu

---

[159] Fredegar II,44 (MGH SS rer. Merov. 2, S. 67,18 f.); der Satz folgt exakt dem Wortlaut der Vorlage, d.h. der Hieronymus-Chronik; vgl. Eusebii Pamphili chronici canones, ed. Fotheringham, S. 322 (PL 27, Sp. 689 f.).

diesem Zweck allerdings nicht auf die früheren Teile der Chronik, sondern zieht es vor, unter einer auch noch fälschlichen Berufung auf Orosius die Sarazenen fern der Arabischen Halbinsel am Kaukasus und Kaspischen Meer bzw. *mare Cypium* anzusiedeln: *Agarrini, qui et Saracini, sicut Orosiae liber testatur, gens circumcisa ad latere montes Caucasi super mare Cypium terram Ercoliae coinomento iam olem consedentes, in nimia multitudine crevissent, tandem arma sumentis, provincias Aeragliae emperatores vastandum inruunt* . . .[160]; demzufolge mußte der erwähnte Kaiser Heraklios seine Gesandten auch *ad portas Cypias, quas Alexander Magnos Macedus super mare Cespium aereas fiere et serrare iusserat propter inundacione gentium sevissemorum, que ultra montem Caucasi culmenis habetabant*[161], schicken. Doch diese Auffasuung bleibt singulär; sie steht in zu krassem Gegensatz zu anderen Meinungen, die die Sarazenen nicht unter die wilden Völker zählen, die die Antike stets hinter dem Kaukasus erblickt. Die Sarazenen so fern ihrer wirklichen Heimat anzusiedeln, entspringt auch nicht einer neuen, wenn auch abseitigen Überlegung, sondern einzig einem schweren Fehler beim Kopieren der Vorlage durch den Schreiber. In Wirklichkeit nämlich weist der Text in einer ursprünglichen Form, die wir entschlüsselt haben[162], ebenso auf den Norden der Arabischen Halbinsel als Heimat der Sarazenen, wie es in allen anderen Quellen zu lesen steht. Die zeitgenössischen Leser – und vermutlich schon letzten Abschreiber – der Chronik sehen die Ursprungsgebiete der Sarazenen entsprechend dieser Angabe an der äußersten Peripherie der bekannten Welt liegen.

Selbst wenn wir uns im folgenden wieder der richtigen Heimat der Sarazenen zuwenden, muß das Territorium, das sie von diesem ausgehend in relativ kurzer Zeit hinzugewinnen können, zumindest die Gelehrten des Orbis christianus erschrecken. Dieselbe Fredegar-Chronik läutet mit dem Kapitel, das so irrig über den angestammten Lebensraum der Sarazenen beginnt, die neue Zeit ein: *Cum iam Hierusolemam propinquassent* . . .[163]. Der Ps.-Eucherius weiß von Arabern und Agarenen, *qui nunc Sarracenos uocant, in uicinia urbis Hierusalem*[164]. Fünf Kapitel in der Fredegar-Chronik weiter ist Jerusalem samt anderen Städten bereits genommen[165].

---

[160] Fredegar IV,66 (MGH SS rer. Merov. 2, S. 153,12–15).
[161] Fredegar IV,66 (MGH SS rer. Merov. 2, S. 153,21–23).
[162] Siehe unten S. 165 ff.
[163] Fredegar IV,66 (MGH SS rer. Merov. 2, S. 154,7).
[164] Ps.-Eucherius, De situ Hierusolimae epistula ad Faustum presbyterum; CCSL 175, S. 240.
[165] Fredegar IV,81 (MGH SS rer. Merov. 2, S. 162,6): *Hierusolema a Saracinis capta* . . .

Diese Ausgriffe sind indes nicht mehr mit dem etwa zu vergleichen, den einige Sarazenen auf das Antonius-Kloster an der ägyptischen Seite des Roten Meeres unternommen haben; sie scheinen sich, wie die Quellen nahelegen, auf eine längere Zeit in den christlichen Gebieten niederzulassen. In Jerusalem jedenfalls richten sie wie in Damaskus, wo der Sarazenenkönig residiert[166], eigene Kulthäuser ein[167]. Wiederum die Fredegar-Chronik meldet die Okkupation Ober- und Unterägyptens durch die Sarazenen und verschweigt nicht den Verlust Alexandriens[168], das bald eine wichtige Rolle als Ausgangsbasis arabischer Unternehmungen zur See übernehmen soll[169]. Allmählich, so erfährt das Abendland, fällt ihnen ganz Nordafrika mit Karthago in die Hände[170]. Selbst der Mißerfolg anläßlich ihrer Belagerung von Konstantinopel[171] vermag sie nicht aufzuhalten.

Nachdem die Insel Sizilien schon zu den ersten Zielen arabischer Seeangriffe gehört hat[172], bleibt nun auch das nahe Sardinien nicht verschont[173]. Vom afrikanischen Ceuta aus[174] wird Spanien binnen zehn Jahren unterworfen und danach Südfrankreich angegriffen; Beda, der

---

166 Adamnani de locis sanctis II,28; CCSL 175, S. 220: *Damascus ciuitas regalis magna . . . In qua Saracinorum rex adeptus eius principatum regnat.*

167 ibid.: *Et in honore sancti Iohannis Baptistae ibidem grandis fundata eclesia est . . .*; Adamnani de locis sanctis I,1 (CCSL 175, S. 186): *Ceterum in illo famoso loco ubi quondam templum magnifice constructum fuerat . . . nunc Saracini quadrangulam orationis domum . . . ipsi frequentant.*

168 Fredegar IV,81 (MGH SS rer. Merov. 2, S. 162,7 f.): *Aegyptus superiur et inferior a Saracines pervadetur; Alexandria capetur et praedatur.*

169 Liber pontificalis, ed. Duchesne, 1, S. 346: *Postmodum venientes Sarraceni Siciliam . . . praeda nimia . . . secum abstollentes Alexandriam reversi sunt.*

170 Fredegar IV,81 (MGH SS rer. Merov. 2, S. 162,8): *Afreca tota vastatur et a Saracines possedetur paulolum*; Beda, Libri quatuor in principium Genesis, IV 16,12 (CCSL 118 A, S. 201): . . . *ut Africam totam in longitudine sua ditione premant . . .*; Beda, Chronica (MGH AA 13, S. 315): . . . *provincia Africa . . .*, *quae fuerat tenta a Sarracenis, ipsa quoque Carthagine ab eis capta et destructa.*

171 Beda, Chronica (MGH AA 13, S. 320): *Sarraceni cum inmenso exercitu Constantinopolim venientes triennio civitatem obsident, donec . . . victi refugiunt . . .*; Liber pontificalis, ed. Duchesne, 1, S. 402: *Illis interea diebus Constantinopolim biennio est a nec dicendis Agarenis obsessa.*

172 Liber pontificalis, ed. Duchesne, 1, S. 338: . . . *colligens exercitum profectus est Siciliam adversus gentem Saracenorum, qui ibidem inhabitabant*; ibid. S. 346: *Postmodum venientes Sarraceni Siciliam . . .*; vgl. Beda, Chronica (MGH AA 13, S. 314): *Sarraceni Siciliam invadunt et praeda nimia secum ablata mox Alexandriam redeunt.*

173 Beda, Chronica (MGH AA 13, S. 321): *Liudbrandus audiens quod Sarraceni depopulata Sardinia etiam loca fedarent illa, ubi ossa sancti Augustini episcopi . . .*

174 Liber pontificalis, ed. Duchesne, 1, S. 401: *Eodem tempore nec dicenda Agarenorum gens a loco qui Septem dicitur transfretantes, Spaniam ingressi . . .*

Liber pontificalis, die Lorscher Jahrbücher und der zweite Fredegar-Fortsetzer berichten zeitgenössisch davon[175].

Infolge der Gegenwehr, die die Sarazenen nicht nur in der Schlacht von Tours und Poitiers trifft[176], sind die Gebietsgewinne der Fremden manchem Wechsel unterzogen. Spanien, die Provence und (streckenweise) Burgund bleiben allerdings unter der Kontrolle der Nachkommen des Ismael[177], so daß die Klage Bedas, wonach die Sarazenen ganz Afrika, den größten Teil Asiens und einen großen Teil Europas besetzt hielten, keinesfalls übertrieben wirkt; in seinen Genesis-Kommentar läßt er einfließen, *ut Africam totam in longitudine sua ditione premant, sed et Asiae maximam partem, et Europae nonnullam exosi et contrarii teneant*[178].

Damit haben sich die Sarazenen bzw. Araber um riesige Strecken von ihrer Heimat entfernt. Aus ihr aber nehmen sie nicht nur Vieles, was ihnen am Herzen liegt und sie in der Tat geprägt hat, mit. Sie tragen — im

---

[175] Liber pontificalis, ed. Duchesne, 1, S. 401: ... *Undecimo vero anno generalis facta Francorum motio contra Sarracenos circumdantes interemerunt* ...; ibid. (rechte Spalte): *Eodem tempore nefanda Agarenorum gens cum iam Spaniarum provinciam per X tenerent annos pervasam, undecimo anno Rodanum conabantur fluvium transire, Francias occupandum, ubi Eodo praeerat* ...; Beda, Historia ecclesiastica V,23 (ed. Colgrave/Mynors, S. 556): *Anno dominicae incarnationis DCCXXVIIII apparuerunt cometae duae circa solem ... Quo tempore gravissima Sarracenorum lues Gallias misera caede vastabant* ...; Annales Laureshamenses (MGH SS 1, S. 24): *721. eiecit Heudo Saracinos de Aquitania ... 725 ... Saracini venerunt primitus*; Fredegarii chronica continuationes, cap. 20 (ed. Wallace-Hadrill, S. 93): *Denuo rebellante gente ualida Ismahelitarum quos modo Sarracinos corrupto uocabulo nuncupant inrumpentesque Rodanum fluuium* ...

[176] Fredegarii chronica continuationes, cap. 13 (ed. Wallace-Hadrill, S. 90 f.): *Eodo namque dux ... gentem perfidam Saracinorum ad auxilium contra Carlum principem et gentem Francorum excitauit. Egressique cum rege suo Abdirama nomine Garonnam transeunt, Burdigalensem urbem peruenerunt, ecclesiis igne concrematis, populis consumptis usque Pectauis profecti sunt; basilica sancti Hilarii igne concremata ... ad domum beatissimi Martini euertendam destinant. Contra quos Carlus princeps audacter aciem instruit ... Christo auxiliante tentoria eorum subuertit, ad proelium stragem conterendam accurrit interfectoque rege eorum Abdirama prostrauit, exercitum proterens, dimicauit atque deuicit*; Annales Laureshamenses (MGH SS 1, S. 24): *732. Carolus pugnavit contra Saracinos die sabbati ad Pectavis*; Vita Pardulfi, cap. 15 (MGH SS rer. Merov. 7, S. 33,5 ff.): *Alio namque tempore, cum Ismahelitarum gens Pectavensem urbem fuissent ingressi, et precelsus maior domus Carolus cum Fancorum cuneo ad debellandum eos venisset et, devicto proelio hostem prosternens, spolia capiens, captivos revocavit, sic quam plures ex eadem gente Ismahelitarum fugam arripuerunt* ...

[177] Bonifatius, Ep. 73 (MGH Epp. sel. 1, S. 151,24–28): *Sicut aliis gentibus Hispaniae et Provinciae et Burgundionum populis contigit; quae sic ad Deo recedentes fornicatae sunt, donec iudex omnipotens talium criminum ultrices poenas per ignorantiam legis Dei et per Sarracenos venire et saevire permisit.*

[178] Beda, Libri quator in principium Genesis, IV 16,12; CCSL 118 A, S. 201.

Bild gesprochen – gewissermaßen mit sich ebenso die Male, die, aus den Augen der Abendländer betrachtet, jene Wüstenlandschaft ihnen bleibend zugefügt hat.

Die Heimat der arabischen Völker

Arabia thure ornata
et in saltis cinnama
Nascitur ibique mirra
et sardonyx gemmula
Fenix nuncupatur aues
que renascit mortua

* * *

Arabien, weihrauchgeschmückt,
auf hohem Berg sogar mit Zimmet,
Wo Myrrhe man wie den Sardonyx,
den Edelstein, findet,
Phönix der Vogel genannt wird,
der wiedergeboren den Tod überwindet.

Die Zeilen aus dem Versus de Asia et de universi mundi rota bilden beinahe das Programm für eine Beschreibung der inneren Gestalt Arabiens[179]; breiten Raum beansprucht die Flora, vertreten durch die gängigsten Exportartikel; mit dem kürzesten Hinweis – auf Bergeshöhen – wird der Geographie Genüge getan; für die Geologie steht das edelste Gestein, und die Fauna wartet, einem exotischen Orientbild verpflichtet, mit einem Fabelwesen auf. An dieser Gliederung können wir bei leichter Verschiebung der inhaltlichen Proportionen für die folgenden Seiten festhalten.

Gleichzeitig wollen wir uns auf das Motto besinnen, mit dem wir schon das letzte Kapitel eingeleitet haben; und so „beginnt man wohl am besten mit einem Blick auf die Landschaft. Sie bestimmt immer und überall das Schicksal der in ihr Lebenden mit“[180]. Ähnlich wie in dieser Begründung für die Berücksichtigung der Geographie als historisches Moment findet sich auch im Alten Testament bisweilen ein kausaler Zusammenhang zwischen dem Aussehen einer Landschaft und dem

---

[179] CCSL 175, S. 444.
[180] Vgl. Anm. 47.

Verhalten seiner Bevölkerung hergestellt. Die Araber bleiben von solchen Überlegungen selbstverständlich nicht verschont; dazu ist die Wüste zu unwirtlich, sind ihre Bewohner zu wenig gelitten, als daß man vermeiden könnte, zwischen dem einen und dem anderen eine Verbindung herzustellen. Die Landschaft südlich von Elusa, die der anonyme Pilger aus Piacenza auf seinem Marsch zum Berg Sinai durchqueren muß, scheint ihm trefflich mit den Worten von Psalm 107,34 beschrieben zu sein: 'Land in Salzwüste wegen der Bosheit ihrer Bewohner' – *Terra in salsugine a malitia inhabitantium in ea*[181].

Das Bild von der Wüste ist konstant und in allen literarischen bzw. durch Reisende selbst eingeholten Beobachtungen zur inneren Beschaffenheit Arabiens dominierend. Flüsse dagegen werden für Arabien nicht erwähnt. Lediglich an seiner Grenze stößt man, wie bei Isidor und Beda nachzulesen, auf den Euphrat[182], der selbst jedoch nicht mehr zu Arabien gerechnet werden muß (vgl. Etym. XVII 9,11), sowie auf den Jordan: *Nascitur autem sub Libano monte et dividit Iudaeam et Arabiam* (Etym. XIII 21,18). Auch die Nennung bei Beda (*Gerasa urbs est trans Iordanem*[183]) und Adamnan (*usque in alteram ripam in parte Arabiae*[184]) lassen für den Jordan als Grenzfluß dasselbe gelten wie für den Euphrat. In gleichem Sinn vermutlich erscheinen beim Kosmographen von Ravenna für Judäa/Palästina *Iordanis et Ieromisus*[185], also der Jordan und dazu der Yarmūk.

Ebenfalls an der Peripherie liegen das Sinai-Massiv und das Libanon-Gebirge samt Antilibanon. Im Gegensatz zu den Flüssen werden diese Erhebungen, deren der oben zitierte Vers auf sehr allgemeine Art gedenkt, in der Regel Arabien zugezählt. Was die erste Erhebung, den Gottesberg, angeht, trägt das Itinerar des Anonymus Placentinus hinsichtlich der geographischen Zugehörigkeit die beiden widerstreitenden Ansichten infolge der verschiedenen Textvarianten, die vorliegen,

---

[181] Antonini Placentini Itinerarium, cap. 35; CCSL 175, S. 147.

[182] Etym. XIV 3,13: . . . *Euphraten. Incipit autem a septentrione inter montem Taurum et Caucasum; cuius a meridie sequitur Babylonia, deinde Chaldaea, novissime Arabia* . . .; Beda, De nominibus locorum (PL 92, Sp. 1038 C): *Mesopotamia regio inter flumina Tigrim et Euphraten, quae et ipso vocabulo Graece in medio fluminum esse posita monstratur. Huic ad meridiem succedit Babylonia, deinde Chaldaea, novissime Arabia Eudaemon.*

[183] Beda, In Matthaei evangelium II,8 (PL 92, Sp. 43 C); ähnlich: In Lucae evangelium III 8,26 (CCSL 120, S. 182 f.); In Marci evangelium II 5,1 (CCSL 120, S. 491); Nomina locorum (CCSL 119, S. 274).

[184] Adamnani de locis sanctis II 16,3 (CCSL 175, S. 213): *Locus itaque eiusdem crucis, in quo, ut superius dictum est, Dominus baptizatus est, citra alueum fluminis habetur; a quo usque in alteram ripam in parte Arabiae homo fortis iactare lapidem potest funda inpellente.*

[185] Cosmographia II,14.

bereits in sich: einmal liegt der Berg *Sina in Arabia*[186], das andere Mal gelangt man von dem Berg kommend *usque in Arabiam ciuitatem, quae uocatur Abela*[187]. Nun könnte man die *Arabia*-Nennung im letzten Fall inhaltlich als Epitheton zur Stadt Aila begreifen; dann sollte der Leser lediglich dezidiert darauf hingewiesen werden, daß es sich bei Aila um eine arabische Stadt handelte, und eine Lokalisierung des Sinai-Gebirges außerhalb Arabiens dürfte man von diesem Satz ausgehend nicht vornehmen. Dagegen spricht jedoch wiederum die Aufforderung, die an den Anonymus Placentinus und die anderen Pilger beim Aufbruch vom Sinai ergeht und besagt, *alii per Aegyptum, alii per Arabiam reuerterentur*[188]. Wenn man hinzunimmt, daß damit von einem Rückweg nach Jerusalem durch die Sinai-Wüste abgeraten werden soll, dann steht der Gottesberg gemäß dieser Auffassung eindeutig außerhalb Arabiens. Innerhalb weiß ihn dafür wieder Beda[189].

Mit eigenen Augen gesehen hat ihn nur der Pilger aus Piacenza; mit wenigen Worten bestätigt er das Bild, das wir heute von dem schroffen und kahlen Felsmassiv besitzen: *Mons uero Syna petrosus est, raro habet terram ...*[190].

Der Libanon gerät demgegenüber bei Isidor Etym. IX 2,49; XIV 8,4; XVII 8,2–4 und den Versus de Asia – wenn wir die entsprechende Zeile in Analogie zu Isidor gleichfalls auf das Libanon-Gebirge beziehen dürfen – zum üppigen Garten, in dem Zimt und mehrere Arten von Weihrauch gedeihen, den die Sabäer – d.h. Araber, *quia in montibus Arabiae sunt, qui vocantur Libanus et Antilibanos* – ernten. Die Lage der beiden Gebirgszüge zueinander beschreibt Isidor an der Stelle, an welcher er die Formation entsprechend antiker Muster Phönizien zurechnet: *Cuius ea pars, quae est super eum ad orientalem plagam respiciens, Antilibanus appellatur, id est contra Libanum.* Über die lapidare Feststellung, daß das Gebirge sehr hoch (*altissimus*) sei, geht die äußere Beschreibung nicht hinaus.

Aus den lediglich der Abgrenzung dienenden Nennungen des Ozeans beim Kosmographen von Ravenna (II,20; III,12; V,28) bzw. des Roten Meeres mit dem Arabischen und Persischen Golf, die die Ara-

186 Antonini Placentini Itinerarium, cap. 40; CCSL 175, S. 149.

187 Antonini Placentini Itinerarium (Rec. alt.), cap. 40; CCSL 175, S. 171 f.

188 ibid. cap. 39; CCSL 175, S. 149.

189 Beda, Libri quatuor in principium Genesis IV 21,9 (CCSL 118 A, S. 239): *Sina enim mons est in Arabia.* Desweiteren als mons Arabicus ausgewiesen in Bedas Martyrologium, XI. Kal. Ian. (PL 94, Sp. 1139 A); diese Stelle allerdings nicht mehr Beda zugewiesen in der jüngsten Edition von J. Dubois / G. Renaud, Edition pratique des Martyrologes de Bede, de l'Anonyme Lyonnais et de Florus, Paris 1976, S. 227.

190 Antonini Placentini Itinerarium, cap. 38; CCSL 175, S. 148.

bische Halbinsel von zwei Seiten einfassen[191], fällt die überdurchschnittlich lange Erklärung über die zutreffende Bezeichnung 'Rotes Meer' heraus, mit der Isidor Etym. XIII 17,2–3 dient. Danach hält man das Wasser tatsächlich für rot, *roseis undis infectum*; Ursache der Verfärbung sei das blutrote Gestein der Küstengestade, an dem die Wellen nagten. *Ideoque inde minium acutissimum excernitur, et alii colores quibus pictura variatur. Ergo cum terra hanc habeat naturam, fluctibus subinde diluitur, et quidquid adesum est, in colorem cadid.*

Ferner ist das Rote Meer nach Auskunft des Kosmographen von Ravenna mit Inseln geradezu übersät (V,18).

Das Bild von einer trostlosen, ausgebrannten Landschaft, das die Schilderung Isidors beim Leser erzeugt, wird durch die zahlreichen Hinweise auf Wüstenregionen in Arabien oder als Lebensraum der Sarazenen noch schärfer gezeichnet. Dabei fällt auf, daß sich — von einer einzigen Ausnahme abgesehen, die vom Grab des hl. Sergius *in heremo inter Saracenos* südlich des Euphrat spricht[192] — alle diesbezüglichen Angaben auf die Landschaft der Sinai-Halbinsel und damit eben auf die Sarazenen als ihre Bewohner konzentrieren. Auf diese, d.h. Land und Leute, ist auch der üble Satz aus Psalm 107 von der *Terra in salsugine a malitia inhabitantium in ea*, den wir oben bereits zitiert haben, gemünzt; die Wüste (*heremum*) begleitet den Anonymus Placentinus bis zum Berg Sinai; nur mit Hilfe der Sarazenen, die Wasser über weite Strecken — *de interiore parte heremi*[193] — heranschaffen, gelingt es, sich mit den nötigsten Rationen des begehrten Stoffes einzudecken bzw. ihn in den Schläuchen genießbar zu erhalten. Recht eindringlich wird der Leser mit der Unwirtlichkeit der Sinai-Halbinsel vertraut gemacht; drei Kapitel später bezeichnet der Pilger die ganze Strecke, auf der er zum Gottesberg gewallfahrtet ist (*per quo ingressi sumus*), als Wüste[194]. Als Menschen, vor welchen man sich — mit dem Ende der Kulttage — in ihr hüten müsse, werden erneut die Sarazenen angeführt. Dieselbe Wüste ist mit Sicherheit das *Agarenorum eremum* aus der Kosmographie des Ravennaten (I,2), das einen 'kurzen' Raum in unmittelbarer Nachbarschaft zu den Nabatäern abdeckt; und dieselbe Wüste erblicken wir in dem *Sarracenorum heremum* aus Bedas Genesis-Kommentar wieder, das er — Hieronymus

[191] Vgl. oben S. 87 f.

[192] Antonini Placentini Itinerarium, cap. 47 (CCSL 175, S. 153): *Deinde uenimus in ciuitate Suras, per qua ciuitate media descendit fluuius Eufrata, qui in ipso loco per ponte transitur. In ipsa passi sunt sanctus Sergius et sanctus Bacchus, et ad duodecim milia intus in heremo inter Saracenos requiescit sanctus Sergius in ciuitate Tetrapyrgio.*

[193] ibid. cap. 36; CCSL 175, S. 147.

[194] ibid. cap. 39; CCSL 175, S. 149.

folgend – an die Wüste Kades anstoßen läßt[195]. In seiner Schrift Super canticum Habacuc verfährt er um vieles großzügiger und lokalisiert die 'Sarazenenwüste' (*in deserto Saracenorum*) einfach *contra Orientum Rubri maris in Arabia*[196].

Über die Termini *heremum* oder *desertum* als solche hinaus erfährt die Wüste keine detailliertere Beschreibung. Ohne Zweifel aber müssen wir davon ausgehen, daß die Leser – vollkommen unabhängig von der Tatsache, ob sie sich eine Vorstellung von Wüste machen können oder nicht – biblisches Wissen assoziieren. Der Wüstenzug der Israeliten mit all seinen Schrecknissen fällt ihnen dazu ebenso ein wie Jesu Fasten in der Wüste und Versuchung durch den Teufel ebenda. So entsteht auch spiritualiter, vor dem geistigen Auge, das Bild einer abweisenden, beängstigenden Landschaft.

Hinzu kommt die eindeutig negative Charakterisierung der 'Sarazenenwüste' durch ihre Bestimmung als Heimat Ismaels und seiner Nachkommen, also der Ismaeliten bzw. Agarenen oder eben Sarazenen. In seiner Erläuterung biblischer Ortsnamen erklärt Beda zur Wüste Faran (im Südwesten der Sinai-Halbinsel): *In deserto Faran scriptura commemorat habitasse Ismahelem unde et Ismahelitae qui nunc Sarraceni*[197]. In einer anderen Interpretation zum Namen Ismaels schließlich treten seine Nachkommen als Vagabunden der Wüste auf, die sich mit allen Stämmen in ihrer Nachbarschaft anlegen[198]. Aus der Wüste kommt nichts Gutes; die Sarazenen personifizieren diesen Befund.

Arabiens Edelsteine und -metalle wird man dagegen ganz anders geschätzt haben, auch in übertragenem Sinn. Arabiens Gold gar gilt als unübertrefflich, wenn wir Beda glauben. *Aurum enim Arabiae pretiosius est quam aliud aurum.* Hier wie bei dem erläuternden Zusatz *Et per aurum sapientia designatur*[199] schimmern die Vorstellungen antiker Geographen durch; in ganz realem Sinn werden sie heute durch die Bodenfunde bestätigt, die man im Nordosten der Sinai und ein Stück darüber hinaus im Peträischen Arabien tätigt. „Die Archäologie bietet für den Goldreichtum z.B. bei den Nabatäern hervorragende Beispiele. So wur-

---

[195] Beda, Libri quatuor in principium Genesis IV 20,1 (CCSL 118 A, S. 232): . . . *inter Cades et Sur, hoc est inter duas solitudines, quarum una Egypto iungitur, ad quam populus trans fretum Rubri maris peruenit, altera uero Cades usque ad Sarracenorum heremum extenditur.*

[196] PL 91, Sp. 1244 A.

[197] Beda, Nomina locorum; CCSL 119, S. 278.

[198] Beda, Libri quatuor in principium Genesis, IV 16,12 (CCSL 118 A, S. 201): *Significat semen eius habitaturum in eremo, id est Saracenos vagos, incertisque sedibus. Qui universas gentes quibus desertum ex latere iungitur incursant, et (ex)pugnantur ab omnibus.*

[199] Beda, In psalmorum librum, 71; PL 93, Sp. 866 C.

den in Mampsis 'während der Ausgrabungen in den Jahren 1965 ff etwa zwanzig Gräber eines nabatäischen Friedhofs freigelegt, von denen die Hälfte goldene Schmuckstücke als Grabbeigabe enthielt'."[200]

Ansonsten werden für Arabien Steine als Kostbarkeiten genannt. An der Stelle, an der Isidor die – vermeintlich – dem Namen entsprechende Färbung des Roten Meeres mit dem ebenfalls roten Gestein begründet, an dem die Wellen fressen, erwähnt er en passant, daß aus demselben Grund *etiam in his litoribus gemmae rubrae inveniuntur*[201], rote (Halb-)Edelsteine, die er nicht genauer zu bezeichnen vermag bzw. braucht, da seinen Lesern womöglich dieser Hinweis genügt, um den Stein einordnen zu können. Ähnlich mag es sich mit dem Stein verhalten, den er schlicht den 'Arabischen' nennt und im Anschluß an einen *Syrius lapis* beurteilt; er gleiche dem Elfenbein, sei ohne Makel und sondere beim Brechen einen dem Safranwasser ähnlichen Saft ab[202]. Uns ebenso unbekannt ist der sonst überhaupt nur noch einmal bei Plinius erwähnte 'Hammites', ein Stein, der sowohl in Arabien als auch in Ägypten vorkomme und dem Natriumsalz ähnele, jedoch härter sei[203]. Ohne Erklärung wieder zählt Isidor schließlich unter den Reichtümern Arabiens Sardonyx-Edelsteine, Regenbogensteine, Malachiten und Opale auf[204].

Doch gerade eine Aufzählung wie diese, neben welcher im Text noch der sagenhafte Vogel Phönix –*Phoenicia* mag der Leser assoziieren! –, ferner Myrrhe und Zimt auftauchen und die damit inhaltlich das Vorbild zu den wesentlich späteren Versus de Asia abgibt, veranschaulicht den toposhaften Charakter des Arabien-Bildes. Andererseits handelt es sich bei den genannten Mineralien nicht um nichtssagende Leerformeln. Steine wie der Sardonyx, der zum Schneiden von Gemmen und Kameen gerne verwendet wird und – häufig in Verfremdung seiner

---

[200] R. Rosenthal, Der Goldschmuck der Nabatäer von Mampsis und Oboda, in: Die Nabatäer. Ein vergessenes Volk am Toten Meer, 312 v. – 106 n. Chr. (Katalog der prähist. Staatssammlung München, Nr. 13), Kallmünz 1970, S. 34 ff. Man vergleiche dazu die Schilderung bei Strabo XVI 4,26, wo der Prunkstil des nabatäischen Königs hervorgehoben wird; dennoch trinke bei Gelagen niemand mehr als elf Becher, und auch dieses nie aus einem und demselben, sondern stets aus einem frischen goldenen Becher.

[201] Etym. XIII 17,3.

[202] Etym. XVI 4,10–11: *Syrius lapis a Syria, ubi reperitur, appellatus: hic integer fluctuari traditur, comminutus mergi. Arabicus similis est eboris sine ulla macula. Hic defricatus ad cotem sucum dimittit croco similem.*

[203] Etym. XVI 4,29: *Hammites similis nitro, sed durior, gignitur in Aegypto vel in Arabia.*

[204] Etym. XIV 3,15: . . . *ibi nascitur avis phoenix, sardonyx gemma, et iris, molochites et praederota ibi invenitur.*

ursprünglichen Bestimmung – z.B. im Buchschmuck wieder eingesetzt wird, sind wie Opale vielen Zeitgenossen aus eigener Anschauung ein Begriff.

Geradezu ins Unermeßliche steigt dagegen – durch liturgische Vorschriften vor allem bestimmt – der Bekanntheitsgrad des Weihrauchs, den bereits die antike Welt kultisch genutzt und als Importgut aus arabischen Landen geschätzt hat. Plinius betont in seiner Naturalis historia, daß es Weihrauch nur in Arabien und nicht einmal dort überall gebe[205]. Augustinus, der Kirchenvater, sieht die antik-heidnischen Altäre von sabäischem Weihrauch duften[206]. Der Stoff, die Ware, das kultische Gut Weihrauch, mit dem man die Vielfalt an Göttern in der Alten Welt genau so gnädig stimmen will wie die Dreifaltigkeit des einen Gottes in der neueren Zeit, ist bestens eingeführt; keinem 'gehobenen' Lebensbereich ist der Weihrauch wirklich fremd.

Isidor glänzt mit einem Vergil-Zitat, um die Einzigartigkeit des Weihrauchs für Arabien zum Ausdruck zu bringen: *Solis est thurea virga Sabaeis* (Etym. IX 2,14). Beda beschreibt den Weihrauchstrauch, die *thurea virga*, knapp in seinem Kommentar zum Hohenlied, in welchem dieser öfter erwähnt wird – *quia saepe thuri in hoc carmine mentio est* – als *arbor Arabiae*, die in Rinde und Blattwerk dem Lorbeerbaum gleiche und wie der Mandelbaum eine Flüssigkeit aussondere, die jeweils im Frühjahr und Herbst gewonnen werde[207]. Von völlig anderem Äußeren erscheint er bei Isidor, und wir erinnern uns wieder an einen Ausspruch des Plinius: „Über das Aussehen des Baumes selbst gibt es keine einheitliche Ansicht" (Nat. hist. XII 31). Isidor beschreibt ihn als ungemein großen Baum, weit verästelt und mit sehr weicher Rinde, mit Ästen wie vom Ahorn und – wie nach Beda auch – einem wohlriechenden Harz, das dem des Mandelbaums ähneln soll, *fundens album et masticatione veluti in pulverem resolutum*. Durchgebrochen sei er innen fett und leicht brennbar. „Er wird bei uns als 'männlich' bezeichnet, weil er von Natur aus rund sei wie Hoden." Der übrige Weihrauch aber sei platt und beinahe rauh, von minderer Qualität. Er werde zwar durch beigemischtes Harz oder Gummi verfälscht, sei jedoch an seiner Eigenschaft gut kennt-

[205] Plinius, Nat. hist. XII,51: *tura praeter Arabiam nullis ac ne Arabiae quidem universae.*

[206] Augustinus, De civitate Dei, III,31.

[207] Beda, In Cantica Canticorum (PL 91, Sp. 1143 D): *Sane, quia saepe thuri in hoc carmine mentio est, quidque typice significet. constat, libet parum de natura aromatis ipsius ignaros instruere. Arbor est Arabiae, cortice, ut aiunt, et folio lauri similis, succum amygdalae modo emittens, qui bis anno colligitur, autumno et vere.* Zur Bedeutung des Weihrauchs in der Antike, der diese frühmittelalterlichen Vorstellungen vollständig entlehnt sind, vgl. W. W. Müller, Weihrauch, ein arabisches Produkt und seine Bedeutung in der Antike, in: RE Supl.-Bd. XV, Sp. 701 ff.

lich. Denn Weihrauch fange – ins Feuer geworfen – an zu brennen; Harz dagegen beginne zu qualmen, während Gummi bei Erwärmung schmelze[208].

Die bedeutendsten Weihrauch-Regionen scheinen nach Meinung unserer frühmittelalterlichen Autoren – in strenger Nachfolge antiker! – im Libanon-Gebirge, d.h. *in montibus Arabiae*, und in *Saba*, also ebenfalls in Arabien, der *regio turifera*[209], zu liegen. Zum Libanon tritt dabei stereotyp (zweimal bei Isidor) die Wendung *ubi tura colliguntur*[210], während *Saba* stets in einer auch den Weihrauch berührenden etymologischen Konstruktion auftritt, die besagt, daß die Bezeichnung 'Sabäer' von dem griechischen Verbum *σέβεσθαι* herrühre, das 'anflehen', 'anbeten' bedeute; und diese fromme Handlung der Adoratio werde eben mit Hilfe von Weihrauch vorgenommen[211]. Damit im Zusammenhang steht ferner die Worterklärung für *Arabia* als *sacra*, d.h. 'geweihtes Land', wie man sie bei Isidor (und ebenso bei Beda) nachlesen kann[212]. Und schließlich habe das reiche Weihrauchvorkommen bei den Griechen dazu geführt, das Land – *thure ornata*, wie es die Versus de Asia preisen – glücklich zu schätzen: *Arabia appellata, id est sacra; hoc enim significare interpretatur; eo quod sit regio turifera, odores creans: hinc eam Graeci εὐδαίμων, nostri beatam nominaverunt* (Etym. XIV 3,15).

Im allgemeinen wird der Weihrauch unter dem Gattungsbegriff *tus* abgehandelt, der nach Isidor von dem lat. Verbum *tundere* (= zerstoßen) abzuleiten ist; nach dem Libanon-Gebirge könne er freilich auch als 'Libanesischer' gehandelt werden[213].

---

208 Etym. XVII 8,2–3: *Tus arbor Arabiae inmensa atque ramosa lenissimi corticis, ramis ad aceris qualitatem, amygdalae modo sucum aromaticum fundens album et masticatione veluti in pulverem resolutum, et cum frangitur, intus pingue et igni adpositum facile ardescens. Et apellatur apud nos masculum, eo quod sit natura rotundum in modum testiculorum. Reliquum planum et pene scabrosum, minus optimum. Adulteratur autem admixta resina sive gummi, sed dinoscitur sua proprietate. Nam tus igni inpositum ardescit, resina fumescit, gummi vero liquescit calefactum.*

209 Beda, De nominibus locorum (PL 92, Sp. 1035B): *Arabia autem sacra interpretari dicitur, eo quod sit regio thurifera, odores creans*; vgl. Isidor, Etym. XIV 3,15.

210 Etym. IX 2,49; XVII 8,4.

211 Etym. IX 2,49: *Sabaei dicti ἀπὸ τοῦ σέβεσθαι, quod est supplicari et venerari, quia divinitatem per ipsorum tura veneramus. Ipsi sunt et Arabes, quia in montibus Arabiae sunt, qui vocantur Libanus et Antilibanus, ubi tura colliguntur.*

212 Etym. XIV 3,15: *Arabia apellata, id est sacra . . .*; vgl. Beda, De nominibus locorum (PL 92, Sp. 1035B). Hierher gehört auch das Bild von der Landschaft Saba, die von Weihrauch glüht; vgl. Beda, In psalmorum librum, 71 (PL 93, Sp. 865C): *Saba vero interpretatur incensa, et est regio thurifera.*

213 Etym. XVII 8,3: *Tus autem a tundendo dictum. Hoc et libanum vocatum a monte Arabiae, ubi Sabaei sunt.*

Umgekehrt hindert diese letzte Feststellung Isidor nicht, an anderer Stelle die Kausalfolge umzudrehen und Etym. XIV 8,4 das Libanon-Gebirge nach dem Weihrauch so heißen zu lassen, der dort geerntet werde: *Libanus mons ... dictus a ture, quia ubi colligitur.*

Ein anderes aromatisches Gewächs ist der Styrax. Nur in der Ostkirche — was unsere Autoren aber nicht wissen — tritt er bisweilen an die Stelle von Weihrauch und ist von daher mit diesem vergleichbar. Isidor ist — immer noch nach Plinius (Nat. hist. XII,55) — der Meinung, daß der Styrax-Baum der Quitte gleiche und zu der Zeit, wenn der Hundsstern aufgeht, das geschätzte Harz absondere. „Was ausfließt und zu Boden tropft, ist nicht sauber, sondern wird zusammen mit Stückchen der eigenen Rinde aufgehoben. Das aber, was an Zweigen und Ästchen hängenbleibt, ist rein und weiß, bis es von der Sonne rötlichgelb wird. Genau so der Rohr-Styrax: fett, harzreich, von angenehmem Aroma, feucht und mit der Aussonderung einer honigähnlichen Flüssigkeit" (Etym. XVII 8,5). Auffallend ist freilich in anderem Zusammenhang, daß Plinius den Styrax in das Land Syrien verweist, Isidor ihn aber eindeutig als *arbor Arabiae* ausgibt.

Einen ähnlichen Bekanntheitsgrad wie der Weihrauch kann die Myrrhe für sich reklamieren, auch wenn er bei den meisten Menschen nicht auf eigener Anschauung basieren mag, sondern seine Ursache in der Nennung Mt 2,11 als Gabe der Hl. Drei Könige und Mc 15,23 — in Verbindung mit Wein — als Erfrischungstrunk, der Jesus auf dem Kreuzweg gereicht wird, hat. Ob daneben Myrrhe noch wie zu antiken Zeiten bei der Herstellung von Heilmitteln im Merowingerreich eine Rolle spielt, entzieht sich unserer Kenntnis. Der Myrrhe-Strauch selbst nun gedeiht ebenfalls *in saltibus* Arabiens, ob man die Versus de Asia oder Isidor (Etym. XIV 3,15) danach befragt. Nach letzterem erreicht diese *arbor Arabiae* die stattliche Höhe von fünf Ellen. Sie soll dem Bärenklau gleichen und ein grünliches Harz absondern, das bitter schmecke, d.h. *amarus* sei, woher sich der Name 'Myrrhe' ableite. Das Harz, das ohne menschliches Zutun hervortrete, werde am höchsten eingeschätzt; generell sei indes die sogenannte troglodytische Myrrhe als wertvollste einzustufen, die man auf einer arabischen Insel ernte. Mit dem Reisig des Myrrhe-Strauches unterhielten die Araber in der Regel ihre Feuer, ungeachtet des schädlichen Rauches, durch welchen sie sich unheilbare Krankheiten zuziehen könnten. Alleine die Storax-Salbe soll als Heilmittel dagegen anwendbar sein, wie Isidor[214] als gelehriger Schü-

---

214 Etym. XVII 8,4: *Myrra arbor Arabiae ... Sarmentis eius Arabes ignes fovent, quorum fumo satis noxio, nisi odorem storacis occurrant, plerumque insanabiles morbos contrahunt.*

ler des Plinius (Nat. hist. XII,33–35) meint; und Beda schließt sich wieder an[215].

Ebenfalls im Zusammenhang mit der Harzgewinnung stehen die Nennungen von Terpentin- und Gummibaum bei Isidor. Die *resina terebinthina* hält er für erstklassig, allen anderen Harzen überlegen; sein Vorkommen scheint sich auf das Peträische Arabien zu beschränken[216]. Was den Gummibaum anbelangt, der in Indien und Arabien gedeiht, zieht Isidor das arabische Produkt vor; das Gummi sei nämlich sehr hell, fast weißlich, sei rein von Holz und Erde, lasse sich leicht verflüssigen, sei zwar bitter, aber von einem angenehmen Duft[217]. Damit bestätigt sich offenbar eines der Leitbilder, die man zur Heimat der Araber assoziiert; Arabien, das steht für *odores creans*[218], für wohlriechende Hölzer wie die Aloe mit ihrem entzückenden Duft, die man auf Altären (der Antike aber doch wohl nur!) entzünde[219] oder Rinden wie die der ebenfalls in Arabien wachsenden Kassia, die – wenngleich schwächer in der Wirkung – dem Zimt glichen[220].

Der Zimt selbst, das *cinnamum*, mag als das typischste arabische Gewürz gelten; bei Isidor (Etym. XIV 3,15) wird es wie in den Versus de Asia jeweils in Verbindung mit der Myrrhe angeführt. Andere Wendungen sind sehr allgemein gehalten; an einer Stelle seines Psalmenkommentars, an welcher er Arabien einmal nicht als *sacer*, sondern als *campestris* definiert, spricht Beda von diesem als *regio, in qua omnes aromaticae species reperiuntur*[221]. Nichtssagend bleiben die *flores aromatum ex Arabia*, die sich bei Jonas, dem Geistlichen italienischer Herkunft, in einem sei-

---

215 Vgl. Beda, In Cantica Canticorum (PL 91, Sp. 1148 A): *Est autem myrrha arbor Arabiae, altitudinis ad quinque cubitos, similis spinae.* Isidor, Etym. XVII 8,4: *Myrra arbor Arabiae altitudinis quinque cubitorum, similis spinae quam ἄκανθον dicunt: cuius gutta viridis atque amara; unde et nomen accepit myrra. Gutta eius sponte manans pretiosior est, elicita corticis vulnere vilior iudicatur . . . Myrrha autem Trogodyte ab insula Arabiae dicta, ubi melior colligitur et purior.*

216 Etym. XVII 7,71: *Prima est resina terebinthina, omnium praestantior; adfertur autem ex Arabia Petraea.*

217 Etym. XVII 8,6: *Bdellium Indiae et Arabiae arbor, cuius lacrima melior Arabica. Est enim lucida, subalbida, levis, pinguis, aequaliter cerea, et quae facile molliatur, neque ligno vel terrae commixta, amara, odoris boni.*

218 Isidor, Etym. XIV 3,15; Beda, De nominibus locorum (PL 92, Sp. 1035 B).

219 Isidor, Etym. XVII 8,9: *Aloa in India atque Arabia gignitur, arbor odoris suavissimi ac summi. Denique lignum ipsius vice thymiamatum altaribus adoletur; unde et nomen traxisse creditur.*

220 Isidor, Etym. XVII 8,12: *Casia nascitur in Arabia, virga robusti corticis, et purpureis foliis ut piperis. Est autem virtutis cinnamomi similis, sed potentia inferior; unde et pro cinnamomi vice duplex eius pondus in medicamentis admiscitur.*

221 Beda, In psalmorum librum, 71; PL 93, Sp. 865 C.

ner bis spätestens 642 erstellten Vita Columbani vorgeschalteten Brief[222] finden. Der Bescheidenheitstopos, in den sie einfließen, besagt nichts, weder um welche Blüten es sich handelt, noch ob Jonas selbst sie gekostet hat — wie die Butter aus Irland wohl, die er den arabischen Gewürzblüten konkret gegenüberstellt. Der Kontext freilich, in welchem er sich von den *doctores*, mit denen er sich nicht messen will, wohl ebenso weit entfernt fühlt (angeblich!) wie die arabischen Mittel zur Geschmacksveredelung von dem irischen Milchprodukt, das er von einer Reise auf die Insel kennen wird, scheint zu verdeutlichen, daß die *flores aromatum ex Arabia* ganz in übertragenem Sinn gebraucht werden. Eine Frage eigener Qualität wäre, inwieweit ein solcher Topos Allgemeingut der Gebildeten und somit Mosaikstein eines zwar exotischen, aber immerhin positiv bestimmten Bildes von Arabien ist. Sie ist an dieser Stelle noch nicht zu beantworten.

Kaum beeinflußt haben dürften die Festschreibung eines Arabienbildes dagegen die letzten Bemerkungen zur Flora jener Region, die von einem Kamelheu minderer Qualität in Arabien[223] wissen und von den Blattstengeln mit ihren süßlich duftenden Wurzeln (*resticulas cum radices, quorum odor suauitas super omnia aromata*[224]), die der Anonymus von Piacenza bei den Sarazenen auf der Sinai-Halbinsel sieht, von den Gräsern (*carices*) und Feigen (*caricae*), die Aldhelm von Malmesbury als Speise eines *heremita Sirorum et Sarracenorum confinio*[225] erwähnt. Sie bestätigen nur und runden ab, was die Leser bereits bei den Geographen an Notizen zu der kargen Landschaft vorgefunden haben; man erinnere sich beispielsweise an die *perampla solitudo*, die Isidor Etym. IX 2,57 als Lebensraum der Ismaeliten ausgibt.

Einen ganz besonderen Stellenwert nimmt allem Anschein nach aber das *balsamum* ein, das Willibald aus Palästina herausschmuggelt. Anders als bei Isidor, der den Kostwurz einmal zur Salbenherstellung erwähnt und dabei dem arabischen — *est enim album et leve, suave, iucundi odoris*[226] — gegenüber dem indischen und syrischen den Vorzug einräumt, handelt es sich bei Willibalds Balsam mit Sicherheit nicht mehr lediglich um den 'Rohstoff' des Balsambaumes, wie ihn Plinius ausführ-

---

222 Vgl. Wattenbach/Levison 1, S. 133 f. ('Jonas von Susa'). Die im folgenden zitierten 'arabischen Gewürzblüten' stehen MGH SS rer. Merov. 4, S. 63.

223 Isidor, Etym. XVII 9,11: *Squinum melius est quod in Euphrate nascitur quam quod in Arabia ...*

224 Antonini Placentini Itinerarium, cap. 36; CCSL 175, S. 147.

225 Aldhelmus, De metris et enigmatibus ac pedum regulis; MGH AA 15, S. 155,13–21.

226 Etym. XVII 9,4. Die Bezeichnung 'Kostwurz' leitet sich von der — auch von Isidor gebrauchten — lat. Bezeichnung *costum radix* her.

lich beschreibt, sondern schon um eine fertige Salbe (aus Harzen, ätherischen Ölen und aromatischen Säuren), wie man sie zur Wundbehandlung oder als Mittel gegen Rheumatismus schätzt. Wenn sie gar noch auf dem Harz des Balsambaumes aufgebaut ist, dann verdeutlicht sehr anschaulich ein Preisvergleich bei Plinius — ein zeitgenössischer liegt mir nicht vor — den Wagemut, den Willibald bei seiner strafbaren Aktion an den Tag legen muß, um den begehrten Stoff an den strengen Zöllnern vorbei außer Landes zu schaffen[227]. Für ein Pfund (= 327,45 Gramm) Kostwurz hat man zu Plinius Zeiten z.B. 5,5 Denare zu bezahlen, für Holzbalsam 6 Denare, für die gleiche Menge arabischer Myrrhe 16 Denare, für Weihrauch je nach Qualitätsstufe zwischen 3 und 6 Denare, für unverfälschten, echten Balsam dagegen 6000 Denare, eine vergleichsweise horrende Summe; selbst der versetzte und daher billigere Balsam kostet nach Plinius immer noch 1800 Denare. Natürlich sind die absoluten Beträge, auch wenn man sie irgendwie auf das Frühmittelalter hochrechnen wollte, aufgrund allein der völlig veränderten Wirtschaftsstruktur (Handelsverkehr, Warenangebot, Geldumlauf) ohne Aussagewert. Doch die Korrelation der einzelnen Denar-Angaben bringt so gut wie kaum etwas anderes die relative Wertigkeit der Güter zum Ausdruck. Wir dürfen annehmen, daß das *balsamum*, das Willibald — unter Steinöl — in einem Kürbis verborgen schmuggelt, zu den höchstverzollten Waren gehört.

Die Beobachtungen bzw. 'gelehrten' Einlassungen zur Fauna Arabiens bzw. des Lebensraums der Sarazenen spiegeln treffend die reale Artenarmut jener Region wieder. Es liegt keinesfalls eine Nachlässigkeit unserer Autoren der Art etwa vor, daß sie ihr bewußt weniger Aufmerksamkeit geschenkt hätten; eher das Gegenteil ist gegeben.

Nur gibt es nicht so viele Tiere, deren man ansichtig werden kann. Der Reisende aus Piacenza begegnet Ende des 6. Jh.s auf der Sinai-Halbinsel Kamelen und Pferden. Während wir lediglich vermuten dürfen, daß sie auch als Reittiere dienen, auf welchen er die *raros homines cum camelos* [sic] Reißaus nehmen sieht[228], ist durch seine Schilderung belegt, daß sie zum Transport der Wasserschläuche auf dem langen Wüstenmarsch eingesetzt werden; der Anonymus Placentinus spricht ausdrücklich von den *cameli nobis aquam portantes*[229]. Willibald erwähnt einen 'Äthiopier' mit *duobus camellis et uno mulo*, dem er auf der Wanderung durch das südlichste Galiläa begegnet. Von den beiden Kamelen mag der

---

[227] MGH SS 15, S. 101,6–16.
[228] Antonini Placentini Itinerarium, cap. 35; CCSL 175, S. 147.
[229] Ibid., cap. 36.

Mann eines als Reit-, das andere als Lasttier benutzt haben; das Maultier mußte — so Willibald — die Frau durch den Wald tragen. Und zum Schrecken der Leser weiß er dann gar noch von einem Löwen (*leo*) zu berichten, der sich ihnen allen in den Weg gestellt habe[230].

Überhaupt wartet Willibald mit der genauesten Schilderung einer bestimmten Spezies auf, und zwar der Wasserbüffel, die er in den Sümpfen des Hule-Sees beobachtet und — zuvor mit Sicherheit noch nie gesehen — als 'wunderliche Rindviecher' (*armenta mirabilia*) bezeichnet; besonders fallen ihm ihre langen Rücken, die kurzen Beine, die mächtigen Hörner und ihre — wie er meint — allen gemeinsame purpurrote Färbung auf. Der unerträglichen Sommerhitze trotzen sie, indem sie sich bis zum Kopf in das sumpfige Wasser stellen.

Schließlich ist bei den Sarazenen mit Ziegenhaltung zu rechnen; denn aus Ziegenhaardecken — von den Arabern *Cilicia* geheißen — errichten sie ihre Zelte. Isidor sagt Etym. XIX 26,10: *Cilicia Arabes nuncupant velamenta pilis caprarum contexta, ex quibus sibi tentoria faciunt.*

In gänzlich übertragenem Sinn taucht vermittels einer exegetischen Übung auch noch der Wildesel (*onager*) auf, durch welchen — nach Bedas Auslegung — Ismael bezeichnet sein soll. Wir kommen darauf in anderem Zusammenhang noch einmal zu sprechen[231].

Ein Abbild der Realität erreicht den Leser dagegen ein letztes Mal, was die Fauna betrifft, mit der Nennung von Pferden durch den Anonymus Placentinus, genauer von 'Sarazenenstuten' (*equae Saracenae*). Auf ihnen durchzieht eine Art 'Wüstenpatrouille' zum Schutz der Klöster und Einsiedler die Landschaft, freilich ohne die Sarazenen wirklich abschrecken zu können[232].

Alles in allem bleibt die Landschaft, das Gesicht Arabiens und der angrenzenden Gebiete, abweisend. Karge Wüstengebiete prägen nachhaltig das Bild; daran ändert wohl kaum etwas die Nennung eines *magnum campum, olivarum plenum,* von dem man in Willibalds Vita liest[233]. Bezeichnenderweise sieht er sich zum einen gerade dort gleich von

230 MGH SS 15, S. 100,21–26; das folgende ibid., S. 96,10–13.

231 Beda, Quaestionum super Genesim ex dictis patrum dialogus (PL 93, Sp. 311 A).

232 Antonini Placentini Itinerarium, cap. 40; CCSL 175, S. 150. Erstaunlich früh wird bereits 715 v.Chr. das Pferd als Tribut der Sabäer an Sargon II. aufgeführt; vgl. B. Doe, Südarabien. Antike Reiche am Indischen Ozean, Bergisch Gladbach 1970, S. 79. Im Gegensatz dazu ist dem antiken Europa das Pferd als Haustier der Araber noch nicht unbedingt geläufig. Nach Strabo XVI 4,26 jedenfalls bringt das Land der Nabatäer „keine Pferde hervor. Kamele leisten die nötigen Dienste" (zitiert nach: Die Nabatäer — ein Königreich in der Wüste, hg. Rheinisches Landesmuseum Bonn, Bonn 1978).

233 MGH SS 15, S. 100,22; ein Hinweis auf die Olivenernte in Palästina ibid. S. 101,1.

einem Löwen bedroht; und zum anderen liegt die 'Ebene voller Olivenbäume' nun wahrlich nicht mehr in der angestammten Heimat von Sarazenen respektive Arabern, sondern in Palästina, genauer in Galiläa, und damit in bereits erobertem Land. Araber saßen dort noch nie; Sarazenen erst seit der expansiven Ausbreitung über den Jordan hinweg in den letzten dreißiger Jahren des 7. Jh.s. Das weiß man auch im Abendland.

III. Arabien und Sarazenen in der historiographischen Darstellung

Schon zu frühesten Zeiten, da umsichtige Menschen bemüht sind, eben noch von ältesten Zeugen Gehörtes, selbst Erlebtes, mitunter bereits längst Vergangenes und allein in sagenhafter Form, vielleicht in Liedern Überliefertes niederzuschreiben und zum Preis der Gegenwart, zur Rechtfertigung vor der Zukunft und vor Gott zu bewahren und weiterzugeben, reicht ihr Blick über die engen Grenzen ihrer Stadt, ihres Stammes, dieses politischen Gebildes, in welchem sie sich mit Zeitgenossen gleicher Zunge und gleichen Glaubens, gleicher Ordnung und gleicher Obrigkeit in einer Einheit wissen, hinaus und sie beziehen bald Nachbarn in ihre Aufzeichnungen mit ein. In der Regel geschieht dies, um die eigenen Grenzen festzulegen, Machträume exakt abzustecken. Später aber, als durch Vermittlung über Händler, Pilger und Gesandte entfernte Völker, fremde Reiche in das Blickfeld geraten, erhebt man bisweilen diese selbst zum Thema einer Schrift. Schließlich unternehmen in allen Kulturräumen und zu allen Zeiten einmal Männer Reisen zu dem Zweck, andere, bislang unbekannte Räume zu erkunden und der Heimat von dem dort Geschauten zu berichten.

Die Erwähnung fremder Völker indes resultiert in den seltensten Fällen aus schöngeistiger Betätigung, begonnen zu blankem Vergnügen. Zuallererst führen politische Notwendigkeiten die Hand des Schreibers, wenn wir an die antiken Verhältnisse denken: Tributlisten unterjochter Länder müssen erstellt, Grenzverletzungen festgehalten, Kriege begründet werden. Briefe werden überbracht und Verträge fixiert. Geschichte wird geschrieben, Legitimation hergestellt. So steht auch zu Beginn der Fredegar-Chronik, die den Blick des Lesers zunächst auf die großen antiken Reiche lenkt, im Kern der Auflistungen – wie Hellmann richtig beobachtete[1] – die Interpolation, die von der trojanischen Abstammung der Franken handelt[2].

Die Absicht eines solchen Vorgehens ist leicht zu durchschauen, die Klitterung – nicht als verwerfliches Tun, sondern als notwendig emp-

[1] S. Hellmann, Das Fredegar-Problem, in: HVJ 29 (1935), S. 86f.

[2] Fredegar I,4–6 u. 8; MGH SS rer. Merov. 2, S. 45–47.

fundenes Muß — als Specificum angewandter Historiographie so klar erkennbar, daß es geradezu danach verlangt, den das Modell dafür liefernden theoretischen Überbau zu suchen. Aber wie in der Antike zählt auch im Mittelalter die Beschäftigung mit der Vergangenheit wohl zu den angesehenen Liebhabereien, nicht jedoch zum Fächerkanon der Auszubildenden. Grundmann betonte: „Unter den Wissenschaften hat im Mittelalter die Geschichte keinen eigenen Platz. An Schulen und Universitäten wurde sie nicht gelehrt. Im System der 'Sieben freien Künste' (*artes liberales*) kommt sie nicht vor, es sei denn als Teil der Rhetorik. Nur in der Bibelexegese gilt die historia als besondere Art des wörtlich-litteralen Schriftverständnisses, als Grundlage für die allegorische, moralische und anagogische, die 'geistige' Schriftdeutung (Hieronymus Ep. 129: *historiae veritas . . fundamentum est intelligentiae spiritualis*). Und die Chronologie des Kirchenjahres und des Weltlaufs erforderte seit der frühen Patristik historische Bemühungen um die Zeitrechnung“[3].

Grundmann mußte mit dieser Beschreibung das gesamte Mittelalter, also auch seine 'Hoch-Zeiten', erfassen; wie viel bescheidener wäre sein Raster ausgefallen, hätte er es nur für die von uns hier beobachtete Epoche des Frühmittelalters erarbeitet, in welcher z.B. von Universitäten noch keine Rede, von einer wissenschaftlichen Methode, wie sie später die Scholastik erbringt, überhaupt noch nicht gesprochen werden kann. Trotzdem können wir Grundmanns Hauptzügen, die er als Basis für eine Beschäftigung mit der Geschichte nennt, folgen.

Nehmen wir die Exegese. Selbst in ihrer Nähe findet die Historie eine bescheidene Blüte. Sie dient der Verinnerlichung, vielfach der Exemplifizierung, indem sie Bezüge schafft (*Ismaelitae . . . qui nunc Saraceni*), und trägt zum Verständnis bei. Die Lehre von Adam und seinen Nachkommen dient als Genealogie der Völker, der Turmbau zu Babel erklärt mit seinem Scheitern die Existenz so vieler unterschiedlicher Sprachen. Biblische Schöpfungsgeschichte ist Historie im engsten Sinn.

Wir wollen darauf im folgenden trotzdem nicht mehr abheben, da die daraus etwa resultierenden genealogischen Vorstellungen bereits in anderem Zusammenhang ausgebreitet wurden. Was es stattdessen festzuhalten gilt, sind nun die Nachrichten zur Geschichte in der Antike, die augenfällig identisch ist mit der Geschichte Arabiens, und Beobachtungen zum Zeitgeschehen, d.h. zu den Sarazenen.

Damit sind wir bei den anderen Punkten der Grundmann'schen These angelangt, bei der Chronologie als dem Bemühen, alles Gesche-

---

[3] H. Grundmann, Geschichtsschreibung im Mittelalter, Göttingen 1965, S. 5.

hen unter dem Logos der Heils- und Weltgeschichte zu vereinen[4], sowie bei einer 'rhetorischen Schultradition' und ihren rudimentären Kenntnissen von einer römisch-antiken Historiographie; doch selbst diese wären weitgehend verkümmert, wenn man nicht die starke Anlehnung an die Kirchenväterchronik (Hieronymus/Eusebius) und das von ihnen verbriefte Wissen gesucht hätte. Beide Momente, die Einordnung des Faktischen in den der göttlichen Ratio unterworfenen historischen Ablauf der Zeiten sowie die Geschichtsschreibung als klassische Übung, fließen gleichrangig als Agens in unseren frühmittelalterlichen Chroniken zusammen. Bei Gregor von Tours, dem Vater der mittelalterlichen Historiographie, der die „Geschichte zwischen Schöpfung und Jüngstem Gericht eingespannt"[5] sieht, kommt dies folgendermaßen zum Ausdruck: „Wie man die Jahre dieser Welt zählt, lehren die Chroniken des Bischofs Eusebius von Cäsarea und des Priesters Hieronymus, und sie berechnen die vollständige Reihenfolge der Jahre. Ferner hat auch Orosius dies sorgsam untersucht und die Zahl aller Jahre von Anfang der Welt bis auf seine Zeit zusammengestellt. Das Nämliche tat auch Victorius, als er die Ordnung der Osterfeier untersuchte. Und so wollen auch wir den Handschriften der gedachten Schriftsteller folgen und von der Erschaffung des ersten Menschen, wenn uns Gott seinen Beistand gewährt, bis auf unsere Zeiten hinab die gesamte Zahl der Jahre berechnen. Am leichtesten werden wir dies zustande bringen, wenn wir von Adam selbst anheben"[6].

Im Zuge der Genealogie, die für die Sarazenen in anderen Werken, die wir hier herangezogen haben, in Anschlag gebracht wird, sind wir auch fast bis zu diesem vorgestoßen. Blickt man indes auf die frühe Geschichte ihrer Heimat, d.h. Arabiens, und läßt man die ohnehin nur in der Form von Bibelzitaten eingebrachten *reges Arabum* aus dunkler, alttestamentlicher Zeit beiseite, dann muß man als auffälligen Punkt die evidente Zusammenhanglosigkeit zwischen diesem Land und jenen Leuten konstatieren. Der Grund dafür kann nur in der exakten Ausschreibung des vorgegebenen Textes liegen, die keinen zeithistorischen 'Schlenker' zuläßt, oder aber — und es spricht manches dafür — den Kopisten bzw. Kompilator, bar eines dazu nötigen Wissens, gar nicht zu

[4] Vgl. A. Funkenstein, Heilsplan und natürliche Entwicklung. Gegenwartsbestimmung im Geschichtsdenken des Mittelalters, München 1965, S. 70–77.

[5] K. Langosch, Profile des lateinischen Mittelalters, Darmstadt 1967, S. 35.

[6] Gregor Tur., Hist. I, Prol.; in der Übersetzung der zweisprachigen Ausgabe von R. Buchner (Gregor von Tours, Zehn Bücher Geschichten, Bd. 1 = Ausgewählte Quellen zur Deutschen Geschichte des Mittelalters, FrhrvStGA 2, Darmstadt 1970), S. 11.

der intellektuellen Leistung verleitet, Arabien mit den Sarazenen in Verbindung zu bringen. Bezeichnenderweise sehen wir nur ein einziges Mal *Arabes* und *Agareni* nebeneinander erwähnt[7].

Das antike Arabien

Am Beginn der Überlieferung steht der relativ unbedeutende Vorfall der Überstellung Arabiens unter die Herrschaft der Kleopatra, für die Antonius verantwortlich zeichnet. Was die Fredegar-Chronik (in wörtlicher Übernahme aus der Hieronymus/Eusebius-Chronik) II,33 mit dem Satz *Antunius Cleupatre Arabiam tradit*[8] bedenkt, ist in Wirklichkeit der Versuch des Römers, sich voll und ganz während der Auseinandersetzungen um die Macht im Imperium der Unsterstützung des reichen Ägyptens, personifiziert in Kleopatra, zu versichern. Unter anderem gesteht ihr Antonius deshalb die Herrschaft über weite Teile Syriens und nach Süden hin angrenzende Gebiete zu[9]. Bei der hier zitierten *Arabia* ist an die Region zu denken, die später als römische Provinz diesen Namen tragen wird und deshalb Eusebius bzw. Hieronymus dazu veranlaßt, ihn auch in der historischen Rückschau bereits zu verwenden, obwohl die Verhältnisse noch ganz andere sind.

Insofern steht diese Nachricht nicht im Gegensatz zu der wenig später in der Fredegar-Chronik festgehaltenen Behauptung, daß erst Trajan die Araber – gemeint sind die Nabatäer und die Annexion des Klientelstaates Nabatäa im Jahr 106[10] – unterworfen habe. *Traianus, victo regi Decibalo, Deciam fecit provinciam. Iberus, Sauromatus, Usroinus, Arabas, Busforanos, Colcos in fidem accepit; Seleucam, Etisifontem, Babyllonem occupabit . . . Traianus Arminiam, Assiriam, Mesopotamiam infecit provincias*[11]; Arabien indes noch nicht. Mit seiner Eroberung wartet erst Isidor von Sevilla auf, der ebenfalls in seiner Chronik[12] – nach Eutropius, der im 4. Jh. als 'magister memoriae' des Kaisers Valens (364–378) ein Kompen-

[7] In der Epistula de situ Hierusolimae des Ps.-Eucherius; CCSL 175, S. 240: . . . *Arabes et Agarenos, quos nunc Sarracenos uocant, in uicinia urbis Hierusalem.*

[8] MGH SS rer. Merov. 2, S. 56,19.

[9] Vgl. R. Syme, The Roman Revolution, Oxford 1939; dt.: Die römische Revolution, München o.J. (Goldmann-Verlag), S. 241; A. Heuss, Römische Geschichte, Braunschweig 1971, S. 234f.

[10] F. Millar (Hg.), Das Römische Reich und seine Nachbarn (= FWG 8), Frankfurt/M. 1966, S. 117f.

[11] Fredegar II,37; MGH SS rer. Merov. 2, S. 62,3–8.

[12] Isidori iunioris episcopi Hispalensis chronica; MGH AA 11, S. 391–506 (Text: S. 424–481).

dium der römischen Geschichte erstellt hat – von den Erfolgen des Kaisers Trajan im Osten berichtet: *Babyloniam et Arabiam cepit et usque ad Indiae fines accessit . . . Eufraten fluvium finem Romani imperii posuit*[13]. Ganz entsprechend der Vorstellungen, wie er sie später zur Geographie des Nahen Ostens in seinen Etymologiae entwickelt, meint er damit eindeutig den Großraum Arabien und nicht die Provinz gleichen Namens, die der Verfasser seiner Vorlage im Sinn hatte; Eutrop 8,3 heißt die – ausführlichere – Einlassung zu Arabien noch: *Hiberorum et Sauromatarum et Bosporanorum et Arabum et Osdroenorum et Colchorum in fidem accepit . . . et Anthemusiam, magnam Persidis regionem, Seleuciam Ctesiphontem Babylonem Messenios vicit ac tenuit. usque ad Indiae fines et mare rubrum accessit atque ibi tres provincias fecit, Armeniam Assyriam Mesopotamiam, cum his gentibus quae Madenam attingunt. Arabiam postea in provinciae formam redegit*[14] . . . Um so größer muß Isidors Achtung vor den neuen Herrn jenes weiten Landes, wie er es sich vorstellt, sein. Zudem handelt es sich bei diesen Gebietsgewinnen offensichtlich nicht um kurzfristige Augenblickserfolge. Zu Septimius Severus (röm. Kaiser 193–211), zu welchem ihm das Breviarium des Festus, eines Zeitgenossen des Eutropius, als Quelle dient, hält er fest: . . . *Parthos vicit, Arabiam obtinuit*[15]. Auch in diesem Fall verwischt Isidor den wahren Sachverhalt, indem er verkürzt; dabei hat keine andere Quelle die Gegebenheiten so klar erfaßt wie eben gerade das Breviarium des Festus, cap. 21: *Seuerus . . . strenua uicit, Aziabenos deleuit, Arabas interiores obtinuit et in Arabia prouinciam fecit. Huic cognomina ex uictoriis quaesita sunt; nam Aziabenicus, Parthicus, Arabicus est cognominatus*[16]. Exakt ist zwischen einer Region, die als Provinz Arabia eingerichtet wurde, und Arabern im Landesinnern, die man auf irgendeine Weise wohl ruhig hielt, unterschieden worden. Isidor verzichtet auf diese Differenzierung, vermutlich weil sie ihm große Schwierigkeiten bereitet; eine Kostprobe davon gibt er Etym. XIV 3,26[17]. Aber auch in der Hieronymus-Chronik sind beide Vorgänge bereits zu einem – und zwar als kausale Folge hintereinandergereiht – verschmolzen[18], so daß Isidor auch von daher keine Klärung oder Richtigstellung erwarten kann.

[13] MGH AA 11, S. 458. Die Edition zeigt, daß in manchen Handschriften für *Arabia* auch *Asia* stehen kann.

[14] MGH AA 2, S. 136.

[15] MGH AA 11, S. 460.

[16] The Breviarium of Festus. A critical edition with historical commentary, ed. J. W. Eadie, London 1967, S. 63.

[17] Vgl. oben S. 97.

[18] Eusebii Pamphili chronici canones, ed. Fotheringham, S. 293 (zum Jahr 200): *Severus Parthos et Adiabenos superavit, Arabesque interiores ita cecidit, ut regionem eorum Romanam provinciam faceret, ob quae Parthicus, Arabicus et Adiabenicus cognominatus est.*

Die beiden Zitate aus der Fredegar-Chronik bzw. der des hispanischen Bischofs spiegeln die für den nordarabischen Raum einschneidenden Unternehmungen der genannten Imperatoren zu Beginn und Ende des 2. Jh.s wieder. Eine Notiz bei Beda dagegen reicht in die hellenistische Epoche des dritten vorchristlichen Jahrhunderts zurück und engt mit dem Terminus Arabia den damit bezeichneten Raum erneut auf die Region der späteren römischen Provinz, wie sie bis Diokletian wohl existierte[19], ein. Nur beiläufig, d.h. bei der Erklärung, weshalb die Stadt *Rabbath* nun den Namen *Philadelphia* trage, erwähnt er zu dem Namensurheber Ptolemäus II. Philadelphus, daß dieser *Arabiam obtinuit cum Iudaea*[20]. Eine chronologische Einordnung des Vorfalls nimmt Beda nicht vor; sie liegt an dieser Stelle auch überhaupt nicht in seiner Absicht.

Ein wesentliches Merkmal verbindet diese knappe Notiz indes mit den oben wiedergegebenen, ebenso kurz gehaltenen historiographischen Nachrichten: Gleichbleibend wird für das Arabien in historischer Zeit ein Zustand unter Fremdherrschaft konstatiert. Dieser Gesichtspunkt bekommt in Verbindung mit den Sarazenen und der Erklärung ihre 'unfreien' Herkunft von der Magd Agar in einer ersten Phase früher Polemik[21] ein eigenes Gewicht insofern, als man sich nicht nur auf biblische Grundlage stützend zu einer Bekämpfung der Sarazenen, die man ja nach anderen Betrachtungen als Bevölkerungsteil Arabiens kennt, aufgefordert sieht; vielmehr scheint die bisherige Geschichte die stete Unterlegenheit Arabiens unter andere Völker, wie sie schon im alttestamentlichen Verhältnis zwischen Ismael und Isaak offensichtlich festgeschrieben ist, zu bestätigen.

Schließlich wird Arabien selbst im Hinblick auf die Geschichte des jungen Christentums eine negative Rolle zugeteilt. So bemüht man sich etwa zu betonen, daß die Mutter des bei Christen in der historischen Retrospektive besonders verhaßten Herodes eine Araberin gewesen sei (*Herodis Antipatris Ascalonitae et matris Cypridis Arabicae filius*[22]. . .). Inwieweit die Tatsache, daß der Urheber dieses Satzes, der Bischof Julian von Toledo, aus einer jüdischen Familie stammt[23], in der Richtung etwa wirkt, damit Schuld von seinen Vorfahren und dem jüdischen Volk nehmen zu wollen, ist unerheblich. Maßgeblich bleibt die Wirkung auf den christlichen Leser; und auf einen solchen trifft Julian in

19 RE II,1, S. 359.

20 Beda, Nomina locorum; CCSL 119, S. 284.

21 Siehe dazu S. 70–77, 253 f.

22 Julian, De comprobatione I,24; PL 96, Sp. 555 D.

23 Manitius, 1, S. 129.

dem westgotischen König Erwig, an den er die um 686 verfaßten[24] drei Bücher De comprobatione aetatis sextae adressiert.

Die Hintergründe zur arabischen Abstammung des Herodes[25] findet Julian in der Chronik des Hieronymus bereits zum Ausdruck gebracht[26]. Sie zu betonen, scheint ihm ein echtes Anliegen zu sein. Er wiederholt diese Feststellung in dem Abschnitt derselben Schrift, in dem er ein weiteres Werk des Eusebius[27] in eigener(?) Formulierung gekürzt darbietet[28]. Doch während er ansonsten den Text der Vorlage äußerst strafft, fügt er plötzlich die mütterlicherseits arabische Abstammung des Herodes, die Eusebius an dieser Stelle überhaupt nicht erwähnt, hinzu[29].

Wenn man nun den Zweifeln nachgibt, die hinsichtlich einer jüdischen Abstammung Julians bisweilen laut werden, also von einem christlich geprägten Herkommen des nachmaligen Bischofs von Toledo ausginge, könnte man zu der Annahme gelangen, Julian streiche den — unbestreitbar richtigen — Sachverhalt, daß Herodes eine Araberin zur Mutter hatte, so deutlich heraus, um Juden und Araber zusammenzubringen, um Ungläubige zu Ungläubigen zu stellen und damit Assoziationen erwecken zu wollen, die leicht den Nährboden für gern gesehene Vorurteile abgeben können. Doch um dieser Hypothese in irgendeiner Form nachzuhängen, müßte gewährleistet sein, daß man in Julians Tagen von den arabischen Erfolgen nicht nur gehört, sondern diese auch als für das Christentum gefährlich eingestuft hat. Das Gegenteil indes scheint gegeben. Die Konzilsakten jener Jahrzehnte etwa schweigen sich über die Expansion der Araber aus. Weder als politische Macht noch als Bedrohung der christlichen Religionsgemeinschaft bilden die Sarazenen augenscheinlich ein Thema für öffentliche Dispute[30]. In solchen befaßt man sich beispielsweise vorrangig mit dem sich zwischen Rom und Byzanz verschärfenden Kirchenstreit. Aus politischer Sicht scheint es in dem von den Arabern am meisten bedrohten Spanien außerdem eher geraten, den Blick angestrengt auf das Inland zu richten, wo manche Unruhen den morbiden Gotenstaat schütteln[31] und man sich über die

---

[24] Datierung nach Díaz y Díaz, Index scriptorum latinorum medii aevi Hispanorum, Madrid 1959, Nr. 268.

[25] Zu Herodes und seine arabische Mutter Kypros, eine Nabatäerin, s. LThK 5, Sp. 263 ff.

[26] Eusebii Pamphili chronici canones, ed. Fotheringham, S. 242. Vgl. ebenso Josephus, Antiquitates XIV,121 u. Bell. I,181.

[27] Demonstrationis euangelicae libri decem, VIII,2; PG (lat.) 14, S. 325 B - 327 C.

[28] Julian, De comprobatione I,20; PL 96, S. 553 B.

[29] Eusebius kommt in diesem Werk nur zuvor einmal auf die Mutter des Herodes zu sprechen; Demonstr. VIII,1; PG (lat.) 14, Sp. 310 C.

[30] Mansi 11 u. 12. Vgl. dazu Hefele, Conciliengesch. 3, S. 252–356.

[31] E. A. Thompson, The Goths in Spain, Oxford 1969, S. 199–248.

Maßen damit beschäftigt zeigt, immer abscheulichere Gesetze zu erfinden, um den jüdischen Bevölkerungsteil zu traktieren.

Deshalb halten wir – wie oben angekündigt – weiterhin dafür, in Julians Versuchen, die von christlicher Seite dem Judentum angelastete Schuld zu einem Teil zumindest unter einem genealogischen Aspekt auf die Araber abzuwälzen, eine bewußt antiarabische Haltung zu sehen. Es versteht sich von selbst, daß diese Methode nur greifen kann, wenn entweder von einem historischen Arabien oder der zeitgeschichtlichen Bewegung, die von Arabien ausgeht, eine Vorstellung existiert.

Ist diese der neutestamentlich-antiken Bildung erwachsen, kann sie unmöglich positiv ausfallen. Beda läßt keinen Zweifel daran, daß Johannes der Täufer auf brutale Weise in Arabien den Tod fand: ... *decollatus uero est in castello quodam Arabiae quod Macheronta nominant*[32]. Feststellungen dieser Art bilden die absoluten Tiefpunkte im historischen Ansehen Arabiens. Julians Zitat der *reges Arabum et Saba*, die Geschenke bringen, aus Psalm 71[33] bilden dazu wohl nur schlecht ein adäquates Gegengewicht, obwohl z.B. die Messe zum Erscheinungsfest (In Epiphania Domini) am 6. Januar ganz unter ihrem Zeichen gefeiert wird; aus dem Lesungstext treten der frommen Christengemeinde alle Attribute Arabiens entgegen: *Inundatio camelorum operiet te, dromedarii Madian et Epha: omnes de Saba venient, aurum et thus deferentes, et laudem Domino annuntiantes* (Is 60,6); das wird dann teilweise im Graduale repetiert; im Evangelium treten danach die 'Weisen aus dem Morgenland', die *Magi ab Oriente*, auf, suchen das Kind mit seiner Mutter Maria und *obtulerunt ei munera, aurum, thus et myrrham* (Mt 2,1–12); und im Offertorium wird schließlich nach Ps 71,10–11 Arabien beim Namen genannt: *Reges Tharsis et insulae munera offerent: reges Arabum et Saba dona adducent: et adorabunt eum omnes reges terrae, omnes gentes servient ei.* Damit aber ist auch vom Altar her die untergeordnete Rolle, die man Arabien seit der Antike und den Tagen des frühen Christentums beizumessen trachtet, erklärt und für jedermann in den Alltag hineingetragen.

Die vor-islamischen Sarazenen

Sie werden – anders als die Araber – in keinem Gottesdienst, ja in der Bibel überhaupt nicht erwähnt. Dafür agieren sie völlig anders als die alttestamentlichen Araberkönige in einem geringeren zeitlichen

[32] Beda, Homelia II,23; CCSL 122, S. 355.

[33] Ps 71,10; vgl. Julian, De comprobatione I,13 (PL 96, Sp. 548C).

Abstand zwischen unserem mittelalterlichen Autor und dem Geschehen, das er festhält, auf einer real-historischen Ebene. Denn die Verwendung des Begriffs Arabien sogar im Gottesdienst trägt mit Sicherheit dazu bei, die Vorfälle, die aus ihm bekannt geworden sind, zwar als geschichtlich anzuerkennen, aber – je tiefer sie im Alten Testament verwurzelt sind, desto mehr – in einen theologisch-prähistorischen Bereich abzudrängen, in dem wohl auch Geschichten wie die aus dem Paradies oder von der Landung der Arche auf dem Berg Ararat anzusiedeln sind. Ganz anders die Taten der Sarazenen; sie wirken greifbar, in gewissem Sinn hautnah und, vor allen Dingen, interessant: ob sie als räuberische Wegelagerer Reisende überfallen, in ein Kloster eindringen und morden, oder, obzwar dem byzantinischen Kaiser untergeben, als politische Gewaltenträger auftreten.

Es ist als Zufall zu werten, wie ihn die Quellenlage bisweilen mit sich bringt, daß die jüngeren Autoren mit den Begebenheiten aufwarten, die am weitesten in die Vergangenheit zurückreichen, während die beiden ältesten Historiographen mit für die vorislamische Periode sehr späten Nachrichten dastehen. Hier bedeutet dies gleichzeitig, daß die Autoren im letzten Fall Zeitgeschichte aufschreiben.

Am Anfang steht mit Victor Tunnunensis[34] der älteste Autor überhaupt, den wir zu dieser Studie herangezogen haben. Als nachteilig mag man empfinden, daß seine Chronik[35], in der er unter anderem kurz auch von einem 'Sarazenenkönig' berichtet, nicht gerade als hochrangig eingeschätzt wird. Holder-Egger sprach gar von „der schlechtesten Chronik jener Zeit“[36]; anderen erscheinen die Betrachtungen des Klerikers als zu einseitig kirchlich ausgerichtet und seine chronologischen Bemühungen als Zumutung[37]. Doch das alles ficht unsere Bestrebungen nicht an. Für uns wesentlich ist zunächst allein Victors Nähe zum Objekt, will sagen sein Durchdringen orientalischer Verhältnisse aufgrund eigener Anschauung: im Religionsstreit gegen die Partei des Kaisers eingenom-

---

[34] Bischof einer nordafrikanischen Stadt, deren korrekter Name nicht bekannt ist; vgl. Wattenbach/Levison 1, S. 85. Die Möglichkeit, 'Tunnuna' oder ähnlich mit dem heutigen Tunis in Verbindung zu bringen, erwog Ebert, Lit. d. Mittelalters, 1, S. 586 Anm. 3. Mommsen (MGH AA 11, S. 179) meint zur Lage der Stadt: „De situ oppidi hoc tantum constat fuisse in provincia proconsulari fortasse non longe a Carthagine magna.“

[35] Victoris episcopi Tonnenensis chronica, in: MGH AA 11, S. 178–204.

[36] O. Holder-Egger, Untersuchungen über einige annalistische Quellen zur Geschichte des 5. und 6. Jahrhunderts, in: NA 1 (1876), S. 298.

[37] Ebert, Lit. d. Mittelalters, 1, S. 587; Manitius, 1, S. 215; Teuffel, Röm. Lit., 3, S. 501: „Seine Nachrichten . . . tragen das Gepräge tendenziöser Verlogenheit und grenzenloser Liederlichkeit im Chronologischen.“

men; ab 555 in Klosterhaft; Exil auf den Balearen; Verbannung nach Ägypten; zehnjähriger Arrest; 564 oder 565 nach Konstantinopel vor den Kaiser geholt; erneute Festnahme; erst nach dem Ableben Justinians findet Victor vor dessen Nachfolger Justin II. Gnade und darf in seine nordafrikanische Heimat zurückkehren. Daß seine Chronik nur bis zum Jahr 567 reicht, nimmt man weitverbreitet als Indiz für Victors raschen Tod[38].

Die Chronik datiert nach west-, später nach oströmischen Fasten (mit Ausnahme der letzten vier Jahre), d.h. nach jeweils amtierenden Konsuln, wobei Victor zahlreiche Fehler unterlaufen[39]. Zu dem Konsulatsjahr von Paulus und Muscianus notiert er: *Alamundarus Sarracenorum rex a defensoribus synodi Calchedonensi baptizatus Theopaschitas episcopos a Severo Antiocheno episcopo ad se cum litteris missos barbara mirabiliter propositione concludens atque superans deum immortalem ostendit*[40]. Die Zeilen halten vorderhand nicht mehr und nicht weniger als den unerfreulichen Ausgang einer 'Dreiecksgeschichte' fest, die zunächst so konstruiert zu sein scheint, daß ein böses Ende nicht abzusehen ist; schließlich handelt es sich bei allen drei Parteien um Christen: der 'Sarazenenkönig' *Alamundarus* ist nach Victors Meinung ein getaufter Christ (*baptizatus*), der erwähnte Bischof Severus von Antiochia ohnehin, und von seinen Leuten, die er an den Sarazenen schickt und von diesem aber überwältigt werden, kann man es getrost annehmen. Doch gerade in diesem Tatbestand des überall gegebenen Christentums liegt offensichtlich die Brisanz und der Schlüssel für die Querelen, die für den Eingang eines *Sarracenorum rex* des frühen 6. Jh.s in die abendländische Historiographie sorgen.

Der Vorfall ist in das Jahr 512 zu datieren[41]. Hinter der latinisierten Namensform *Alamundarus* verbirgt sich al-Mundir III. (ca. 505–554)[42], Herrscher über die nordarabischen Lahmiden, die in der Regel in persi-

---

38 Nach Ebert, Lit. d. Mittelalters, 1, S. 587 starb Victor erst im Jahr 569 in Byzanz.

39 Vgl. Holder-Egger, NA 1 (1876), S. 298ff. Zur spätantiken Datierungsweise nach Konsuln s. Th. Mommsen, Veroneser Fastentafel von 439–494 n.Chr., in: ders., Römische Forschungen 2, Berlin 1879, S. 89ff.

40 MGH AA 11, S. 195,9–11.

41 Vgl. W. Liebemann, Fasti Consulares Imperii Romani (30 v.Chr. – 565 n.Chr.), Bonn 1909, S. 53.

42 Datierung nach Hitti, Arabs, S. 83. Obwohl Hitti gewöhnlich mit einer breiten Quellenkenntnis aufwartet, scheint er die Stelle aus Victors Chronik nicht gekannt zu haben. In seiner History of Syria, London 1951, S. 402 gibt er als Beleg für al-Mundir III. alleine Prokop als westliche Quelle an. Auch Rothstein, Die Dynastie der Lahmiden, läßt sich S. 79–87, wo er sich eingehend zur Biographie al-Mundirs III. äußert, nicht anmerken, daß er die Bemerkung Victors kannte.

schen Diensten stehen. Severus fungiert von 512 bis 518 als Patriarch von Antiochia. Diese Personen bindet der Chronist in die religiösen Spannungszustände jener Tage ein, die von dem Streit um den Monophysitismus geprägt sind. Als einer seiner entschiedensten Vertreter steht besagter Severus da[43]. Kaiser Anastasios hat sich ihm und seinen Anhängern noch geneigt gezeigt; doch als Justin I. ihm 518 auf den Thron nachfolgt, dreht sich der Wind und bläst den 'Häretikern' fortan scharf ins Gesicht. Als eine erste Folge der veränderten Lage wird Severus seines Amtes entsetzt und zur Flucht nach Alexandria gezwungen, wo er im Jahr 539 stirbt[44].

Victor mag dort von ihm gehört haben, als er aus ähnlichem Anlaß in der Nähe der Stadt wenig später in Haft gehalten wird; Victor ist ein überzeugter Parteigänger des Severus und seiner religiösen Anschauungen.

Damit erhalten wir einen wesentlichen Hinweis auf die persönliche Haltung unseres Chronisten dem Vorgang gegenüber; wir dürfen als gesichert annehmen, daß er Severus und seine Leute, die dieser mit irgendwelchen Schriften an al-Munḏir geschickt haben mag, nicht einer unrechten Sache zeihen wird. Auf der anderen Seite kann es sich bei dem 'Sarzenenkönig', der den Bischöfen des Severus so übel mitspielt, von vornherein nur um einen Bösewicht wohl handeln. Deshalb dürfte sich ein späterer Leser der Chronik, dem die zugrundeliegenden Verhältnisse nicht mehr geläufig sind, sehr über die Tatsache verwundern, daß der Verfasser so nachdrücklich auf die Taufe des 'Sarazenenkönigs' hinweist. Aber gerade darin gibt sich bei näherer Betrachtung die Methode zu erkennen, mit der al-Munḏir in ein schlechtes Licht gerückt werden soll. Er wird dem — aus Victors wie des Severus Sicht — gegnerischen Lager zugerechnet, d.h. den Christen, die hinter den Beschlüssen der Synode von Chalkedon stehen und den Monophysitismus nicht gelten lassen. Dabei ist unerheblich, ob Victor meint, al-Munḏir habe in der Taufe den Namen Theopaschitas (= lat. Deipassianus) erhalten, oder ob die Stelle in der Chronik so zu verstehen ist, daß der Sarazene Theopaschit gewesen sei; wesentlich ist, daß Victor ihn als — unrechtmäßigen — Christen anprangert. Das erzeugt im Leser ein wesentlich ungünstigeres Bild von al-Munḏir, als wenn er sich diesen als Heiden vorstellte.

War der historische al-Munḏir III. Christ? Er hat seinen festen Sitz — so weit von einem solchen gesprochen werden kann — in Ḥīra[45], dem

43 Vgl. J. Lebon, Le monophysisme sévérien, Louvain 1909, S. 51–69.

44 Wetzer/Welte 11, S. 222ff.

45 3 km südlich von Kūfa, durch welches es in islamischer Zeit seine Bedeutung völlig einbüßte; heute sind nur noch spärliche Reste zu sehen; vgl. EI² 3, S. 462f.

Zentrum der Laḫmidenherrschaft, wo seit dem Beginn des 5. Jh.s christliche Bischöfe nachgewiesen sind. In der Sekundärliteratur scheint aber ebenso Einigkeit darüber zu bestehen, daß die Herrscher selbst sich des Christentums erwehrten[46]. Angesichts des hier als getauft erwähnten al-Mundir[47] und der damit zusammenhängenden, erstaunlichen Beobachtung, daß m.E. alle Antworten auf die Frage nach einem eventuellen Christentum der Laḫmidenherrscher ohne Berücksichtigung dieses Hinweises aus Victors Chronik gegeben wurden, sowie schließlich eingedenk der unbestrittenen Tatsache, daß dieser 'Sarazenenkönig' eine Christin zur Frau hatte, die als Klostergründerin hervortrat, wäre nicht leicht an das in der Forschung gültige 'Heidentum' der Laḫmidenherrscher mehr zu glauben, wenn nur Victor den Übeltäter al-Mundir nicht gar so stark als Christen ausweisen würde.

Insofern kann Victor, bedenkt man seinen Standpunkt in der Affaire, nicht als einwandfreies Argument für die Behauptung in die Waagschale geworfen werden, die Laḫmidenherrscher seien, zumindest einige von ihnen, Christen gewesen. Victor mochte sich aus Propagandagründen dazu verleiten lassen, das Verhalten al-Mundirs den Bischöfen gegenüber, die ihm Severus geschickt hatte, als typische Verfahrensweise solcher Menschen anzuprangern, die dem Monophysitismus feindlich gesonnen sind. Diesem Zweck aber dient — wir haben es oben bereits angedeutet — ein christlicher, jedoch ausdrücklich nicht-monophysitischer 'Sarazenenkönig' eher als ein heidnischer. Hinzukommt, daß Victor, der im oströmisch-byzantinischen Raum bestens zu Hause ist, mit Sicherheit von den Reibereien zwischen Ġassāniden (in der Regel Parteigänger der Byzantiner, aber auch Monophysiten!) und Laḫmiden, den beiden im Norden Arabiens miteinander rivalisierenden Stämmen gehört hat und sich diese auch in einem religiösen Widerstreit begriffen vorstellt. Ein Widersacher der Monophysiten mußte al-Mundir III. in Victors Augen auf alle Fälle sein.

Ansonsten wird in der kurzen Notiz nicht viel über den Sarazenen ausgesagt; Victor bedenkt ihn mit den ihm angemessenen Titel *rex* und nimmt damit keineswegs eine Aufwertung seiner wahren Stellung vor. Lediglich im direkten Vergleich mit z.B. dem Perserkönig, den Victor ebenso als *rex* bezeichnet[48], könnte gerade ein westlicher Leser dahin gebracht werden, die Bedeutung al-Mundirs höher als berechtigt einzu-

---

[46] Vgl. Dietrich, Geschichte Arabiens, HO I,2,4,2, S. 325; zu den Bischöfen von Ḥīra s. Rothstein, Die Dynastie der Laḫmiden, S. 23.

[47] Zu seiner Person s. Hartmann, Palästina unter den Arabern (Land der Bibel 1, Heft 4), S. 5ff; Hitti, Arabs, S. 83; Dietrich, Geschichte Arabiens, HO I,2,4,2, S. 321ff.

[48] MGH AA 11, S. 194,22.

stufen. Victor indes fragt nicht nach dem realen politischen Gewicht eines Mannes; durchgehend belegt er — ganz in antiker Tradition — mit dem Titel *rex* die führenden Persönlichkeiten an der Spitze eines Ethnos, das er nicht zu den Reichsvölkern des Römischen Imperiums rechnet, also neben al-Mundir und dem Perserkönig auch sämtliche Wandalenherrscher sowie den Hunnen Attila[49]. al-Mundir befindet sich demnach in guter Gesellschaft. Allein sein durch den Chronisten festgehaltenes drastisches Vorgehen gegen die Bischöfe stellt ihm ein negatives Zeugnis aus.

In der Gesellschaft des byzantinischen Hofes gar bewegt sich ein anderer Sarazenenkönig; er hat zwar den Namen, aber auch nichts sonst mit dem bislang besprochenen gemeinsam. Dieser al-Mundir erscheint als *Aramundarus Sarracenorum rex* in einer Chronik[50], die sich an die Victors von Tunnuna anschließt und bis 590 reicht. Verfaßt hat sie Johannes von Biclaro, ein katholischer Westgote, der in doppelter Hinsicht Ähnlichkeiten mit Victor aufweist; zum einen wird Johannes ebenfalls mit einem Beinamen nach einem Ort — genauer: nach einem Kloster — belegt, dessen Lage unbekannt geblieben ist[51], und zum anderen steht er gleich dem nordafrikanischen Bischof in engem Kontakt zu Byzanz. Als jungen Mann schon schickt man ihn in die östliche Metropole zur Ausbildung. Erst nach siebzehn Jahren kehrt er 576 nach Spanien zurück, wo er unversehens in die Auseinandersetzungen zwischen Arianern und Katholiken gerät; er wird zu einem zehnjährigen Exil in Barcelona gezwungen[52] und gründet das Kloster Biclaro. Den Aufenthalt darin nutzt er, um besagte Chronik zu verfassen[53].

Sie hat sich als äußerst zuverlässig herausgestellt. In das neunte Regierungsjahr des Kaisers Justin II. (565–578), das siebte des westgotischen Königs Leovigild (568–586) in Spanien, datiert Johannes den Besuch eines 'Sarazenenkönigs' namens al-Mundir — wir haben auch hier keinen Zweifel, daß sich dieser hinter der Form *Aramundarus* verbirgt — in Konstantinopel: *Aramundarus Sarracenorum rex Constantinopolim venit et cum stemmate suo Tiberio principi cum donis barbariae occurrit. qui a Tiberio benigne susceptus et donis optimis adornatus ad patriam abire permissus est*[54]. Doch dieser al-Mundir macht seine Aufwartung in der Kaiserstadt gute

[49] ibid. S. 185,4; S. 186,6; S. 186,9; S. 187,10; S. 187,18; S. 189,23; S. 193,4; S. 196,35; S. 198,16–19; S. 206,4 f.

[50] Johannis abbatis Biclarensis chronica, in: MGH AA 11, S. 163–220.

[51] Biclaro mit dem Ort Vallclara gleichzusetzen, lehnte Mommsen (ibid. S. 207) ab.

[52] Thompson, The Goths in Spain, S. 81.

[53] Vgl. Wattenbach/Levison 1, S. 35; Schanz, Röm. Lit. 8, S. 114.

[54] MGH AA 11, S. 214,19–21.

sechzig Jahre nach dem Vorgehen seines Namensvetters gegen die monophysitischen Bischöfe; es kommt also nur ein späterer in Frage. Zwei stehen zur Wahl: als Oberhaupt der Laḫmiden und Enkel des von Victor Tunnunensis erwähnten al-Munḏir III. der von 576/575 bis 580/579 herrschende al-Munḏir IV.[55] sowie bei den Ġassāniden ein al-Munḏir, der ca. 569 bis 582 die Geschicke seines Stammes lenkt und sich wie sein Vater dem Monophysitismus hilfreich an die Seite stellt[56]. Dieser Zug führt letzten Endes zu einer Entzweiung mit der Schutzmacht Byzanz, die den Sarazenen schließlich die Freiheit kostet und ihm die Verbannung nach Sizilien einbringt. Aufgrund anderer Quellen, die im Gegensatz wieder zu unserer Stelle aus der Chronik des Johannes von Biclaro in der Literatur brücksichtigt werden, soll dieser al-Munḏir im Jahr 580 bei Tiberios in Konstantinopel gewesen sein[57].

Johannes freilich setzt die von ihm geschilderte Begegnung fünf Jahre früher an. Entsprechend seiner Zeitangaben nach Herrscherjahren kommt man – nach Justin II. gerechnet – auf das Jahr 574 oder – nach Leovigild gerechnet – auf das Jahr 575; zu dieser Datierung neigt Mommsen in der Edition[58]. Mit all den vorgegebenen Zahlen ist trotzdem noch nicht eindeutig zu entscheiden, welcher al-Munḏir nun mit Tiberios zusammengetroffen ist; aufgrund der von ihnen bekannten Regierungsdaten ist keiner von beiden auszuschließen. Selbst wenn man eine durch Johannes verursachte, falsche chronologische Einordnung glauben und annehmen wollte, daß er im Grunde das sonst in der Forschung zitierte Zusammentreffen des 'Sarazenenkönigs' mit dem Kaiser aus dem Jahr 580 meinte, kämen noch beide in Frage. Nicht einmal die Eckjahre, die für die Regierungszeit des Tiberios II. gelten, helfen weiter; er steht zwar als Alleinherrscher von 578 bis 582 an der Spitze des byzantinischen Reichs, doch als Mitkaiser greift er bereits seit dem Jahr 574 in die Geschicke des Staates nicht unwesentlich ein[59], so daß wiederum der ġassānidische wie der laḫmidische al-Munḏir als Gast des Tiberios in Betracht zu ziehen sind. Und ein Grund, an der Datierung des Ereignisses durch Johannes zu zweifeln, ist realiter in keiner Weise gegeben. Da er sich selbst bis 576 in Konstantinopel aufhält und von vor-

---

[55] Rothstein, Die Dynastie der Laḫmiden, S. 72.

[56] Hitti, Arabs, S. 79f.

[57] ibid.; vgl. Hitti, Syria, S. 404; R. E. Brünnow / A. von Domaszewski, Die Provinz Arabia, Bd. 2, Straßburg 1905, S. 174; diess., Bd. 3, Straßburg 1909, S. 356; Dietrich, Geschichte Arabiens, HO I,2,4,2, S. 323.

[58] MGH AA 11, S. 214.

[59] H.-W. Haussig, Byzantinische Geschichte, Stuttgart 1969, S. 56; P. Goubert, Byzance avant l'Islam, 1, Paris 1951. S. 55f.

neherein nicht auszuschließen ist, daß er den fremden Herrn, den er als *rex* anspricht, mit eigenen Augen gesehen hat, scheint im Gegenteil die Gewähr für eine exakte Zeitangabe gegeben zu sein. Schon gar nicht kann er den späteren Besuch des Sarazenen meinen, da Johannes zu diesem Zeitpunkt, d.h. 580, schon längst wieder nach Spanien zurückgekehrt ist.

Da andere Anhaltspunkte als allgemein-historische gänzlich fehlen, wollen wir uns aber doch unter Berücksichtigung der bekannten Tatsache, daß die Byzantiner allein mit den Ġassāniden — wenngleich nicht stets freundschaftliche — Beziehungen unterhielten, für den al-Mundir aus diesem Stamm entscheiden; er wäre dann identisch mit jenem, der 580 noch einmal in Konstantinopel bei Tiberios vorspricht. Einen letzten Hinweis für diese Annahme liefert der Text mit der 'Amtsbezeichnung' *princeps* für Tiberios. Diese hätte Johannes auf keinen Fall gewählt, wenn Tiberios bereits alleinherrschender Kaiser gewesen wäre; mit dem Terminus behilft er sich, um einen Status zu beschreiben, nämlich den des Mitkaisers, der ihm gänzlich fremd ist.

Ein weiterer Ausdruck indes versagt sich unserem eindeutigen Verständnis; was will Johannes damit sagen, daß der 'Sarazenenkönig' *cum stemmate suo* vor den byzantinischen Regenten getreten ist? Will er auf einen Kopfschmuck im Sinn eines Herrschaftsabzeichens wie einer Krone oder eines Diadems hinweisen, oder will er andeuten, daß sich der Sarazene ausgewiesen hat, vielleicht vermittels einer (genealogischen) Legitimation? Oder heißt die Stelle gar ganz konkret, daß der Ġassānide mit seiner Nachkommenschaft, d.h. mit seinen Söhnen, zur Audienz gekommen ist?

Am nähesten wird der frühmittelalterliche bzw. zeitgenössische Leser dem tatsächlichen Sachverhalt kommen, der sich unter *stemma* einen Kopfschmuck in Form eines Diadems oder einer Krone vorzustellen vermag; daß dies möglich ist, zeigt eine Stelle z.B. aus den — freilich erst nach 800 verfaßten — Gesta Dagoberti[60]; daß diese Vorstellung wohl der Realität entspricht, belegt die nabatäische Inschrift auf der Grabstelle eines arabischen Herrschers aus dem Jahr 328 n.Chr., in welcher das Diadem als Symbol der Machtausübung angeführt wird: „Dies ist die Grabstele des Imraalqais, Sohn des Amr, des Königs aller Araber, der das Diadem umband"[61]; und als al-Mundir, wie eine andere Quelle berichtet, 580 noch einmal nach Konstantinopel reist, tauscht ihm Tiberios

[60] MGH SS rer. Merov. 2, S. 423,32.

[61] Zitiert nach: Die Nabatäer — ein Königreich in der Wüste, hg. Rheinisches Landesmuseum Bonn, Bonn 1978, S. 22.

das Diadem, mit welchem er vor dem Kaiser erscheint, gegen eine noch kostbarere Krone ein[62], d.h. er wertet das dem Sarazenen bereits rechtmäßig zustehende Herrschersignum noch um eine Stufe auf.

Darüber hinaus dürfte der westliche Leser aus der Notiz bei Johannes von Biclaro kaum mehr lernen, als daß zwischen Byzantinern und Sarazenen auch freundschaftliche Beziehungen existieren; ihren jeweiligen Herrscher als *rex* bezeichnet zu sehen, mag man – wenn sich gar die Erinnerung an die ähnliche Stelle in Victors Chronik gehalten hat – als korrekt und angemessen empfinden; an den 'fremdartigen Geschenken' (*dona barbariae*), die al-Mundir dem Tiberios präsentiert hat, mag er auf eine (beträchtliche) Distanz zwischen dem oströmischen Kulturkreis und der Welt der Sarazenen schließen.

Die Fähigkeit, zwischen Sarazenen (den Lahmiden bei Victor Tunnunensis) und Sarazenen (den Ġassāniden bei Johannes Biclarensis) unterscheiden zu lernen, vermittelt keine der beiden Chroniken. Nichts spricht dafür, daß den Autoren selbst der Unterschied evident erscheint bzw. eine Rolle für sie spielt.

Aus diesem Grund ist es auch müßig, nach einem etwaigen historischen Verständnis der Aufzählung von Völkern im 9. Kapitel des 1. Buches der Fredegar-Chronik in dem Sinn zu fragen, ob etwa im 7. Jh. die Nennung von *Saraceni* und *Saraceni alii* nebeneinander als Reflex eines tatsächlichen Zustandes, als Hinweis auf die beiden vorislamischen arabischen Königreiche der Lahmiden und Ġassāniden verstanden wird.

Eindeutiger und ihrem Inhalt nach völlig unmißverständlich ist demgegenüber der Satz aus dem 2. Buch der Fredegar-Chronik, der mit der unerfreulichen Information von einem Überfall auf ein Kloster durch Sarazenen und einem damit einhergehenden Totschlag beinahe prophetisch in die Zukunft zu weisen scheint. Exakt dem Wortlaut der Vorlage, nämlich wieder der Hieronymus-Chronik[63], folgend hält der Kompilator die Begebenheit, die von ihm aus gerechnet über zweihundert Jahre zurückliegt[64], fest: *Sarracini in monasterium beati Antuniae inruentis, Sar-*

---

[62] Vgl. Hitti, Arabs, S. 80.

[63] Eusebii Pamphili chronici canones, ed. Fotheringham, S. 322.

[64] In der Migne-Ausgabe ist die Begebenheit in das Jahr 361 datiert. Nach E. Stadler, Heiligen-Lexikon, Bd. 5, Augsburg 1882, S. 209 kam erwähnter Sarmata, ein Schüler des Klostergründers Antonius (251–356), erst im Jahr 375 durch die Hände der Sarazenen um; zu dieser Zeit hielt sich Hieronymus im Orient auf und arbeitete u.a. an einer Mönchsbiographie; vgl. G. Grützmacher, Hieronymus, 1 = Studien zur Geschichte der Theologie und der Kirche, hg. Bonwetsch/Seeberg, Bd. 6,3, Berlin 1901 (Nachdr. 1966), S. 160ff.

matam interficiunt[65]. Hätte sich nicht ein Martyrium ereignet, wäre nicht das Kloster des hl. Antonius[66] darin verwickelt, schwerlich wäre dieser Satz aus der Hieronymus-Chronik herausgepickt und in die Fredegar-Chronik übertragen worden, isoliert, wie es scheint, ohne die Sätze davor, wie sie die Vorlage unseres frühmittelalterlichen Kompilators zum besseren Verständnis durchaus noch aufweist; dort wird u.a. besagter Sarmata, der von den Sarazenen getötet wird, als Schüler des hl. Antonius eingeführt. Der Leser der Fredegar-Chronik muß auf eine solche Information verzichten.

Auf jeden Fall ist die Tat ob ihrer selbst willen der Eintragung wert, gleich wer den Frevel vollführt hat; daß Sarazenen als Urheber auftreten, spielt dabei noch keine Rolle. Die Kunde von ihrer Kriegstüchtigkeit ist, abgesehen wohl von dieser unvermittelten Nachricht, noch nicht an fränkische Plätze gedrungen; dessen bedarf es nicht bloß weiterer Jahrzehnte an Zeit, sondern in erster Linie eines Anstoßes, der ein Vielfaches der Energie zu entfachen versteht, die die Männer aus der Wüste zum raschen Beutemachen im nächsten Tal benötigen. An den zweifelhaften Ruf etwa, den die Perser jener Tage im christlichen Abendland genießen, reichen sie lange nicht heran; diese zu würdigen, im Bösen wie im Guten, spart der Autor (gerade in dem Teil, den man nach herkömmlicher Meinung Krusch'scher Schule als Überarbeitung burgundischer Annalen ansieht[67]) nicht mit Platz[68].

Der Grund, weshalb der Autor aus der ihm vorliegenden ausführlichen Erzählung lediglich den einen Satz vom Überfall der Sarazenen auf das Antonius-Kloster übernimmt, liegt in der als Notwendigkeit empfundenen Absicht, die Vorlage unbedingt straffen zu wollen; in diesem Fall geschieht dies so, daß er aus dem Absatz über den hl. Antonius nur den ersten und den letzten Satz herausgreift und auf den 'Rest' dazwischen verzichtet (ohne deswegen selbst bemerkt zu haben, daß sich auch bereits bei Hieronymus – wohl der Absicherung der Chronologie dienende – Einschübe zu Personen und Ereignissen finden). Eine ähnliche Verfahrensweise war im Zusammenhang mit Sarazenen an der Stelle zu erkennen, wo der Chronist die Sarazenen begrifflich über Agarenen und Ismaeliten herleitet. Auch dort kann man zunächst daran denken, er habe jenen Satz – wie diese Annahme hier ebenfalls zunächst aufkom-

---

[65] Fredegar II,44; MGH SS rer. Merov. 2, S. 67,18f.

[66] Zum Kloster vgl. K. Baedeker, Ägypten, Leipzig 1897[4], S. 182f.; DHGE 3, Sp. 729, wonach das koptische Kloster heute noch besteht.

[67] Z.B. Manitius, 1, S. 223.

[68] Z.B. Fredegar IV,9 (MGH SS rer. Merov. 2, S. 125,27–126,23.

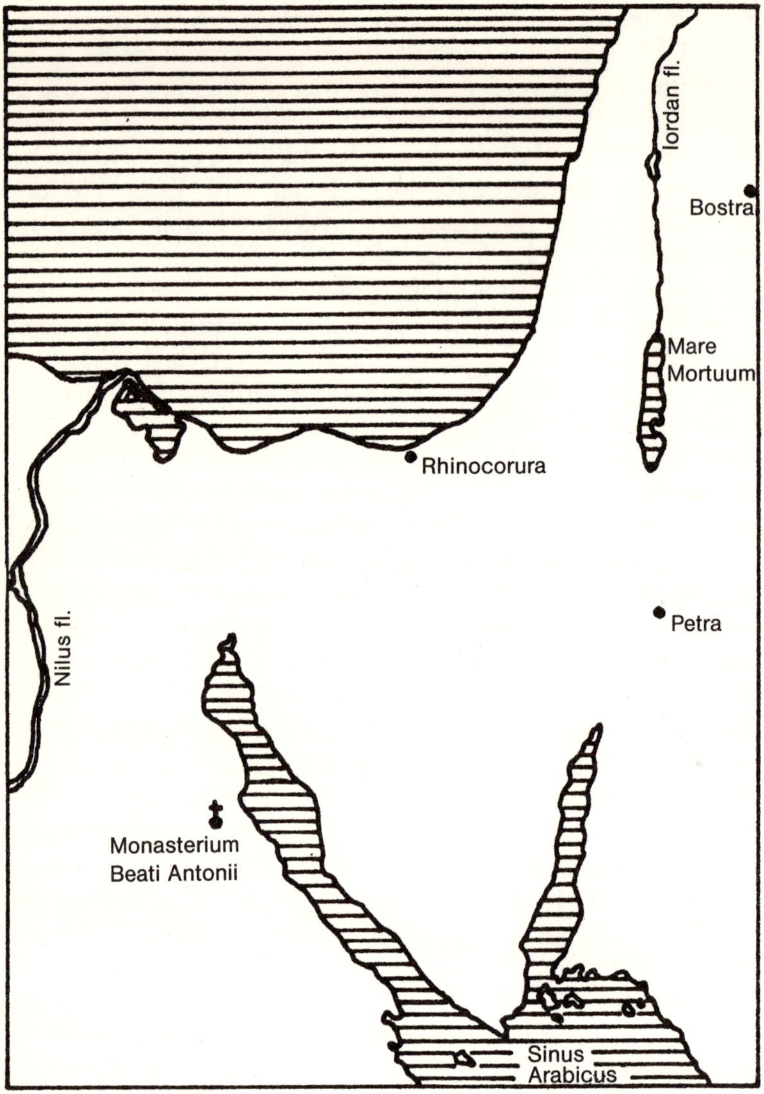

Monasterium
Beati Antonii

men kann — wegen der Sarazenen der Vorlage entnommen, will sagen weil ihm diese in irgendeiner Weise ein Begriff und von Bedeutung gewesen seien. Richtig ist jedoch, daß hier der hl. Antonius und dort Abraham den Aufhänger bilden, den roten Faden quasi, an dem sich der reduzierte inhaltliche Aufbau der Fredegar-Chronik orientiert, wie ein Textvergleich zwischen dieser und der Chronik des Eusebius/Hieronymus unschwer veranschaulicht. Bei einem solchen Verfahren des geschickten Komponierens (und beileibe nicht blindwütigen Abschreibens, wie gern behauptet wird!) stützt sich der Kompilator naturgemäß auf die aussagestarken, d.h. in machen Fällen die spektakulären Sätze. Daß dabei auf der anderen Seite durch die Verkürzung der Darstellung manches zu grob gerät, ist kaum zu vermeiden. Eine Absicht aber, die Sarazenen etwa in ein schlechtes Licht zu rücken, ist hier noch nicht nachweislich zu unterstellen.

Anders sieht das mit der knappen Reminiszenz an den syrischen Mönch Malchus aus, die in der wohl noch vor 690 erstellten Prosafassung des Werks De virginitate von Aldhelm von Malmesbury[69] nachzulesen: . . . *Malchus . . . a Saracenis praedonibus et Ismaelitis grassatoribus obvia quaeque atrociter vastantibus ut servilis berna famulari iubetur, iusto valde iudicio*[70] . . . In auffallendem Unterschied zur Behandlung des Stoffes in der Fredegar-Chronik demonstriert Aldhelm bei der Erzählung eines ebenso frühen Ereignisses mit den Bezeichnungen *praedones* und *grassatores* nun die von den Zeitläufen nachgerade geforderte Verwebung von altem literarischen Material mit der Wirkung von zeitgleich Erlebtem, welchletztere gerade den Historiker oft die sorgfältige Betrachtung aufgeben, die Objektivität fahren läßt und ihn sich der Bewegung des Moments hingegeben sieht. Aldhelm schreibt nun eben zu einer Zeit, da man selbst in England von den Umtrieben der Araber hört.

Da nutzt es nichts, daß die Sarazenen, die dem Mönch so übel mitspielen, seit Jahrhunderten der Vergangenheit angehören. Hieronymus darf einmal mehr für sich in Anspruch nehmen, diese Geschichte vor der Vergessenheit bewahrt und durchaus die umherstreifenden Beduinen in der Weise beschrieben zu haben, daß Aldhelm von Malmesbury in der von ihm gekürzten Darstellung die Sarazenen nicht ohne Grund wie gehabt charakterisieren kann.

Andererseits hat Hieronymus die Ausdrücke *praedones* und *grassatores* für die Sarazenen bzw. Ismaeliten nicht gewählt, als er — wohl um

[69] Zu Leben und Werk Aldhelms s. Duckett, Saints and Scholars, S. 3–97.
[70] MGH AA 15, S. 270,4–11.

390 – die Lebensgeschichte des Anachoreten Malchus aufschrieb, den er im Jahr 374 persönlich als hochbetagten Greis kennenlernte. Einen breiten Raum nimmt in der Biographie der Überfall ein, den die räuberischen Wüstennomaden auf Malchus und andere verüben, als diese von *Beroa* (= Aleppo bzw. Ḥalab) nach *Edessa* (= 'Urfa) unterwegs sind. Von stetig wachsendem Interesse für den mittelalterlichen Leser ist dabei die ausführliche Beschreibung jener Sarazenen, wie sie so treffend und prägnant zuvor und danach nicht geliefert wird. Da sie – wie Aldhelm durch die Aufnahme der Geschichte in sein Werk beweist – bereits dem Frühen Mittelalter zum Ausgang des 7. Jh.s bekannt ist und ohne Zweifel im Zuammenwirken mit den brisanten Nachrichten, die man mehr und mehr über die zeitgenössichen Sarazenen vernimmt, die Entstehung eines – wenn auch zunächst ganz rezeptiv – negativen Araberbildes mitbestimmt, soll sie hier auf keinen Fall vorenthalten werden. Hieronymus ließ den Malchus (hier in der Übersetzung von Schade[71]) in der Ich-Form erzählen: „Wenn man von Beroa nach Edessa reist, dann liegt in der Nähe der öffentlichen Straße eine Einöde, welche Sarazenen, die ohne festen Wohnsitz sind, ständig nach allen Richtungen hin durchstreifen. Aus Furcht vor ihnen schließen sich die Reisenden in jenen Gegenden zusammen, um durch vereinten Widerstand die drohende Gefahr abzuwenden. In meiner Begleitung waren Männer, Frauen, Greise, Jünglinge und Kinder, im ganzen ungefähr siebzig Personen.

Plötzlich stürzten, auf Pferden und Kamelen reitend, Ismaeliten gegen uns heran mit flatterndem Haar, das Haupt mit einem Turban umwunden. Halbnackt waren sie, nur bekleidet mit einem Mantel und weiten Schuhen. Von der Schulter hing der Köcher herab, während die schlaffe Bogensehne schwirrte; auch trugen sie lange Speere. Jedoch waren sie nicht gekommen, um zu kämpfen, sondern um Beute zu machen. Wir wurden ausgeraubt, zerstreut und nach allen Richtungen verschleppt . . . Zusammen mit einer Frau kam ich bei der Verteilung der Beute in den Dienst desselben Herrn. Hoch auf den Kamelen wurden wir weggeführt oder vielmehr geschleppt. Durch die weite Wüste hindurch hingen wir mehr als wir saßen, so daß wir ständig zu fallen fürchteten. Halbrohes Fleisch war unsere Nahrung, Kamelsmilch unser Trank“[72].

Aldhelm von Malmesbury kopiert also den Kirchenvater nicht, wenn er die ausführliche Schilderung der hinterhältigen Sarazenen ob deren

[71] Hieronymus, Leben und Gefangenschaft des Mönches Malchus, übers. L. Schade, in: BKV^2 15 (= Hieronymus, Bd. 1), München 1914, S. 73–83; hier S. 76f.

[72] Lateinischer Text: PL 23, Sp. 57f.

Verhalten in den Begriffen *grassatores* respektive *praedones* zusammenfaßt. Aber er betreibt infolge der heraufziehenden Bedrohung durch die Araber, von der er durch seine Lehrer oder sonstwen mit Sicherheit inzwischen gehört hat, eine durchaus eindeutig ausgerichtete – und zwar originäre – Ausgestaltung eines Araberbildes, wie es lange Bestand haben soll. Der Schritt dazu ist umso leichter getan, als man sich auf die Berichte bei den Kirchenvätern über das schändliche Treiben der Sarazenen 'schon' berufen kann. Desweiteren dürfen wir die möglichen zeitgenössischen Beeinflussungen, auch wenn sie kaum konkret nachweisbar sind, nicht geringschätzen; das lehren uns schon die Biographien seiner Lehrer, in deren vorzügliche Hände er sich bei zwei 'Studienaufenthalten' zu Canterbury 671 und 672 begibt[73]: Theodor aus Kilikien und Hadrian aus Nordafrika[74].

Zunächst hatte Papst Vitalian für den Erzbischofstuhl in der südenglischen Metropole Canterbury Hadrian auserkoren, der in der Nähe Neapels einem Kloster als Abt vorstand[75]. Doch dieser schlug seinerseits Theodor, in „Pauli Vaterstadt“[76], d.h. in Tarsos, geboren, in Athen unterrichtet, als den geeigneteren Mann für die neue Aufgabe vor. Unter der Voraussetzung, daß Hadrian diesen wenigstens begleitet, hat der Papst zugestimmt. So sind sie nach einem für beide unterschiedlich langen Zwischenaufenthalt in Gallien – Hadrian ist der Spionage verdächtigt worden – nach Canterbury gelangt, wo Theodor im Mai des Jahres 669 als Erzbischof inthronisiert und der Afrikaner Hadrian im Jahr 670 zum Abt bestellt worden ist[77].

Es erscheint als selbstverständlich, daß Aldhelm auch im Gespräch mit diesen beiden vom Vormarsch der Araber hört; Hadrian, der vielleicht sogar vor den Sarazenen aus seiner nordafrikanischen Heimat geflohen ist, wird bei seiner Schilderung der Vorfälle eine gut denkbare anti-arabische Einstellung nicht unbedingt verhehlen[78]. Auch auf seiner Romreise, die Aldhelm (seit 675 Abt des Klosters zu Malmesbury)

---

73 Vgl. Bönhoff, Aldhelm v. Malmesbury, S. 51.

74 Zu den beiden vgl. Bönhoff, Aldhelm v. Malmesbury, S. 3, S. 49f., S. 54; Duckett, Saints and Scholars, S. 30–39; LThK 4, Sp. 1310 (nur zu Hadrian); LThK 10, Sp. 28 (nur zu Theodor).

75 Vgl. R. L. Poole, Monasterium Niridanum, in: EHR 36 (1921), S. 540–545.

76 Bönhoff, Aldhelm v. Malmesbury, S. 3.

77 Haller, Papsttum 1, S. 279ff.; F. M. Stenton, Anglo-Saxon England, Oxford 1975, S. 131f.

78 Hadrian könnte m.E. infolge des arabischen Vorstoßes gegen Tunesien im Jahr 665 nach Italien gekommen sein; vgl. E. Eickhoff, Seekrieg und Seepolitik zwischen Islam und Abendland, Berlin 1966, S. 24; Ch. Diehl, L'Afrique byzantine. Histoire de la domination byzantine en Afrique (533–709), 2 Bde., New York 1959, S. 570ff.

irgendwann zwischen 689 und 693 unternimmt[79], wird er über die jüngste Entwicklung im Orient bzw. in Nordafrika informiert. Schließlich erreichen Reisende aus dem Nahen Osten selbst die britische Insel und bringen Nachrichten mit, so wie wir das bei dem gallischen Bischof Arkulf beobachtet haben, dessen Pilgerbericht in eben diesen Tagen der Abt Adamnan aufzeichnet. England und Irland liegen zwar am Rand der Welt, aber sie sind — wie solche Beispiele verdeutlichen — keineswegs vom Informationsfluß abgeschlossen. Auf intellektuelle Weise lernt man, bis dato rein literarische Figuren und Völker mit solchen gleichen Namens zu verknüpfen, die im Tagesgeschehen plötzlich für Gesprächsstoff sorgen; selbst für Männer, die sich der Exegese widmen, bekommen sie Farbe, entstehen aus den Sarazenen und Ismaeliten, die im Alten Testament erwähnt werden, Menschen aus Fleisch und Blut. Hinter den Begriffen *grassatores* und *praedones*, die Aldhelm zusammenfassend für das bei Hieronymus nachgelesene Verhalten der Sarazenen benutzt, steckt eine konkrete Vorstellung. Insofern sind die gesucht verkürzten Schlagworte nicht nur — wie der Natur des Schlagworts nach generell — Abbreviation vorgefundener Meinung, nicht nur bereits Interpretation, sondern klare Hinweise auf gegenwärtige Umstände, die den Urheber solcher Bezeichnungen zu ebendiesen greifen lassen; stets ist der Mensch darauf angewiesen, die Worte seiner Zeit zu verwenden, wenn er von alten Zeiten sprechen will, und genauso muß er sich aber auch der alten, sinnbeladenen Worte bedienen, wenn er die Gegenwart zum Klingen bringen will.

Wir wissen nur nicht mit Bestimmtheit zu sagen, an welchem Ende der Spanne, die sich Sprache zu einer semantischen Umorientierung der Begriffe einräumt, Aldhelm in diesem Fall steht. Gelten ihm die Sarazenen nur als *grassatores* und *praedones*, weil sie ihm aus vertrauten Geschichten so entgegentreten? Oder sucht man damals nicht vielmehr nach diesen Geschichten, weil man dort ausgedrückt findet, was man jetzt (wieder) zu erkennen glaubt, und muß man dann nicht, getrieben von der Gegenwart, zu den erwähnten Formulierungen greifen?

Wir haben andererseits damit zu rechnen, daß den Gegenwartsbezug, wie ihn Aldhelm mit seinen Bezeichnungen für die Araber anzudeuten versucht, seine Leser (noch) nicht nachvollziehen können, und daß erst spätere nach der Art, wie es Aldhelm beim Studieren des Hieronymus selbst ergehen mag, und vor dem Hintergrund der nicht mehr überseh-

[79] Duckett, Saints and Scholars, S. 71 f.; vgl. Manitius, 1, S. 134; Bönhoff, Aldhelm v. Malmesbury, S. 72.

baren arabischen Machtausweitung die sich auf längst verflossene Zeiten beziehende Darstellung der Sarazenen an der Gegenwart messen und mit ihr in Einklang finden.

Invasion ins Byzantinische Reich

Die Orientalistik tut sich schwer, zeitgenössische Betrachter der frühesten islamisch-arabischen Expansionsphase beizubringen. Selbst die historiographischen Darstellungen des 8. Jh.s liegen von arabischer Seite in der Regel nicht als Monographien, sondern allenfalls als Teile größerer Kompilationen vor, wie sie in den folgenden Jahrhunderten durch Balāḏurī, Ṭabarī und andere entstehen. Nicht einfach ist bisweilen der erste Text mit seinem ursprünglichen Inhalt von den Zutaten und Interpretationen späterer Überarbeitungen zu befreien. Gerade was die Frühzeit betrifft, herrschen über die Authentizität manches Berichts sowie über seine korrekte Zeitstellung z.T. erhebliche Zweifel. Man mag darum Ṭabarīs Geschichtswerk – um bei ihm zu bleiben – mit gutem Grund als „eines der momumentalsten Werke der Historiographie überhaupt, um dessen Informationsfülle der über das frühe europäische Mittelalter arbeitende Historiker den Islamkundler beneiden darf"[80], ansehen; doch hinsichtlich der möglichst engen Nähe von Geschehen und Aufzeichnung, die im optimalen Fall Zeitgleichheit bedeutet und die generell die ältesten Quellen für den Geschichtswissenschaftler jeweils so wichtig erscheinen läßt, übertrifft der Mediävist mit dem Material, das er bereits aus dem 7. Jh. anzubieten vermag, den Islamkundler um etliche Jahrzehnte. Trotz aller divergierender Meinungen, auf die wir unten noch einmal gezielt eingehen müssen, steht die Fertigstellung der Fredegar-Chronik um das Jahr 660 fest. Mit den Kapiteln 66 und 81 des 4. Buches dieser Chronik besitzt das Abendland, soweit es lateinisch schreibt, den ältesten zusammenhängenden Überblick der frühen arabischen Expansion. Einige Merkmale der ältesten Handschrift, des sogenannten Codex Claromontanus aus der Pariser Bibliothèque Nationale (Lat. 10910), sprechen dafür, daß sie selbst noch dem 7. Jh. angehört.

In Kapitel 66 wird der Leser über die entscheidenden Auseinandersetzungen zwischen dem byzantinischen Kaiser Heraklios und den Sarazenen informiert. Die Geschichte wirkt gut durchgearbeitet, chronologisch exakt, inhaltlich geschlossen und – mit dem Aufbruch aus einer

[80] G. Rotter, Formen der frühen arabischen Geschichtsschreibung, in: Deutsche Orientalistik, hg. Orientalisches Seminar der Universität Tübingen, Tübingen 1974, S. 63.

fernen Heimat zu Beginn sowie dem Tod des Heraklios (641) am Ende — abgerundet. Bezüge zu älteren Teilen der Fredegar-Chronik, in welchen ebenfalls Sarazenen erwähnt worden sind, werden nicht hergestellt; als einheitliches Ganzes wohl übernimmt der Fredegar-Kompilator den Text Wort für Wort aus seiner Vorlage; zumindest der Kopist der ältesten Handschrift dürfte keine Veränderungen am Text vorgenommen haben.

Mit dem Hinweis, daß die Agarenen auch Sarazenen hießen, wird das Volk dem Leser geradezu behutsam nahegebracht, und in der Tat mag sich dadurch manch einer leichter erinnern, von diesen Leuten in dieser oder jener Form schon einmal gehört bzw. in derselben Chronik bereits gelesen zu haben. Völlig neu muß ihm dabei freilich die folgende Angabe über das ursprüngliche Wohngebiet der Sarazenen *ad latere montes Caucasi super mare Cypium* (bzw. *mare Cespium*) *terram Ercoliae coinomento* vorkommen[81]. Keine Schrift hat zuvor einmal die Heimat der Sarazenen so fern des nördlichen Teiles der Arabischen Halbinsel angenommen; keine der späteren Darstellungen wird es demgegenüber für notwendig erachten, eine Begründung für das Auftauchen der Sarazenen als militärische Macht zu liefern. Der Fredegar-Chronist hält ganz im Stil moderner Historiker Überbevölkerung für das auslösende Moment, die Heimat am Kaukasus aufzugeben, sich zu rüsten und in die nächsten Provinzen des Byzantinischen Reichs einzufallen. Heraklios versucht ihrem wüsten Treiben ein Ende zu setzen und führt ein Truppenkontingent gegen sie. An einem unbekannten Ort — der Chronist läßt es jedenfalls völlig offen — kommt es zur Schlacht; die Sarazenen gehen als klare Sieger daraus hervor: *Saracini milites superant eosque gladio graveter trucedant*; 150000 kaiserliche Soldaten sollen sie niedergemetzelt haben. Umso verständlicher mag dem Leser die ablehnende Haltung des Kaisers erscheinen, der das Angebot der Sarazenen, die Gefangenen nämlich auszulösen, rundherum ausschlägt und allein Rache im Sinn hat. Aus dem ganzen Reich zieht er Truppen zusammen und setzt sie zur 'Kaspischen Pforte' in Marsch. Der Chronist erinnert daran, daß Alexander der Große sie dereinst verschlossen habe, um die wilden Völker, die jenseits des Kaukasus zu Hause waren, abzuhalten; doch Heraklios nun, so die Chronik weiter, befiehlt, den Durchgang zu öffnen, damit seine 100000 Soldaten mit den zusätzlich angeworbenen Hilfstruppen gegen die Sarazenen hinausrücken können: *indique cento*

[81] Sämtliche Zitate aus Fredegar IV,66 u. 81 im folgenden nach MGH SS rer. Merov. 2, S. 153f. u. S. 162. Zu Vergleichen heranzuziehen ist die letzte (zweisprachige) Ausgabe von J. M. Wallace-Hadrill, The Fourth Book of the Chronicle of Fredegar, London 1960, S. 54f. u. S. 68f.

quinquagenta milia pugnatorum auroque locatus auxiliae suae contra Saracinus priliandum aemittetur. Die beiden feindlichen Heere schlagen nicht weit voneinander Lager auf, um am Morgen des nächsten Tages die Entscheidung herbeizuführen. Doch es sollte ganz anders kommen. Das 200000 Mann starke Aufgebot der Sarazenen mit seinen beiden Anführern (*principes*) muß die Waffen gar nicht aufheben; Gott nimmt ihnen die grausame Arbeit ab und tötet in der Nacht den größten Teil des gesamten kaiserlichen Heeres. In den Worten des Chronisten ist die Streitmacht des Kaisers vom Schwert Gottes zu Boden gestreckt worden (*eadem nocte gladio Dei Aeragliae exercitus percotitur*); 52000 Soldaten bleiben tot liegen. Die anderen weigern sich, gegen die nun vierfache Übermacht loszuschlagen, und ziehen sich in ihre früheren Stellungen zurück. Ungehindert können die Sarazenen fortan wieder die Provinzen des Byzantinischen Imperiums verwüsten. Angesichts der unvermeidbaren Tatsache, daß sie bereits vor Jerusalem stehen, gibt Heraklios auf, immerhin *nimia amaretudines merorem adreptus*, obwohl die Chronik ihm sonst kein günstiges Zeugnis ausstellt: abgeirrt in eutychianische Häresie und verheiratet mit der Tochter seiner eigenen Schwester muß er von Fiebern gepeinigt das Leben beschließen. Seinem Sohn *Constantinus*, der Heraklios auf den Thron folgt, ergeht es mit den Sarazenen nicht besser, wie die Chronik zum Schluß dieses Kapitels noch weiß; *cuius tempore pars publeca a Saracines nimium vastatur.*

Damit ist ein erster Abschnitt islamisch-arabischer Machtausdehnung recht gewissenhaft und mit zweifellos interessanten Gewichtungen im Detail festgehalten. Würfen nicht gerade sie wichtige Fragen auf, könnte man die Quelle für sich sprechen lassen und zu einem weiteren Punkt übergehen. Alleine aus der Tatsache jedoch, daß es sich hier um den ältesten Bericht zur arabischen Geschichte der islamischen Ära handelt, sind gründliche Nachforschungen zu Alter und Herkunft dieses Berichts angebracht; dies um so mehr, als die Erforschung der Fredegar-Chronik bis auf den heutigen Tag mehr Probleme als Lösungen derselben aufgeworfen hat.

Rasch zu klären sind eigentlich nur die Personen sowie die Zeitstellung des Erzählten. Heraklios beherrscht das Byzantinische Reich von 610 bis 641; sein Sohn Konstantin III. folgt ihm noch im gleichen Jahr nicht nur auf den Thron, sondern auch ins Grab nach. Alexander der Große fließt ganz offensichtlich nur als Beigabe zu der erwähnten 'Kaspischen Pforte' mit ein; die eutychianische Häresie, mit welcher der Chronist den erkrankten Kaiser 'infiziert' sieht, geht auf einen Eutyches aus der 1. Hälfte des 5. Jh.s zurück, der mit seiner Lehre, wonach „die zwei Naturen Christi nach der Fleischwerdung zu einer einzigen göttlichen Natur geworden seien"[82], die Grundlagen für den Monophysitismus schuf; und hinter der Tochter der eigenen Schwester, die Heraklios zur Frau hat, ist unschwer seine zweite Gattin Martina zu erkennen[83]. Die beiden arabischen Heerführer sind im Verlauf der inhaltlichen Interpretation des Kapitels mit Sicherheit als Ḫālid b. al-Walīd und mit einiger Wahrscheinlichkeit als Abū 'Ubaida zu identifizieren. Auf die *Agarrini, qui et Saracini* müssen wir unten aufgrund des Nachweises, den die Chronik für die verschiedenen Namen anführt, ebenfalls noch einmal zu sprechen kommen.

Durch die Nennung der Personen, insbesondere natürlich der beiden Herrscher Heraklios und Konstantin III., sowie ihren gemeinsamen Tod 641, steht dieses Jahr zunächst als Terminus post quem für die Abfassungszeit des Berichtes fest. Doch bei dem Stückwerk-Charakter der Chronik wie auch schon der Berichte zu den auswärtigen Ereignissen insgesamt ist Vorsicht geboten. Nur zur Erinnerung: Die Autorschaft der Fredegar-Chronik wird nach wie vor äußerst kontrovers diskutiert; in der Forschung scheint Einhelligkeit lediglich darin zu bestehen, daß ungewiß ist, wie viele Autoren die Fredegar-Chronik gestaltet haben. Als vorläufigen Abschluß der Diskussion hat Goffart im Jahr 1963 den interessanten Versuch unternommen, erneut die Fredegar-Chronik als das Werk eines einzelnen Autors zu bestimmen[84], nachdem seit Krusch (1882) besonders die These von drei bzw. — in Abwandlung seiner Theorie — durch nachfolgende Gelehrte auch von zwei Autoren vertreten

---

[82] Ostrogorsky, Gesch. d. byzant. Staates, S. 49f.; vgl. DHGE 16, Sp. 87–91.

[83] Ostrogorsky, Gesch. d. byzant. Staates, S. 93ff.; Haussig, Byzant. Geschichte, S. 66.

[84] Zum Verlauf der Fredegar-Diskussion vgl.: B. Krusch, Die Chronicae des sogenannten Fredegar, NA 7 (1882), S. 247–351 u. S. 421–516; Ebert, Lit. d. Mittelalters, 1, S. 606ff.; G. Schnürer, Die Verfasser der sogenannten Fredegar-Chronik (Collectanea Friburgensia 9), Freiburg 1900; B. Krusch, Rez., NA 26 (1901), S. 266f.; W. Levison, Rezension zu G. Schnürer, Die Verfasser der sog. Fredegar-Chronik, HZ 87 (1901), S. 295–299; L. Halphen, Une théorie récente sur la chronique du pseudo-Frédégaire, RH 79 (1902), S. 41–56; Manitius, 1, S. 223ff.; F. Lot, Encore la chronique du Pseudo-Frédégaire, RH 115 (1914), S. 305–357; B. Krusch, Rezension zu F. Lot, Encore la chronique . . ., NA 39 (1914), S. 548f.; B. Krusch, Zur Chronologie des 4. Buches, in: MGH SS rer. Merov. 7, S. 513ff.; M. Baudot, La question du pseudo-Frédégaire, M-A 38 (1928), S. 129–170; L. Levillain, Rezension zu B. Krusch, Fredegarius Scholasticus-Oudarius . . . (1926), BEC 89 (1928), S. 89–95; S. Hellmann, Das Fredegarproblem, HVJ 29 (1934), S. 36–92; Wattenbach/Levison 1, S. 109–113; Wallace-Hadrill, The Fourth Book of the Chronicle of Fredegar, S. ix–xliii; W. Goffart, The Fredegar Problem Reconsidered, Speculum 38 (1963), S. 206–241; A. Erikson, The Problem of Authorship in the Chronicle of Fredegar, in: Eranos 63 (1965), S. 47–76; Quellen zur Geschichte des 7. und 8. Jahrhunderts, hg. H. Wolfram/A. Kusternig/H. Haupt, FrvStGA 4a, Darmstadt 1982, S. 9–13.

wurde. Einigkeit hat man lediglich zum letztendlichen Abfassungszeitpunkt der vollständigen Chronik erzielt; die Formel „gegen 660" scheint sich als opinio communis allmählich durchzusetzen[85]. In einer Zusammenstellung mehrerer Termini post quos gibt Goffart als spätesten das Jahr 659 aus dem Bericht über den Franken Samo und seine Herrschaft über die Wenden in Buch IV, Kapitel 48 an[86]. Wir werden unten bezüglich der arabischen Geschichte bzw. eines Vorgangs, den die Chronik festhält, in der Lage sein, einen weiteren Beleg für das Jahr 659, aus dem noch Ereignisse in die Chronik aufgenommen werden, beizusteuern.

Dieses Datum sagt natürlich nichts darüber aus, welche Zeitstellung im einzelnen die zahlreichen, oft wirklich nur als Notizen beigebrachten Nachrichten repräsentieren, die dann bis eben zum Jahr 660 hin zu der Kompilation, die wir Fredegar-Chronik nennen, verwoben werden. In diese Kategorie der Berichterstattung bzw. von praktizierter Nachrichtenübermittlung müssen wir auch Kap. 66 mit der Geschichte von den Kämpfen des Kaisers Heraklios gegen die Sarazenen einstufen. Nach rein formalen Gesichtspunkten gehört es zweifellos zu dem Textteil, den Krusch einem zweiten, bis 642 arbeitenden Autor zuschreibt. Die in dem Kapitel genannten Heimsuchungen des Reichs durch die Sarazenen zu Zeiten Konstantins III. tragen sich, wie wir bereits festgehalten haben, im Jahr 641 zu. Der Wechsel vom Perfekt, in dem die Nachfolge Konstantins auf seinen Vater Heraklios geschildert wird, zum Präsens, in welchem die Chronik die Sarazenennot vermerkt, legt sogar nahe, daß der Bericht zwar nach dem Thronwechsel, aber noch vor Konstantins III. Tod im selben Jahr 641, d.h. zwischen dem 11. Februar und dem 25. Mai[87], entstanden ist. Insofern ließe sich Kruschs These von dem zweiten Autor, der bis 642 geschrieben habe, auch mit diesem Kapitel, das das Augenmerk auf die Sarazenen richtet, gut bestätigen.

Gegen eine solch einfache Rechnung indes und für die Annahme, daß das 66. Kapitel des 4. Buches überhaupt eine Sonderstellung einnimmt, sprechen sehr entschieden die verschiedensten Gründe. Zum einen ist es nicht nur nach hinten in einen weiteren historiographischen Rahmen der byzantinischen Geschichte (Kap. 63–65) eingehängt, son-

---

[85] In Deutschland gerade tut man sich infolge des starken Nachwirkens von Krusch und auch von Wattenbach/Levison jedoch anscheinend besonders schwer, von dem nicht mehr haltbaren, letzten Abfassungsdatum 558 abzugehen; vgl. meine Rezension zu Quellen zur Geschichte der Alamannen von Marius von Avenches bis Paulus Diaconus, übers. C. Dirlmeier, Heidelberg 1979, in: Germania 59, 1. Halbbd. (1981), S. 454.

[86] Goffart, The Fredegar Problem Reconsidered, S. 240.

[87] Ostrogorsky, Gesch. d. byzant. Staates, S. 93 ff.

dern auch nach vorne (Kap. 81). Hellmann bemerkt zwar richtig, daß sich das 81. Kapitel von den anderen, die sehr breit und geradezu novellistisch erzählen, durch den 'notizenartigen', knappen und nur auf die blanke, allernötigste Information abzielenden Stil unterscheidet[88]; doch auf der anderen Seite gehört — geradezu wegen dieser Kurzform in der Berichterstattung — aufgrund formaler Kriterien sowie der nahtlosen Anbindung vom Ende des Kapitels 66 an den Beginn von Kapitel 81 in chronologischer wie inhaltlicher Hinsicht zumindest der Schluß des ersteren zu letzterem. Schließlich beachte man die beinahe identische Satzanlage, um sowohl die Bedrohung durch die Sarazenen unter Konstantin III. als auch später unter Konstans II. festzuhalten; am Ende von Kapitel 66 heißt es: . . . *Constantinus, filius eius, cuius tempore pars publeca a Saracines nimium vastatur*; am Anfang von Kapitel 81 steht zu lesen: . . . *Constans, filius eius* . . .; . . . *eius tempore gravissime a Sarracinis vastatur imperiom*.

Besser als mit diesen Beispielen einer übereinstimmenden Satzbauweise, die an die extrem kurzen Notizen in den frühfränkischen Annalen bereits denken läßt, und beinahe gleichlaufender Wortwahl kann man selten dieselbe Urheberschaft für zwei Textstellen beweisen. Damit haben wir aber m.E. auch eindeutig die Verbindung der beiden Kapitel 66 und 81 nachgewiesen. Die Bruchstelle in stilistischer Hinsicht, die Hellmann meint, liegt eindeutig vor dem letzten Satz in Kapitel 66, wo der Tod des Heraklios beschrieben wird.

Dies bedeutet in der Summe für uns zweierlei: Die Kapitel zur byzantinischen Geschichte (Kap. 63–66; 81) bilden ein großes Ganzes, das sich in Einzelteile verschiedener Urheberschaft und damit auch verschiedener Herkunft untergliedern läßt. Für den hinteren Teil, d.h. Kap. 66, 2. Hälfte plus Kap. 81, haben wir den Nachweis erbracht.

Auf der gegenüberliegenden Seite, also vor Kapitel 66, stehen als geschlossener Block die Kapitel 63–65, die quasi als Vorschlag in Kapitel 62 mit einem für ihre mögliche Entstehung bedeutsamen Hinweis eingeleitet werden. Dieser besagt, daß *Servatus et Paternus*, zwei Gesandte des Merowingerkönigs Dagobert an den byzantinischen Kaiser Heraklios, aus dem Osten mit der Nachricht eines erfolgreichen Friedensschlusses mit diesem zurückgekehrt seien; daß sie daneben noch andere Neuigkeiten mitgebracht haben, verdeutlicht der unmittelbar anschließende Ausspruch des Chronisten und gleichzeitig letzte Satz von Kapitel 62: *Acta vero miraculi, quae ab Aeraclio factae sunt, non praetermittam* (MGH SS rer. Merov. 2, S. 151, 22f.). Getreulich dieses Vorsatzes erzählt

[88] Hellmann, Das Fredegarproblem, HVJ 29 (1934), S. 65.

er dann — bei der Bestimmung des Heraklios zum Kaiser durch den Senat angefangen — die Kämpfe des oströmischen Imperiums gegen die bedrohlich anstürmenden Perser bis hin zum Ende von Chosrau II., also bis zum Jahr 628; mit der 'Wahl' seines Nachfolgers (*Post haec dinuo Persae emperatorem super se creant*) schließt das 64. Kapitel des 4. Buches. Das folgende 65. Kapitel erbringt mit der wohl über die beiden ins Frankenreich heimgekehrten Gesandten *Servatus* und *Paternus* geäußerten Bitte des Kaisers an König Dagobert, doch auf die Taufe aller Juden zu drängen, den Beleg für die berechtigte Annahme, daß der Bericht von den Perserkriegen des Heraklios bis zum Jahr 628 von den erwähnten Gesandten stammt.

Diese Art der Nachrichtenübermittlung vom Osten in den Westen hat für die Kapitel 63–65 bereits M. Baudot erwogen (C'est encore le récit des ambassadeurs du roi Dagobert qui est la source des chapitres 63, 64, 65 qui racontent en détail le règne de l'empereur d'Orient Heraclius. Le chroniqueur nous dit en effet au chapitre 62 qu'en 630 les ambassadeurs Servatius et Paternus envoyés à Constantinople par le roi Dagobert sont de retour . . .[89]), ohne weiter darauf einzugehen. Im Sinne unserer Abgrenzung von Kap. 66 gegenüber den vorangehenden Kapiteln haben wir indes noch zu bestätigen, daß die beiden Gesandten in der Tat nicht über das genannte Jahr 628 hinaus[90] aus dem Orient berichten können, weil sie kurz danach wieder am Königshof erscheinen, und demzufolge auch nicht als Nachrichtenübermittler bzw. gar als Verfasser von Kap. 66 angesprochen werden dürfen. Das Argument dafür liefert uns die Chronik selbst. In Kap. 62 nämlich wird in Verbindung mit der Rückkehr der Legaten die Taufe Sigiberts III. notiert: *Chairibertus Aurilianis veniens, Sigybertum de sancto lavacro excipit . . . Eo anno legati Dagoberti . . . revertuntur* (MGH SS rer. Merov. 2, S. 151,19–22). Nach E. Ewig fällt die Taufe in das Jahr 630/631[91]. Damit steht ohne Zweifel fest, daß Kap. 66 auf keinen Fall mehr auf die mündlichen oder schriftlichen Berichte von Servatus und Paternus zurückzuführen ist.

Andererseits erlauben gewichtige Indizien schon von der formalen Seite her nicht, für Kap. 66 sowie für Kap. 81 gleiche Urheberschaft

---

[89] M. Baudot, La question du pseudo-Frédégaire, M–A 38 (1928), S. 161 f.

[90] Die Nachfolge Chosraus II. durch seinen Sohn Kovrad-Široe, den die Chronik andeutet, fällt ebenfalls noch in das Jahr 628; vgl. Ostrogorsky, Gesch. d. byzant. Staates, S. 86. Nach H. Ebling, Prosopographie der Amtsträger des Merowingerreiches = FRANCIA Beiheft 2 (1974), S. 198 u. 213 f. sind die *legati* von Dagobert 629 nach Byzanz geschickt worden und nach über 12 Monaten heimgekehrt.

[91] E. Ewig, Die fränkischen Teilreiche im 7. Jahrhundert (613–714), in: ders., Spätantikes und fränkisches Gallien = Beihefte der FRANCIA 3,1 (1976), S. 198.

anzunehmen; wir konnten dies oben deutlich machen. Die in Kap. 81 festgehaltenen Ereignisse spiegeln jüngste Zeitgeschichte, sie werden dem Chronisten bzw. dem Verfasser seiner Vorlage geradezu hochaktuell überbracht, quasi aus erster Hand übermittelt. Die Vorfälle — von der Eroberung Jerusalems bis zur Okkupation weiter Teile Nordafrikas sowie einer ersten Schwächung der arabischen Stoßkraft, die sich in einem für Byzanz günstigeren Friedensvertrag mit den Arabern niederschlägt — jagen sich in Kap. 81 in dichtgedrängter Reihenfolge. Anders verhält es sich mit Kap. 66. Ihm ermangelt es — relativ langatmig angelegt — an der bestechenden Sachlichkeit, die in Kap. 81 anzutreffen ist; der Leser wird stellenweise an Wundergeschichten erinnert, was möglicherweise in der Intention des Autors liegt, und in schwer deutbarer Weise mit irrigen geographischen Vorstellungen konfrontiert, die mit Sicherheit nicht einer bestimmten Absicht entspringen.

Inhaltlich lebt die Erzählung des Kapitels 66 im Kern von zwei militärischen Aktionen mit den Byzantinern auf der einen und den Sarazenen auf der anderen Seite. Beide Schlachten werden kausal auf diese Weise verknüpft, daß die erste, die die Byzantiner als Verlierer sieht (*Fertur in eo prilio cento quinquagenta milia militum a Saracinis fuisse interfecta*), aus einem Bedürfnis der Rache heraus die zweite nach sich zieht; sie endet für die Byzantiner freilich ebenso vernichtend. In Relation zur zweiten, die sich für den Abzug der Byzantiner aus Syrien als entscheidend auswirkte, mag die erste auf ein Treffen anspielen, das an Bedeutung der zweiten Auseinandersetzung sehr nahe kommt und — selbstverständlich — chronologisch vor dieser anzusetzen ist.

Mehr ist an sicheren Ergebnissen nicht zu erzielen. Die Angaben des Chronisten zur ersten Schlacht reichen nicht aus, um sie ohne jeden Zweifel mit einer ganz bestimmten militärischen Begegnung der frühen Invasionsphase in Syrien und Palästina in Verbindung zu bringen; mehrmals treffen in den Jahren 634/635 Araber und Byzantiner aufeinander. Trotzdem erscheinen nur zwei Begegnungen von dem Rang zu sein, daß sie einen Platz selbst in der okzidentalen Chronistik eingeräumt bekommen können; einmal die Niederlage des Patrizius von Palästina, Sergios, die dieser im Februar des Jahres 634 durch Yazīd b. a. Sufyān beigebracht bekommt[92], und zum anderen im Gefolge des Arabereinfalls in Syrien unter Ḫālid b. al-Walīd die Schlacht von Aǧnādain: „Am 30. Juli 634 kam es zu einer blutigen Schlacht, die mit dem glänzenden Siege der Araber endete. Wer die Araber befehligte und ob sie überhaupt ein Oberkommando hatten, bleibt zweifelhaft. Aber man wird kaum fehl-

[92] Hitti, Arabs, S. 148.

gehen, in Ḫālid den eigentlichen Sieger zu erkennen. Nun lag ganz Palästina offen vor den Arabern"[93]. Aufgrund dieser wohl nachhaltigen Wirkung für Byzanz, die diese Auseinandersetzung erzielt, geht man vielleicht nicht fehl, die Schlacht von Aǧnādain hinter den Worten des Chronisten anzunehmen.

Von letztlich entscheidendem Charakter ist freilich erst die an zweiter Stelle erwähnte Schlacht. Schon alleine aus diesem Grund kann man sie nur als Entscheidungskampf am Yarmūk identifizieren. Zu diesem kommt es am 20. August 636, nachdem Heraklios, wie die Fredegar-Chronik auch mitteilt, ansehnliche Truppenkontingente zusammengezogen hat (*Congregatis undique de universas provincias emperiae nimia multetudinem militum* . . .). Nach griechischen bzw. arabischen Quellen sollen 50000 Byzantiner unter Theodoros, dem Bruder des Heraklios, den nur 25000 Arabern unter Ḫālid b. al-Walīd (und vermutlich Abū ʿUbaida) gegenüberstehen; Theodoros fällt in der Schlacht, mit welcher die Araber unwiederbringlich die Herrschaft über Syrien erringen[94]. Die Fredegar-Chronik läßt, wenngleich in andere Worte gefaßt, kein anderes Fazit zu; sie spricht von der Aufgabe des Kaisers und dem ungehinderten Einbruch der Sarazenen in die byzantinischen Provinzen als Folgen der Schlacht am Yarmūk: *Regressus omnes exercitus Aeragliae ad propries sedebus, Saracini more quo ceperant prouincias Aeragliae emperatores adsiduae vastandum pergebant. Cum iam Hierusolemam propinquassint, Eraglius vedens quod eorum violenciae non potuisset resistere* . . . Die Mehrheitsverhältnisse werden dagegen — bei gleichzeitiger Multiplizierung der genannten Truppenstärken — in der Fredegar-Chronik glatt umgedreht; da ziehen 100000 byzantinische Soldaten (plus Hilfskontingente) gegen annähernd 200000 Sarazenen (*ducenta fere milia*) ins Feld. Doch diese Übertreibungen und Verdrehungen sind Usus.

Einen Anführer auf byzantinischer Seite, den andere Quellen mit Theodoros, dem Bruder des Heraklios erbringen, erwähnt die Fredegar-Chronik nicht. Einen wertvollen Hinweis am Rande und damit ein wei-

---

[93] C. H. Becker, Die Ausbreitung der Araber, in: ders., Islamstudien, 1, Leipzig 1924, S. 82. Vgl. Hitti, Arabs, S. 150; F. M. Abel, Histoire de la Palestine, 2, Paris 1952, S. 394 ff.; R. Hartmann, Palästina unter den Arabern (Land der Bibel, 1, Heft 4), Leipzig 1915, S. 9 ff.; A. N. Stratos, Byzantium in the Seventh Century, 3, Amsterdam 1972, S. 46.

[94] Vgl. Hartmann, Palästina unter den Arabern, S. 12 f.; Hitti, Arabs, S. 152; Becker, Ausbreitung der Araber, S. 84 f. Bereits Krusch hatte in der Edition (MGH SS rer. Merov. 2, S. 154 Anm. 1) diese Schlacht mit der am Yarmūk gleichgesetzt; ebenso verfährt — nach letzterem — Wallace-Hadrill, The Fourth Book of the Chronicle of Fredegar, S. 55 Anm. 1. Shaban, Islamic History, S. 31 gibt als Datum für die Schlacht am Yarmūk das Jahr 637 an.

teres kleines Indiz dafür, daß es sich bei dem geschilderten Zusammentreffen byzantinischer und arabischer Heeresaufgebote um die Yarmūk-Schlacht handeln muß, gewinnen wir aber aus dem Schluß, daß Heraklios nicht daran teilgenommen hat; Kap. 66 betont dies zwar expressis verbis an keiner Stelle, doch der Kaiser befiehlt nur aus dem Hintergrund und schickt z.B. seine Leute zum Schlachtort los (*transmittens Aeraglius legationem*), ohne daß man den Eindruck gewinnen könnte, Heraklios habe sie begleitet bzw. sei ihnen später gefolgt. Dieses Fehlen des Heraklios bei der Yarmūk-Schlacht findet sich in sämtlichen anderen Quellen, auf denen die Forschung ihr wissenschaftliches Bild von dieser entscheidenden Begegnung errichtet hat, ausnahmslos bestätigt[95].

Deshalb haben wir auch der Behauptung, daß die Sarazenen von zwei Befehlshabern angeführt werden (*Saracini duos habentes princepis*), nachzugehen. Wir haben oben bereits neben Ḫālid b. al-Walīd, an dessen erstrangiger Position im arabischen Aufgebot bei der Yarmūk-Schlacht nicht gezweifelt werden kann, auch noch Abū 'Ubaida als möglichen Mitstreiter genannt. Dafür gibt es – selbst von arabischer Seite – keine historiographischen Belege; und daß über die beiden *principes* der Sarazenen in anderen abendländischen Quellen nichts bekannt ist, verwundert wohl niemanden. Demgegenüber scheint auf eine Mitwirkung des Abū 'Ubaida – zumindest im Umfeld – geschlossen werden zu können; denn Abū 'Ubaida wird kurz vor der Yarmūk-Schlacht als Chef der Okkupationsarmee nach Syrien beordert, ist „aber klug genug, in diesem kritischen Moment dem mit den Verhältnissen genau vertrauten Ḫālid für die Schlacht das Oberkommando zu lassen. Dann aber griff er selbst ein"[96]. Auf eben diesen Sachverhalt geteilter Kompetenzen spielt die Fredegar-Chronik mit den *duos princepis* bei den Sarazenen treffend an.

Wir glauben sogar, in einem Ausdruck, mit dem der Chronist gerade den Boden der Realität zu verlassen scheint, einen gezielten, namentlichen Hinweis auf den arabischen Befehlshaber Ḫālid b. al-Walīd entdecken zu können, wie ihn keine westliche Quelle mehr aufweist und schon der Chronist als solchen mit Sicherheit selbst nicht mehr zu verstehen in der Lage ist.

[95] Vgl. Ostrogorsky, Gesch. d. byzant. Staates, S. 92.

[96] Becker, Ausbreitung der Araber, S. 86. Shaban, Islamic History, S. 31 nennt alleine den neuen Befehlshaber als Sieger: „When the Byzantines decided to mount a major counter-attack against the invaders, Abū 'Ubayda was able to meet them in full force at the Battle of Yarmūk (637/16)." Zum gesamten Vorgang vgl. auch The Cambridge History of Islam, hg. P. M. Holt/A. K. S. Lambton/B. Lewis, Bd. 1, Cambridge 1970, S. 62.

In diesem Zusammenhang ist daran zu erinnern, daß sich der Bericht in der Fredegar-Chronik von allen anderen Zeugnissen zum Hergang der vielzitierten Schlacht am Yarmūk in einem ganz wesentlichen Punkt abhebt: ein Kampf findet überhaupt nicht statt; im Gegenteil: Da Gott den Arabern das blutige Geschäft abnimmt und den größeren Teil des byzantinischen Heeres beseitigt, verläßt den Rest der Mut, und das Aufgebot des Heraklios weicht kampflos vor den Sarazenen zurück: *Cumque castra nec procul inter se exercitus uterque posuissit, ita ut in crastena bellum inirent confligentes, eadem nocte gladio Dei Aeragliae exercitus percotitur: in castris quinquaginta et duo milia ex militibus Aeragliae in stratum mortui sunt. Cumque in crasteno ad prilium debebant adgredere, cernentes eorum exercitum milites partem maxema devino iudicio interfectam, adversus Saracinus nec ausi sunt inire prilium.* Aufgrund göttlichen Ratschlusses also und durch das Schwert Gottes wird die – nach Meinung unseres Chronisten – von beiden Seiten angestrebte Auseinandersetzung endgültig zugunsten der Araber entschieden.

Dem Leser des 7. Jh.s wie dem Autor selbst erscheint eine solche Argumentationsweise keineswegs fremd. Gerade die als wundersam aufgefaßte Erzählung mag ihn dazu veranlassen, von dem Geschehen in der dargebotenen Ausführlichkeit weiterzuberichten. In einer Zeit, da sich Heiligenviten in einer Epoche nimmermüder Wundergläubigkeit größter Beliebtheit zu erfreuen beginnen[97], mögen die frühmittelalterlichen Menschen nur zu gerne für wahr halten, was sie da lesen, und mag es dem Fredegar-Autor selbst eine willkommene und wertvolle Sache sein, mit einer Geschichte aufwarten zu können, die ihm ob ihres erbaulichen Untertons den Beifall einer interessierten, durchweg klerikalen Leserschaft einträgt. Bereits in Kap. 62 erzeugt der Chronist mit der Bemerkung, daß er nun *Acta vero miraculi, quae ab Aeraclio factae sunt* (MGH SS rer. Merov. 2, S. 151,22 f.) im folgenden nicht übergehen wolle, eine auf Wundersames ausgerichtete Erwartungshaltung. Für uns ist dieser Satz der sicherste Beleg dafür, daß sich der Fredegar-Chronist selbst zu den Gläubigen der Geschichte rechnet.

Das Wunder, von dem er zu berichten weiß, vermag es auch leicht mit ähnlichen aufzunehmen. Immerhin sind nach Aussage des Erzählers 52000 Mann im Heer des byzantinischen Kaisers *gladio Dei* in einer

[97] Grundmann, Geschichtsschreibung, S. 30: „Die Flut legendärer Heiligenviten ... schwelgt in Mirakeln, häuft das Unnatürliche und Unwahrscheinliche, bedient sich übertreibend und einander überbietend immer der gleichen Motive (oft orientalischer Herkunft), erdichtet und fingiert, nicht immer naiv, was nicht überliefert war ... Gerade wo historische Erinnerungen fehlten, war der Phantasie keine Schranke gesetzt."

Nacht ums Leben gekommen, bevor überhaupt ein Gefecht zwischen Oströmern und Sarazenen vom Zaun gebrochen wird. Dieses göttliche Verhalten nimmt um so mehr Glaubwürdigkeit für sich in Anspruch, als es durchaus geläufig ist, seit Kirchenvater Augustinus an einem aktuellen Fall den Nachweis führen zu können meinte, daß Gott das Schlachtenglück bestimme[98]. So erringt beispielsweise später auch Karl Martell, wie in einer Fortsetzung zur Fredegar-Chronik festgehalten wird (MGH SS rer. Merov. 2, S. 175,17), *Christo auxiliante* den Sieg über die Sarazenen.

Daß Gott indes nicht nur durch Menschenhand Siege vollbringen läßt, sondern gelegentlich selbst eingreift, ist im Alten Testament zur Genüge zu studieren. Beim Propheten Ezechiel (21,1–12) liest man darüber hinaus von einem Schwert, das Gott gegen Israel zu erheben droht. Die Stelle insgesamt wirkt so exakt wie die vorweggenommene Prophezeiung dessen, was die Fredegar-Chronik vom Ende des kaiserlichen Heeres durch das Schwert Gottes berichtet, daß ein Zweifeln an dem Eingreifen Gottes im Verständnis des mittelalterlichen Menschen wohl einem Frevel gleichkommen muß[99].

Dieser Erklärungsversuch des wahren Hergangs ist also, wie man sieht, nicht originell. Mit einem Blick weg von der Bibel und hin zu vergleichbaren, möglichst zeitgenössischen Texten stellt man ferner fest, daß es nicht einmal zu diesem frühen Zeitpunkt neu ist, die Araber als Werkzeuge Gottes agieren zu lassen. In einem nur um weniges nach der Fredegar-Chronik in Syrien entstandenen („annis circiter 670–680 compositum fuisse“[100]) Chronicon anonymum wird nachdrücklich betont, daß nicht etwa den Arabern, sondern einzig Gott das Verdienst am Sieg zuzuschreiben sei[101]. Ähnliches steht in einer ebenfalls in diesen Jahren und ebenso in Syrien zunächst verfaßten[102], jedoch „unter dem Titel 'Revelatio S. Methodii de temporibus novissimis' am Anfange des VIII.

---

98 Augustinus, De civitate dei V.23.

99 Ez 21,1–12: *et factus est sermo Domini ad me dicens / fili hominis pone faciem tuam ad Hierusalem / et stilla ad sanctuaria et propheta contra humum Israhel / et dices terrae Israhel / haec dicit Dominus Deus / ecce ego ad te / et eiciam gladium meum de vagina sua / et occidam in te iustum et impium / pro eo autem quod occidi in te iustum et impium / idcirco egredietur gladius meus de vagina sua ad omnem carnem ab austro ad aquilonem / ut sciat omnis caro quia ego Dominus eduxi gladium meum de vagina sua inrevocabilem* usw.

100 I. Guidi, in: CSCO 2 (1955), S. 13.

101 CSCO 2 (1955), S. 31: *Verumtamen victoria filiorum Ismaelis qui duo illa regna munita vicerunt et subegerunt, a Deo fuit qui tamen eos Constantinopoli potiri usque adhuc non sivit; quamobrem victoria est ei Deo, non Arabibus tribuenda*; ebenda, S. 26 ein weiteres Beispiel (gegen die Perser).

102 Vgl. M. Kmosko, Das Rätsel des Pseudomethodius, in: Byzantion 6 (1931), S. 285.

Jahrhunderts zuerst in Frankreich"[103] auftauchenden apokalyptischen Schrift zu lesen; den Inhalt von Kap. 11, in dem der Pseudomethodios in der Art, als sage er Künftiges voraus, längst Geschehenes beschreibt, gibt A. Lolos folgendermaßen wieder: „Dieses Kapitel beginnt mit der Unterwerfung der Perser durch die Ismaeliten, die aus Ethribon-Yatrib „– d.h. Medina –" kommen, sich in Gabaon" – was M. Kmosko als Ortschaft in der Nähe des Schauplatzes der Yarmūk-Schlacht herausgearbeitet hat[104] – „versammeln und gegen die Byzantiner zu Felde ziehen werden. Bei dieser Operation wird Gott zu Gunsten der Ismaeliten eingreifen und zwar nicht etwa, weil er sie liebt, sondern weil die Christen himmelschreiende Sünden begangen hatten"[105]. So gesehen wird deutlich, weshalb die Fredegar-Chronik so nachdrücklich die moralischen bzw. religiösen Verfehlungen des Heraklios herausstreicht; mit der eigenen Nichte ehelich verbunden, in eine Häresie abgeglitten, verkörpert er Übel genug, um einen göttlichen Vernichtungsschlag herauszufordern. Als Strafgericht für einen unchristlichen Kaiser? Benötigt man den unheimlichen Vorgang, um vermeintlich Erklärbares, d.h. ein Wunder, gegen Unerklärliches zu setzen und eine erschreckende, unerwartete Unterlegenheit der Christenwelt gegenüber einem Volk, das mit dieser Wucht noch nie an den Grenzen des Imperiums aufmarschiert ist, verständlich zu machen? Sorgsam vermeidet es der Bericht in Kap. 66, von einer Eroberung der heiligen Stadt Jerusalem zu reden, obwohl sie – im Jahr 638 geschehen – ohne weiteres in den zeitlichen Rahmen des Kapitels einzureihen wäre. Mit der Andeutung, die Sarazenen hätten sich der Stadt genähert (*propinquassent*), stellt er sie allenfalls als kaum noch abwendbares Unglück in Aussicht. Ihren Fall mag man wohl noch nicht hinnehmen; auch die Fredegar-Chronik flieht bisweilen in die Verdrängung.

Aber selbst in dieser Weise aufgefaßt arbeitet sie wesentlich stärker auf Personen als die Faktoren hin, die Geschichte nicht bestimmen – das steht allein Gott zu –, sondern ausführen, als vergleichsweise die oben zitierte apokalyptische Schrift des Ps.-Methodios, die oft im Ungefähren bleibt und sich häufig in wagen Wendungen gefällt; und Personen kann sie erst recht nicht direkt angeben, da sie die Ansicht über sich aufrechterhalten muß, sie sei als Prophetie schon lange vor dem Ereignis, das sie vorauszusagen vorgibt, auf dieses gezogen worden.

---

[103] ibid. S. 273. In diesem Zusammenhang sollten vergleichend Detailuntersuchungen einer möglichen Überlieferungsverbindung zwischen Fredegar IV,66 und dieser wie ähnlichen Darstellungen im westlichen Europa nachgehen.

[104] Kmosko, Pseudomethodius, Byzantion 6 (1931), S. 286.

[105] A. Lolos, Die Apokalypse des Ps.-Methodios, in: Beiträge zur Klassischen Philologie 83 (1976), S. 16.

Eine letzte, wieder andere Art der Abstraktion des wahren Geschehens bietet eine armenische Heraklios-Chronik des 7. Jh.s, hier zitiert nach der französischen Ausgabe[106]: „Une frayeur inspirée par le Seigneur s'empara de l'armée des Grecs; ils tournèrent le dos pour fuir devant eux." Gleichzeitig nähert sie sich dem Bild an, wie es ähnlich die Fredegar-Chronik entwirft. Während in der armenischen Chronik der Schrecken, den die arabische Invasion ursprünglich entfacht, so weit abstrahiert wird, daß dann ein göttliches Schreckbild in neuer Konkretion die Byzantiner in die Flucht zu treiben vermag, vollzieht sich in der Fredegar-Chronik die Wandlung von einem Schrecken durch Gott in einen handfest mordenden, alttestamentlich schrecklichen Gott bzw. — pars pro toto — in den *gladius Dei.*

Dies hat als die Ansicht der Abendländer und auch orientalischen Christen, die womöglich für die Ausbildung solcher Versionen verantwortlich sind, zu gelten. Würde freilich ein Araber des 7./8. Jh.s den Fredegar-Bericht und damit die absonderliche Geschichte von dem 'Schwert Gottes' auf arabisch lesen, dann käme er wohl schwerlich auf die Idee, an ein Wunder des Allmächtigen zu glauben. Er verbindet im Gegenteil recht irdisch spätestens — wenn wir Hitti, Arabs, S. 148 folgen dürfen — seit dem literarischen Gebrauch bei Wāqidī in der 2. Hälfte des 8. Jh.s mit dem Cognomen 'Schwert Gottes' einen Mann, der ob seiner militärischen Großtaten stets Bewunderung im Übermaß auf sich häuft, nämlich Ḫālid b. al-Walīd, der im Verein mit Abū 'Ubaida im Jahr 636 die Byzantiner am Yarmūk entscheidend schlägt, und zwar so, wie es — nun aller mystischer Schleier entkleidet — die Fredegar-Chronik wiedergibt. Es liegt darum, gerade weil man um eine Vorstellung von dem 'Schwert Gottes' in der christlichen Literatur weiß, auf der Hand, als die Folge eines sprachlichen Reflexes zu vermuten, daß in dieser Quelle, in ihrer ersten Fassung, ursprünglich mit dem Terminus *gladius Dei* (arab.: *Saif Allāh*) der arabische Held Ḫālid b. al-Walīd gemeint ist. Derjenige dann, der den Text ins Lateinische überträgt, sitzt einem bitteren Mißverständnis auf und interpretiert als Tat Gottes das blutige Werk eines Menschen, der aufgrund seiner Verdienste für den Islam auf den verschiedensten Schlachtfeldern bereits im Jahr 629 von Mohammed persönlich den Beinamen *Saif Allah* empfangen haben soll[107]. Der Text sagt also in seiner frühesten Form, die spätestens der Kompilator der Frede-

---

[106] F. Macler, Histoire d'Héraclius par l'évêque Sebèos, Paris 1904, S. 97.

[107] Vgl. EI 2, S. 942; Hartmann, Palästina unter den Arabern (Land der Bibel 1,4), S. 9. Zu prüfen bleibt freilich von Seiten der Orientalistik noch die Möglichkeit, daß der Beiname 'Schwert Gottes' aus syrisch-christlichen Kreisen stammt und von da aus in die arabische Literatur übernommen wird.

gar-Chronik verstandesmäßig nicht mehr erfassen kann, aus: „Die Sarazenen hatten zwei Anführer; sie waren fast 200000 Mann stark. Nachdem beide Heere nicht weit voneinander Lager errichtet hatten, um beim Aufeinandertreffen anderntags den Kampf zu beginnen, wurde in derselben Nacht die Streitmacht des Heraklios von dem (Mann mit dem Beinamen) 'Schwert Gottes' niedergemacht; im Lager sind 52000 Soldaten des Heraklios auf den Boden hingestreckt gestorben . . ."

Den *gladius Dei* als Menschen zu betrachten, löst aber auch die als unnötig empfundene Schwere der doppelten Betonung göttlichen Waltens, das quasi überflüssige Hendiadyoin mit den Wendungen *gladio Dei* und *devino iudicio* kurz hintereinander mit Leichtigkeit auf. Erst wenn man *gladius Dei* als Cognomen des arabischen Heerführers begreift, erlangt die zweite Wendung ihren vollen Sinn. Ganz wie in der zitierten Schrift des Ps.-Methodios, die bereits zu Beginn des 8. Jh.s im Frankenreich kursiert, soll auch in der 'Urfassung' des Berichtes von der Schlacht am Yarmūk, der dann in die Fredegar-Chronik einfließt, auf die Tatsache verwiesen werden, daß Ḫālid b. al-Walīd auf göttlichen Ratschluß hin über die sündige Christenheit hergefallen ist.

Kehren wir indes zu der Darstellung der Schlacht zurück, wie sie seit der 2. Hälfte des 7. Jh.s Fredegar IV,66 nachzulesen ist, drängt sich zwangsläufig die Vorstellung auf, daß der Fredegar-Kompilator der Meinung ist, die schicksalhafte Auseinandersetzung zwischen Byzantinern und Arabern habe gar nicht am Yarmūk, den er freilich unerwähnt läßt, sondern in der Nähe der Kaspischen Pforte – wie Krusch in seiner Edition nahelegt[108] und Wallace-Hadrill in dessen Gefolge fest behauptet[109] – stattgefunden, also fernab des Flusses, der vom Osten her südlich des Tiberias-Sees in den Jordan mündet. Diese Auffassung erzeugt der Bericht durch die Wendung *ad portas Cypias*. Da Wallace-Hadrill sie vermutlich für unsinnig oder total verderbt hält, bringt er in seiner Textausgabe als Lectio prima die Variante *ad portas Caspias*, die als einzige Handschrift 4c[1] aufweist; folgerichtig übersetzt er dann den ursprünglichen, von Krusch auch beibehaltenen Terminus *ad portas Cypias* als „Caspian Gates" und führt damit m.E. in demselben Maß in die Irre, wie es der Fredegar-Chronist unbeabsichtigt tut.

In besagtem Kapitel 66 heißt es: *Congregatis undique de universas provincias emperiae nimia multetudinem militum, transmittens Aeraglius legationem ad portas Cypias, quas Alexander Magnos Macedus super mare Cespium aereas fieri et serrare iusserat propter inundacione gentium sevissemorum, que*

---

[108] MGH SS rer. Merov. 2, S. 153 Anm. 8.

[109] Wallace-Hadrill, The Fourth Book of the Chronicle of Fredegar, S. 54.

ultra montem Caucasi culmenis habetabant, easdem portas Aeraglius aperire precipit; indique cento quinquagenta milia pugnatorum auroque locatus auxiliae suae contra Saracinus priliandum aemittetur. Abgesehen von dem weitausholenden, die *portas Cypias* vermeintlich erklärenden, später nachgeschobenen Relativsatz zwischen *legationem ad portas Cypias* und *easdem portas Aeraglius* birgt lediglich die 'Kypische Pforte' seit den Tagen des Fredegar-Chronisten ein Rätsel; ansonsten nämlich wirft der Text keine Probleme auf: Nach der Ansammlung bedeutender Truppenkontingente habe Heraklios eine Abordnung zu dem Engpaß 'Kypische Pforte' geschickt und diesen zu öffnen befohlen, um seine 150000 Soldaten gegen die Sarazenen ausschicken zu können. Wir halten hier nur bereits für später fest, daß die Chronik nicht behauptet, die Yarmūk-Schlacht habe direkt in dem Engpaß stattgefunden, sondern die *portas Cypias* als Aufmarschplatz der kaiserlichen Truppen angibt (*indique . . . contra Saracinus priliandum aemittetur*).

Alleine von der Schilderung unseres fränkischen Historiographen ausgehend bleibt in der Tat ansonsten lediglich zu klären, wie er den Versammlungsort der byzantinischen Streitmacht an die Peripherie der damals bekannten Welt zu verlegen vermag, immerhin — nach Luftlinie bemessen — 1400 Kilometer vom Yarmūk entfernt an die Kaspische Pforte.

Es unterliegt keinerlei Zweifel, daß er die *portas Cypias* in diesem Sinn auffaßt; anders läßt sich der Relativanschluß nicht erklären. Die Handschrift 4 c[1] legt dafür mit der Schlimmbesserung *portas Caspias* (und *mare Caspium* statt *mare Cypium*) zusätzlich Zeugnis ab. Zum anderen wird mit dem Ausdruck *mare Cespium* aus dem Alexander-Zusatz, womit ohne Zweifel das Kaspische Meer angesprochen ist, keine Angleichung in Richtung *Caspium* vorgenommen; gerade diese Beibehaltung der Wortgestalt *Cespium* aber wird man für die These geltend machen dürfen, daß sich hier die Vorlage widerspiegelt, die der Kompilator ob einer für nötig empfundenen Erklärung zu den geographischen Verhältnissen ausschreibt. Schließlich fügt der Chronist, um das Fehlverhalten des sündigen Kaisers weiter zu verdeutlichen, frei erfunden und bewußt gegen die vernünftige Tat des auch im christlichen Abendland verehrten Alexander, der die Kaspische Pforte doch wegen der wilden Völkerstämme auf der anderen Seite des Kaukasus verschlossen haben sollte[110],

[110] Diese Vorstellung entspringt tradiertem, antiken Bildungsgut; man trifft sie z.B. bei Josephus, Bellum Iudaicum VII 7,4, also im 1. Jh. n.Chr. ebenso an wie im Hochmittelalter im Alexanderlied des Pfaffen Lamprecht (Vers 3656, 3678, 3686, 4934: *ze Caspen Porten*). Im 6. Jh. schreibt Jordanes in seinem auf Cassiodor fußenden Werk 'De origine actibusque Getarum' 7,50 (vgl. Krusch, MGH SS rer. Merov. 2, S. 153

hinzu, Heraklios habe sie – zum Schaden des ganzen Reiches, wie sich alsbald herausstellt – öffnen lassen. Diese Assoziation liegt für den Leser zumindest sehr nahe; beides erscheint ihm glaubhaft. Konsequenterweise schreiben dann auch spätere Handschriften für *portas Cypias* auch gleich – wie sie meinen – richtig *portas Caspias* und lassen sich durch den zu diesem Zeitpunkt selbstverständlich schon eingeführten Alexanderzusatz in ihrem Verhalten bestätigen. Nicht anders ergeht es der modernen Forschung; und obwohl die Handschrift, die sich auf die Variante *portas Caspias* endgültig festlegt, ihrer Abfassungszeit nach dem 10. Jh. erst zuzurechnen ist, hält Wallace-Hadrill sie für die korrekte. Welche weittragenden Folgen eine daraus entstehende Mißinterpretation zeitigen kann, bestätigt beispielsweise ungewollt F. Pfister, der zur legatio des Kaisers *ad portas Cypias* bzw. *Caspias* ausführt: „Das bezieht sich auf das Bündnis, das der Kaiser Herakleios im Jahr 627 mit den Chazaren abschloß"[111].

Aber solche Konstruktionen sind nicht nötig. Bleiben wir – ad unum – lieber am ältesten Text und – ad secundum – bei der unumstößlichen Tatsache, daß es sich bei der geschilderten Begebenheit um den Auftakt zur Yarmūk-Schlacht handelt.

Bei der Suche nach irgendeinem Engpaß, einer 'Pforte' also, die sich zur Yarmūk-Schlacht bzw. zu Heraklios in Beziehung bringen läßt, werden wir in arabischen Historiographien fündig. Ähnlich wie Yāqūt, ein Autor des 13. Jh.s, in seinem Kitāb mu'ǧam al-buldān den schmerzvol-

---

Anm. 8): *In eo loco ubi post haec Alexander Magnus portas constituens, Pylas Caspias nominavit*; in das gleiche Jahrhundert fällt die Nennung bei Prokop, Perserkriege I,10. Nicht unerheblich erscheint mir in diesem Zusammenhang auch wieder die offenkundige Nähe zur Apokalypse des Ps.-Methodios mit der sehr frühen, im weiteren Verlauf des Mittelalters freilich vielfach zu beobachtenden Gleichsetzung von Arabern (Ismaeliten) und 'wilden Völkern' am Kaspischen Meer; vgl. A. R. Anderson, Alexander's Gate, Gog and Magog, and the Inclosed Nations, Cambridge/Mass. 1932, S. 78f. In einer zeitgenössischen Parallele berichtet Malalas, der zwischen 491 und 578 lebt, in seiner Chronographie (L. XVIII, 213; CSHB S. 472) von dem Einfall der Hunnen durch die Kaspische Pforte. Noch 532 haben die Byzantiner innerhalb eines Friedensvertrages sich bereitgefunden, den Persern für die Bewachung der Kaspischen Pforte – in beider Interesse – Geld zu zahlen (Vgl. F. Spiegel, Erânische Alterthumskunde, Bd. 3, Leipzig 1878, S. 418; P. Sykes, A History of Persia, London 1958, S. 450; B. Rubin, Das Zeitalter Justinians, 1, Berlin 1960, S. 296); inwieweit solche Begebenheiten in den Westen übermittelt werden, ist kaum nachzuprüfen. Ebenso wenig ist bekannt, ob Assoziationen zu einem nach Alexander benannten (Sadd-e Iskander) Wall, „eine etwa 170 km lange Ziegelmauer zwischen den Ausläufern des Khorasangebirges und dem Kaspischen Meer" (F. Altheim, Niedergang der Alten Welt, Frankfurt 1952, S. 44) möglich sind.

[111] F. Pfister, Studien zur Sagengeographie, in: Symbolae Osloenses 35 (1959), S. 25.

len Abschied des byzantinischen Kaisers aus Syrien beschreibt[112], steht es bereits im Kitāb futūḥ al-buldān des Balāḏurī aus dem 9. Jh. zu lesen. Die zentrale Lokalität, an der das persönliche Drama des Herrschers anhebt, bildet in beiden Berichten ein hochgelegener Ort. Nach al-Balāḏurī sei der Kaiser, nachdem er von dem Ausgang der Operation am Yarmūk erfahren hat, von Anṭakya nach Konstantinopel geflohen, nicht ohne von einem Engpaß bzw. einem Ort in hoher Gebirgslage herab über das nicht länger gegen die Araber haltbare Syrien hin einige Worte des Abschieds zu sprechen[113]. Bei dieser Stelle kann es sich aber nur um den Belen-Paß handeln, bzw. um den heutigen Ort Belen, der in seiner arabischen Wortform *Bailān* eine Erinnerung an das griechische *Πύλαι* bewahrt[114]. Dieser Terminus wiederum wird, in der Regel um ein die Lage genauer kennzeichnendes Attribut erweitert, von den griechischen Geographen zur Kennzeichnung eines Engpasses benutzt; die römischen Geographen übernehmen den Ausdruck in direkter Übertragung als *portae*. Deswegen sprechen wir einmal von den 'Kaspischen Toren', ein andermal von der 'Kaspischen Pforte' und meinen doch jedesmal dasselbe. Um welche *Πύλαι* aber handelt es sich bei dem Belen-Paß zwischen Anṭākya und Iskanderun in der Türkei, d.h. am Ort Belen im Amanos-Gebirge?

Strabon z.B. erwähnt diesen Ort als *Πύλαι*; den dazugehörigen Durchgang bezeichnet er unter Berücksichtigung des Namens dieses Gebirgszuges als *'Αμανίδες πύλαι*[115]; das Gebirge selbst bildet eine Grenze nach Syrien hin. Denselben Befund erbringt die Betrachtung der entsprechenden Stellen bei Ptolemäus, der ebenfalls Syrien am Amanos-Gebirge beginnen läßt (V 6,1; V 15,1). In der Bezeichnung des Engpasses selbst indes unterscheidet sich Ptolemäus von Strabon erheblich; er bezieht den Namen nicht von dem Gebirge her, in dem der Engpaß liegt, sondern will wohl angeben, wohin der Durchgang führt und spricht darum von *·Σύριαι πύλαι* (V 15,12). Plinius schließlich spricht in seiner Naturalis historia V,80 von *Portae quae Syriae appellantur.* Auch wenn das Altertum tatsächlich noch eine zweite 'Syrische Pforte', allerdings in unmittelbarer Nachbarschaft zur ersten, gekannt haben sollte[116], so ist aber doch unbestreitbar möglich, den Belen-Paß, an dem

---

[112] Yāqūt, Kitāb muʿǧam al-buldān, ed. F. Wüstenfeld, Bd. 3, Leiden 1868, S. 188 f.

[113] Ahmed ibn Jahja Al-Beládsorí, Liber expugnationis regionum, ed. M. J. de Goeje, Leiden 1866, S. 137.

[114] EI^2 1, S. 1134 (s.v. Baylān).

[115] Strabon, Geographika XIV 5,18–19.

[116] Vgl. Kiepert, Formae orbis antiqui, Karte V (Mesopotamia, Syria, Armenia). Beide Syrische Pforten — eine im Amanos-Gebirge, eine an der Küste — erwähnen in ihrer

nach Auskunft arabischer Historiographen der byzantinische Kaiser wehklagend von Syrien Abschied nimmt und wohl schon die Folgen der verlorenen Auseinandersetzung am Yarmūk vor Augen hat, als 'Syrische Pforte' zu benennen.

Exakt diese 'Syrische Pforte', d.h. *Σύριαι πύλαι*, meint aber auch die Fredegar-Chronik, wenn sie Buch IV, Kap. 66 die *portas Cypias* erwähnt. Folgende Überlegungen führen zu diesem Schluß:

Die Textinterpretation von Kap. 66 hat in einwandfreier Weise den Wahrheitsgehalt der Darstellung erbracht; ohne Zweifel schildert die Chronik die Schlacht am Yarmūk. Es besteht daher keine Veranlassung, a priori und in grober Art an den vorausgehenden Sätzen zu zweifeln, d.h. hier sogar nur an dem Partizip-Einschub *transmittens Aeraglius legationem ad portas Cypias*; denn die zuvor berichtete Truppenansammlung, die wiederum in engstem Zusammenhang mit der nach dem Partizipialsatz und der Order des Kaisers, den Paß zu öffnen, aufgenommenen Erzählung von der Yarmūk-Schlacht steht, ist über jede Anfechtung erhaben. Andererseits wirkt es aus logistischen und strategischen Erwägungen heraus sehr plausibel, daß sich die byzantinischen Truppen — *congregatis undique de universas provincias emperiae nimia multetudinem militum* —, bevor sie über das Amanos-Gebirge nach Syrien hineingeworfen werden, in der geschützten Lage zwischen Bergkette und Meeresküste in Stellung begeben. Die Darstellung der Fredegar-Chronik erscheint also keineswegs abwegig, wenn man die *portas Cypias* als 'Syrische Pforte' liest.

Der Fredegar-Verfasser, spätestens der Kompilator, dem die Chronik den Alexander-Zusatz verdankt, versteht die Bezeichnung selbst schon nicht mehr so. Wir müssen dazu nur in Betracht ziehen, daß die ursprüngliche, erste Fassung eines Berichtes von der Yarmūk-Schlacht natürlich im Osten entstanden — was ganz einfach am casus narrandus liegt — und in griechisch aufgezeichnet worden ist. Einen Beleg für die Möglichkeit, wie solche Nachrichten dann in den Westen weiterwandern, liefert die Chronik in Kap. 62 mit der Rückkehr der beiden merowingischen Gesandten vom byzantinischen Kaiserhof aus Konstantinopel. Ferner haben wir mit den zahlreichen Palästinapilgern als nützliche Information bzw. Vermittler von schriftlichen Zeugnissen zu rechnen, die sehr wohl in griechisch abgefaßt sein können. So zeigt beispielsweise ein im Norden Englands hergestelltes Buch wie das kurz vor 698 entstandene Book of Lindisfarne mit einer in latinisiertem Griechisch

---

Reisebeschreibung R. Oberhummer/H. Zimmerer, Durch Syrien und Kleinasien, München 1898, S. 102ff.

gehaltenen Wendung (*O AGIOS MATTHEUS*), „daß der Künstler ... mit einem griechischen Text in Berührung gekommen ist“[117]. Dergleichen Belege gibt es die Menge. Aber auch der Gebrauch griechischer Wörter oder nur Buchstaben in lateinischen Texten ist hinlänglich bekannt; wir erinnern nur an die wenigen Stellen, die wir aus den Etymologiae des Isidor von Sevilla samt ihren griechischen Wendungen zitiert haben. Sobald es um die Exegese der Heiligen Schrift geht und darin um *Interpretationes*, dann tauchen verstärkt griechische Ausdrücke unter Beibehaltung der Schreibung mit griechischen Buchstaben inmitten lateinischer Texte auf[118]. Die eigenen Griechisch-Versuche bleiben dürftig, zumeist schon in dem „Aneinanderreihen unflektierter Wortformen“ bzw. — im umgekehrten Fall — „bei schüchternen Übersetzungsversuchen“[119] stecken und verraten kaum mehr als die Kenntnis des griechischen Alphabets.

Wir dürfen daher kaum den Fredegar-Chronisten zutrauen, eine originär griechische Quelle ins Lateinische übertragen zu können und damit einem europäischen Publikum fernab vom Geschehen zu eröffnen. Er ist sicher nur fähig, eine bereits lateinisch vorliegende Schrift in seine Chronik aufzunehmen. Der Unbekannte aber, der den ehedem griechischen Bericht ins Lateinische übersetzt hat, muß die ihm fremdartig erscheinenden geographischen Begriffe mangels einer hinreichend entwickelten lateinischen Nomenklatur ‘vorsichtshalber’ nicht gewagt haben, lateinisch zu transkribieren, sondern in ihrer ursprünglichen Gestalt bewahrt und mit griechischen Buchstaben geschrieben in den ansonsten lateinischen Text übernommen haben. B. Bischoff bestätigt (gelegentlich anderweitiger Beobachtungen): „Griechische Fremdworte und Namen verlockten dazu, griechische Buchstaben einzuführen“[120].

---

[117] U. Roth, Studien zur Ornamentik frühchristlicher Handschriften des insularen Bereichs, in: BRGK 60 (1979), S. 218.

[118] Vgl. H. Steinacker, Die römische Kirche und die griechischen Sprachkenntnisse des Frühmittelalters, in: MIÖG 62 (1954), S. 28–66. Auch die Spielart von lateinischem Text in griechischen Buchstaben geschrieben findet sich; selbst in der Fredegar-Chronik gibt es dafür Beispiele. Dort schreibt jemand für ein zunächst vorgefundenes KPωNNKωPVM MVATIFAIKHM HDIDHPUNA HCTωPIAM nun Schritt für Schritt die Laute in lateinische Buchstaben übertragend: *chronicorum multiplicem ediderunt istoriam*; vgl. Krusch, Die Chronicae des sogenannten Fredegar, in: NA 7 (1882), S. 251 u. Schnürer, Die Verfasser der sogenannten Fredegar-Chronik, S. 157 f. mit weiteren Beispielen.

[119] F. Prinz, Frühes Mönchtum im Frankenreich, München-Wien 1965, S. 101.

[120] B. Bischoff, Das griechische Element in der abendländischen Bildung des Mittelalters, in: BZ 44 (1951), S. 36.

In unserem Fall nun hat der Übersetzer den geographischen Terminus *Σύριαι πύλαι* zur Hälfte übersetzt und zur anderen Hälfte in griechischer Schreibweise übernommen; so ist zunächst die Form *portas CYPIAC* zustande gekommen. In einem weiteren Schritt kopiert – möglicherweise – der Fredegar-Chronist die Schrift; der seltsame Zufall aber, daß sich das in griechisch-byzantinischen Lettern gehaltene *CYPIAC*, dessen Schluß-Sigma wahrscheinlich noch mit einem Abstrich versehen ist (*CYPIAϚ*)[121], lateinisch als *portas Cypias* lesen läßt, führt dazu, daß er überhaupt nicht die Möglichkeit ins Auge faßt, es könnte sich dabei um einen griechischen Begriff bzw. um griechische Buchstaben handeln[122].

Ebenso ergeht es ihm mit dem *mare Cypium*, das wir im Gegensatz zu Krusch und Wallace Hadrill (*mare Caspium*) unter Zugrundelegung einer griechischen Lesung als *mare Syrium*, d. h. Syrisches Meer, verstehen. Die Überprüfung der geographisch-terminologischen Gegebenheiten der Zeit läßt dies ohne weiteres zu. Strabon bereits gibt die Westgrenze Syriens mit den Worten an: *πρὸς δύσιν δὲ τῷ Αἰγυπτιῷ τε καὶ Συριακῷ πελάγει μέχρι Ἰσσοῦ.*[123]; bei Ptolemäus liest man mehrfach von einem *Συριακὸν πέλαγος*[124]. Isidor von Sevilla kennt, seiner Mittelmeerbeschreibung nach zu schließen (Etym. XIII 16), zwar kein *mare Syrium*, dafür aber Orosius, der sogar zwischen einem *mare Syrium* – gleichbedeutend mit dem heutigen Golf von Iskanderun (in der Nähe der Syrischen Pforte!) – und einem *pelagus Syriae et Phoenices*, unter welchem das dem heutigen Syrien und Libanon jeweils zuzuordnende Küstengewässer zu verstehen ist, unterscheidet[125]. In der zeitgenössischen arabischen Literatur ist der Begriff 'Syrisches Meer' (Baḥr aš-Šām; al Baḥr aš-šāmī), bisweilen mit dem gesamten Mittelmeer in Eins gesetzt, geläufig[126].

---

[121] Vgl. V. Gardthausen, Griechische Palaeographie, 2, Leipzig 1913, S. 261 u. Tafel 2, Spalte 2.

[122] Einem ähnlichen Problem sah sich Otto Kresten, Wien, gegenüber, dem ich an dieser Stelle für ein Gespräch herzlichst danke, in dessen Verlauf er mich in der hier entwickelten These bestätigte; vgl. O. Kresten, Pallida mors Sarracenorum. Zur Wanderung eines literarischen Topos von Luidprand von Cremona bis Otto von Freising und zu seiner byzantinischen Vorlage, in: Römische Historische Mitteilungen, 17. Heft, Rom/Wien 1975, S. 36f.

[123] Strabon, Geographika XVI 2,1; vgl. die Karte in der Ausgabe von H. L. Jones, The Geography of Strabo, Bd. 5, London 1928 (am Schluß des Bandes).

[124] Ptolemäus V 14,2–3; V 15,1; VIII 20,2.

[125] Orosius, Historiarum adversum paganos libri VII (ed. C. Zangemeister, Wien 1882/Hildesheim 1967), I 2,96: *Insula Cypros ab oriente mari Syrio, quem Issicum sinum vocant . . . a meridie Syriae et Phoenices pelago cingitur.*

[126] EI² 1, S. 934f.: „Baḥr al-Rūm, 'the Sea of the Greeks' . . . i.e. the Mediterranean . . . As the Muslim conquests extended, these names were applied to the whole Mediter-

Stellt man ferner die Tatsache in Rechnung, daß das frühmittelalterliche kartographische Weltbild entgegen unserer Art anstatt nach Norden nach Osten ausgerichtet ist — daher ja auch das Wort 'Orient-ierung' —, d.h. die östliche Erdhälfte auf einer Karte den oberen Teil einnimmt, dann stimmt durchaus die Angabe der Fredegar-Chronik von der Heimat der Araber *super mare Cypium*, also oberhalb des Syrischen Meers. Es sei vergleichsweise an den Sprachgebrauch Isidors von Sevilla erinnert; dieser schreibt z.B. vom Libanon-Gebirge und fährt Etym. XIV 8,4 fort, daß der Antilibanon *super eum* liege und nicht, wie wir es ausdrücken würden, östlich oder 'neben' ihm. Man hat demnach davon auszugehen, daß die dem gesamten Bericht zugrundeliegende griechische Version an dieser Stelle für *super mare Syrium*, das der Fredegar-Chronist in ein *super mare Cypium* verliest, *ὑπὲρ τῆς Σύρης θαλάσσης*, vielleicht *ὑπὲρ τοῦ Συρίου κόλπου* oder *ὑπὲρ τῆς τῶν Συρίων θαλάσσης* lautete[127]. Die Eigenleistung unseres Kompilators besteht lediglich darin, die an dem griechisch belassenen Begriff möglicherweise noch vorgefundene griechische Endung zu latinisieren; dazu muß man keine Griechischkenntnisse voraussetzen, sondern einzig das Bemühen, das griechische Wort einem lateinischen eindeutig zuordnen zu wollen. In unserem Fall heißt das sogar, daß der Chronist nur eine seiner Meinung nach falsche Endung 'berichtigt'. Der Schritt von dem griechischen CYPIΩN oder ähnlich, auf jeden Fall wieder mit dem runden, byzantinischen Sigma am Anfang des Wortes und die gesamten Buchstaben, in dieser Konstellation den lateinischen zum Verwechseln ähnlich, entsprechend herrschender Schreibergepflogenheit in Kapitalen, hin zu dem lateinischen *Cypium* kann nicht schwer sein. Versteht man aber — wie hier vorgeführt — mit dem ersten Verfasser dieses Berichtes, auf dem in überwiegendem Maß Kap. 66 des 4. Buches der Fredegar-Chronik beruht, *Cypium* und *Cypias* als 'syrisch', dann sind alle groben Mißverständnisse beseitigt. Erst infolge ebensolcher fühlen sich Übersetzer und/oder Kompi-

---

ranean, for which Baḥr al-Rūm is still in use. The Mediterranean was also called al-Baḥr al-Shāmī or Baḥr al-Shām, 'the Sea of Syria' . . ." Nach G. Jacob, Arabische Berichte von Gesandten an germanische Fürstenhöfe aus dem 9. und 10. Jahrhundert, Berlin-Leipzig 1927, S. 11 meinte der Reisende Ibrāhīm ibn Ya'qūb z.B., daß sich die slavischen Länder vom Syrischen (d.h. Mittel-)Meer bis zum Ozean im Norden erstreckten.

[127] Im Gegensatz zu den klassischen Adjektiv-Formen συρικός bzw. συριακός ziehe ich eine Form vor, wie sie bei Orosius (adversum paganos I 2,96) in der Wendung *mari Syrio* und auch früher schon bei Ptolemäus in dem Ausdruck Σύριαι πύλαι erscheint.

lator(en) bemüßigt, das Gebotene um später irreführende Erläuterungen zu bereichern[128].

Der Erklärung bedarf freilich noch die Nennung des Kaukasus wie überhaupt der gesamte Beginn des Kapitels mit einmal dem Hinweis, daß die Agarenen nach Orosius auch Sarazenen hießen, obwohl es eine solche Stelle bei Orosius nicht gibt, und zum anderen mit der Angabe einer *terra Ercoliae* als dem Ursprungsland der Sarazenen: *Agarrini, qui et Saracini sicut Orosiae liber testatur, gens circumcisa ad latere montes Caucasi super mare Cypium terram Ercoliae coinomento iam olem consedentes* ... Dabei bereitet die Nennung des Kaukasus die geringsten Probleme; ganz offensichtlich ist sie im Verein mit dem Alexander-Zusatz, der ebenfalls mit der Erwähnung dieses Gebirges dienen kann, zur 'näheren Bestimmung' jeweils des *mare Cespium / Cypium* in die Chronik gekommen. Den Hinweis auf Orosius sieht Krusch (MGH SS rer. Merov. 2, S. 153 Anm. 6) dem Kompilator in der Weise nach, daß jener sich getäuscht habe und in Wirklichkeit Hieronymus meine; in der Tat befindet sich in dem Hieronymus-Stück der Fredegar-Chronik (II,2) der hier bereits wiedergegebene Satz: *Abraham de ancilla Agar habuit filium nomen Ismail, unde Ismailitae et postea Agarrini, postremum Sarracini vocantur.* Orosius (5. Jh.) kennt die Sarazenen nicht anders als etwa Isidor (Etym. XIV 3,17), dem er als Quelle an dieser Stelle dient. Bedenkt man zusätzlich die oft rigorosen Abkürzungsmethoden der Schreiber gerade bei Eigennamen, ist man rasch mit einer Verwechslung des Hieronymus mit dem Orosius als Erklärung bei der Hand[129]. Wenn dem so ist, registrie-

---

128 Vgl. dazu F. Blatt, Antike Züge im Mittellatein, in: Mittellateinische Philologie, hg. A. Önnerfors (= WdF Bd. 292), Darmstadt 1975, S. 342: „Es besteht ein merkwürdiger Kontrast zwischen der Neigung mittelalterlicher Gelehrter, sich bei der Schaffung einer geographischen Nomenklatur an antike Vorbilder anzulehnen, und der außerordentlichen Ignoranz ebenderselben Gelehrten auf dem Gebiet der Geographie."

129 Alle frühmittelalterliche 'Verschreibkunst' einkalkuliert, fällt es doch nicht leicht, so ohne weiteres dem von Krusch gewiesenen Weg zu folgen. Etwas anderes ist es, wenn man annehmen will, der Fredegar-Kompilator habe den Namen aus dem Gedächtnis zitiert und sich dabei geirrt, d.h. dem Orosius eine Stelle zugeschrieben, die er dem Hieronymus verdankte. Da der zitierte Hinweis indes von unserem Autor nicht an entlegener Stelle hervorgesucht werden mußte, sondern in dem vorderen Teil der Chronik parat lag, fällt auch dies schwer zu glauben. Ebenso ist — um zu unserer These zurückzukommen — es nicht möglich, die Orosius-Stelle der ursprünglichen, im Osten entstandenen Fassung zuzuweisen; denn eine solche wird schwerlich den lateinischen Orosius aus dem Westen zitiert haben, um die Heimat der Sarazenen näher zu bestimmen. Ich neige deshalb dazu anzunehmen, daß hier zwar eine Verwechslung — wie Krusch meinte —, aber einer ganz anderen Art als bisher vermutet,

ren wir diese Beobachtung als weiteren Beleg für den Stückwerk-Charakter von Kap. 66.

Wie kein zweiter Begriff bestätigt die *Terra Ercoliae* für dieses Kapitel Hellmanns Satz: „Die Chronik des sogenannten Fredegar ist voll von Rätseln“[130]. Eine Verlesung aus *Colchis*, wie Krusch (MGH SS rer. Merov. 2, S. 153 Anm. 7) und nach diesem auch wieder Wallace-Hadrill in seiner Ausgabe der Chronik (S. 54 Anm. 3) suggerieren, halte ich für sehr weit hergeholt und höchst unwahrscheinlich. Über blanke Raterei gehen solche Interpretationsversuche nicht hinaus. Mit dem gleichen Recht ließe sich die Landschaft Hyrkanien nahe des Kaspischen Meers, was auch Isidor Etym. XIV 3,29–33 bestätigt[131], anführen; die Colchis dagegen ist eine Küstenregion am Pontus. Schließlich müßte man sich – vom ähnlichen Wortklang verleitet – auf sämtliche 'Herakleia'-Orte konzentrieren, als deren von ihnen beherrschte Gebiete man eine 'Herakleotis' respektive eine 'Terra (H)erakliae' annehmen dürfte. In der hier zur Debatte stehenden Landschaft würde sich dafür Herakleia an der syrischen Küste[132] (nördlich von Lattakia) anbieten bzw. das Herakleia, das man nordöstlich von Antiochia zu suchen hat[133], oder das Heraklea am linken Euphratufer[134]. Zu solchem Umfang jeweils von Möglichkeiten werden Theorien aufgebläht, die sich auf das Spekulieren verlegen;

---

vorliegt und gestatte mir, in der Tat mit dem Fredegar-Chronisten auf Orosius (Adversum paganos I 2,36–44) zu verweisen, wo der Kaukasus (*inter Colchos*; ist hier Krusch auf die Colchis als Erklärung für Ercolia gestoßen?) mit den *portis Caspiis* neben dem *mare Caspium* erwähnt wird. Man wird also den Einschub *sicut Orosiae liber testatur* anders zu beziehen haben, nämlich nicht auf den Sachverhalt, daß die Araber eine doppelte Benennung (Agarenen/Sarazenen) erfuhren, sondern auf die sich anschließende Bemerkung zum vermeintlichen Herkunftsland der Sarazenen an Kaspischem Meer und Kaukasus, worin ihn – nach zugegeben flüchtiger Lektüre – die als Sarazenen aufgefaßten *Sacaraucae* (die nach manchen Schreibweisen gut mit den *Saraceni* zu verwechseln sind; vgl. RE I,A,2, Sp. 1612) des Orosius bestärkt haben können.

130 Hellmann, Das Fredegar-Problem, HVJ 29 (1935), S. 38.

131 Vgl. die Isidor-Karte bei Miller, Mappaemundi 6, Stuttgart 1898.

132 Heute nicht mehr existierend; mit großer Wahrscheinlichkeit lag es am Südabhang des Kaps Ra's al-Fasri in der Nähe des Dorfes Burǧ as-Sleyib (auch: Burǧ Islām).

133 Aufgeführt bei Ptolemäus V 15,13 als Stadt in der nordsyrischen Region Cyrrhestica; vgl. RE VIII,1, Sp. 434ff. (Nr. 21); RE IV,A,2, Sp. 1637f. findet man auf der Syrien-Karte dieses und das oben erwähnte Herakleia an der Küste eingezeichnet.

134 Heute: Hiragla, 10 km westlich von Raqqa; vgl. Mittlerer Osten (Guide Bleu), hg. R. Boulanger, Paris 1966, S. 350; als Heraklea findet es sich in Kieperts Karte; als 'Herugla (Heraclea?)' in: Müller, Geographi graeci minores, Tab. IX (Euphratis cursus: A Sura ad fossam Semiramidis).

sie führen zu nichts. Auf weitere Anregungen wollen wir daher verzichten, so lange uns die schlüssigen Beweise noch fehlen[135].

Die verstümmelte Wortform des aus Unwissenheit heraus unkenntlich gemachten Begriffs spricht m.E. dafür, daß er wie *Cypias* bzw. *Cypium* oder auch der total unverstandene und daher wörtlich übersetzte *gladius Dei* bereits im griechischen Urtext stand. Nimmt man den Kontext zu Beginn von Kap. 66 (ohne den späteren Kaukasus-Zusatz) hinzu, dann wird man bei der Suche nach der Region *Ercolia* in die weite Landschaft *super mare Cypium* geführt, also gemäß unserer oben getroffenen Feststellung in den Raum östlich des 'Syrischen Meers'. Verfolgt man diesen in der vorgegebenen Richtung, stößt man auf Ḥīra als den einzigen eminenten Punkt der vorislamischen arabischen Geschichte; und nur auf diese reflektiert der Bericht mit der Angabe *iam olem consedentes*. Als Zemtrum des Laḫmidenreichs und beharrliche Gegnerin des byzantinischen Reichs hatte es sich einen gewissen Ruf erworben.

[135] Sollte man wider Erwarten davon auszugehen haben, daß es sich bei *Terra Ercoliae* nicht um einen Bestandteil der ersten Berichtfassung, sondern um einen späteren okzidentalen Zusatz handelt, kommen zur Erklärung m.E. nur zwei Ableitungsmöglichkeiten in Betracht:

1. Hatte der Kompilator z.B. das Itinerar des Anonymus von Piacenza gelesen, dabei erfahren, daß man der Straße von Sura aus Richtung Wüste folgend in Sarazenen-Territorium gelangte, und bemühte er sich nun, diese Bemerkung anhand einer Karte ähnlich der Tabula Peutingeriana zu verifizieren (vgl. P. Riché, Die Welt der Karolinger, Stuttgart 1981, S. 19), mußte er auf die eingezeichnete Strecke Palmyra – Sura stoßen und dort u.a. auf die Orte Harac (= Erek) und Cholle; so in der richtigen Reihenfolge, im Gegensatz zu der Anordnung in der uns erhaltenen Version der Tabula Peut. (vgl. B. Moritz, Zur antiken Topographie der Palmyrene, in: AAB (1899), 6. Teil, S. 26ff.). Man müßte dann also in der Richtung suchen, ob sich hinter dem Begriff Ercolia, der doch das Gebiet der Sarazenen näher bestimmen soll, die Toponyme Erek und Chole (Erek-Cholle) verbergen.

2. Gesetzt den Fall, man könnte – neben der obigen Prämisse – die Kenntnis von der Stadt Ḥīra im Abendland nachweisen, und würde einräumen, daß ein anlautendes 'h' vielfach eliminiert wurde, wäre es wohl auch auf diesem – lateinischen – Weg möglich, Ḥīra als ersten Bestandteil des Wortes auszumachen. Daran den bekannten zweiten angesetzt, erinnert die Bildung des Wortes '(h)iracolia' = 'ercolia' stark an jene, wie sie Gregor von Tours (Hist. I,10) zur Bezeichnung der Ägypter als 'Leute vom Nil' (*Niliculae*) zum Ende des 6. Jh.s und aus Prudentius schöpfend (Adv. Symmachum II,493; vgl. H. J. Thomson, Prudentius, Bd. 2, London 1961, S. 45: „the people of the Nile") einbrachte. Augustinus sprach davon, daß man die heidnischen Götter als Himmelsbewohner (*coelicolae*) zu bezeichnen gewohnt gewesen sei (De civitate dei X,1; deutsch: München 1977, S. 465). Nach diesem Muster sollte es aber möglich gewesen sein, 'Leute von Ḥīra' als 'Hira(e)colae' bzw. dann als 'Erecole' wiederzugeben.

Th. Nöldecke lehrt uns, daß Ḥīra „eigentlich wohl Ḥêra“[136] und syrisch Ḥērtā heiße, was zu einer griechischen Schreibung Ἑρθα geführt habe. Als Ḥērthā konnten wir es in der lateinischen Version einer syrischen Chronik entdecken[137].

Entsprechend dem Terminus *Cypias / Cypium*, die wir als griechische Wörter in lateinischem Gewand erkannt haben, müssen wir auch im Fall von Ḥīra eine Schreibung in griechischen Kapitalen ansetzen; es kann darum nur wie ΕΡΘΑ ausgesehen haben. Um ein adjektivisches Suffix erweitert und die Möglichkeit hinzugerechnet, daß das griechische *P* in ein lateinisches *r* und das *Λ* in ein lateinisches *o* verlesen werden kann, ist nicht auszuschließen, daß sich im ersten Teil des Wortes Ercolia ein Hinweis auf die arabische Metropole Ḥīra verbirgt. Es wäre dies die erste und einzige Nennung dieser Stadt in den lateinischen Quellen des Abendlands.

Der Leser des 7. und 8. Jh.s vermag sich unter diesem Begriff selbstverständlich nichts vorzustellen. Doch die Szenerie der frühen arabisch-islamischen Geschichte interessiert ihn wohl auch nicht in ihren geographischen Details. Vielmehr mag ihn das Zurückweichen des oströmischen Reichs vor einem dieser *gentium sevissemorum* – wie er den Bericht natürlich versteht –, die Alexander der Große mit seinen Kaspischen Toren im Kaukasus ausgesperrt hatte, beschäftigen und das Vorrücken der Sarazenen gar gegen Jerusalem irritieren. Er bekommt einen starken Eindruck vom Entstehen einer neuen militärischen Großmacht im Osten vermittelt.

Selbst nach dem Tod des Kaisers Heraklios, unter seinem Sohn und Nachfolger Konstantin III., nimmt das wüste Treiben der Sarazenen kein Ende.

Mit diesem wenig tröstlichen Ausblick bricht das Kapitel 66 und mit ihm auch die Darstellung der oströmisch(-arabischen) Geschichte abrupt und unvermittelt ab. Doch nach dem Überschlagen der nächsten Kapitel schließt sich, wie wir oben bereits herausgearbeitet haben, das Kap. 81 nahtlos an.

---

[136] Th. Nöldeke, Geschichte der Perser und Araber zur Zeit der Sasaniden aus der arabischen Chronik des Tabari (Übersetzung u. Erläuterungen), Leiden 1879, S. 25 Anm. 1.

[137] CSCO 2, S. 31.

Der Fall Jerusalems, die Eroberung Afrikas und erste Schwäche

Stilistisch und inhaltlich bilden Kap. 81 und das Ende von Kap. 66 des 4. Buches der Fredegar-Chronik ein einheitliches Ganzes, das aus rein kompilatorischen Gründen, d.h. um in bester chronistischer Absicht eine als richtig empfundene chronologische Kollokation der Ereignisse herzustellen, vom letzten Überarbeiter oder Verfasser zerrissen und den zeitlich entsprechenden Passagen fränkischer Geschichte zugeordnet wird. Während zum Schluß von Kap. 66 zu der nur wenige Monate dauernden Regierung von Konstantinos III. als einzig wesentliches Moment erwähnt wird, daß die Sarazenen fortgesetzt das Reich verwüsten, setzt Kap. 81 mit dem Tod desselben Herrschers ein; im folgenden bietet es einen vollständigen, im Vergleich zu Kap. 66 wohltuend exakten Überblick über knapp zwei Jahrzehnte arabischer Geschichte, wie sie sich dem abendländischen Betrachter wohl darstellt. In rascher Abfolge des Geschehens wird der Leser darüber in Kenntnis gesetzt, daß auch unter Konstantios II. (641–668) die Sarazenen das Imperium auf die übelste Art und Weise heimsuchen, daß Jerusalem nebst anderen Städten in ihre Hände gefallen ist, daß sie Ober- und Unterägypten angegriffen und nach der Unterwerfung Alexandrias in Afrika sehr schlimm gehaust haben; der byzantinische Patrizius Gregorios habe den Tod dabei gefunden. Dem Reich verblieben neben Konstantinopel selbst und einigen Inseln nur noch die Provinzen Thrakien und 'Romana'. Um wenigstens diesen Bestand retten zu können, habe sich der junge *Constans* (Konstantios II.) nach einer militärischen Niederlage zu einer Tributzahlung von täglich 1000 Solidi – so die Chronik – an die Sarazenen verpflichten müssen, die das Imperium drei Jahre lang gedrückt haben soll. Doch dann mündet der Bericht in ein – aus abendländischer Sicht – zuversichtliches Ende: Nach einer Sammlung aller Kräfte vermag der Kaiser, wie der Fredegar-Chronist glauben macht, die Abgabenleistung an die Sarazenen zu verweigern: *Tandem, resumtis viribus, Constans emperium aliquantisper recoperans, tributa Saracines emplendum refutat* (MGH SS rer. Merov. 2, S. 162,15 f.). Dies ist das letzte, was die Chronik für die frühe arabische Geschichte hergibt.

In chronologischer Hinsicht bietet allein die Eroberung Jerusalems mit ihrer Nennung erst in Kap. 81 eine Schwachstelle; denn erst hier in diesem Teil des Berichts, der mit dem Tod des Konstantinos III. im Jahr 641 beginnt, springt der Fredegar-Kompilator in der chronologischen Abfolge und damit in die Schilderung von Kap. 66 zurück und genügt

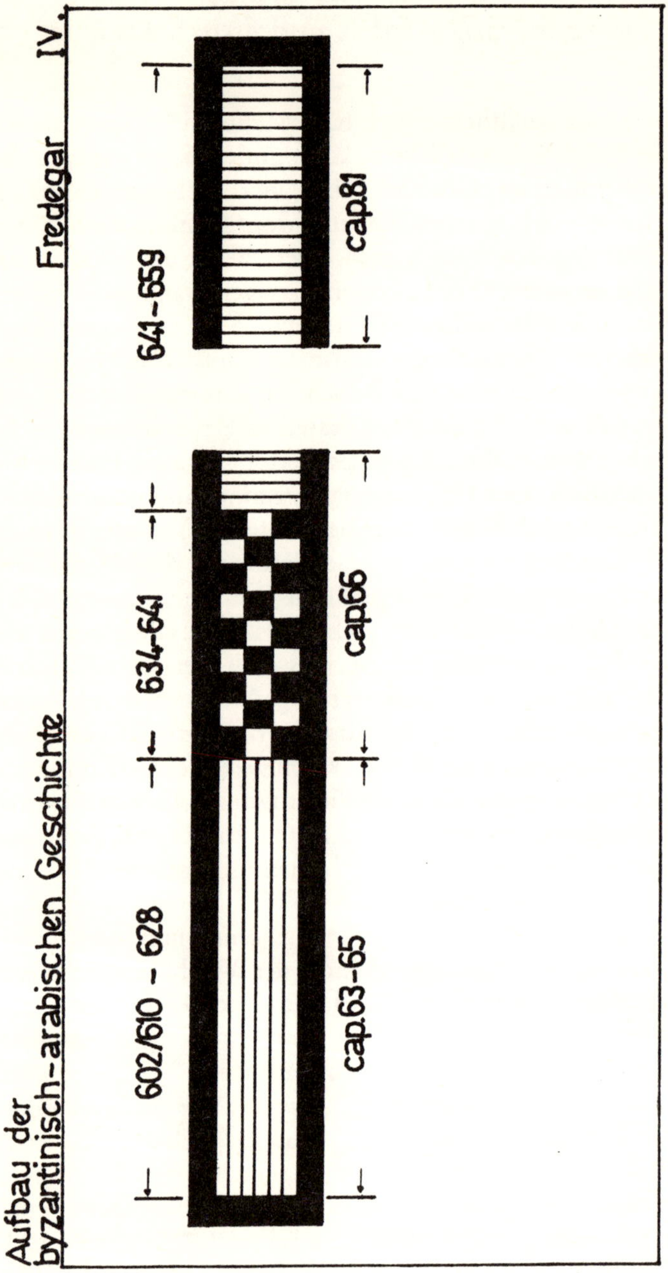
Aufbau der
byzantinisch-arabischen Geschichte
Fredegar IV.
602/610 - 628
634-641
641-659
cap.63-65
cap.66
cap.81

nun auch bezüglich der Eroberung Jerusalems in vollem Umfang seiner Chronistenpflicht. War sie zwar bereits unter Heraklios erfolgt, d.h. im Jahr 638 schon[138], und legt man sie zunächst in Kap. 66 – vielleicht in der Hoffnung, die Geschichte möge sich in diesem Fall über kurz oder lang selbst revidieren und das schreckliche Ereignis ungeschehen machen – lediglich nahe, wird sie hier ohne Umschweife konstatiert; auch die Eroberung weiterer Städte (*Hierusolema a Saracines capta, ceterasque civitates aeversae*) hält die Chronik richtig fest; wie wir heute wissen, konnte sich lediglich Caesarea, das Unterstützung über das Meer erhielt, bis 640 oder 641 halten; das übrige Syrien (mit Palästina) darf von den Arabern als okkupiert angesehen werden[139].

Völlig korrekt folgt dann auch der Angriff auf Ober- und Unterägypten (*Aegyptus superiur et inferior a Saracines pervadetur*), der im Jahr 640 nach dem Fall von al-Faramā (= Pelusium) unternommen wurde[140].

Alexandria capetur et praedatur; Alexandria hielt sich bis zum September 642. Im Jahr 645 kam die Stadt noch einmal für kurze Monate unter byzantinische Obhut, um dann zu Beginn des Jahres 646 erneut an die Araber zu fallen[141].

Folgerichtig schließt sich auch daran erst die Expansion nach Nordafrika hinein an; *Afreca tota vastatur et a Saracines possedetur paulolum; ibique Gregorius patricius a Saracinis est interfectus*. Der Ausgriff nach Westen entlang der afrikanischen Küste erreicht 647 das zu Byzanz gehörende Exarchat Nordafrika, in dessen Hauptstadt Karthago sich gerade der Exarch (was die Chronik, übertragen auf vertraute Verhältnisse, richtig als *patricius* wiedergibt) Gregorios zum Gegenkaiser aufgeschwungen hat. Er fällt im Kampf mit den Arabern, die nach der Plünderung von Sufetula (heute: Sbeitla) in Tunesien, der Residenz des Gregorios, aus jener Region wieder abziehen[142].

Als knappes Fazit der arabischen Aktivitäten bleibt nach Aussage des Chronisten nurmehr ein über die Maßen zusammengeschrumpftes

---

[138] Abel, Histoire de la Palestine, 2, S. 402 ff.: „en février 638"; vgl. E. Otto, Jerusalem – die Geschichte der Heiligen Stadt, Stuttgart 1980, S. 199. Woher Wallace-Hadrill, The Fourth Book of the Chronicle of Fredegar, S. 68 Anm. 4 als Datum der Eroberung Jerusalems das Jahr 637 bezieht, ist nicht nachvollziehbar.

[139] Hitti, Arabs, S. 153. Cambridge History of Islam, 1, S. 62.

[140] Hitti, Arabs, S. 161. Shaban, Islamic History, S. 34 ff.

[141] Hitti, Arabs, S. 166. Wallace-Hadrill, The Fourth Book of the Chronicle of Fredegar, S. 69 Anm. 1 hat wieder abweichend als Datum für die (erste) Eroberung Alexandrias das Jahr 643.

[142] Ostrogorsky, Gesch. d. byzant. Staates, S. 98 f. Diehl, L'Afrique byzantine, S. 558 ff. Cambridge History of Islam, 1, S. 63. Stratos, Byzantium, 3, S. 62 ff. u. S. 67. Als griechische Quelle vgl. Theophanes (A.M. 6138 u. 6139).

Reichsgebiet für das oströmische Imperium übrig, d.h. im einzelnen *Constantinopolis tantum cum Traciana provincia et paucis insolis, etiam et Romana provincia*, die heute noch als Romagna bekannte norditalienische Landschaft zwischen Adriaküste, den Höhen des Apennin und dem Fluß Reno mit Ravenna als bedeutendem, aber zu diesem Zeitpunkt letzten byzantinischen Zentrum auf italienischem Boden, die seit dem Langobardeneinfall aus Gründen der Abgrenzung einen 'Provinz'-Namen trägt, der bis dato nicht existierte. Auch die darüber hinausgehenden byzantinischen Besitzungen um Rom und Neapel, ferner Kalabrien und Sizilien wird die Fredegar-Chronik mit unter den Begriff Romana zusammenfassen[143]. Die *paucae insulae* nennt die Chronik indes nicht beim Namen; es können auch nicht viele mehr sein, auch keine wichtigen mehr, die nicht zumindest zeitweilig den Angriffen der Sarazenen ausgesetzt sind. Zypern ist seit 649 in arabischen Händen; Sizilien wird wohl das erste Mal 652 überfallen – wir werden davon in anderem Zusammenhang noch hören –, ein zweites Mal und auf Dauer erst 668 bzw. 669 gewonnen. Rhodos und Kreta werden 654 ausgeplündert, die Insel Kos dagegen wird bei dieser Gelegenheit fest besetzt. Das alles hat man sich vorzustellen, wenn die Chronik lapidar meint, daß dem Imperium nur noch wenige Inseln erhalten geblieben seien. Es nimmt darum den Leser kaum wunder, daß sich Konstantios II., solchermaßen geschwächt (*constrictus adque conpulsus*), in Wahrung wenigstens dessen, was ihm verblieben ist, zur Tributzahlung bereitfindet: *effectus est Saracinorum tributarius.*

Die diesem Schritt vorausgehende militärische Niederlage, auf die die Fredegar-Chronik anspielt, ist die bitterste, die der Kaiser hinnehmen muß; sie wird ihm in einer Seeschlacht, die er unter persönlichem Einsatz mit den Sarazenen austrägt, vor der lykischen Küste im Jahr 655 beigebracht[144]. Während es selbstverständlich noch andere Quellen gibt, die von diesem Vorfall berichten[145], bringt allein die Fredegar-Chronik diese Niederlage Ostroms mit einer tributpflichtigen Unterwerfung des Kaisers in Verbindung, die ihn für drei Jahre und länger ein Vermögen

---

[143] Eine Deutung des Begriffs als 'Romania' und damit als oströmisches Kulturgebiet sowie dessen Herrschaftsraum (F. Dölger, Byzanz und die europäische Staatenwelt, Ettal 1953, S. 77) ist zu diesem Zeitpunkt noch nicht möglich. 'Romana' wird m.E. erst hochmittelalterlich als Bezeichnung für das byzantinische Reichsgebiet gebräuchlich. Vgl. F. G. Maier (Hg.), Byzanz (= FWG 13), Frankfurt 1973, S. 318.

[144] J. Wellhausen, Die Kämpfe der Araber mit den Romäern in der Zeit der Umaijaden, in: NGG (phil.-hist. Kl. 1901), S. 419ff. Hitti, Arabs, S. 167. Ostrogorsky, Gesch. d. byzant. Staates, S. 97.

[145] Z.B. Theophanes (A.M. 6146) und Sebeos (hg. Macler, S. 110).

von täglich 1000 Solidi gekostet haben soll (*Trebus annis circeter et, fertur, adhuc amplius per unumquemque diem mille soledus auri aeraries Saracinorum Constans emplebat*). Da wir Kap. 81 aber bis hierher gefolgt sind, ohne in irgendeiner Sache grundlegend Zweifel anmelden zu müssen, wollen wir auch den nur durch die Fredegar-Chronik überlieferten Vertragsschluß nicht als unwahr ablehnen. Wir haben im Gegenteil bei lediglich im griechisch-byzantinischen Raum kursierenden historiographischen Berichten eher die Möglichkeit einzukalkulieren, daß man solche für das Imperium unvorteilhaften Meldungen unterdrückt hat. Desweiteren spricht die später eingetroffene, am Ende des Kap. 81 noch angerissene Umkehrung der Verhältnisse mit beinahe denselben Tributforderungen der Byzantiner an die Araber durchaus nicht gegen diesen gleichlautenden Vertrag, den die Fredegar-Chronik bewahrt hat. Dort heißt es zwar nur, daß Konstantios II. schließlich unter Aufbietung aller Kräfte Teile des Reiches zurückgewinnen und eben die Tributleistungen verweigern konnte (*Tandem, resumtis viribus, Constans emperium aliquantisper recoperans, tributa Saracines emplendum refutat*), doch die Interpreten dieser Stelle bringen seit Krusch den Vorgang zu Recht mit einem Friedensschluß in Verbindung, zu dem sich Muʿāwiya infolge heftiger Auseinandersetzungen innerhalb seines eigenen Machtbereichs bereitfindet und der u.a. „Zahlungen an das Reich“[146] beinhaltet. Womöglich läßt sich die byzantinische Seite bei der Festlegung der Details von alttestamentlich wirkenden Vergeltungsgedanken leiten; wenn wir die Angabe der Fredegar-Chronik von einem früheren Tributvertrag, der die Araber als Gewinner sieht, gelten lassen, dann sieht es doch jedenfalls ganz so aus, als würden die Byzantiner nun mit gleicher Münze die Araber zurückzahlen lassen – nebst einem Aufpreis –, was man von ihnen drei Jahre lang erpreßt hat. Die Fredegar-Chronik freilich schreibt nicht mehr davon als den Satz, wonach Byzanz weitere Zahlungen ablehnt. Von griechischer Seite her sind wir aber darüber informiert, daß die Araber sich zu einer Zahlung von täglich 1000 Goldstücken, einem Pferd und einem Sklaven verstehen müssen[147].

Für die Erörterung der Abfassungszeit des Berichts hat diese byzantinisch-arabische Abmachung aus dem Jahr 659 als Terminus post quem zu gelten. Nimmt man noch den Zeitverzug bei der Überlieferung von Ost nach West hinzu, darf man wohl von einer Aufnahme des ersten Überblicks über die frühe Geschichte der Sarazenen, den das Abendland

---

[146] Ostrogorsky, Gesch. d. byzant. Staates, S. 97.

[147] Krusch, MGH SS rer. Merov. 2, S. 162 Anm. 5. F. Dölger, Regesten der Kaiserurkunden des Oströmischen Reiches, 1. Teil, München-Berlin 1924, S. 27 Nr. 230.

lateinisch aufbewahrt, in die Fredegar-Chronik frühestens 660/661 ausgehen[148]. Damit steht gleichzeitig die Enddatierung für die gesamte Fredegar-Chronik fest, die mit einem weiteren Ereignis des Jahres 659, das IV,48 im Zusammenhang mit dem Franken Samo festgehalten ist, übereinstimmt. Auf der anderen Seite gibt es kein einziges Geschehen aus der Zeit nach 659, das in der Chronik zu finden wäre[149].

Es ist hier nicht der Ort, grundsätzlich die Fredegar-Problematik zu erörtern; wir wollen nur, so weit es die Interpretation unserer beiden 'Sarazenen-Kapitel' anbelangt, Klarheit über die Enstehung des Textes schaffen. Daß wir uns dabei mit den zu Kap. 66 und 81 bislang geäußerten Meinungen auseinandersetzen müssen, versteht sich von selbst. Als Beispiel für die Tatsache, daß die einseitige, starre Blickrichtung auf ein Phänomen, d.h.: nach den postulierten drei Fredegar-Autoren A, B und C, die Krusch entdeckt hat, und der Zuweisung ihrer Textanteile am Gesamtwerk, die wahre Fragestellung völlig in den Hintergrund abschiebt und man sich nicht scheut, in Verfolgung der Hypothese bisweilen beide Augen vor Erkanntem zu verschließen, wollen wir den Krusch-Protégé Gustav Schnürer heranziehen. Mit Sicherheit nämlich hat weder ein B noch ein C den ursprünglichen Bericht verfaßt, der diesen frühen Abschnitt arabischer Geschichte zum Inhalt hat, sondern ein Mann, der dem Geschehen, das dem Fredegar-Kompilator allenfalls in einem fürs erste abgeschlossenen Schriftstück an die Hand kommt, wesentlich näher steht. Aber Schnürer führte aus: „Es folgt dann ein Exkurs über die Regierung des Heraklius; derselbe umfaßt die Kapitel 63–66.

Von wem ist dieser Exkurs über byzantinische Geschichte, von B oder C? Für B spricht zunächst die Verknüpfung des Exkurses mit der Nachricht über die Rückkehr der fränkischen Gesandten, welche man ohne Bedenken B zuschreiben kann. Die Nachrichten, die über Heraklius gebracht werden, sind dem Verfasser gewiß eben aus den Mitteilun-

---

[148] Gegen die seit Krusch bestehende und gerade im deutschsprachigen Raum immer wieder aufgegriffene These von einer letzten Abfassungszeit der Chronik „um 658" (Wattenbach/Levison 1, S. 111; Manitius, 1, S. 224); aber auch Goffart, The Fredegar Problem Reconsidered, Speculum 38 (1963), S. 241 hält aufgrund der falschen Datierung der byzantinisch-arabischen Abmachung in das Jahr 658 an der Abfassungszeit „near 658" fest; dabei sehen wir uns durch Halphen, Une théorie récente sur la chronique du Pseudo-Frédégaire, RH 79 (1902), S. 48 wie zuletzt durch Wallace-Hadrill, The Fourth Book of the Chronicle of Fredegar, S. xx mit dem Datum 660 bereits bestätigt. Levillain ging in einer Erwiderung auf Krusch in BEC 89 (1928), S. 94 davon aus, der (eine) Fredegar-Verfasser „a entrepris d'écrire entre 658 et 661 l'histoire de son temps".

[149] Goffart, The Fredegar Problem Reconsidered, Speculum 38 (1963), S. 240 Anm. 164.

gen der beiden Gesandten geflossen. Doch nicht von allen Nachrichten läßt sich das sagen. Denn der mündliche Bericht der Gesandten kann doch nur bis zu der Zeit gereicht haben, da die Gesandten Konstantinopel verließen, d.i. im Jahr 630. Das letzte, was auf diese Reise des Servatus und Paternus zurückgeführt werden kann, ist der Sieg des Heraklius über die Perser und der Regierungsantritt des Chosroes, Siroes. Diese Ereignisse fallen in das Jahr 628; damals war der Höhepunkt der Regierung des Heraklius. Die Kämpfe mit den Arabern fallen erst in spätere Zeit. Trotzdem glaube ich diese Nachrichten B zuschreiben zu sollen. Sie werden nämlich abgeschlossen mit der Mitteilung von dem Tod des Heraklius und der Thronfolge seines Sohnes Konstantin. Kaiser Heraklius starb am 10. Februar 641. Daß sein ihm auf dem Thron folgender Sohn Konstantin schon Ende Mai 641 starb ... wird uns nicht mehr berichtet. Also der Bericht des Verfassers über byzantinische Ereignisse hört mit dem Jahr 641 auf. Damit stimmen folgende Tatsachen überein.

Die letzten Mitteilungen B.s stammen aus dem September 642. Das von ihm herrührende Kaiserverzeichnis schließt mit dem Kaiser Heraklius, dessen Tod zur Zeit der Abfassung der Liste auch schon bekannt gewesen sein muß, da dem Heraklius 31 Regierungsjahre, was richtig ist, gegeben werden. Wenn über seinen Nachfolger hier nichts steht, so erklärt sich das vielleicht daraus, daß zur Zeit der Niederschrift des Verzeichnisses dem Verfasser der Tod des Heraklius, nichts aber von seinem Nachfolger bekannt war. Weil der Abschluß des Exkurses über byzantinische Geschichte eben mit dem Abschluß von B.s schriftstellerischer Tätigkeit überhaupt zusammenfällt, deshalb haben wir berechtigten Anlaß, den ganzen Exkurs B zuzuschreiben, der also nicht allein dasjenige berichtet, was er im Jahr 630/631 von den fränkischen Gesandten erfuhr, sondern auch was ihm später noch über die Regierungszeit des Heraklius von anderer Seite zugetragen wurde, und der darum mit Recht seinen Exkurs mit den Worten einleitete: 'Acta vero miraculi, quae ab Aeraclio factae sunt, non praetermittam.'[150] ... Kapitel 81 steht ganz für sich da. Mit 'eo anno' beginnend, was schon deshalb nicht paßt, weil im vorhergehenden Kapitel von den Ereignissen der ersten drei Jahre Chlodowechs, 639–641, gesprochen wird, wird uns eine knappe Zusammenstellung byzantinischer Ereignisse aus den Jahren 641–658 gegeben. Krusch hat im einzelnen gezeigt, wie die angeführten Tatsachen durch die griechischen und arabischen Quellen bestätigt werden, und auch den Beweis erbracht, daß das Kapitel von dem austrasischen Schreiber C verfaßt sein muß" (NA 7, S. 424ff. u. S. 433)[151].

[150] Schnürer, Die Verfasser der sogenannten Fredegar-Chronik, S. 109f.
[151] ibid. S. 123f.

Qualitativ kaum anders sehen wir die fraglichen Kapitel bei früheren und späteren Forschungsansätzen behandelt; die Betrachtungsweise verschiebt sich lediglich um minimale Aspekte, die immer von der jeweiligen zu beweisenden Anzahl von Autoren, die an der Fredegar-Chronik mitgewirkt haben sollen, herrühren. Eine eigene Wertung wurde ihnen bislang nicht zuteil.

Indem aber Hellmann einen dritten Autor C in Abrede stellt und somit keine Zuweisung der Kap. 66 und 81 an zwei verschiedene Autoren B und C – wie durch Krusch und Schnürer geschehen – mehr vornehmen muß, sehen wir uns in unserem Ansatz einer einheitlichen, abgeschlossenen Textgestaltung des Berichts, in welcher er als Ganzes von einem Kompilator/Verfasser in die Fredegar-Chronik aufgenommen wird, bestätigt[152]. Desweiteren haben die kapitelübergreifenden sprachlichen Untersuchungen Hellmanns in überzeugender Weise ergeben, daß die von seinem Autor B stammenden Kapitel 'zur fremdländischen Geschichte' sowohl 'gemeinsame Verschiedenheiten gegenüber den fränkischen' aufweisen[153], als auch insgesamt voneinander sprachlich zu unterscheiden sind. Die Kapitel zur byzantinischen Geschichte freilich bilden auch nach Hellmanns Auffassung eine Einheit; das Kap. 81 trennt er von Kap. 63–66 nur aufgrund seines 'notizenartigen' Charakters ab und meint zu den Kapiteln über Samo (Kap. 48), langobardische (Kap. 49–51, 69–71) und byzantinische Geschichte: „man darf nicht an die Novellensammlung eines einzelnen Erzählers denken, der B sie entnommen hätte."

Wie wir andererseits oben darlegen konnten, schließt sich auch Kap. 81 inhaltlich wie formal sehr wohl nahtlos an Kap. 66 an. Daß es keine novellistischen Züge trägt, sondern sehr sachlich und in äußerster Kürze die wesentlichsten Punkte der weiteren arabischen Expansion aneinanderreiht, ist kein Beleg dafür, daß das Kap. 81 bis zu seiner Aufnahme in die Fredegar-Chronik ein Eigenleben führte. Selbst die in die falsche Richtung weisende, von Schnürer vorgebrachte Betonung des *eo anno*-Anschlusses zu Beginn von Kap. 81 ist kein Indiz für eine Trennung der beiden Stücke[154]. Durch den eigenen Hinweis, daß „im vorhergehenden Kapitel von den Ereignissen der ersten drei Jahre Chlodowechs, 639–641, gesprochen wird", und die Tatsache aber, daß sich der Anfang *eo anno* genau auf das Jahr 641 bezieht, entkräftet Schnürer den Einwand selbst. Und seine Bemerkung, wonach Krusch den Nachweis

152 Hellmann, Das Fredegarproblem, HVJ 29 (1935), S. 59.
153 ibid. S. 65.
154 Schnürer, Die Verfasser der sogenannten Fredegar-Chronik, S. 123f.

erbracht habe, „daß das Kapitel von dem austrasischen Schreiber C verfaßt sein muß“, ist nun auch nicht gerade ein überzeugendes Argument per se, zumal wenn man sich die Haltung Hellmanns gegen einen dritten Schreiber C und die Einstellung z.B. von Goffart gegen mehrere Autoren überhaupt vor Augen führt. Man hat daher offensichtlich – weg von aller Diskussion um die Anzahl der Fredegar-Verfasser – nach einem anderen Erklärungsmodell für die Entstehung und Übernahme der Textpartien zur byzantinisch-arabischen Geschichte in die Chronik Ausschau zu halten.

Den entscheidenden Hinweis liefert neben den Erkenntnissen, die wir bei der Behandlung von Kap. 66 gewonnen haben, das Ende von Kap. 81 selbst, wo der Kompilator expressis verbis von einer Vorlage spricht. Nachdem er ausgeführt hat, wie die Tributforderungen der Sarazenen mit vereinten Kräften unter Konstantios II. endlich zurückgewiesen worden seien, sagt er mit Blick in die Zukunft: *Quemadmodum haec factum fuisset aeventum, anno in quo expletum est in ordene debeto referam et scribere non selebo, donec de his et alies optata, si premiserit Deus, perficiam, uius libelli cumta mihi ex veretate cogneta inseram* (MGH SS rer. Merov. 2, S. 162,16–19); das meint: „Wie es dazu kam, werde ich entsprechend dem Jahr, in dem sich etwas zugetragen hat, der schuldigen Ordnung gemäß berichten und ich werde nicht aufhören zu schreiben, bis ich von diesem und anderem – so Gott will – das Wünschenswerte fertig berichtet habe; ich werde alles das aus diesem Büchlein noch einfügen, von dem ich weiß, daß es auf Wahrheit beruht.“ Doch anscheinend verstehen nur wir das Ende des langen Satzes auf diese Weise. Wallace-Hadrill z.B. übersetzt[155]: „and so I shall include everything in this book that I know to be true.“ Die Bezüge innerhalb des Satzes sind dabei völlig verdreht; Wallace-Hadrill meint, der Autor wolle alles, was er für wahr halte, in das Buch einfügen, und reißt damit in m.E. unzulässiger Weise *uius libelli* und *cumta* auseinander. Er läßt zwar zunächst auch *cumta* als Objekt von dem Verbum *inseram* abhängen, faßt dann jedoch den Genitiv *uius libelli* nicht wie wir partitiv bzw. attributiv auf, sondern nimmt ihn wie – dann erforderliches – *huic libello* bzw. *in hunc libellum*. Das halten wir, um der Wendung einen Sinn zu geben, für nicht notwendig[156]; man hat davon auszugehen, daß der Kompilator mit *uius libelli cumta* auf die Teile seiner Vorlage anspielt, die er ihr zur Beschreibung der byzanti-

---

155 Wallace-Hadrill, The Fourth Book of the Chronicle of Fredegar, S. 69.

156 Vgl. den – allerdings nur ähnlichen – Satz in der Vorrede zu Buch IV; MGH SS rer. Merov. 2, S. 123, 25f.; übers. bei Wallace-Hadrill, The Fourth Book of the Chronicle of Fredegar, S. 3.

nisch-arabischen Geschichte in großem Maß entnimmt. Sie liegt ihm bereits in lateinischer Version vor; doch ähnlich wie z.B. die ebenfalls in die Fredegar-Chronik aufgenommene Herrscher-Liste, die mit Heraklios schließt[157], ist sie, wie die Betrachtung der originär griechischen geographischen Termini erbracht hat, dem griechisch-orientalischen Sprachkreis zuzuordnen. In welcher äußeren Form der Bericht im Frankenreich eingetroffen ist und schließlich unserem Fredegar-Autor vorliegt, verschweigt er. Die Bandbreite der Vermutungen muß dabei von der Annahme reichen, man habe sich darunter eine allgemeine Chronik, aus welcher er die ihm bislang fehlenden, aber als wesentlich empfundenen Ereignisse im Osten herauspickt, vorzustellen, bis hin zu der Möglichkeit, der Autor ziehe bereits ein Buch heran, das eine gezielte Sammlung oströmisch-arabischer Kriegszustände darstellt, die er für seinen Gebrauch in einzelne Passagen zerschneidet und *anno in quo expletum est in ordene debeto* in sein Werk einbaut. Die Betitelung der einzelnen Kapitel schließlich weist den (abschließenden; letzten?) Überarbeiter[158] als Historiographen mit einem treffenden Blick für die Bewertung geschichtlicher Ereignisse aus. Er notiert in der Capitulatio zu Buch IV, als begreife er in der Tat die arabischen Aktivitäten als den Beginn erst einer unaufhaltsamen Umwälzung, für Kap. 66 als Titel: *De inicium infestaciones Saracinorum contra imperio*; auch der Titel zu Kap. 81 (*De imperium Constantis et vastationem Saracinorum*) geht noch nicht von einem Ende dieser Bewegung aus[159]. Aufgrund des Schlusses von Kap. 81 müssen wir ohnedies davon ausgehen, daß die Vorlage noch etwas weiter reicht, möglicherweise noch Ereignisse aufweist, die jenseits des als Entstehungsgrenze der Chronik insgesamt aufgefaßten Jahres 660 liegen, infolge des Abschlusses der Chronik aber nicht mehr gänzlich Eingang findet. Bereits Hellmann hat die Vermutung geäußert, daß diese Kapitel zur byzantinisch-arabischen Geschichte „ganz oder teilweise jüngerer Zusatz“[160] sind, der dann — wenn man den Zeitansatz für die älteste Handschrift berücksichtigt — spätestens bis etwa zur Mitte des 8. Jh.s eingebracht worden sein muß. Durch Händler, Pilger oder in dienstlichem Auftrag zwischen Rom und Konstantinopel reisende Geistliche ist die Schrift (via Italien?) ins Frankenreich gelangt.

157 Goffart, The Fredegar Problem Reconsidered, Speculum 38 (1963), S. 212: „These catalogues do not come from Isidore's chronicle but rather, as Krusch showed, from a Greek compilation, probably through a Latin translation.“ Vgl. Krusch, Die Chronicae des sogenannten Fredegar, NA 7 (1882), S. 471f.

158 Zur Einteilung in einzelne Kapitel s. Manitius, 1, S. 225.

159 MGH SS rer. Merov. 2, S. 121.

160 Hellmann, Das Fredegarproblem, HVJ 29 (1935), S. 67.

Ein letzter vergleichender Blick auf die orientalische Literatur läßt die Annahme zur Gewißheit werden; gerade syrische Chroniken sind zum Teil von einer Übereinstimmung mit dem in der Fredegar-Chronik, insbesondere in IV,66, vorliegenden Bericht, die weit über die durch den gleichen Inhalt zwangsläufig bedingte inhaltliche Ähnlichkeit hinausgeht[161]: *Heraklius imperator Romanorum, his rebus compertis, magnum exercitum in eos misit. . .; sed ab Arabibus devicti sunt, qui plus quam centum millia Romanorum et ducem interemerunt. Īsōʿdadh quoque Ḥērthā urbis episcopum ibi, in urbe Sōsṭrē, degentem apud ʿAbd Masiḥ, qui legationis officio inter Arabes et Romanos fungebatur, necaverunt; potiti sunt autem Arabes tota regione Syriae et Palaestinae. Aegyptum quoque ingredi erant in animo, sed non valuerunt; custodiebantur enim fines exercitu magno et vi, a patriarcha Alexandrino, locis quoque quibus hostes in regionem ingredi et egredi possent praeclusis, et exstructis in ripa Nili per omnem regionem muris, quorum altitudine coerciti Arabes ingredi et occupare Aegyptum, Thebaidem et Africam provinciam aegre potuerunt. Heraklius imperator, dolore oppressus, quod Romani profligati essent, ad urbem regiam perrexit, et morbo correptus, mortuus est.*

Bis hin zur Nennung der Stadt Ḥīra und zu dem Bemühen, den Kaiser Heraklios für alle arabischen Erfolge — hier ganz deutlich auch solche, die nach seiner Zeit liegen — verantwortlich zu machen, sind die Berührungspunkte zwischen dem Abschnitt der byzantinisch-arabischen Geschichte in der Fredegar-Chronik und dem oben zitierten aus dieser syrischen Chronik evident. Selbst in dem Punkt, daß die Einnahme Jerusalems nicht gesondert hervorgehoben wird, erinnert die Darstellung an Fredegar IV, 66, ohne damit auf eine exakte Vorlage verweisen zu wollen. Eine solche wird sich mit Sicherheit nicht mehr ausmachen lassen; für den Hauptteil von Kap. 81 mit seinen kurzen, möglicherweise aufgrund einer mündlichen Berichterstattung rasch notierten, im Gegensatz zu Kap. 66 gleich auf lateinisch niedergeschriebenen Sätzen möchten wir sie ohnedies von vornherein ausschließen. Sie scheinen in dem ersten zusammenhängenden Bericht, der im Westen kursiert und in dieser Form auch dem Fredegar-Kompilator zugänglich wird, unmittelbar an den älteren, bereits literarisch ausformulierten Teil, der heute Kap. 66 bildet, angefügt gewesen zu sein.

Inwieweit die festgehaltene, d.h. in Kap. 81 definitiv ausgesprochene Bedrohung Jerusalems durch die Sarazenen in Europa aufhorchen läßt, teilt der Text nicht mit. Doch die Tatsache, daß die Ereignisse im Orient in solcher Breite auch in die Fredegar-Chronik aufgenommen und damit erstmals in einem Geschichtswerk der lateinisch schreibenden

[161] In der lat. Version nach CSCO 2, S. 31.

Welt verzeichnet werden, belegt die Bedeutung – gleich welcher Tiefe –, die man dem Geschehen beimißt. Sie läßt sich noch weiter ausloten, wenn man als Gradmesser der Wirkung, die die Nachrichten erzeugen, die enorme Schnelligkeit, mit welcher die Neuigkeiten zunächst nach Westen und dann nach Norden getragen werden, einzuführen bereit ist. Aufgrund der geographischen Nähe zu den Sarazenen, einige Aufregung um dunkle, womöglich nur missionarischem Eifer entsprungene, dem byzantinischen Kaiser aber suspekte Beziehungen des Papstes zu den Sarazenen, wird ihre Beachtung gerade von römischer Seite verständlich, wo die Erinnerung an den Kaiser Heraklios als Häretiker – so ein Schreiben des Papstes Martin I. von 649 – noch vollauf lebendig ist[162] und die Suche nach möglichen Koalitionen gegen Ostrom manchen Plan gebären mag. Um so wichtiger ist es für den Westen, sich ein Bild von den Sarazenen machen zu können. Von der geopolitischen, militärischen Seite her ist jenes aus der Fredegar-Chronik für die Frühzeit unübertroffen.

Papst, Byzanz und Sarazenen: ein Spannungsfeld

Die primäre Quelle für die Geschichte des Papsttums jener frühmittelalterlichen Epoche bildet der Liber pontificalis; er ist dies auch für die ersten arabischen Angriffe auf die Insel Sizilien und die Ausbreitung der Sarazenen bis tief hinein nach Westeuropa. Eine sehr dunkle Begebenheit um Papst Martin I. (649–653), die diesen in eine den zeitgenössischen, kritischen Betrachtern wohl höchst suspekt anmutende Beziehung zu den Sarazenen bringt, hat er freilich nicht aufbewahrt.

Den Vorgang spiegelt ein Schreiben von Papst Martin I. wieder, das mit Sicherheit unter den Leuten seiner nächsten Umgebung, die die Auseinandersetzungen innerhalb der Kirche und die letztlich zwischen dem römischen Bischof und dem byzantinischen Kaiser aufgebrochenen Differenzen beobachten, für Gesprächsstoff sorgt, falls es wirklich bereits ihnen und nicht erst den Menschen des 9. Jh.s vorliegt; denn auch wenn wir nicht die Ansicht Caspars teilen, wonach der Brief erst in der Exilszeit des Papstes am Schwarzen Meer verfaßt wird[163], können wir die Möglichkeit nicht völlig außer acht lassen, daß er dem Inhalt nach erst durch Anastasius Bibliothecarius (800–879) von Konstantino-

---

[162] PL 87, Sp. 176D.

[163] Caspar, Papsttum 2, S. 566f.

pel nach Rom gelangt[164]. Doch ob noch in der zweiten Jahreshälfte 653 oder erst kurz vor seinem Tod im September 655 als späte Rechtfertigung am Schwarzen Meer verfaßt – wir kommen darauf noch einmal zu sprechen, sobald uns der Inhalt des Briefes vertraut ist –, gibt er natürlich die Meinung des Papstes, damit eines der führenden westlichen Männer und wohl auch seiner Umgebung hinsichtlich der Sarazenen und einer ihnen womöglich zugedachten Rolle im 'internationalen', kirchenpolitischen Geschehen des Mittelmeerraumes wieder. Im Blickpunkt eines unmittelbaren Interesses stehen die Sarazenen spätestens seit ihrem Überfall auf Sizilien im Jahr 652.

Der Inhalt des strittigen Schreibens führt vorderhand zu der Überlegung, welche der beiden sich befehdenden Parteien mehr Glaubwürdigkeit für sich beanspruchen darf. Von Byzanz werden Anschuldigungen laut, nach welchen Papst Martin zusammen mit dem Exarchen Olympios Hochverrat begangen, wenn nicht gar diesen dazu angestiftet sowie den nach Sizilien eingefallenen Arabern Geld und Schriften übersandt hat; die päpstliche Verteidigung weist dagegen energisch sämtliche Anklagepunkte in Bausch und Bogen zurück.

Um etwas Licht auf die Verhältnisse werfen zu können, die den angeführten Zwist hervorrufen, ist es nötig, kurz die Vorgeschichte und das Umfeld darzutun, in dem der Fall sich entwickelt[165].

Martin ist nicht nur ohne die als üblich erachtete Bestätigung durch den Kaiser, sondern eher noch gegen dessen Willen zum Nachfolger des verschiedenen Papstes Theodor erkoren worden; seine Wahl wird von beiden Lagern als Kampfansage verstanden. Auf der einen Seite steht die orthodoxe Westkirche mit zahlreichen, zum Großteil jedoch nur in der eigenen Vorstellung (noch) vorhandenen bzw. erst geplanten orientalischen Gemeinden und mit den Beschlüssen von Chalkedon als geistiger Grundlage; auf der anderen Seite befindet sich die durch das Kaiserhaus abgesicherte byzantinische Kirche, die mit der Absicht, den abgesprengten Monophysiten – insbesondere der Levante – eine Brücke zur Annäherung zu bauen, im scharfen Gegensatz zu Rom die Lehre von dem einen Willen Jesu (Monotheletismus) vertritt.

---

164 Vgl. PL 129, Sp. 587. Zur Person des Anastasius vgl. H. Zimmermann, Das Papsttum im Mittelalter, Stuttgart 1981, S. 82–89.

165 Vgl. Haller, Papsttum 1, S. 235–240. Caspar, Papsttum 2, S. 553f. u. 564–572. F. X. Seppelt, Geschichte der Päpste, 2, München 1955, S. 61–66. L. M. Hartmann, Geschichte Italiens im Mittelalter, 2,1, Leipzig 1900, S. 224–231. O. Bertolini, Roma (Di fronte a Bisanzio e ai Langobardi), Bologna 1941. Ostrogorsky, Gesch. d. byzant. Staates, S. 99f. Stratos, Byzantium, 3, S. 89ff.

Der nun zum Papst erhobene Martin ist einst Mitglied der Gesandtschaft gewesen, die in Konstantinopel für einen handfesten Eklat sorgt. In einer noch 649 nach Rom einberufenen Synode wird der Streit um die wahre Glaubenshaltung auf die Spitze getrieben. Ein jeder, der sich zum Monotheletismus bekennt, wird „wegen Ketzerei verflucht"[166], der Patriarch von Konstantinopel für abgesetzt erklärt, ohne daß diese hektisch betriebenen Maßnahmen freilich realiter Folgen zeitigen.

Byzanz reagiert damals schon äußerst massiv. Der Exarch von Ravenna, des Kaisers weltlicher Vertreter auf italienischem Boden, erhält den Befehl, Martin festzunehmen und nach Konstantinopel zu deportieren. Daß dies unterbleibt, läßt aber im Osten gerade den Schluß einer gemeinsamen Sache beider, nämlich des Papstes mit dem Exarchen, zu. Aber Olympios, der Exarch, kann nicht mehr zur Rechenschaft gezogen werden; er kommt auf Sizilien um[167]. Martin indes gerät unter die Anklage des Hochverrats. Im Juni des Jahres 653 nimmt ihn der neue Exarch, Theodor Calliopa, unter unwürdigen Umständen fest. Nach mehrmonatigen Verhandlungen (Dez. 653–März 654) wird Martin zunächst zum Tod verurteilt, schließlich aber zum Exil in Cherson am Schwarzen Meer verbannt, wo er im September 655 verstirbt.

In dem Zeitabschnitt, den er in unwirtlicher Umgebung fern von Rom verleben muß, schreibt er zahlreiche Briefe an Freunde und Bekannte. Irgendwann nach seiner erzwungenen Abreise aus Italien, vermutlich aber noch bevor er überhaupt Konstantinopel erreicht, verfaßt er auch den Brief an Theodor, einen Gelehrten an der Hagia Sophia, in dem er sich erstaunlicherweise nicht zum Vorwurf des Hochverrats, der immerhin zu seiner Verurteilung führen wird, äußert, sondern sich einzig gegen — seiner Meinung nach — verleumderische Gerüchte über Verbindungen zwischen ihm und den Sarazenen verwahrt; dabei spielen diese in dem bevorstehenden Verfahren anscheinend überhaupt keine Rolle. Martin beteuert: *Ego aliquando ad Sarracenos nec litteras misi, nec quem dicunt tomum qualiter credere debeant, aut pecunias unquam transmisi, exceptis duntaxat quibusdam illuc venientibus servis Dei causa eleemosynae, quibus et modicum quid praebuimus minime ad Sarracenos transmissum*[168]. Anders, als daß die Vorwürfe im Zusammenhang mit den Sarazenen sehr prägnant erhoben worden sein müssen, läßt sich sein punktuelles

---

166 Haller, Papsttum, 1, S. 237.

167 Sein Tod wird gerne mit dem Sarazeneneinfall von 652 in Verbindung gebracht; s. dazu u. S. 192, 195 f.

168 Sancti Martini pontificis Romani Ep. XIV (ad Theodorum), in: PL 87, Sp. 199 A; ebenso in: Mansi 10, Sp. 850 C–D.

Eingehen auf diese nicht erklären; und ein derartiges Schreiben gibt überhaupt nur dann einen Sinn, wenn es noch vor dem Prozeß verfaßt worden ist.

Nach Caspar jedoch schreibt Martin den Brief in seiner Exilszeit am Schwarzen Meer[169], d.h. also frühestens am 15. Mai 652, dem Tag seiner Ankunft in Cherson; nimmt man den unklaren Hinweis Caspars auf „Reisebriefe“[170] Martins hinzu, erweitert sich der Zeitraum geringfügig nach hinten bis etwa Ende März, als er Konstantinopel Richtung Schwarzes Meer verlassen muß. Daß Martin auf den Vorwurf des Hochverrats nicht eingeht, wertet Caspar als mögliches Eingeständnis der erkannten Schuld[171]. Dies erscheint wenig plausibel. Welchen Sinn soll es haben, sich vor einem Freund in Konstantinopel, der sicherlich bestens über alles Vorgefallene, also auch den Prozeß und die Begründungen, die zu Martins Verbannung führen, unterrichtet ist, irgendwelcher nachgesagter Verbindungen zu den Sarazenen im nachhinein zu erwehren, obwohl diese im Prozeß selbst überhaupt nicht zur Sprache gekommen sein sollen, geschweige denn zu seiner Verurteilung beigetragen haben? In diesem Fall, daß der Brief erst am Schwarzen Meer verfaßt wird, müßte Martin aber gerade auf den Vorwurf des Hochverrats eingehen und diesen, so gut es ihm gelingt, entkräften, wenn er bei Theodor auf Verständnis und möglicherweise auf Hilfe hoffen will. Da er aber nicht in diesem Sinne sein Schreiben anlegt, erscheint mir die Datierung des Briefes in die Zeit des Exils als unwahrscheinlich. Er kann m.E. nur vor Martins Ankunft in Konstantinopel geschrieben sein, und zwar in der Hoffnung, das Terrain zu seinen Gunsten zu bereiten; Martin will seine Bekannten vorab darüber informieren, wie sich ihm der Fall darstellt. An eine Anklage wegen Hochverrats mag er dabei ernsthaft (noch) gar nicht denken; dies ist die Ursache, weshalb der Punkt in dem Schreiben nicht auftaucht. Selbst wenn wir anerkennen, daß Martin nur mit einem kleineren Übel, d.h. den Sarazenen, von dem großen des Hochverrats ablenken will und deshalb das eine aufbauscht und das andere unter den Tisch fallen läßt, wie Caspar wiederum meint, ist es nur vor einem Prozeß sinnvoll, eine solche Haltung einzunehmen, und niemals danach. Wir haben uns daher die Abfassung des Schriftstücks in der Zeit seiner Überstellung von Rom nach Konstantinopel bis zum Prozeßbeginn in der östlichen Hauptstadt zu denken und treffen uns dabei in etwa mit Jaffé, der den Brief (Nr. 2078) noch in die Spanne

169 Caspar, Papsttum, 2, S. 566f.
170 ibid. S. 568 Anm. 4.
171 ibid. S. 567.

von September bis Dezember 653, also in den Zeitraum von der Ankunft Martins in Byzanz bis zum Prozeß datiert[172].

So wehrt sich Martin vor den Zeitgenossen nur gegen die Anschuldigung, den Sarazenen auf Sizilien

a) Briefe (*litterae*) geschickt,
b) eine Schrift (*tomus*) religiösen Inhalts (*qualiter credere debeant*) übersandt und
c) Geldbeträge (*pecuniae*) übermittelt

zu haben. Was die Gelder angeht, räumt er zwar Zahlungen – wie der historische Kontext nahelegt, an die notleidende und von Kriegen heimgesuchte Bevölkerung bzw. Kirche Siziliens[173] – ein, bezeichnet diese jedoch als Almosen, die keinesfalls den Sarazenen zugedacht gewesen seien. Martins Gegnern mag diese Behauptung als Ausrede erscheinen, die eine denkbare finanzielle Unterstützung derer, die das byzantinische Imperium bekämpfen, nur vertuschen soll. Andererseits kann man sich selbst in Konstantinopel die Sarazenen wohl kaum ernsthaft in der Rolle der Geldempfänger vorstellen; geht man nämlich von dem schwerwiegenden und letztlich für das Schicksal des Papstes einzig entscheidenden Anklagepunkt des Hochverrats aus, der auf der Verbindung Martins mit dem aufständischen Exarchen Olympios basiert, heißt das doch in der Konsequenz, daß Martin in den Sarazenen auf Sizilien die Gegner seines Verbündeten unterstützt hätte. Falls also überhaupt Subsidien dieser Art vom Papst ausgegangen sind, dann allenfalls an Olympios, die dieser in erster Linie gegen Byzanz und erst in zweiter – wenn überhaupt – gegen die Araber, deren Invasion er nicht vorhersehen kann, eingesetzt hat. Möglicherweise liegt demnach in Konstantinopel vor Prozeßbeginn in der öffentlichen Meinung eine Verwechslung – und ist sie nur konstruiert! – in der Weise vor, daß man eine finanzielle Unterstützung der Gegner durch den Papst annimmt und als solche, gemäß der überaus brisanten Situation an den nächsten Grenzen, alleine die Sarazenen vor Augen hat. Bis zur gerichtlichen Verhandlung sind dann freilich die tatsächlichen Verhältnisse recherchiert und die offenkundigen Widersprüche geklärt. Die Almosenzahlungen nimmt man dem Papst nicht ab, sondern klagt ihn unter dem Aspekt des Hochverrats der Hilfeleistungen für Olympios, der sich gegen die Oberherrschaft in Byzanz erhoben hat, an und läßt dabei den wohl zunächst gegen Martin erhobenen Vorwurf von Zahlungen an die Araber fallen.

---

[172] Ph. Jaffé, Regesta Pontificum Romanorum, 1, Leipzig 1885, S. 233. Vgl. Caspar, Papsttum, 2, S. 779f.

[173] Caspar, Papsttum, 2, S. 567: „Handlungen caritativer Fürsorge in den arabischen Invasionsnöten."

Ähnlich schwierig wie die Interpretation des Geldtransfers zeigt sich die der von Martin *tomus qualiter credere debeant* genannten Schrift; denn es läßt sich an dieser Stelle weder die genaue Bedeutung von *tomus* bestimmen[174], noch ohne Zweifel das Subjekt zu *dicunt* feststellen, da man dahinter sowohl die Sarazenen[175] als auch – vor dem hier wiedergegebenen Zitat erwähnte – *haeretici* vermuten kann. Diese letztere Zuordnung von Subjekt und Prädikat wird, wenn man den Ausdruck nicht ohnehin unpersönlich verstehen will, den Zeitgenossen kaum Schwierigkeiten bereiten; diese haben sie dafür nicht weniger als wir heute mit dem Terminus *tomus*, der einer präzisen begrifflichen Definition ermangeln muß. Weshalb sonst sollte sich der Papst bemüßigt sehen, von einem 'sogenannten tomus' (*quem dicunt tomum*) zu sprechen, als er eine nicht sehr gebräuchliche, möglicherweise (noch) als Fremdwort verstandene Bezeichnung zur Umschreibung eines 'Buches' wählt, das er den Sarazenen auf keinen Fall geschickt haben will[176]. Auch die Erläuterung, die Martin selbst unmittelbar auf den Begriff *tomus* folgen läßt, klärt nicht weiter auf. Nimmt man *qualiter credere debeant* freilich als Zweckbestimmung der Schrift, hat man davon auszugehen, daß der Papst vermittels religiöser Literatur, in der man nachlesen kann, 'wie man glauben soll', Andersgläubige der wahren Kirche zuzuführen bemüht ist. Vermutlich handelt es sich dabei sogar um *das* Glaubensbekenntnis. Knapp

---

174 Vgl. A. Blaise, Dictionnaire Latin-Français des auteurs chrétiens, Tournhaut 1954, S. 819.

175 Die Sarazenen einzusetzen würde natürlich bedeuten, einen relativ engen Gedankenaustausch mit ihnen und über sie vorauszusetzen, was in Anbetracht der frühen Zeitstellung dieser Quelle nicht sehr wahrscheinlich ist.

176 Die Schwierigkeiten, die der Begriff heute noch aufwirft, dokumentieren am besten die zahlreichen Beispiele in der Literatur, wo 'Tomus' unübersetzt stehenbleibt; z.B. bei E. Ewig, Zum christlichen Königsgedanken im Frühmittelalter, in: ders., Spätantikes und fränkisches Gallien 1, S. 25: „Der König konnte dem Konzil Anträge in Sachen der Liturgie und der kirchlichen Ordnung unterbreiten. Er überreichte ihm auf der Eingangssitzung einen Tomus, in dem die von ihm gewünschten Beratungsgegenstände verzeichnet waren"; z.B. bei Zimmermann, Papsttum, S. 21: „Im Zusammenwirken von Kaiser und Papst... sei dann ein... Konzil zustandegekommen, wo von den versammelten Bischöfen aufgrund eines von Leo stammenden 'tomus' die Zweinaturenlehre anerkannt wurde...". Zur Begrifflichkeit s. B. Bischoff, Paläographie des römischen Altertums und des abendländischen Mittelalters, Berlin 1979, S. 34. In unserem Fall zielt der Begriff *tomus* jedoch nicht auf die äußere Gestalt eines Schriftstückes, sondern – wie der Zusatz *qualiter credere debeant* selbst verrät – auf eine, wenn auch vage, inhaltliche Bestimmung im Sinne von 'Glaubensgrundsätze'; vgl. B. Atsalos, La terminologie du livre-manuscrit a l'époque byzantine, 1, Thessaloniki 1971, S. 150–161, bes. S. 152.

hundert Jahre später, als Papst Zacharias fränkischen Bischöfen ihr Pallium schickt, erklärt er ihnen, *quomodo fidem suam exponere debeant*[176a].

Martins Brief liefert insofern den frühesten Beleg dafür, daß man im Okzident die Araber zumindest nicht als Christen römischer Prägung anschaut, vielleicht schon als Andersgläubige. Deshalb aber gleich, ausgehend von dieser Stelle in Martins Brief, wie M. Amari die Bezeichnung 'Ungläubige' („quegli Infedeli")[177] einzubringen, die später viel zur Vergiftung der christlich-islamischen Beziehungen beiträgt, ist verfrüht; denn wir haben eher Grund anzunehmen, daß die damaligen Leser mit dem Wissen von einer Kirchenprovinz Arabia und Bischöfen daselbst auch die Bewohner jener Region für Christen halten.

Frühere Briefe Martins legen davon Zeugnis ab. So sollte, auch wenn letzten Endes „nichts daraus geworden"[178] ist, auf Anordnung Martins der 'arabische' Bischof Johannes von Philadelphia ('Ammān) in den Gebieten der inzwischen von den Arabern besetzten Patriarchate Jerusalem und Antiochia nach Rom ausgerichtete Bischöfe und andere Geistliche einsetzen: *Joanni dilecto fratri nostro, episcopo Philadelphensium civitatis, ut locum nostrum in omnibus ecclesiasticis articulis in partibus orientis suppleat, et creet in omnibus civitatibus, quae Antiochenae sedi, quaeque Jerosolymitanae sacerdotaliter subsunt, episcopos, et presbyteros et diaconos*[179].

Dem Inhalt dieses Briefes und weiterer an Johannes und andere nach zu schließen[180], vertritt Rom die Auffassung, daß die Kirchen im Orient, soweit sie jetzt auf arabischem Gebiet liegen, keinerlei Beeinträchtigungen erfahren[181]. Als Gegner der Kirche spricht Martin in seinen Briefen stets nur die Monotheletisten der byzantinischen Richtung an, gegen die es den rechten Glauben zu verteidigen gilt; über die Sarazenen verliert er kein Wort. Die genannten Briefe erlauben die Feststellung, daß der Papst in dem seit anderthalb Jahrzehnten arabischen Gebiet Jerusalem[182] und Antiochia[183] als Bischofssitze annimmt; darüber hinaus

---

176a Nach Schieffer, Angelsachsen und Franken, S. 1530.

177 M. Amari, Storia dei Musulmani di Sicilia, 1, Catania 1933, S. 193.

178 Haller, Papsttum, 1, S. 237.

179 PL 87, Sp. 177f.

180 Sancti Martini Papae Epp. V–XI; PL 87, Sp. 153–180.

181 K. G. Bruns/E. Sachau, Syrisch-Römisches Rechtsbuch, Leipzig 1880 (Nachdr. Aalen 1961), S. 173: „Der Islam brachte den Bischöfen den größten Gewinn. Alle Macht, welche die weltlichen Behörden der Römischen Kaiser ausgeübt hatten, wurde in ihre Hände gelegt. Aus Kirchenfürsten mit sehr beschränkter Machtsphäre wurden sie die staatlichen anerkannten Häupter ihrer Kirchen und Gemeinden in allen geistlichen Angelegenheiten wie in der Administration und Jurisdiktion."

182 Ep. XI; PL 87, Sp. 176 A u. 180 A.

183 Ep. XI; PL 87, Sp. 176 B u. 180 A.

nennt er Bischöfe für die Orte *Philadelphia* (ʿAmmān)[184], *Esbus* (Ruinenort Ḥesbān)[185], *Dor(a)* (Ṭanṭūra, an der Mittelmeerküste)[186] und das nicht mehr lokalisierbare, vielleicht in der Provinz Palaestina III zu suchende *Bacatha*[187]. Lediglich für *Adraa* bzw. *Edrai*, das heutige Darʿa[188], das in früheren Zeiten Bischöfe aufweist, erwähnt er einen *Georgium presbyterum*, so daß man annehmen darf, daß es in der Tat nicht mehr als Sitz eines Bischofs angesehen wird. Doch als christlich gilt der Ort, wie man sieht, nach wie vor.

Selbstverständlich ist Papst Martin über die machtpolitischen Gewichtsverlagerungen, die sich im Orient vollziehen, im Bilde. Den Konzilsakten ist zu entnehmen, daß ein einziges Mal die Sarazenen sogar kurz in seinem Beisein am 8. Oktober 649, dem zweiten Sitzungstag der Lateransynode[189], erwähnt werden, nachdem man Stephan, dem Bischof von *Dor(a)* in Palästina, die Bitte nicht abgeschlagen hat, eine griechisch abgefaßte, von dem Notar Anastasius ins Lateinische übersetzte Schrift der Versammlung vorlegen zu dürfen[190]. Stephan setzt darin ganz offensichtlich voraus, daß den Anwesenden die arabischen Umtriebe im Osten kein Geheimnis geblieben sind, und mag sich mit allen anderen in die Meinung teilen, die Sarazenen gleich Unwettern oder Heuschreckenplagen, wie es sonst der Fall zu sein pflegt, als Strafe des Allerhöchsten für ein Gott ungefälliges Leben in Sünde anzusehen. Damit aber gibt Stephan nicht eigene, sondern Worte des Sophronius, des früheren Patriarchen von Jerusalem und ehemaligen Vorgesetzten, wieder, der bereits 638 angeblich „aus Gram"[191] über die arabische Eroberung der Heiligen Stadt verstorben und „vor Jahren"[192] schon den Stephan nach Rom geschickt haben soll; er selbst habe damals die Reise

---

184 Ep. V; PL 87, Sp. 154 B. Ep. VI; PL 87, Sp. 166 A. Ep. VII; PL 87, Sp. 167 A. Ep. VIII; PL 87, Sp. 167 C.; Ep. X; PL 87, Sp. 173 C. Ep. XI; PL 87, Sp. 177 D. Ep. XI; PL 87, Sp. 180 B.

185 Ep. V; PL 87, Sp. 163 A. Ep. VI; PL 87, Sp. 163 A. Zur Lage vgl. RE VI,1, Sp. 613. DHGE 15, Sp. 837. Jerdin/Latourette/Martin, Atlas zur Kirchengeschichte, S. 21.

186 Ep. VIII; PL 87, Sp. 167 B; Ep. IX; PL 87, Sp. 169 A. Vgl. RE V,2, Sp. 1549 f. DHGE 14, Sp. 674.

187 Ep. V; PL 87, Sp. 163 A. Ep. VII; PL 87, Sp. 166 B. Vgl. DHGE 6, Sp. 35.

188 Ep. V; PL 87, Sp. 163 A. Ep. VIII; PL 87, Sp. 167 B. Vgl. RE I,1, Sp. 402. DHGE 1, Sp. 592 f. EI^2 1, S. 194 f. s.v. ʿAdhriʿatʾ.

189 Mansi 10, Sp. 889/890 ff. Vgl. dazu: Hefele, Conciliengeschichte 3, S. 216 f. Caspar, Papsttum, 2, S. 556 f. Haller, Papsttum, 1, S. 236.

190 Mansi 10, Sp. 891/892.

191 Wetzer/Welte 11, Sp. 517; 6, Sp. 1326. Vgl. PG (lat.) 44 b, Sp. 708 ff.

192 Hefele, Conciliengeschichte, 3, S. 210. Vgl. Caspar, Papsttum, 2, S. 535. Haller, Papsttum, 1, S. 233. Stratos, Byzantium, 3, S. 90.

nicht anzutreten gewagt: *propter emersam ex nostris peccatis incursionem Sarracenorum praepedior*[193].

Worin die Behinderungen bestehen, die es ihm nicht gestatten, persönlich von den Vorgängen in Palästina zu berichten, erfahren die Zuhörer nicht. Als ihre Verursacher hat er wiederum keineswegs die Sarazenen mit den durch sie veränderten politischen Gegebenheiten im Visier, sondern einzig und allein die auf religiösem Gebiet in beängstigender Weise an Boden gewinnenden häretischen Vertreter des Monotheletismus. Auch hinter Stephans Klage über den ebenfalls dem orthodoxen Glauben abholden Bischof von Joppe, Sergius[194], der sich des Bischofssitzes von Jerusalem nicht aufgrund 'kirchlicher Autorität' sondern 'weltlicher Amtsgewalt' bemächtigt habe[195], dürfen wir darum nicht vorschnell eine arabische Hilfestellung für Sergius vermuten[196]. Dieselbe Vorsicht ist hinsichtlich der Einlassungen Papst Martins geboten. Nachdem Stephan zu Ende gesprochen hat, ergreift Martin noch einige Male das Wort. Dabei lenkt er einmal die Rede auf Jerusalem und vergleicht diejenigen, *qui spiritalem Jerusalem, id est catholicam ecclesiam,* mit denen, *qui terram expugnaverunt Jerusalem*[197].

Spielt er mit diesen Worten tatsächlich auf die Araber an, dann stellt er sie in eine Reihe mit den Häretikern, die Jerusalem seiner Meinung nach nicht weniger zerstören. In dieser Deutung, d.h. mit den Arabern als Urheber der Eroberung Jerusalems gedacht, scheint sich der Satz nicht in Einklang mit der Beobachtung bringen zu lassen, daß die Araber jeweils gern die kirchliche Partei unterstützen, die mit Byzanz im Widerstreit liegt. Doch für die Frühzeit der ersten Eroberungsphase im allgemeinen und im Fall Jerusalems im besonderen wird man noch mit anderen, wohl raueren Kontakten zwischen Christen und Muslimen rechnen müssen. Jerusalem mag den Arabern wegen der langen, von Sophronius erfolgreich organisierten Gegenwehr unbeliebt gewesen sein, so daß sie dort ihre ansonsten eingeschlagene Linie der Toleranz und Verständigung aufgegeben und bei ihren politischen Maßnahmen

---

[193] Mansi 10, Sp. 895. Ganz ähnlich hat sich Sophronius in einem Synodalschreiben an Sergius, den Patriarchen von Konstantinopel, geäußert; vgl. PG (lat.) 44 b, Sp. 737 C. Sophronius ist selbst im Jahr 614 nach der Eroberung Jerusalems durch die Perser in Rom gewesen; vgl. Altaner/Stuiber, Patrologie, S. 241.

[194] Vgl. P. B. Gams, Series episcoporum ecclesiae catholicae, 1, Leipzig 1931, S. 453.

[195] Mansi 10, Sp. 899: *Sergius namque quondam Joppensis episcopus, post recessum gentis Persarum, loci servatam sedis Hierosolymitanae accipiens, non quidem per ecclesiasticam auctoritatem, sed saecularem potestatem contra canones ...*

[196] Vgl. Stratos, Byzantium, 3, S. 100.

[197] Mansi 10, Sp. 977/978.

weniger an den fernen Gegner Konstantinopel als an die sichere Beherrschung der Stadt vor ihren Füßen, mit einem in der Hauptsache willfährigen Oberhaupt der Kirchengemeinde an der Spitze, gedacht haben.

Die Kritik an der arabischen Invasion ins Heilige Land hält sich, wenn sie überhaupt laut wird, von offizieller Seite merklich auch insofern in Grenzen, als die Verursacher nicht beim Namen genannt werden. Selbst wenn wir Papst Martin mit den fremden Völkern, die Not und Unterdrückung bringen, die Araber meinen lassen, können wir kein in dem Maß negatives Bild von den Sarazenen konstatieren, das es der Kirche in jenen Tagen verbieten würde, zumindest mit dem Gedanken zu spielen, sich mit ihnen gegen das die Häretiker verteidigende und darum um so verdammenswertere Byzanz zusammenzuschließen. Die noch 649, also vor dem ersten Überfall der Araber auf Sizilien verfaßten Briefe Martins[198] an Adressen im nun islamisch überwölbten Orient vermitteln zwar den Eindruck, daß über die arabischen Bewegungen auch in Rom, wohin sich zahlreiche Kleriker aus dem Osten flüchten[199], selbstverständlich besorgt geredet wird, daß er andererseits aber die Informationen über das Vorgehen der Araber nur äußerst spärlich im Sinn verwertbarer Erkenntnisse in seine Schreiben einfließen läßt. Da heißt es nur einmal, daß Johannes in den Patriarchaten Antiochia und Jerusalem Maßnahmen *propter angustias temporis nostris et pressuram gentium, ne usque in finem in illis partibus deficiat sacerdotalis decoris eximius ordo*[200], ergreifen solle. Ein andermal weist Martin nachdrücklich darauf hin, daß die Not der Zeit gerade in der Bedrohung durch 'eindringende' Völker bestehe und nicht nur — was von kichlicher Seite unermüdlich herausgestrichen wird — in der östlichen Spaltungsbewegung: *propter temporis angustias, id est, propter pressuram irruentium in nos gentium*[201].

Aber um mehr als Konzessionen an die Klagen mancher tatsächlich von den Arabern heimgesuchter orientalischer Bischöfe, vielleicht sogar die Übernahme ihrer Parolen, halbherzig und ohne eigenen Erfahrungswert aufgenommen und niedergeschrieben, kann es sich bei diesen stereotypen Sätzen nicht handeln. Ihren Beschwerden stehen wohl die

---

198 Nach Jaffé, Regesta, 1, S. 231.

199 Hefele, Conciliengeschichte, 3, S. 217: „Wahrscheinlich durch die Sarazenen vertrieben". Freilich dürften wesentlich mehr Kleriker in den Westen abgewandert sein, weil sie immer mehr Einfluß und dabei Pfründe an die sich mit Macht im Orient ausbreitende Richtung des Monotheletismus verloren haben und dort keine Zukunft mehr sahen.

200 PL 87, Sp. 155.

201 PL 87, Sp. 169C.

ebenfalls in den Westen gelangten Nachrichten über die zumeist nicht üble Art des Umgangs mit Kirchen und Geistlichen gegenüber, wie ihn die Araber in der Regel mit den Kirchen und Bischöfen pflegen, die sich den von Byzanz betriebenen, monotheletistischen Ansichten versperren[202]. So kann in Rom durchaus der Eindruck herrschen, daß Papst und Sarazenen eigentlich ein und denselben Gegner, nämlich die Byzantiner, bekämpfen.

Noch eher aber muß dieser Eindruck auf seiten der betroffenen und in arge Bedrängnis geratenen Byzantiner entstehen, die sich die momentane militärische Überlegenheit der Araber kaum noch zu erklären vermögen. Was liegt da näher, als an eine Verbindung aller feindlich gesinnten Kräfte gegen das oströmische Imperium zu denken und diese als für alles Unheil im ganzen Reich Verantwortliche anzuprangern? Zusätzliche Nahrung erhalten die ohnehin schon in Konstantinopel über ein im Bereich des Möglichen liegendes Zusammengehen der Kontrahenten in West und Ost, als es gelingt, die vom Papst in den Orient, d.h. in ein von Sarazenen kontrolliertes Gebiet, geschickten Briefe – wie wir vermuten – irgendwo abzufangen; sie kommen deshalb nie an ihren Zielorten an[203], liefern aber auf der anderen Seite womöglich die Argumente für die Beschuldigung, gegen die Martin sich so vehement zur Wehr setzt, nämlich daß er an die Sarazenen u.a. Briefe geschrieben habe.

Diejenigen jedenfalls, die er ihnen vielleicht wirklich geschickt hat, haben die Byzantiner mit Sicherheit nicht in Händen. Die politische Situation ist für den Papst durchaus so beschaffen, daß er überlegungsweise eine Verbindung zu den Sarazenen ansteuern kann. Als Olympios, der gegen seinen Kaiser in Byzanz rebellierende Exarch von Ravenna, auf Sizilien *morbo interiit*, und zwar nicht im Gefolge eines Kampfes gegen die Araber, wie Caspar aus unerfindlichen Gründen meint[204], sieht sich der Papst plötzlich ohne streitbaren Arm, ohne irdische Gewalt der Bedrohung aus Byzanz gegenüber. Im Vergleich zu der Kaisermacht aber stellen für Martin die Sarazenen – bei allem, was er in jenen Tagen über sie wissen kann – die kleinere Gefahr dar. Dabei ist nicht von Belang, ob der Papst zuvor eine in moralischem Sinn wertende, positive Einschätzung der Araber gewonnen hat, auch wenn ihre auffällige Schonung in Martins Briefen und auf der Synode von 649, die

---

202 Vgl. Becker, Ausbreitung der Araber, in: ders., Islamstudien, 1, S. 86f.

203 Haller, Papsttum, 1, S. 238: „... man darf ... zweifeln, ob die Briefe Martins jemals ihre Bestimmung erreicht haben."

204 Caspar, Papsttum, 2, S. 565.

beinahe an eine offizielle Sprachregelung im Umkreis des Papstes denken läßt, sie nahelegt. In den seltensten Fällen offenbart die Kirche Skrupel bei der Wahl ihrer weltlichen Machtmittel, die ihre Interessen verfechten sollen. Sie fragt nach der Größe und Schärfe des Schwertes, dessen sie sich bedienen will, und nicht unbedingt danach, wer es führt. In späteren Jahrhunderten jedenfalls sind manche Päpste nachweislich um das Gespräch bzw. politische Geschäft mit den muslimischen Türken bemüht[205]. Für Martin wäre es ein Weg des – politischen – Überlebens gewesen, wenn er die Koalition mit den Sarazenen gegen Byzanz auf dem militärischen Sektor zustandegebracht hätte.

Während im Osten Sophronius etwa zehn Jahre zuvor in einer Weihnachtspredigt, die er wohl unter dem für ihn sehr schmerzlichen Eindruck der gerade erfolgten Belagerung Bethlehems hält, schwere Vorwürfe gegen die Araber erhebt[206], spricht Martin selbst namentlich nur die Perser immer noch als das Volk an, das große Not über die östliche Christenheit gebracht hat. Ihre Aktionen mit der Eroberung Jerusalems im Jahr 614, also bald ein Vierteljahrhundert bevor die Araber den Zug nachtun, und mit dem Raub des Heiligen Kreuzes haben der christlichen Welt auch des Westens einen Schock versetzt[207]. Gleichzeitig sind die Sarazenen – unabhängig davon – bis dato aus den älteren Schriften als Gegner Konstantinopels, die in persischen Diensten den Byzantinern bisweilen arg zusetzen, bekannt. Bar anderer Informationsmöglichkeiten müssen wir annehmen, daß man in Rom unter den Männern, die historischen Weitblick für sich in Anspruch nehmen, um die Mitte des 7. Jh.s als eigentliche Drahtzieher hinter den politischen Veränderungen im Orient und an den Rändern des Mittelmeers die Perser erblickt und die Sarazenen möglicherweise lange Zeit nur als deren Hilfstruppen an der vordersten Front betrachtet. Damit aber wird den Sarazenen in der historischen Retrospektive eine günstigere Rolle zugeschrieben. Hinzu kommt, daß kein Grund existiert, gegen die nordarabischen Sarazenen voreingenommen zu sein; ob sie gegen oder – wie gelegentlich – für Byzanz kämpfen: Chroniken wie die des Nordafrikaners Victor haben sie eindeutig als Christen ausgewiesen. Als mögliche Gesprächspartner sind sie daher für einen Papst, der unter byzantinischen Repressionen zu leiden hat, nicht uninteressant. So gesehen wird verständlich, weshalb

---

[205] Vgl. H. Pfeffermann, Die Zusammenarbeit der Renaissancepäpste mit den Türken, Winterthur 1946.

[206] PG (lat.) 44 b, Sp. 743 ff.

[207] Ostrogorsky, Gesch. d. byzant. Staates, S. 79. Stratos, Byzantium, 1, S. 107–110. Sykes, History of Persia, S. 482. Otto, Jerusalem, S. 196 f.

die tiefgreifenden Veränderungen, die die Araber mit ihrer Expansion ins Werk setzen, von der Kirche erst allmählich als fundamentale Verlagerung des Machtgefüges in der damals bekannten Welt aufgenommen und sehr spät erst auch als Bedrohung auf religiöser Ebene erfaßt wird. Zu diesem Zeitpunkt ist sie davon noch weit entfernt.

Sarazenen im Mittelmeer

In einer Aktualität, die etwa der Fredegar-Chronik IV, 81 vergleichbar ist, erfährt der interessierte Leser zum Ende des 7. Jh.s von den Vorgängen um die Araber aus dem in Italien erstellten Liber pontificalis[208], dem 'offiziösen' Sammelwerk von Papstviten, das als schlichtes Verzeichnis der römischen Bischöfe Mitte des 4. Jh.s in der Ewigen Stadt in Angriff genommen wird. Um Zusätze, die die Person des betreffenden Papstes und besondere Leistungen desselben erläutern oder einfach bedeutende Zeitgeschehnisse festhalten, erweitert setzen mehrere Autoren zu verschiedenen Epochen den Liber pontificalis fort, so daß er sich zu einer wichtigen Quelle nicht nur für den kirchengeschichtlichen Bereich auswächst.

Etwa zur gleichen Zeit, als Adamnan mit dem Pilgerbericht Arkulfs auch die in keiner historiographischen Darstellung festgehaltene Neuigkeit mitteilt, daß Damaskus inzwischen *ciuitas regalis magna* ist, *in qua Saracinorum rex adeptus eius principatum regnat*[209], verfaßt ein namentlich unbekannter Autor die Viten der Päpste Agatho (678–681), Donus (676–678), Adeodatus (672–676), Vitalianus (657–672) sowie Eugenius I. (654–657) und trägt zum Schluß der Biographie Martins I. einen Überfall der Sarazenen auf die Insel Sizilien und den Versuch einer Gegenwehr von byzantinischer Seite nach. Von dem Exarchen

---

[208] Die folgenden Ausgaben wurden hier herangezogen: Le Liber Pontificalis, ed. L. Duchesne, Paris 1955 (zuerst 1886); MGH Gest. pont. 1, ed. T. Mommsen, Berlin 1898; Liber pontificalis nella recensione di Pietro Guglielmo OSB e del card. Pandolfo, Glossato da Pietro Bohier OSB, ed. U. Přerovský, Studia Gratiana 21–23 (1978). Zur Datierung der Abfassungszeiten der einzelnen Viten stütze ich mich auf die ausführlichen Einleitungen der genannten Editionen und auf den Artikel von A. Brackmann, PRE 11 (1902), S. 439–446 sowie auf F. G. Rosenfeld, Über die Composition des Liber pontificalis, Diss. Marburg 1896, S. 38–51 u. Zimmermann, Papsttum, S. 14, 36, 49, 53, 56f.

[209] Adamnani de locis sanctis II 28,1–2; CCSL 175, S. 200. Vgl. Beda, De locis sanctis, cap. 18; CCSL 175, S. 277. Beda, Expositio de nominibus locorum; PL 92, 1036f.: *Damascus, nobilis urbs Phoenicis, quae et quondam in omni Syria tenuit principatum, et nunc Sarracenorum metropolis esse perhibetur . . .*

Olympios sagt die Vita, daß er *colligens exercitum profectus est Siciliam adversus gentem Saracenorum, qui ibidem inhabitabant*[210].

Der Vorfall, auf den sich diese Notiz bezieht, sorgt somit ungefähr dreißig Jahre, bevor er im Liber pontificalis aktenkundig wird, für Unruhe. Im Zusammenhang mit der Hochverratsklage gegen Papst Martin I. sind wir bereits darauf eingegangen und haben auf die unterschiedlichen Meinungen hingewiesen, die bezüglich eines Zusammenstoßes zwischen Olympios und den Arabern auf Sizilien kursieren.

Sie haben ihre Ursache in den kleinen Unstimmigkeiten, die die Notiz in sich birgt. So steht beispielsweise der Aktion des Olympios, wie sie der Liber pontificalis darstellt, die Tatsache entgegen, daß Sizilien ein eigenes Exarchat bildet und nicht in die Zuständigkeit des Exarchen von Ravenna, der sich gegen Byzanz empört, fällt. Sizilien steht im Gegensatz zu diesem treu zum Reich. Der Zug des Olympios gegen Sizilien hat also rein innenpolitische Gründe, er ist von der Absicht des Exarchen bestimmt, Sizilien auf seine Seite zu bringen und Byzanz mit stärkerem Druck bedrohen zu können. Dabei kommen ihm höchstpersönlich die Sarazenen in die Quere, d. h. „nachdem er immerhin ein paar Jahre ein unabhängiges Regiment geführt“[211] hat. Diese Zeitspanne aber zwischen seiner Ankunft auf der Insel und dem Zusammentreffen mit den Arabern im Jahr 652 läßt schon berechtigte Zweifel an der Darstellung im Liber pontificalis aufkommen, nach dem er eigens zu dem Zweck, die Sarazenen zu bekriegen, nach Sizilien abgerückt sei.

Während indes E. Eickhoff die Araber aus dem Gefecht mit Olympios als Verlierer hervorgehen sieht[212] und sich zu einem eventuellen Tod des Olympios in diesem Zusammenhang nicht äußert, steht für Caspar fest: „... Olympios fiel wie vor ihm der empörerische Exarch von Afrika“ – der Patrizius Gregorios in Fredegar IV, 81! – „im Kampf gegen die Araber auf Sizilien“[213]. In der zitierten Weise fehlt der Behauptung jede Grundlage. Der Liber pontificalis nennt als Todesursache ‘Krankheit’ (*morbo interiit*); aufgrund seines sündhaften Verhaltens habe eine Seuche sein Heer heimgesucht und schließlich auch den Exarchen hinweggerafft: *Et peccato faciente maior interitus in exercitu Romano provenit. Et post hoc isdem exarchus morbo interiit.* Da diese Stelle aber direkt an die Notiz angeschlossen ist, die von dem Aufbruch des Olympios nach

---

210 Lib. pont., ed. Duchesne, 1, S. 338. MGH Gest. pont., 1, S. 183,15–21. Lib. pont., SG 22, S. 207. Vgl. dazu Stratos, Byzantium, 3, S. 108 ff. u. S. 115.

211 Haller, Papsttum, 1, S. 239.

212 Eickhoff, Seekrieg u. Seepolitik zw. Islam u. Abendland, S. 16.

213 Caspar, Papsttum, 2, S. 565. Ebenso falsch (wohl nach Caspar) bei Zimmermann, Papsttum, S. 46: „Er starb bald später im Kampf gegen die Sarazenen ...“

Sizilien und gegen die Sarazenen berichtet, läßt Caspar ihn auch gleich im Kampf gegen die Araber fallen. Dabei läßt das Zitat in korrekter Auslegung nicht mehr als den vorsichtigen Schluß zu, den man bei A. A. Vasiliev nachlesen kann: „Dans l'armée d'Olympios il se déclara une épidémie, dont il mourut lui-même peu après“[214].

Der Gebrauch der Vokabel *inhabitare* im Zusammenhang mit den Sarazenen auf Sizilien erweckt den Eindruck, als hätten die Araber bereits mit dem ersten Sturm auf die Insel Fuß gefaßt und sich dort eingerichtet, als eigenständige *gens* neben anderen im politischen Umfeld der römischen Kirche. Tatsächlich aber verlassen sie nach einmonatiger Plünderung die Insel schon wieder, ohne eine nennenswerte Eroberung eines befestigten Platzes an ihre Fahnen geheftet zu haben.

Der Liber pontificalis teilt von dem Ausgang der Schlacht direkt nichts mit; indirekt können wir die Seuche – wenn wir *interitus* in diesem Sinn richtig lesen – damit in Verbindung bringen. Indiz für eine voraufgegangene Niederlage ist sie indes in keiner Weise.

Eickhoff bezieht sein Wissen, daß die vermutlich aus Syrern und Kopten als Steuerleuten und aus Arabern als Soldaten bestehende Invasionsflotte „200 Einheiten“[215] stark gewesen sei, aus östlichen Quellen. Der Liber pontificalis läßt sich dazu mit keinem Wort vernehmen, nicht zu der Menge der Krieger, nicht zu dem Ausmaß der Beute und auch nicht zu der Anzahl der Sklaven, die die Eindringlinge nach Syrien wegschleppen.

Es soll danach 15 Jahre dauern, bis die Sarazenen der Insel Sizilien erneut einen unerfreulichen Besuch abstatten. Derselbe Autor, der den obigen, ersten Überfall festhält, berichtet auch von der zweiten Expedition innerhalb der Biographie des Papstes Adeodatus. Doch während oben in der Vita Martins die Invasoren als ein auf der Insel stabilisierter Bevölkerungsteil dargestellt werden, kommt nun als ein Charakteristikum des frühen arabischen Ausgreifens nach Westen das 'Kommen und Gehen' (*venientes Siciliam . . . Alexandriam reversi sunt*) plötzlich auftauchender und sich rasch wieder absetzender, also nicht unbedingt auf Landgewinn zielender, plündernder Scharen zum Ausdruck: *Postmodum venientes Sarraceni Siciliam, obtenuerunt praedictam civitatem* [= Syrakus] *et multa occisione in populo, qui in castris seu montanis confugerant, fecerunt, et praeda nimia vel aere, qui ibidem a civitate Romana navigatum fuerat, secum abstollentes Alexandriam reversi sunt*[216].

---

214 A. A. Vasiliev, Byzance et les Arabes, 1, Brüssel 1935 (Nachdr. 1959), S. 63.

215 s.o. Anm. 212.

216 Lib. pont., ed. Duchesne, 1, S. 346. MGH Gest. pont., 1, S. 190,11–14. Lib. pont., SG 22, S. 215f.

Unerklärlich bleibt, weshalb der Autor dieser Zeilen nicht in der Lage ist, das Ereignis zeitlich wenigstens innerhalb der relativen Chronologie der Papst-Viten genau zu fixieren; er schreibt doch — nach herkömmlicher Forschungsmeinung — im ungünstigsten Fall ein Jahrzehnt etwa, im günstigsten Fall nur fünf Jahre nach dem Ablauf der Amtszeit des Adeodatus und auch zu der dargestellten Begebenheit in einer zeitlichen Differenz von mindestens vierzehn und höchstens zwanzig Jahren. Korrekt müßte der Verfasser, der wohl — wie wir das ähnlich bei dem (letzten) Verfasser der Fredegar-Chronik beobachten konnten — die im Zusammenhang mit der Ausbreitung der Sarazenen stehenden Ereignisse einer anderen Quelle entnimmt und auf die einzelnen Viten nachträglich verteilt[217], in die Vita des Papstes Vitalian (657–672) eingebaut haben, ob man nun die Datierung des Raubzuges in das Jahr 667 aufrechterhalten will[218], oder mit Stratos auf das Jahr 669 festlegt.

Stratos vertritt die Auffassung, daß die Araber erst in der 2. Hälfte des Jahres 669 die Insel aufsuchen können; vor 668, dem Todesjahr Konstans II., sei ein solches Unternehmen wegen der Anwesenheit des Kaisers auf Sizilien und der dort zusammengezogenen Truppenkontingente überhaupt unmöglich. Das aber heißt, daß der Überfall nicht in die Regierungszeit Konstans II., sondern in die Konstantins IV. zu datieren wäre. Hätte Stratos an dieser Stelle Beda zu Rate gezogen, hätte er für seine Hypothese quellenmäßig eine Bestätigung gefunden. Beda übernimmt mit den Worten *Sarraceni Siciliam invadunt et praeda nimia secum ablata mox Alexandriam redeunt* den Vorgang in den späten zwanziger Jahren des 8. Jh.s[220] aus dem Liber pontificalis in seine Weltchronik, d.h. in das 66. Kapitel seines Buches 'De temporum ratione'. Im Gegensatz zum Gebrauch einer alleine durch die Anreihung der Papstviten und der darin enthaltenen Daten bestimmten relativen Chronologie im Liber pontificalis, die ohne Beifügung eines äußeren Zeitmaßes, d.h.

---

[217] Vgl. Rosenfeld, Über die Composition des Liber pontificalis, S. 44 Anm. 2.

[218] Zum Problem der Datierung vgl. Lib. pont., ed. Duchesne, 1, S. 347 Anm. 3. Eickhoff, Seekrieg u. Seepolitik zw. Islam u. Abendland, S. 17 Anm. 9.

[219] Stratos, Byzantium, 4, S. 18f.

[220] Allgemein zu datieren in die Zeit vor 725 nach MGH AA 13, S. 226; Manitius, 1, S. 79 u. S. 82; W. Levison, Bede as Historian, in: A. H. Thompson (Hg.), Bede. His Life, Times and Writings, Oxford 1935 (Nachdr. 1969), S. 117; C. W. Jones, Saints, Lives and Chronicles in Early England, Ithaka/New York 1947, S. 17. In das Jahr 726 datiert Brackmann, Liber pontificalis, PRE 11 (1902), S. 442. Ch. Plummer, Bedae opera historica, Oxford 1961, S. xxxix, spricht von der Entstehung des Buches 'De temporum ratione' zwar im Jahr 725, „though the Chronicle which forms the conclusion of the latter is continued by subsequent additions to 729". — Beda, Chronik, MGH AA 13, S. 314.

einer absoluten Chronologie, auskommt, legt Beda in seiner Chronik jene Jahrhunderte mit einer Zeitrechnung ab Adam und nach den Amtszeiten der byzantinischen Kaiser fest; jeweils nach der Nennung des betreffenden Herrschers und der Angabe seiner Regierungsjahre läßt er die Ereignisse folgen, die seiner Meinung nach in dessen Amtszeit fallen. Hinsichtlich des hier vorliegenden Problems bedeutet das, daß er für den Überfall der Araber auf Sizilien einen breiteren Datierungsspielraum als der Autor des Liber pontificalis, der den Vorgang in die Vita des Adeodatus, demnach in die Jahre 672 bis 676, plaziert. Beda dagegen muß ihn gemäß seiner Art zu datieren, in der Amtszeit des Kaisers Konstantin IV. unterbringen, der von 668 bis 685 regiert.

Da er darüber hinaus den Überfall sofort nach der Nennung des Kaisers und seiner Regierungsjahre als erstes Ereignis anführt, kommt der Angelsachse dem tatsächlichen Zeitpunkt des Geschehens von 667 bzw. 669 (ungewollt?) erheblich näher als der Verfasser seiner Vorlage.

Mit dem Hinweis auf das von den Sarazenen geraubte Gut (*praeda nimia vel aere, qui ibidem a civitate Romana navigatum fuerat*), den Beda ebenfalls übernimmt, will der Liber pontificalis natürlich nicht nur Kritik an den arabischen Plünderern üben, sondern ebenso — aus einer durchaus noch lebendigen Erinnerung heraus — an dem in Purpur gekleideten Kirchenräuber und Kaiser Konstantios II.; denn erst die Tatsache, daß Konstantios II., der wegen der Bedrohung durch die Araber im Osten die Residenz des Imperiums nach einer Spanne von über 330 Jahren wieder in den Westen zurückzuverlegen beabsichtigt, bei einem von Neapel nach Rom unternommenen Zug 664 die Ewige Stadt übel heimsucht[221] und alle Kostbarkeiten noch im selben Jahr nach Sizilien deportiert[222], ermöglicht es den Arabern, mit einer so beachtlichen, auf der Insel zusammengetragenen Beute, die selbst im Orient Aufsehen erregt[223], zum Ausgangspunkt ihrer Kriegsfahrt, den der Autor mit Alexandria erstaunlicherweise anzugeben in der Lage ist, zurückzukehren. Zu Recht verspürt man in Rom wohl herbe Verbitterung darüber, daß ein christlicher Kaiser sich als 'Beutesammler' für die Sarazenen betätigt hat; und auf der Insel selbst, die er mit sogar im Liber pontificalis herausgestrichenen, hohen Steuern bedrückt, ist Konstantios mit Sicherheit ebenso unbeliebt. Es mag sein, daß er sie erhoben hat,

---

[221] Vgl. P. A. Llewellyn, Constans II and the Roman Church, in: Byzantion 46 (1976), S. 120.

[222] Vgl. L. M. Hartmann, Geschichte Italiens im frühen Mittelalter, 2,1, Leipzig 1900, S. 250. Caspar, Papsttum, 2, S. 582.

[223] Eickhoff, Seekrieg u. Seepolitik zw. Islam u. Abendland, S. 17.

um den langwährenden Abwehrkampf gegen die Sarazenen im Osten (und, falls sich der Überfall auf Sizilien doch 667 schon zugetragen haben sollte, auch im Westen) finanzieren zu können. Daraus wohl zieht Ostrogorsky den — überzogenen — Schluß, Konstantios II. sei gar von Rom nach Sizilien gezogen, um die Insel „vor den Angriffen der Araber zu schützen“[224]. Dagegen sprechen zwei gewichtige Gründe; einmal plant er die Verlagerung des Reichsmittelpunktes nach Westen doch wohl gerade deshalb, weil er dort vor den Sarazenen Schutz zu haben glaubt, und zum anderen, falls die Zeiten sich konkret auch für ihn in der Form geändert haben, daß er meint, selbst an dieser Strecke des Mittelmeers nun den Kampf mit den Arabern aufnehmen zu müssen, erscheint völlig unverständlich, weshalb er dann auf einem Zug in das 'Krisengebiet' sich mit den in Rom zusammengerafften Schätzen eine zusätzliche und darüber hinaus sehr leicht verlierbare Last aufgebürdet haben soll.

Die Araber sind, seit sie auch zur See operieren, nicht mehr leicht auszumachen. Die Taktik, die sie von ihren rasch durchgeführten Beutezügen in der Wüste her kennen, wenden sie nun erfolgreich statt von Kamelen herab mit Hilfe ihrer Schiffe im Mittelmeer an. Unerwartet tauchen sie auf, ziehen beutemachend über Inseln und Küstenstreifen her und verschwinden in der Regel ebenso rasch wieder. Gleichzeitig weitet sich ihr Aktionsradius in bisher nicht für möglich gehaltene Ferne; die Gefahr, daß sie an Grenzen in Erscheinung treten, wo man kaum ihren Namen kennt, nimmt stetig zu. Gleichzeitig aber ist zu beobachten, daß sich infolge dieses Vorgehens ihre Stoßkraft zersplittert, punktuell sogar abzunehmen scheint. Auf der einen Seite müssen sie zwar jetzt auch als ernstzunehmender Gegner auf dem Meer beachtet werden, doch auf der anderen Seite tritt man zu Land bisweilen schon mit Erfolg gegen sie an.

All diese neuen Aspekte sind am Rande Gegenstand einer Notiz im Liber pontificalis, die von einem Friedensabkommen Justinians II. handelt, das er auf die Dauer von zehn Jahren *terra marique* mit den Arabern abschließt. Sie ist nachzulesen in der Vita Papst Johannes V., die höchstwahrscheinlich ein neuer, zeitgenössischer Biograph verfaßt, der sämtliche Viten von Leo II. (682–683) bis Conon (686–687) zusammenstellt: *Huius temporibus regnavit domnus Iustinianus Augustus defuncto patre in initia mensis Septembris ind. XIIII. Qui clementissimus princeps domino auxiliante pacem constituit cum nec dicenda gente Saracenorum decennio terra*

224 Ostrogorsky, Gesch. d. byzant. Staates, S. 102, der den Zug des Kaisers nach Sizilien in das Jahr 663 datiert.

marique. Sed et provincia Africa subiugata est Romano imperio atque restaurata[225].

F. Dölger erwähnt für die fragliche Zeit zwei Friedensabkommen[226], die auf die Dauer von zehn Jahren geschlossen werden; einen ersten vom 7. Juli 685 zwischen Konstantinos IV. und ʿAbdalmalik, und einen zweiten aus dem Jahr 688 bzw. 689/690, der zwischen Justinian II. und ʿAbdalmalik zustande kommt[227]. Für unsere Datierungsbemühungen haben beide denselben eklatanten Mangel: weder der eine noch der andere Vertrag, den Dölger nennt, fällt in die Amtszeit des Papstes Johannes V., der vom 23. Juli 685 bis zum 2. August 686 auf dem Stuhl Petri sitzt. Der erste Vertrag liegt um etwa vierzehn Tage zu früh, der zweite um drei bis fünf Jahre zu spät. Insofern ist die Datierung in die Vita Johannes V. — zunächst — unrichtig.

Auch die Nennung Justinians spricht vorderhand nicht für den Vertrag vom 7. Juli 685; er regiert, wie die Vita weiß, erst seit dem Tod seines Vaters im September der achten Indiktion, d.h. des Jahres 685, und käme daher nicht als Vertragspartner in Frage. Zudem spricht Dölger davon, daß der Vertrag von ʿAbdalmalik und — auf byzantinischer Seite — von Konstantinos IV. akzeptiert wird, und nicht von Justinian.

Doch die Unstimmigkeiten lassen sich beseitigen; sie sind in erster Linie der Datierungsweise im Liber pontificalis nach Päpsten bzw. nach ihren Amtszeiten zuzuschreiben. Vakanzen sind für die Autoren der Papstgeschichtsschreibung nur schwer in befriedigender Weise zu erfassen. Erfordern gewisse Ereignisse, die in die Zeit zwischen zwei Päpste fallen, dennoch die Aufnahme in den Liber pontificalis, dann werden sie — mit entsprechenden Erläuterungen in der Regel versehen — dennoch in der Vita des darauffolgenden Papstes untergebracht. Wie dies in der Praxis aussieht, zeigt der arabisch-byzantinische Friedensschluß vom 7. Juli 685. Er kommt in papstloser Zeit zustande; bis 8. Mai 685 amtiert Benedikt II., aber erst vom 23. Juli an nimmt Johannes V. seinen Platz ein. Dem Autor des Liber pontificalis an dieser Stelle bleibt nichts anderes übrig, als den Vetrag in der Vita des Papstes Johannes erst zu erwähnen.

---

[225] Lib. pont., ed. Duchesne, 1, S. 336. MGH Gest. pont. 1, S. 205,17–20. Lib. pont., SG 22, S. 240.

[226] Dölger, Regesten, 1, S. 31 (Nr. 253 u. 257). Vgl. Wellhausen, Die Kämpfe der Araber mit den Romäern, NGG (phil.-hist. Kl. 1901), S. 428.

[227] G. Rotter, Die Umayyaden und der zweite Bürgerkrieg, Wiesbaden 1982, S. 180 datiert neuerdings im Gegensatz zu Dölger (688) auf „Ende 689 oder Anfang 690".

[228] Ostrogorsky, Gesch. d. byzant. Staates, S. 107 Anm. 6.

Auch mit der Anführung Justinians II. als Vertragspartner verfährt er so unkorrekt nicht, obwohl Dölger zu Recht auf byzantinischer Seite als obersten Vertreter des Staates Konstantinos IV. nennt. Aber Justinian fungiert bereits seit dem Februar 685 als Mitkaiser, so daß er in jenen Jahrzehnten sehr wohl als eigentlicher Betreiber dieses Vertrages gelten mag, bei dem es sich allerdings wohl lediglich um die Bestätigung des schon seit 678 existierenden, auf zehn Jahre abgeschlossenen Friedensvertrages handeln kann. Staatsrechtliche Notwendigkeiten bzw. Gepflogenheiten verlangen diese Bestätigung, nachdem auf arabischer Seite seit Anfang Mai mit ʿAbdalmalik ein neuer Kalif an der Spitze steht[229]. Um eine regelrechte Erneuerung des Vertrages auf weitere zehn Jahre kommt es dann 688 bzw. 689/690. Doch diesen Vertragsschluß erwartet man in der Vita des Papstes Sergius vergeblich[230].

Trotz der gelungenen Identifizierung unserer Nachricht im Liber pontificalis mit dem Vertrag vom 7. 7. 685, können mit absolut letzter Sicherheit nicht die Zweifel ausgeräumt werden, die sich im Zusammenhang mit der Zeitstellung des oder der Autoren auftun, die das Werk um die Notizen zur Sarazenengeschichte bereichern; es muß als nicht restlos klärbar die Frage offenbleiben, ob die die Araber betreffenden Stellen tatsächlich bereits in den achtziger Jahren des 7. Jh.s Bestandteile der Papstviten sind oder erst zu Beginn des 8. Jh.s nachgetragen werden. Die Kritik an einer zeitgenössischen Darstellung, an welcher wir festhalten, macht vor allem drei Punkte geltend: 1. Die chronologisch falsche Zuordnung des Sarazeneneinfalls nach Sizilien aus dem Jahr 667 bzw. 669 in die Vita von Papst Adeodatus; 2. die chronologisch ‘unsaubere’ Einordnung des byzantinisch-arabischen Friedensschlusses vom Juli 685 in die Lebensbeschreibung von Papst Johannes V.; 3. der Gebrauch des Verbums *inhabitare*.

---

229 Wellhausen, Arab. Reich, S. 114 f. Zu dem Vertrag von 678 vgl. Dölger, Regesten, 1, S. 28 (Nr. 239).

230 Theophanes 125 Jahre später weiß von beiden Verträgen, dem ersten noch unter Konstantinos IV. (A.M. 6176 = A.D. 685) und dem zweiten unter Justinian II. (A.M. 6178 = A.D. 687), wie sie auch Dölger diesen Herrschern zuordnet. Duchesne setzt den im Lib. pont. erwähnten Vertrag mit dem zweiten bei Theophanes (A.M. 6178; Dölger Nr. 257) gleich, also mit dem im Jahr 688 (Dölger) bzw. 689/690 (Rotter) zustandegekommenen. Nach Wellhausen, Die Kämpfe der Araber mit den Romäern, S. 428 f. handelt es sich bei diesem zweiten Vertrag um die Erneuerung dessen von 685, da Justinian mittlerweile seinen Vater abgelöst habe. Hitti, Arabs, S. 205 bzw. 212 und Ostrogorsky, Gesch. d. byzant. Staates, S. 108 erwähnen nur einen Vertrag (von 689) und folgen damit dem innerhalb der Orientalistik bis dato vertretenen Forschungsstand, der nur einen Vertrag gelten läßt; vgl. EI^2 1, S. 76; EI^2 2, S. 456; A. Dixon, The Umayyad Caliphate 65–86 / 664–705, London 1971, S. 122 ff.

Der Fehler, den Punkt 1 benennt, wird sich m.E. nicht mehr aufklären lassen; real bedeutet die Verlegung der Invasion von 667 bzw. 669 in die Vita des Adeodatus eine zeitliche Abweichung von mindestens drei bzw. fünf Jahren. Die Gründe, die für eine Aufnahme des Friedensabkommens vom 7. Juli 685 in die Vita des erst ab 23. Juli desselben Jahres amtierenen Papstes Johannes V. verantwortlich sind, konnten dagegen eruiert werden. Punkt 2 bietet daher keinen Anhaltspunkt, den Text als späteren Zusatz zu verstehen.

In der Tat macht sich die Kritik, es könnte sich bei den Sarazenen-Nachrichten um keine zeitgenössische Darstellung handeln, in erster Linie an dem in der Vita Martins I. verwendeten Verbum *inhabitare* fest. Von diesem Wort ausgehend glaubt beispielsweise A. N. Stratos[231], als Verfasser jener Stelle, die von einem Zug des Exarchen Olympios nach Sizilien und *adversus gentem Saracenorum, qui ibidem inhabitabant* spricht[232], einen Mann vermuten zu müssen, der die Araber mit festem Sitz auf Sizilien gekannt und dieses Wissen in eine frühere Zeit zurückverlegt habe. Ein solcher aber kann dann frühestens in der Mitte des 9. Jh.s, d.h. nach der endgültigen, mit dem Fall Palermos 831 letztlich besiegelten Eroberung der Insel[233] schreiben.

Welche Zeitspanne einer dauerhaften Ansiedlung die Verwendung von *inhabitare* in der Regel voraussetzt, wollen wir dabei gar nicht erörtern; das sollen Linguisten klären. Was aber Stratos nicht bedenkt, ist die Möglichkeit, daß der (zeitgenössische) Autor durchaus im unklaren darüber sein mag, wie lange sich der erste Aufenthalt von Arabern auf der Insel hingezogen hat, und daß er nur darauf hinweisen will, daß der Exarch gegen Sarazenen nach Sizilien gezogen sei, die sich dort für einen gewissen Zeitraum – in Wirklichkeit wohl nur für einen Monat – aufgehalten haben. Aus der Situation des Verfassers sowie der Tatsache aber heraus, daß Sarazenen bislang keinen Fuß auf die Insel setzten, mag ihm ihr einmonatiger Aufenthalt beachtlich lang erscheinen.

Andererseits dürfen wir ein Indiz nicht übergehen, das im Sinne der Stratos'schen Bedenken an einer zeitgenössischen Abfassung der Notiz Beachtung verdient. Aufgrund der Tatsache nämlich, daß die Sarazeneninvasion auf Sizilien aus der Vita Martins I. in Bedas Chronik nicht erscheint, sollte man mit einiger Vorsicht schließen können, daß die in der Ausfertigung des Liber pontificalis, wie er Beda für seine kompilato-

---

231 Stratos, Byzantium, 3, S. 108.

232 Vgl. o. Anm. 210.

233 Eickhoff, Seekrieg u. Seepolitik zw. Islam u. Abendland, S. 75ff. C. Cahen, Der Islam, 1 (FWG 14), Frankfurt/Main 1968, S. 226.

rische Tätigkeit im 1. Viertel des 8. Jh.s zur Verfügung steht, noch nicht enthalten ist. Dies ist um so bemerkenswerter, als Beda sonst sämtliche Nachrichten zu den Sarazenen, also z.B. auch den oben ausführlich zitierten Friedensschluß zwischen Byzantinern und Arabern, aus dem Liber pontificalis in seine Chronik aufnimmt.

Auf dieselbe Weise gelangt in die Chronik des Angelsachsen auch der für die Europäer hoffnungsvoll klingende Satz aus dem Liber pontificalis: *Sed et provincia Africa subiugata est Romano imperio atque restaurata*[234]. Beda übernimmt mit Ausnahme der beiden letzten Wörter den Satz ohne jede Veränderung; doch was sich der Leser des Liber pontificalis in irgendeiner Weise sinngemäß zu ergänzen hat, nämlich daß Afrika zuvor einmal von den Arabern erobert gewesen sein muß, läßt Beda mit einfließen, indem er in Fortführung des Textes zur zurückgewonnenen Provinz Afrika aus einer uns völlig unbekannten Quelle hinzufügt: *quae fuerat tenta a Sarracenis, ipsa quoque Carthagine ab eis capta et destructa.*

Der Fehler, der Beda bei dieser eigenmächtigen Erweiterung des Liber pontificalis-Textes unterläuft, dokumentiert einmal mehr die Schwierigkeiten, ein nur wenige Jahrzehnte zurückliegendes Ereignis, zu dem (vermutlich) keine schriftlichen Quellen vorliegen, zeitlich richtig einzustufen. Beda läßt die Eroberung Afrikas durch die Araber von der zunächst erfolgten Zerstörung Karthagos abhängen. Den Arabern gelingt es aber erst 698, die Stadt zu nehmen[235], und nicht, wie Beda meint, unter der Regierung Justinians II., die 695 fürs erste endet und erst 705 wieder fortgeführt wird. Der Vorgang als solcher freilich ist ebenso korrekt erfaßt wie die zuvor erwähnte neuerliche Einrichtung der Provinz Afrika unter byzantinischer Gewalt, die Justinian II. auf seiner Erfolgsliste verbuchen kann[236].

Doch der außenpolitische bzw. militärische Aufschwung, für den der neue Kaiser sorgt, ist nicht von Dauer; bald breitet sich wieder die „Einsicht aus, daß jetzt das gesamte Reich eine Grenzprovinz war“[237]. Alle Aktionen sind auf defensive Maßnahmen gerichtet; die Verteidigung Konstantinopels nach einjähriger Belagerung durch die Araber feiert man als großen Erfolg.

---

[234] Lib. pont., ed. Duchesne, 1, S. 336. MGH Gest. pont., 1, S. 19f. Lib. pont., SG 22, S. 240.

[235] Durch Ḥassān b. al-Nuʿmān. Vgl. EI 4, S. 931. Hitti, Arabs, S. 213. Cambridge History of Islam 1, S. 86. Eine erste Eroberung Karthagos im Sommer 697 dauert nur bis zum Herbst des gleichen Jahres.

[236] In einer Urkunde Jutinians II. aus dem Jahr 687 ist u.a. ein Exarch von Afrika genannt; vgl. Ostrogorsky, Gesch. d. byzant. Staates, S. 111.

[237] Maier, Byzanz, S. 82.

Auch im westlichen Bereich des Mittelmeers verliert die Christenwelt an Boden. Das Beispiel Siziliens deutet an, daß die dem italienischen Festland vorgelagerten Inseln durchaus in den Radius der arabischen Flotteneinsätze gehören. Um so erfreulicher wirkt das Ende von Bedas Chronik auf seine Leser, an welchem er im Anschluß an den Bericht von der Belagerung Konstantinopels durch die Sarazenen schreibt: *Liudbrandus audiens quod Sarraceni depopulata Sardinia etiam loca fedarent illa, ubi ossa sancti Augustini episcopi propter vastationem barbarorum olim translata et honorifice fuerant condita, misit et dato magno praetio accepit et transtulit ea in Ticinis ibique cum debito tanto patri honore recondidit*[238]. Auch wenn die Geschichte von dem Langobardenkönig Liutprand (713–744), der die Gebeine des Kirchenvaters Augustin vor den sich auf Sardinien festsetzenden Sarazenen nach Zahlung einer beträchtlichen Summe in Sicherheit bringt und sie von der Insel auf das Festland nach Pavia, dem Ticinum der Römer, deportieren läßt, sicherlich zu wenig Optimismus für die Zukunft veranlaßt, verschafft sie doch die Genugtuung, die Gebeine des Heiligen vor dem Zugriff der, wie man inzwischen weiß, nicht christlichen Sarazenen bewahrt zu sehen; demgegenüber mag nicht so sehr ins Gewicht fallen, daß die Sarazenen aber ungehindert anscheinend den Ort verwüsten, an welchem die *ossa sancti Augustini episcopi* ruhen, seit man sie *propter vastationem barbarorum* dorthin gebracht hat.

Ob die Bezeichnung 'Barbaren' bereits — vielleicht sogar wider besseres Wissen und in böser Absicht — auf die Sarazenen zielen soll, müssen wir dahingestellt sein lassen. Mancher Leser jeoch wird es mangels der Kenntnis, daß mit den Barbaren die Wandalen angesprochen sind, auf die Araber beziehen; er kann wohl nicht wissen, daß die Gebeine des Kirchenvaters durch Bischöfe, die 486, also 56 Jahre nach seinem Tod, nach Sardinien exilieren, aus Nordafrika vor den Wandalen in Sicherheit gebracht worden sind[239].

Möglicherweise tut man den Arabern sogar Unrecht, wenn man sie als Reliquienhändler verdächtigt; Beda selbst nennt keinen Empfänger der Zahlung, die zur Rettung der Gebeine erforderlich ist. Auch hier mag der Leser vorschnell schließen, daß es sich wohl um die Araber handeln muß, die die sterblichen Überreste Augustins zur käuflichen Ware degradieren. In der Forschung vertritt man dagegen eher die Meinung, daß entweder die Sarden selbst oder aber die Byzantiner die Reliquien verkauft haben könnten[240], vielleicht ohne jede Beeinflussung durch

[238] Beda, Chronik; MGH AA 13, S. 321.

[239] Wetzer/Welte 1, Sp. 1672.

[240] Vgl. Eickhoff, Seekrieg u. Seepolitik zw. Islam u. Abendland, S. 37.

eine Bedrohung von arabischer Seite[241], vielleicht infolge eines arabischen Angriffs in den frühen zwanziger Jahren des 8. Jh.s[242], der sich ebenso wenig wie die Translation der Gebeine[243] exakt datieren läßt, „poiche i chronisti oscillano tra il 721 e il 725“[244].

Beda zeigt sich auch nicht in der Lage, den Ort, an welchem seiner Meinung nach die Gebeine auf Sardinien aufbewahrt werden, anzugeben; insofern ist für den zeitgenössischen Leser nicht erkennbar, welche Region der Insel von den Sarazenen heimgesucht wird. Wir nehmen an, daß es sich bei dem Aufbewahrungsort der Reliquien um die Stadt Cagliari handelt[245]. Zumindest der südliche Teil der Insel ist daher mit dem 2. Viertel des 8. Jh.s der durch eine schlagkräftige Flotte gesicherten arabischen Einflußzone zuzurechnen. Das westliche Mittelmeer scheint den Sarazenen, die über See kommen, weitgehend wehrlos offenzustehen. Mit Ausnahme der Notiz über den Exarchen Olympios, den der Papstbiograph gegen die Sarazenen auf Sizilien ziehen sieht, ist von einer Gegenwehr nirgends die Rede.

Erfolglose Belagerung Konstantinopels

Im Jahr 718 erleiden die Araber vor Konstantinopel eine verheerende Niederlage und bekommen damit erstmals in drastischer Form die Grenze ihrer Expansionsfähigkeit in Südost-Europa aufgezeigt. In auffallend ausführlichen Notizen halten die Historiographen im Westen die erfreuliche Nachricht fest; nur in Details weicht dabei der Bericht im Liber pontificalis, genauer: aus der Vita des Papstes Gregor II., von der Darstellung in Bedas Chronik ab. Im wesentlichen unterscheiden sich die beiden ähnlichen Passagen in den Zahlenangaben. Während Beda die Dauer der Belagerung mit drei Jahren angibt, spricht der Autor der Papstvita von zwei Jahren; und im Gegensatz zu dem Angelsachsen

---

[241] Vgl. EI 4, S. 174; nach einer Auflistung arabischer Überfälle auf Sardinien frühestens 736. Dann aber könnte – was wiederum nicht leicht anzunehmen ist – die Nachricht nicht mehr von Beda stammen.

[242] Nach J.-H. Roy/J. Deviosse, La Bataille de Poitiers, o.O. 1966, S. 116 greifen die Araber 724 Sardinien an.

[243] Nach Eickhoff, Seekrieg u. Seepolitik zw. Islam u. Abendland, S. 37 „um 725“. Seitdem befindet sich die Reliquie in der Kirche S. Pietro in Ciel d'Oro zu Pavia, zusammen mit dem Sarkophag des auf Befehl des Ostgotenkönigs Theoderich hingerichteten Boethius sowie dem Grabmal des erwähnten Langobardenkönigs Liutprand.

[244] E. Besta, La Sardegna medioevale, Palermo 1908, S. 32.

[245] EI 4, S. 174.

nennt er überhaupt Verluste an Menschen, die Konstantinopel im Verlauf dieser Bedrückung durch die Araber hinnehmen muß. Einhellig lassen dagegen beide Gott als Retter der Stadt walten. Erst infolge seines Beistandes seien die Angreifer selbst zu Opfern geworden.

Das erinnert an eine Begebenheit im zeitlichen Vorfeld der Belagerung Konstantinopels, die in derselben Vita nachzulesen ist; eingebettet in die Erzählung vom Sturz des Kaisers Anastasios (713–715) heißt es: *Huius temporibus Anastasios imperator, classe navium praeparate(m), in partibus Alexandriae direxit contra a Deo destructos Agarenos*[246].

Obwohl Beda entsprechend seiner Vorlage, dem Liber pontificalis eben, das Ende des Anastasios auch festhält[247], hat er die zitierte Agarenen-Stelle nicht. Dieser Umstand gibt zu Überlegungen Anlaß, vor allem wenn man bedenkt, wie gewissenhaft Beda beim Ausschreiben von Nachrichten über Sarazenen verfährt.

An dem Terminus 'Agarenen' jedenfalls kann es nicht liegen, daß er im Gegensatz zum Liber pontificalis diese Stelle nicht aufweist; er weiß selbstverständlich, daß die Begriffe 'Agarenen' und 'Sarazenen' austauschbar sind. Außerdem kommt die Stelle in dem Abschnitt der Gregor-Vita vor, der vor der Erwähnung der Tiber-Überschwemmung des Frühjahrs 717 liegt, d.h. in dem Teil der Biographie Gregors II., der den Schluß des Liber pontificalis insgesamt bildet, wie ihn Beda unserer Erkenntnis nach aus Rom erhalten hat. Da trotz alledem die Stelle nicht in seiner Chronik erscheint, müssen wir annehmen, daß sie auch in seinem bis dahin fertiggestellten Exemplar des Liber pontificalis noch nicht enthalten ist und erst nachträglich in die Papstvita eingebaut wird. Als Terminus post quem verrät die Stelle selbst den Mißerfolg der Araber bei der Belagerung von Konstantinopel im Jahr 718 durch die Wendung *a Deo destructos*; denn erst infolge der dort erlittenen schweren Niederlage kann der Verfasser der Vita rückblickend die Araber als *a Deo destructos* bezeichnen. Zu dem Zeitpunkt, da Anastasios regiert und eine Flotte gegen die Araber rüstet, sind sie es mitnichten.

Die Bemühungen des byzantinischen Herrschers zielen, wie wir heute wissen, darauf ab, einem möglichen arabischen Angriff auf Konstantinopel zuvorzukommen. Er beläßt es nicht dabei, für die bedrohte Stadt selbst Verteidigungsvorkehrungen zu treffen. Er beabsichtigt vielmehr, indem er die oströmische Flotte vor Rhodos sammeln will (*classe navium praeparata*), den Gegner in seinen Vorbereitungen zu behindern[248], die

---

[246] Lib. pont., ed. Duchesne, 1, S. 398. Lib. pont., SG 22, S. 276f. (*destruendos Agarenos!*).
[247] MGH AA 13, S. 319.
[248] Ostrogorsky, Gesch. d. byzant. Staates, S. 128f.

Werften des Feindes an der libanesischen Küste zu zerstören sowie eine aus Alexandria dorthin beorderte arabische Kriegsflotte zu vernichten[249] (*in partibus Alexandriae direxit*).

Zur Ausführung dieses Planes kommt es aber nicht. Stattdessen rebellieren die Truppen aus dem Thema Opsikion, die Anastasios in früheren Tagen auf den Thron gehoben haben, und machen Theodosios III. zum Kaiser. Statt gegen die Araber wendet man in einem folgenden Bürgerkrieg die Waffen gegeneinander.

Der Autor stellt richtig fest, daß Anastasios lediglich eine Flotte aufgestellt und in Richtung Alexandria losgeschickt hat. Er teilt seinen Lesern nicht mit, was aus dem Vorhaben geworden ist; doch aus der Tatsache, daß er von einem Zusammentreffen der Feinde nichts vermeldet, vermag der Leser wohl zu erkennen, daß es im Sand verlaufen ist. Erst von Gott – zweifellos eine Anspielung auf den Untergang des arabischen Heeres im Verlauf der Belagerung Konstantinopels durch Hungersnöte und Seuchen – seien die Agarenen, wie man sich zu ergänzen hat, schließlich vernichtet worden. In dieser Form aber gibt sich die Nachricht, wie wir oben festgestellt haben, als späterer Nachtrag zu erkennen, der wohl erst im 2. Viertel des 8. Jh.s den Weg in den Liber pontificalis findet.

Im tagespolitischen Geschehen finden die Araber trotz der nahen Bedrohung, die sie mittlerweile darstellen, an den westlichen Schalthebeln der Macht kaum Beachtung; selbst dann nicht, wenn es erforderlich und angebracht wäre. Dafür lassen sich nur vehemente Verdrängungsmechanismen, die verhindern, daß man sich ob der großen fremdartigen Gefahr in Sorgen ergeht, oder eine bewußte Informationspolitik verantwortlich machen, die dasselbe Ziel verfolgt. Die Unruhe, die sich allenthalben im Mittelmeerraum ausbreitet, wird heruntergespielt bzw. zu diesem Zeitpunkt ursächlich noch anders als mit der arabischen Expansion erklärt. So ist beispielsweise ein Kleriker nördlich der Alpen kaum in der Lage, bei der Lektüre des folgenden Satzes an die Vorgänge in dem von Arabern nun endgültig überrannten Nordafrika zu denken: *Afros passim ad ecclesiasticos ordines praetendentes nulla ratione suscipiat: quia plerique illorum Manichaei rebaptizati saepius probati*[250].

Der Satz steht in einem Kapitular Papst Gregors II. von 716, das Instruktionen für nach Bayern geschickte Legaten enthält[251]; er soll mithelfen, den zahlreichen Flüchtlingen aus Afrika den Zutritt zu den Kirchenämtern zu verwehren.

[249] Eickhoff, Seekrieg u. Seepolitik zw. Islam u. Abendland, S. 31.
[250] Mansi 12, Sp. 258.
[251] Vgl. Haller, Papsttum, 1, S. 286.

Ein Vorwurf gegen die eigentlichen Urheber dieser Zustände, also die Araber, unterbleibt; sie werden hierbei ebenso wenig erwähnt wie in dem Schreiben desselben Papstes aus dem Jahr 722 anläßlich der Einsetzung des Bonifatius in das Bischofsamt, in dem dieser Satz wörtlich wiederkehrt[252]. Eine Anklage gegen die Sarazenen fehlt im Kapitular wohl deswegen, weil für den Syrer Gregor auf dem Papstthron im Vordergrund nicht die – berechtigte – Kritik an den gegenwärtigen politischen Verhältnissen steht; als ein wesentlich brisanteres Problem empfindet er die Tatsache, daß aufgrund der Unruhen in Nordafrika eine Menge von Geistlichen in die an Rom eng angebundenen Kirchen drängt, die eine abweichende theologische Richtung vertritt.

Demgegenüber spielt der Grad der Unbill, die die Leute bis hin zu ihrer Flucht erdulden, keine Rolle. Es ist wohl auch nicht so, daß es sich bei den aus Afrika fliehenden Christen um Kleriker handelt, die unter Todesandrohungen zum Übertritt zum Islam aufgefordert worden sind, wie Diehl behauptete. Bereits Wellhausen ist dieser Ansicht entgegengetreten[253]. Aber daß es sich um Menschen handelt, die wegen der arabischen Invasion ihre Heimat aufgeben, daran besteht kein Zweifel. Es werden ihrer wohl eher mehr statt weniger, wenn wir die Wiederholung des Satzes sechs Jahre später 722 richtig verstehen.

Zwischen diesen Jahren liegt das einschneidende Ereignis des Kampfes um die Hauptstadt des oströmischen Imperiums, das für die lateinische Welt im Liber pontificalis und in Bedas Chronik – unabhängig voneinander – aufbewahrt wird.

Beda schließt die Chronik bekanntlich mit dem Jahr 725, als Leon III. (717–741) im achten Jahr seiner Kaiserherrschaft steht. An den Beginn seiner Regierungszeit stellt Beda richtig die Belagerung Konstantinopels, die die Araber im August 717 in Angriff genommen haben[254]. Er benutzt dabei nicht den Liber pontificalis als Vorlage. Dieser Umstand verwundert, da er aus ihm z.B. die Tiberüberschwemmung des gleichen

---

252 MGH Epp. sel. 1, S. 32,7–9. R. Rau, Briefe des Bonifatius, FrvStGA 4b, Darmstadt 1968, S. 69 übersetzt: „Afrikaner, die sich allenthalben zu kirchlichen Weihen herandrängen, soll er auf keinen Fall annehmen, weil einige von diesen schon öfters als Manichäer, andere als wiedergetauft überführt worden sind". Zu dem Schreiben vgl. Haller, Papsttum, 1, S. 285 f.; Caspar, Papsttum, 2, S. 696 ff. Diese Stelle im Zusammenhang gesehen mit der islamischen Expansion und einer damit einhergehenden Abwanderung von Klerikern aus diesen Gebieten nach Europa, kann man sie nicht – wie Th. Schieffer, Angelsachsen und Franken, S. 1439 – als gedankenlose Übernahme eines älteren Zitats durch die päpstliche Kanzlei abtun.

253 Wellhausen, Arab. Reich, S. 187.

254 Ostrogorsky, Gesch. d. byzant. Staates, S. 130 f. Hitti, Arabs, S. 203: 716–717; ebenso Shaban, Islamic History, S. 129.

Jahrs noch entnimmt[255], die er korrekt in die Regierungszeit Theodosios III. legt, der bis März 717 die Staatsgeschäfte lenkt.

Das bedeutet zweierlei; erstens daß die Papstviten des Liber pontificalis z.T. schon zu Lebzeiten der kirchlichen Oberhäupter begonnen und sukzessiv fortgeschrieben sowie zur Unterrichtung der weiten Christenwelt durch päpstliche Gesandte, eher aber wohl durch in die Heimat zurückreisende Rom-Pilger, bis in die entlegensten Winkel des Orbis christianus geschickt werden. Zweitens wandern solche Neuigkeiten nicht in regelmäßigen, festgelegten Abständen von Rom in die Kirchenprovinzen; eine päpstliche Informationspolitik, die es sich zur Aufgabe machen würde, nach ganz bestimmten Fristen zumindest sämtliche erreichbare Bischofssitze mit Nachrichten zu versorgen, existiert nicht. Das Exemplar der Vita Gregors II. (715–731), das Beda bei der Fertigstellung seiner Chronik im Jahr 725 besitzt, reicht nur bis zur Tiberüberschwemmung zu Beginn des Jahres 717 und kann demnach die Belagerung Konstantinopels nicht mehr enthalten.

Für diese Differenz von acht Jahren, d.h. von der letzten Eintragung aus seiner Vorlage vom Anfang des Jahres 717 bis zur Fertigstellung seiner Chronik im Jahr 725, kann Beda über päpstliche Politik, über Vorgänge in und um Rom nichts mehr aussagen. Aus diesem Grund steht bei ihm — im Gegensatz zum Liber pontificalis — aber auch nichts über die Maßnahmen des Kaisers Anastasios gegen die Sarazenen. Die letzten acht Jahre bilden für Beda eine schwer nur zu füllende Lücke; bald danach bricht seine Chronik auch ab und bestätigt, wie sehr er auf den Liber pontificalis nicht allein als Gerüst für sein historiographisches Werk, sondern ebenso als ersten Informationsträger angewiesen ist. Mit dem Versiegen dieser Quelle sieht sich Beda jedenfalls nahezu am Ende der Möglichkeit, überhaupt weiter Geschichte in diesem breiten geographischen Rahmen zu schreiben. Und es muß allen Lesern wie ein gelungener Abschluß der Chronik klingen, als sie am Ende von Beda noch erfahren, daß sich in diesen Tagen zahlreiche Angelsachsen auf die Pilgerfahrt nach Rom begeben haben; auf dem Hinweg bereits sei Bedas Abt Ceolfridus[256] jedoch gestorben, so daß dieser nicht mehr eigenhändig die dem Papst als Geschenk zugedachte, prächtig gearbeitete Bibel habe überreichen können. Unschwer darf der Leser jedoch — wie wir

[255] Beda, Chronik; MGH AA 13, S. 139f. Vgl. Lib. pont., ed. Duchesne, 1, S. 399f.; Lib. pont., SG 22, S. 278; s. dazu Brackmann, Lib. pont., PRE 11, S. 442.

[256] Ceolfrith, Abt von Jarrow, stirbt 716 in Langres. Vgl. D. Whitelock, The Beginnings of English Society, Harmondsworth 1967, S. 176. R. B. Hepple, The Monastery School of Jarrow, in: History 7 (1922), S. 96.

heute auch – annehmen, daß die Pilgergruppe um Ceolfridus auf der Rückfahrt von Rom im Jahr darauf den bis zu diesem Zeitpunkt, also bis zum Anfang des Jahres 717 fortgeschriebenen Liber pontificalis im Gepäck mit sich führt und auf diese Weise Beda u.a. mit Nachrichten über die Sarazenen versorgt.

Beda könnte damit seine Schrift gut schließen. Doch auf der einen Seite zu sehr Historiker, auf der anderen Seite verstärkt auf die Aktionen der Araber aufmerksam gemacht, bemüht er sich offensichtlich mit Erfolg, auch von anderer Seite an Material über die Sarazenen zu gelangen. Der allerletzte Passus der Chronik mit dem Bericht von der Translatio der Augustinus-Gebeine, die damit vor den Sarazenen in Sicherheit gebracht werden, ist ein Beleg dafür.

Aus gleich unbekannter Quelle schöpfend führt er also die Chronik weiter und stellt damit an ihr Ende die letzten Neuigkeiten, die er zu den Sarazenen – vielleicht durch den mündlichen Bericht der aus Rom zurückgekehrten Pilger, dessen Kenntnisstand mittlerweile über den des in der Vita Papst Gregors II. bis zum Beginn des Jahres 717 schriftlich fixierten hinausreicht – erhalten hat.

Daß er aus den ersten acht Regierungsjahren Kaiser Leons III. ausschließlich Vorgänge im Zusammenhang mit den Arabern zu erzählen weiß, wird man weniger auf die – zweifellos – ungenügenden Informationen über andere Geschehnisse zurückzuführen haben; Ausschließlichkeit des Themas Sarazenen wie relative Breite der Ausführung veranschaulichen vielmehr etwas von der großen Beachtung, die man den Arabern nach dem ersten Ansturm auf Palästina nun mit der – aus abendländischer Sicht – erfolgreichen Abwehr vor Konstantinopel wieder zuteil werden läßt. So erfährt der Leser gegen Ende der Chronik: *Sarraceni cum inmenso exercitu Constantinopolim venientes triennio civitatem obsident, donec civibus multa instantia ad deum clamantibus plurimi eorum fame frigore pestilentia perirent ac sic pertaesi obsidionis abscederent. qui inde regressi Vulgarorum gentum, que est super Danubium, bellum adgrediuntur: et ab hac quoque victi refugiunt ac naves repetunt suas. quibus cum altum peterent, ingruente subita tempestate plurimi etiam mersis sive confractis per litora navibus sunt necati*[257].

Wie nachhaltig es auf den Leser einwirken mag, eine historische Darstellung – eine umfassende dazu, wie er glauben muß –, die vom Anbeginn der Welt bis zur Gegenwart heraufreicht, unvermittelt mit den jüngsten, zumindest nur wenige Jahre zurückliegenden Bedrohungen durch die Araber ausklingen oder besser abbrechen sieht, vermag man

257 MGH AA 13, S. 320f.

nur zu ahnen; und doch muß der Inhalt des Berichts einigermaßen tröstlich stimmen.

Ein solch relativ positiver Ausblick liegt sicherlich in der Absicht des Autors, der auch an anderer Stelle die Gelegenheit wahrnimmt, unter Heranziehung biblischer Prophetie Mut zu machen, indem er andeutet, daß die Nachkommen Ismaels *expugnantur ab omnibus*[258]. Bildet Konstantinopel mit der Abwehr und Vernichtung des arabischen Aufgebots den Anfang?

Unter diesem Gesichtspunkt kann der Schluß der Chronik bereits von einem nahen Ende der arabischen Expansion, die Europa bedroht, künden. Beda, der wie seine Leser natürlich dringend darauf hofft, erscheint es daher nur willkommen, die Schrift mit der Tatsache abzuschließen, daß Konstantinopel trotz dreijähriger Belagerung – wie er in deutlicher Übertreibung der Zeitangabe und im Unterschied auch zum Liber pontificalis, wo von zwei Jahren die Rede ist[259], fälschlicherweise meint – von den Arabern nicht genommen worden und das feindliche Heer *fame frigore pestilentia* zu großen Teilen zum Opfer gefallen ist. Für den mittelalterlichen Leser muß Beda kaum betonen, daß als Retter selbstverständlich Gott dahintersteht, der die Gebete der Bürger erhört hat. Das gleiche Bild tritt, wenn auch sparsamer ausgeformt, aus dem Bericht des Liber pontificalis entgegen: *Sed Deo eis contrario maxima illic eorum parte fame ec bello interempta confusi recesserunt, Leone principe*[260]. Auch die bitteren Menschenverluste in der Stadt selbst, von welchen der Liber pontificalis spricht – *Nam et eiusdem civitatis populum trecenta dictum est milia diversae aetatis* (*diversu sexus, aetatis*) *fuissent necessitate vastatum pestilentiae* –, verschweigt Bedas Bericht, der stattdessen den Untergang der arabischen Truppen ausmalt. Den Erfolg der Byzantiner, den der Liber pontificalis, in wenigen Worten ausgedrückt, in der teilweisen Vernichtung des Heeres und seinem ungeordneten Rückzug erblickt, schildert der Angelsachse recht eindrucksvoll, indem er, über die Darstellung im Liber pontificalis hinausgehend, noch von dem für die Araber verheerenden Zusammenstoß mit den Bulgaren[261] erzählt,

---

258 Beda, Libri quatuor in principium Genesis (16,12); CCSL 118 A, S. 201.

259 Lib. pont., ed. Duchesne, 1, S. 402: *Illis interea diebus Constantinopolim biennio est a nec dicendis Agarenis obsessa.* Vgl. Lib. pont., SG 22, S. 282.

260 ibidem.

261 Die im August 717 durch den Kalifenbruder Maslama aufgenommene Belagerung soll genau nach einem Jahr, am 15. August 718, beendet worden sein, nachdem die Araber durch ein bulgarisches Heer enorme Verluste erlitten haben, die nicht mehr aufzuwiegen sind, da schon ein überaus strenger Winter (717/718) die Araber empfindlich geschwächt hatte. Vgl. Ostrogorsky, Gesch. d. byzant. Staates, S. 130 f. Nach

die von Byzanz wohl als Hilfskontingente angeworben werden konnten; die Sarazenen hätten zwar noch versucht, auf ihren Schiffen zu entkommen, doch ein plötzlich aufkommender Sturm habe ihren Untergang herbeigeführt.

Die sich daran noch anschließende, im Liber pontificalis nicht enthaltene Sicherstellung der Gebeine des hl. Augustinus vor den arabischen Übergriffen auf die Insel Sardinien, die wir oben bereits behandelt haben, rundet die Chronik Bedas in Zuversicht ab. Mit dem Blick auf die abendländische lateinische Historiographie gelangt man zu dem Fazit, daß sich in jenen Jahren tatsächlich etwas Hoffnung breitmacht, der arabischen Herausforderung Herr zu werden. Es liegt in der Natur der Sache, daß diese Hoffnung fernab des Geschehens stärker keimt als im Schatten seiner unmittelbaren Auswirkungen. Doch auch Beda wird bald eines besseren belehrt.

Okkupation Spaniens und Vorstoß ins Frankenreich

Die lateinische Historiographie nimmt erst ein Jahrzehnt (frühestens!) nach der Überquerung der Straße von Gibraltar durch ein arabisches Vorauskommando von diesem epochalen Ereignis des Jahres 711 Notiz. Wir haben keine zufriedenstellende Erklärung für diese Säumigkeit unserer Geschichtsschreiber; sie steht in eklatantem Widerspruch zu der Aufmerksamkeit, die den Vorgängen im Nahen Osten und auch im weiteren Mittelmeerbereich in der Regel entgegengebracht wird.

Wir sehen freilich bisweilen an der Gestaltungsart der historischen Schriften deutliche Hinweise auf zeitweilig eintretende Nachrichtenengpässe, die es den jeweiligen Autoren manchmal erst in Abständen von etlichen Jahren erlauben, Dinge nachzutragen, von denen sie zuvor nicht gehört haben, obwohl sie so wichtig sind. Warum aber Beda die Eroberung ganz Spaniens durch die Araber sowie ihr erstes Ausgreifen nördlich der Pyrenäen nach Aquitanien hinein in seiner 725 schließenden Chronik nicht erwähnt, bleibt unverständlich und kann weder mit dem völligen Fehlen einer hispanischen Geschichtsschreibung und einem damit verbundenen Informationsmangel hinsichtlich dieses Teiles Südwesteuropas noch mit der politischen Randlage Spaniens und seiner westgotischen Herren, die die rein geographische noch übertrifft,

---

Hitti, Arabs, S. 203 bzw. 212 dauert die Belagerung von August 716 bis September 717, nach Eickhoff, Seekrieg u. Seepolitik zw. Islam u. Abendland, S. 32 ff. wieder vom 15. 8. 717 bis 15. 8. 718; so auch Cambridge History of Islam 1, S. 94.

oder gar mit einem Moment lähmenden Entsetzens, das das Abendland angesichts der militärischen Erfolge der Araber befällt, hinreichend erklärt werden. Zu all diesen Punkten haben wir selbst in dieser Arbeit bereits Gegenbeispiele angeführt.

So bietet denn der Liber pontificalis in der Vita Gregors II. bei gehörigem Zeitverzug gleich einen in sich geschlossenen und — in Anbetracht dieser Kompaktheit — kompletten Bericht über das erste arabische Jahrzehnt auf südwesteuropäischem Boden. Hinsichtlich seiner chronologischen Einordnung läßt sich der Kompilator, der den Abschnitt als Ganzes in die Vita Gregors II. einarbeitet, offensichtlich vom Beginn der Aktionen, d.h. vom Übersetzen von Afrika nach Spanien im Jahr 711, und nicht von der abschließend erzählten Schlacht im Jahr 725 leiten, in der Eudos Leute die Oberhand über die Sarazenen behalten. Insofern ist die Einfügung etwa vor der Belagerung Konstantinopels, die sich 717/718 zuträgt, nicht zu kritisieren; andererseits gehört die Geschichte aber dann nicht in die Vita Gregors II., der erst seit 715 das Pontifikat versieht, sondern in die des Papstes Konstantin. Also auch in diesem Fall sind die typischen Schwierigkeiten bei der exakten zeitlichen Zuordnung von Ereignissen, die eine gewisse Zeit zurückliegen, nicht zu übersehen.

Duchesne gibt in seiner Edition des Liber pontificalis zwei Rezensionen der Biographie Gregors II. wieder, die sich im wesentlichen im Anfangsteil des Berichts, der von der Invasion der Araber in Spanien handelt, unterscheiden. Dem Verfasser des ersten Textes liegen tatsächlich insbesondere die Vorgänge in Spanien am Herzen; er weiß gar den afrikanischen Ort Septem, das heutige Ceuta, anzugeben, von dem aus die arabische Invasion seiner Meinung nach ihren Anfang genommen hat, und betont, daß neben den meisten Goten auch ihr König ermordet worden sei: *Eodem tempore nec dicenda Agarenorum gens a loco qui Septem dicitur transfretantes, Spaniam ingressi, maximam occiserunt partem eorum rege; reliquos omnes subdiderunt cum suis bonis et ita eandem provinciam annis possiderunt decem*[262].

Von alledem berichtet der Verfasser der zweiten Version — über die blanke Zeitangabe von zehn Jahren, die die Araber mittlerweile in Spanien sitzen, hinaus — nichts. Sein Augenmerk ist ganz auf Aquitanien gerichtet; er hält es für wesentlicher, auf den Versuch der Araber, die Rhone zu durchqueren und die Francia zu okkupieren, so weit sie Eudo

[262] Lib. pont., ed. Duchesne, 1, S. 401,8–12 (l. Spalte). Vgl. Lib. pont., SG 22, S. 281 f. Zu den Vorgängen in Spanien nützlich die Quellensammlung von C. Sánchez-Albornoz, La España musulmana, Madrid 1973.

untersteht, hinzuweisen: *Eodem tempore nefanda Agarenorum gens cum iam Spaniarum provinciam per X tenerent annos pervasam, undecimo anno Rodanum conabantur fluvium transire, Francias occupandum, ubi Eodo praeerat*[263].

Im folgenden dann besteht hinsichtlich des Zusammentreffens der Franken mit den Arabern zwischen beiden Versionen Einigkeit. Sie kommt wohl aufgrund der schriftlichen Quelle zustande, die dem anonymen Verfasser der Vita[264] für diesen Teil in dem Brief des fränkischen Herzogs Eudo an den Papst zur Verfügung steht. Die Unterschiede der beiden Textvarianten verschwinden nach dem Satz, der zu den Begebenheiten im Frankenreich überleitet, zu Bedeutungslosigkeiten und gehen eindeutig auf Verlesungen bzw. Verschreibungen beim handschriftlichen Kopieren der Manuskripte zurück: *Qui facta generali Francorum monitione contra Sarracenos, eos circumdantes interemerunt. Trescenta enim septuaginta quinque milia uno sunt die interfecti, ut eiusdem Eodonis Francorum ducis missa pontificis epistola continebat; mille tantum quingentos ex Francis fuisse mortuos in eodem bello dixerunt, adiciens quod anno praemisso in benedictione a praedicto viro eis directis tribus spongiis quibus ad usum mense pontificis apponuntur, in hora qua bellum committebatur, idem Eodo, Aquitaniae princeps, populo suo per modicas partes tribuens ad sumendum, ex eis ne unus vulneratus est nec mortuus ex his qui participati sunt*[265].

Abgesehen von den Gefallenenziffern – 375 000 auf arabischer, 1500 auf fränkischer Seite! –, aus denen der Leser schließen muß, daß die Franken wohl als Sieger den Platz verlassen haben, wird von der Schlacht selbst nur die Wirkungsweise eines Wunders erzählt, dem die Franken ihre Unschlagbarkeit verdanken sollen: Eudo läßt zu Beginn der Schlacht an seine Männer von drei Broten (oder drei liturgischen Schwämmen?), die ihm zum Segen der Papst schicken ließ, verteilen[266].

---

[263] Lib. pont., ed. Duchesne, 1, S. 401,8–11 (r. Spalte).

[264] Roy/Deviosse, La Bataille de Poitiers, S. 213 Anm. 1: „Le biographe de Grégoire n'est pas, comme on l'a cru longtemps, Anastase le Bibliothécaire, mais un contemporain anonyme."

[265] Lib. pont., ed. Duchesne, 1, S. 401,12–23 (r. Spalte); die Unterschiede zu dem Text in der linken Spalte sind in der dort erst in dem Überleitungssatz angegebenen Spanne von zehn Jahren zu sehen, die bis zum Angriff der Araber auf Eudo verflossen seien (*Undecimo vero anno generalis facta Francorum motio*), sowie in der Unterdrückung des Eudo als Absender des Schreibens an den Papst.

[266] Die Stelle von den *tribus spongiis, quibus ad usum mense pontificis apponuntur*, ist nicht eindeutig zu klären. Roy/Deviosse, La Bataille de Poitiers, S. 213 übersetzen: „. . . on apporta au camp des Chrétiens trois corbeilles pleines d'eulogies que le pape Grégoire leur envoyait en guise a bénediction". Doch gegen eine solche, sehr freie Übersetzung sind erhebliche Zweifel anzumelden, zumal wenn man die noch dem Spätmittelalter

Wer von ihnen etwas abbekommt, geht solchermaßen geschützt unbeschadet aus der Schlacht hervor. Wir gehen nicht fehl in der Annahme, daß der Autor der Papstvita dem Zusammenstoß zwischen Franken und Arabern wohl nur aufgrund eines solchen Wunders in dem vorgefundenen Ausmaß Beachtung schenkt.

Die Nennung der Rhone (in der zweiten Textversion) hat mitunter dazu verleitet, hinter den geschilderten Ereignissen arabisch-fränkische Auseinandersetzungen (auch) der Jahre 737 bis 739 zu vermuten[267]. Mit gleichem Recht kann man solche des Jahres 725 annehmen; denn schon in diesem Jahr liegt die Rhone im Bereich arabischer Attacken. Dabei ist unbestritten, daß die Erzählung ihren Details nach von zwei verschiedenen und zeitlich weit auseinanderliegenden Ereignissen weiß. Sie spricht in der zweiten Version eindeutig einmal von dem Versuch der Araber, über die Rhone zu setzen und Aquitanien zu erobern, und zum anderen dann von dem entschlossenen Abwehrkampf des fränkischen Herzogs Eudo[268]. Mit dem ersten zielt der Bericht in Übereinstimmung mit der selbst eingebrachten Zeitangabe auf das Jahr 721, in welchem es Eudo gelingt, Toulouse zu halten und die Araber unter as-Samḥ, der die Niederlage mit seinem Leben bezahlt, zurückzuschlagen[269]. Zu dem Kampf, den sich Eudo mit den Sarazenen liefert, kommt es dagegen erst im Jahr 725, als die Araber ins Rhonetal einrücken und weit nach Norden vorstoßen, nachdem das arabische Heer unter ʿAnbasa b. Suḥaim Carcassonne und Nîmes erobert hat. ʿAnbasa führt die Truppen durch das Flußtal nordwärts Richtung Alpen und Burgund, plündert Autun und verwüstet Beaune. Im weiteren Verlauf der Expedition findet er — wohl in einem gegen die Franken verlorenen Gefecht — jedoch den Tod.

---

angehörende und dem Ereignis damit um einige Jahrhunderte näher als wir stehende Glosse des Pietro Bohier zum Liber pontificalis an dieser Stelle heranzieht, der *spongia* als 'Schwamm' versteht; vgl. SG 23 (1978), S. 307: *SPONGIAS: Spungia enim scribitur . . . Sed quare ipsas papa pro benedictione, id est dono, illis miserit et in quo serviebant huiusmodi spungiae mensae suae, non bene capio, nisi ad mundandas mappas de micis, sive reliquiis fragmentorum. Sic enim faciunt monachi vallis Sublacensis in fine prandii sive caenae, non tam humiliter quam devote, quia cum tremore et reverentia custodiendae sunt reliquiae fragmentorum mensae Domini.* Auch wir haben uns, trotz ähnlicher Bedenken, für die Übersetzung als 'Schwämme' entschieden; zu diesen s. RCHA 2, S. 746.

267 Lib. pont., ed. Duchesne, 1, S. 412 Anm. 18.

268 Zur Person des Eudo s. Ebling, Prosopographie d. Amtsträger d. Merowingerreiches, S. 148 f.

269 Vgl. M. Reinaud, Invasion des Sarrazins en France, Paris 1964 (zuerst 1836), S. 18 ff. Hitti, Arabs, S. 499. J. Lacam, Les Sarrazins dans le haut moyen age francais, Paris 1965, S. 22. R. de Abadal y de Vinyals, El paso de Septimania del dominio godo al franco, in: CHE 19 (1953), S. 19. Roy/Deviosse, La Bataille de Poitiers, S. 157.

Daraufhin schließen die Araber Schutzverträge mit den lokalen Adligen und legen am Westufer der Rhone dauerhafte Stützpunkte an[270].

Diese Einzelheiten kann der Autor der Vita Gregors II. natürlich nicht kennen; es steht sogar in Frage, inwieweit er sie wissen will bzw. in ein historiographisches Werk dieser Art überhaupt aufnehmen möchte. An Details scheint er nur im Sinn christlicher Legendenschöpfung interessiert zu sein.

Dagegen präsentieren sich die Jahreseinträge der frühen fränkischen Annalen in vollendeter Nüchternheit. Ihre kaum noch zu überbietende Sparsamkeit beim Text zwingt die Schreiber, streng nach allen Seiten hin abzuwägen, welche als die herausragenden Ereignisse des abgelaufenen Jahres gelten dürfen, und fordert ihnen eine Sachlichkeit ab, die die strikten Kriterien nur erahnen läßt, die den Ausschlag für diesen oder jenen Eintrag geben. Um so höher dürfen wir die Bewertung eines hier notierten Jahres-Ereignisses durch die Zeitgenossen einschätzen. Der Gruppe der Lorscher Jahrbücher nach zu beurteilen, werden die Vertreibung der Sarazenen aus Aquitanien durch Eudo sowie deren neuerliches Auftauchen vier Jahre danach als die Attraktionen der Jahre 721 und 725 empfunden. Die einzige Eintragung unter dem Jahr 721 lautet in den Annales Mosellani[271] wie in den Annales Laureshamenses: *eiecit Heudo Saracinos de Aquitania*[272]. Nicht ganz diese einzigartige Bedeutung wird dem Arabereinfall von 725 beigemessen; aber im Gegensatz zu anderen frühen Annalen halten die Annales Mosellani und Laureshamenses unter dem nämlichen Jahr neben dem Tod eines uns unbe-

---

[270] Mit dem arabischen Heer erobert ʿAnbasa b. Suḥaim in diesem Jahr Carcassone und Nîmes und führt dann seine Truppen durch das Rhonetal Richtung Alpen und Bourgogne, plündert Autun und verwüstet Beaune. Im weiteren Verlauf der Expedition findet ʿAnbasa, wohl in einem gegen die Fanken verlorenen Gefecht, den Tod. Daraufhin schließen die Araber Schutzverteäge mit den lokalen Adligen und legen am Westufer der Rhone Stützpunkte an. Vgl. Plummer, Bedae opera, S. 339 (Anmerkungsteil). E. Lévi-Provençal, Histoire de l'Espagne musulmane, 1, Paris-Leiden 1950, S. 58f.; der Karte (ibid. S. 57) ist zu entnehmen, daß ʿAnbasa im Norden bis Sens bzw. Langres vorgestoßen ist. de Abadal y de Vinyals, El paso de Septimania, S. 22f. Roy/Deviosse, La Bataille de Poitiers, S. 116. Lacam, Les Sarrazins, S. 22. Wegen der arabischen Quellen und älteren Literatur zu den Ereignissen der Jahre 721 bis 728 s. Caetani, Chronographia, 5, S. 1288 Nr. 40–41, S. 1299 Nr. 24–25, S. 1352 Nr. 28–29, S. 1365 Nr. 32, S. 1390 Nr. 33.

[271] Nach Wattenbach/Levison, 2, S. 185 weisen die irischen Namen zu Beginn der Annalen „nach Péronne mit seinem Irenkloster, das zwischen Corbie und Cambrai lag", als Entstehungsort.

[272] MGH SS 16, S. 494. MGH SS 1, S. 24.

kannten Bet(t)o und der Chrotrud[273], der Gemahlin Karl Martells, immerhin fest: *Saracini venerunt primitus*[274].

Diese Notiz scheint sich auf den ersten Blick mit der vorigen nicht zu vertragen, da hier davon die Rede ist, daß die Sarazenen 725 das erste Mal in Erscheinung treten, obwohl bereits der Eintrag zum Jahr 721 in aller Deutlichkeit von den Sarazenen in Aquitanien spricht. Indem der Schreiber jedoch erst unter dem Jahr 725 vom erstmaligen Auftreten der Sarazenen redet, verrät er zweierlei; zum einen, daß er mit *venerunt* mehr meint als lediglich die Tatsache, daß die Sarazenen überhaupt erstmals in Gebiete eingedrungen sind, die zumindest formal — wie eben Aquitanien — dem Fränkischen Reich zugerechnet werden; er will stattdessen betonen, daß die Araber tief in die Francia hinein erstmals vorgestoßen[275] sind und nicht nur in irgendwelche Randgebiete, die noch in recht loser Föderation dem Reich anhängen. Insofern wird der erste Zusammenstoß zwischen Eudo und den Sarazenen im Jahr 721, als dessen Folge die Araber zunächst einmal wieder sich über die Pyrenäen zurückziehen, unter geopolitischen Gesichtspunkten in eine völlig andere Kategorie als die Schlacht von 725 eingestuft. Zum anderen verrät gerade dieses *primitus* die Eintragung zum Jahr 725 als einen späteren Zusatz, der erst in Kenntnis eines weiteren Araberverstoßes hinzugefügt werden kann. Ohne Wahrnehmung eines zumindest zweiten Einfalles ist es unmöglich, von einem ersten zu sprechen. Um in der Chronologie der Lorscher Jahrbücher selbst zu bleiben, bedeutet dies aber, daß die Eintragung frühestens nach der Schlacht von Poitiers 732 formuliert wird.

Die Kämpfe gegen Karl Martell

Nach einer Bemerkung aus Bedas zunächst 731 fertiggestellter, dann von ihm selbst wohl, als im Kloster Jarrow die ersten Kopien angefertigt werden, um aktuelle Zusätze angereicherten Historia ecclesiastica gentis Anglorum[276] kündigt sich für den erfahrenen, in der Wahrnehmung

---

[273] Sie starb allerdings schon im Jahr 724.

[274] MGH SS 16, S. 494. MGH SS 1, S. 24.

[275] Vgl. Lévi-Provençal, Histoire de l'Espagne musulmane, 1, S. 58.

[276] Beda, der als erster die Zählung in Jahren seit Christi Geburt in seiner Historia ecclesiastica einführt (nachdem ein füher Anstoß in dieser Richtung durch Dionysius Exiguus, gest. 545, fruchtlos blieb), gibt dieses Datum selbst an: Hist. eccl. V,23; Bede's Ecclesiastical History of the English People, ed. B. Colgrave/R. A. B. Mynors, Oxford 1969, S. 560. Vgl. Duckett, Saints and Scholars, S. 313 u. 318. Levison, Bede as Historian, S. 142 u. 149. Plummer, Bedae opera, S. cli.

und Ausdeutung von Vorzeichen geschulten Christen der nächste, mit Vehemenz gegen das Frankenreich vorgetragene Angriff der Araber in der Rückschau nach Art von Landplagen und Seuchen bereits etliche Jahre zuvor an, d.h. im Jahr des Herrn 729[277] *apparuerunt cometae duae circa solem, multum intuentibus terrorem incutientes*[278]. Im Januar seien sie für die Dauer von vierzehn Tagen erschienen, um in stetem Wechsel jeweils Tages- und Nachtanbruch anzuzeigen bzw. damit vorherzusagen, daß den Menschen nun Tag und Nacht Böses drohe. Am nördlichsten Abendhimmel schienen sie alles in Brand zu stecken. *Quo tempore gravissima Sarracenorum lues Gallias misera caede uastabat, et ipsi non multo post in eadem prouincia dignas suae perfidiae poenas luebant.* Weil sich zu dem von Beda genannten Zeitpunkt ('etwas nach 729') keine andere Schlacht als die vielbesprochene, die 732 zwischen Tours und Poitiers ausgetragen wird, in dem übrigen Quellenmaterial ausmachen läßt, handelt es sich bei diesem Nachtrag Bedas aus der Vita Gregors II. und der darin enthaltenen 'Bestrafung' der Sarazenen nach einhelliger Forschungsmeinung um diese entscheidende Auseinandersetzung zwischen Arabern und Franken[278], die von der ältesten Gruppe fränkischer Annalen ebenso in dieses Jahr datiert wird. In dürren, knappen Sätzen, wie sie als jährliche Notizen zu den betreffenden Jahren auf den Rändern der Ostertafeln anfangs angebracht werden[279], halten die zeitgenössischen, im austrasischen Raum entstandenen Annales Sancti Amandi sowie die mit ihnen verwandten Annales Tiliani und Annales Laubacenses das Ereignis unter dem Jahr 732 fest. Während aber die Annales Tiliani und Laubacenses zu dieser Schlacht von Poitiers nur vermerken *Karolus habuit bellum contra Sarecinos*[280], liefern die Annales Sancti Amandi darüber hinaus die Angabe eines Monats mit: *732. Karlus bellum habuit contra Saracinos in mense Octobri*[281]. Die in anderem Zusammenhang schon zitierten Annales Mosellani und Laureshamenses wiederum halten zur Schlacht neben dem Jahr dagegen einen Wochentag und den Ort des Geschehens fest und notieren: *Karlus* (*Carolus*) *pugnavit contra Saracinos die sabbati ad Pictavis civitatem* (*Pectavis*)[282].

---

[277] Nur die Hs. C 2 (vgl. Bede's Ecclesiastical History, ed. Colgrave/Mynors, S. xliii) hat abweichend das Jahr 728.

[278] Man vgl. dazu die Anmerkungen in den jeweiligen Textausgaben; Plummer, Bedae opera, S. 339 (Anm.-Teil). Baedae opera historica, 2, London 1954, S. 368 Anm. 1. Bede's Ecclesiastical History, ed. Colgrave/Mynors, S. 557 Anm. 5.

[279] Vgl. Wattenbach/Levison, 2, S. 183 ff.

[280] Annales Tiliani, MGH SS 1, S. 8. Annales Laubacenses, MGH SS 1, S. 9: *Carlus bellum habuit contra Saracenos.*

[281] MGH SS 1, S. 8.

[282] Annales Mosellani, MGH SS 16, S. 495. Annales Laureshamenses, MGH SS 1, S. 24.

Über diese Feststellungen hinaus, nämlich daß sich die Schlacht im Jahr 732 an einem Samstag im Monat Oktober bei der Stadt Poitiers zugetragen hat, scheint das exakte Datum (eventuell auch der exakte Ort) entweder in Vergessenheit geraten, oder aber so bekannt zu sein, daß dies festzuhalten nicht für nötig befunden wird.

Auf der anderen Seite besteht ausnahmslos Einigkeit darin, daß gerade die Spanne von 726 bis 730 von dem beiderseitigen Bemühen – der Araber wie der zunächst von der Invasion betroffenen Aquitanier unter ihrem Herzog Eudo – geprägt ist, eine Verständigung herbeizuführen[283], weshalb Bedas Angabe des Jahres 729 als Datum für den Beginn außergewöhnlicher arabischer Aktivitäten in Gallien Zweifel an der sonst bei ihm zu schätzenden Exaktheit, gerade in Verbindung mit Himmelserscheinungen, aufkommen läßt. Deshalb muß man die Notiz Bedas – gerade in ihrem letzten Teil – nicht generell als Hinweis auf die Schlacht von Poitiers in Frage stellen; aber weder zeitgenössische Quellen noch spätere Nachrichten, weder lateinische noch arabische Zeugnisse sprechen von Kämpfen in den Jahren 726 bis 730. Es sieht im Gegenteil, wenn wir aus den späteren Quellen kurz referieren, so aus, als suche man zwischen den feindlichen Heeren bzw. Völkern nach einem Ausgleich oder einem modus vivendi, der ein Leben in nächster Nachbarschaft erlaubte. Daß beide Lager dabei von eigennützigen separatistischen Ideen geleitet werden, die Eudo an eine völlige Loslösung von Karl Martell und auch die Araber/Berber nördlich der Pyrenäen an eine Abspaltung von den arabischen Herrschern in Spanien, wo ohnedies zusehends anarchistische Tendenzen zu Tage treten, denken lassen, vermag ihre Entschlossenheit, zu einem Ausgleich untereinander zu kommen, nur zu beflügeln. Äußeres Zeichen der Verbindung ist z.B. die Hochzeit des Berbers Manuza bzw. Manunza mit *Lampagia*, einer Tochter des Herzogs Eudo[284]. Von Krieg jedenfalls ist nicht die Spur zwischen Aquitaniern und Arabern, die sich in dem weiten Küstenbogen zwischen Rhonemündung und Pyrenäen festsetzen, zu bemerken.

Die Zusammenstellung der Kometenerscheinung des Jahres 729 mit einem – vermeintlichen – Wüten der Araber in Gallien ist denn wohl auch eher als Versuch Bedas zu werten, eine Bestätigung für die verbreitete Meinung zu liefern, Kometen kündeten von Bösem. Zu diesem Zweck lassen sich rückblickend, aus der Sicht dessen, der vom Vordringen der Sarazenen bis über Poitiers hinaus und der dort stattgefundenen

---

283 Lacam, Les Sarrazins, S. 23. Roy/Deviosse, La Bataille de Poitiers, S. 150.

284 M. Rouche, Les Aquitains ont-ils-trahi, in: M–A 74 (1968), S. 13. Roy/Deviosse, La Bataille de Poitiers, S. 160.

Schlacht gehört hat und der daraufhin nach dem Beginn ihrer militärischen Operationen sucht, leicht die Araber als Referenzsubjekt verwenden. Erst an zweiter Stelle steht hinter der Notiz zum Kometenerscheinungsjahr 729 vermutlich der Wunsch des Autors, damit den Einfall eines arabischen Heeres nach Gallien zu datieren. In erster Linie soll die Aufmerksamkeit des Lesers auf eine 'wundersame' Erscheinung gelenkt werden; er soll dazu angehalten werden, solchen 'Himmelszeichen' weiterhin die gebührende Aufmerksamkeit zu schenken. Um ihre Richtigkeit und Bedeutung zu demonstrieren[285], führt er die Invasion der Araber — wenn auch zu einem falschen, doch vom Leser wohl nicht überprüfbaren Zeitpunkt — als Beispiel dafür an, wie sehr sich solche unheilvollen Erscheinungen als Ankündigungen unheilvoller Ereignisse bewahrheiten.

Der einzige zeitgenössische Bericht von den Vorgängen, die schließlich die Schlacht von Poitiers herbeiführen, liegt uns in der bis spätestens 736 entstandenen 1. Fortsetzung der Fredegar-Chronik vor. Unter ihrem Autor haben wir uns wahrscheinlich einen Austrasier vorzustellen, der den südfranzösischen Schauplätzen, von denen er schreibt, selbst fernsteht[286]. Er richtet sein Augenmerk, da die Merowinger seiner Tage kaum noch eine Rolle spielen, folgerichtig im wesentlichen auf Karl Martell und somit auch auf dessen Auseinandersetzung mit dem nicht sonderlich botmäßigen Herzog Eudo von Aquitanien. Dies ist bei der Ausgestaltung des Berichts über die Sarazenen in Gallien nicht ganz unerheblich. Denn im Gegensatz zu späteren Überlieferungen wird Eudo in der ersten Fredegar-Fortsetzung, an die wir uns hier halten, dargestellt, als habe er das ganze Malheur verursacht, indem er mit seiner Bitte um Beistand gegen Karl Martell die Sarazenen ins Land gerufen habe: *gentem perfidam Saracinorum ad auxilium contra Carlum principem et gentem Francorum excitauit*[287]. Als Ursache werden zuvor zwei Expeditionen Karl Martells genannt, auf welchen er den Herzog Eudo unterworfen (*superatum*) und der Lächerlichkeit preisgegeben (*derisum*) habe. In der weiteren Abfolge des Geschehens tritt Eudo allerdings an keiner Stelle als Mitkämpfer der Sarazenen gegen den fränkischen Hausmeier

[285] Welche Bedeutung Beda Naturerscheinungen als warnenden Vorzeichen beimißt, zeigt er in seiner Schrift De natura rerum, cap. 24 (nach Bede's Ecclesiastical History, ed. Colgrave/Mynors, S. 556 Anm. 4); vgl. Plummer, Bedae opera, S. 222 u. S. 338 (Anm.-Teil).

[286] Wattenbach/Levison, 1, S. 115f. Wallace-Hadrill, The Fourth Book of the Chronicle of Fredegar, S. xxv.

[287] MGH SS rer. Merov. 2, S. 175,12f. Wallace-Hadrill, The Fourth Book of the Chronicle of Fredegar, S. 90.

auf; M. Rouche widerspricht dieser Darstellung Eudos auch völlig und sieht dahinter den Versuch einer fränkischen Geschichtsschreibung, Stimmung gegen den Süden zu machen, der sich mit seiner Andersartigkeit nur schwer für den Norden und seine Repräsentanten, die die Herrscher stellen, erwärmen kann[288]. Andererseits muß diese Version, die Eudo als Verräter markiert, verbreiteter gewesen sein, als die Untersuchung von Rouche vermuten läßt. Die Schedelsche Weltchronik, 1493 in Nürnberg gedruckt, hält sich z.B. auch an die vom 1. Fortsetzer der Fredegar-Chronik vorgegebene Version des Hergangs: *Als er nw verstund das die sarraceni von Eudone dem herzogen zu aquitania seinem widersacher in galliam zeziehen gefordert weren do zohe er inen mit großer heerscraft entgegen vnd schlůg der Sarracener bey dreymalhundert vnd fünfundsibentzig tausent zu tod. vnd warden doch auß den franckreichischen nit mer dann bey anderhalb tausenten erschlagen als die geschihtbeschreiber setzen*[289]. Während sich der Teil der Notiz, der die Zahlenangaben bringt, eindeutig auf die Auseinandersetzung zurückverfolgen läßt, die der Liber pontificalis in zwei Textvarianten bietet, ist im Anfangsteil auf die Nachricht aus der 1. Fredegar-Fortsetzung Bezug genommen.

So wie sich ihr Verfasser grundsätzlich um die Erhöhung Karl Martells bemüht, muß den (austrasischen) Lesern der fortgesetzten Chronik die militärische Leistung des Hausmeiers Karl noch größer erscheinen, wenn sie erfahren, daß dieser nicht mit der gemeinsamen Unterstützung aller Kräfte, also auch der seines Herzogs Eudo, gegen die Araber angetreten ist, sondern vielmehr ohne Hilfe des regionalen Landesherrn gegen die Invasoren den Kampf gewagt hat.

In großen Sprüngen, doch unter Angabe markanter Orte zeichnet die Continuatio den Zug der Araber über Bordeaux und Poitiers, nachdem sie zuallererst die Garonne überschritten haben, bis vor die Stadt Tours nach; ihr Anführer ʿAbdarraḥmān[290] wird – im Unterschied zum *princeps*[291] Karl – als *rex* eingeführt: *Egressique cum rege suo Abdirama nomine*

---

[288] Rouche, Les Aquitains ont-ils-trahi, M–A 74 (1968), S. 25. Ebling, Prosopographie der Amtsträger des Merowingerreiches, S. 148 hält, allerdings in Unkenntnis der zuvor genannten Untersuchung von Rouche, an dem Hilfegesuch Eudos an die Sarazenen fest. Vgl. Lacam, Les Sarrazins, S. 23. Roy/Deviosse, La Bataille de Poitiers, S. 150. Arabische Quellen und ältere Literatur zu den Vorgängen um die Schlacht von Poitiers und die Auseinandersetzung selbst bei Caetani, Chronographia, 5, S. 1408 Nr. 23, S. 1409 Nr. 25, S. 1419 Nr. 24–25, S. 1431 Nr. 21–24, S. 1441 Nr. 20 (Schlacht v. Poitiers), S. 1442 Nr. 21.

[289] Die Schedelsche Weltchronik, Nachdr. Dortmund 1979, fol. 163.

[290] Zu diesem s. Lévi-Provençal, Histoire de l'Espagne, 1, S. 59–62.

[291] Vgl. H. Wolfram, Intitulatio, 1 (Lateinische Königs- u. Fürstentitel bis zum Ende des 8. Jh.s), Graz-Wien-Köln 1967, S. 152–155.

Garonnam transeunt, Burdigalensem urbem peruenerunt . . . usque Pectauis profecti sunt;. . . ad domum beatissimi Martini, d.h. nach Tours, *euertendam destinant*[292]. Doch mutig habe sich Karl Martell ihnen entgegengestellt (*audacter aciem instruit*); und was die frühen Annalen nur mit einem einzigen Satz bedenken, wird hier zumindest ausgebreitet, daß man den Hergang der berühmten Schlacht in groben Zügen nachvollziehen kann. Karl hat — dem Bericht nach — in einem überraschenden Angriff (*super eos belligerator inruit*) das arabische Lager überrannt (*tentoria eorum subuertit*), die Araber zum vernichtenden Kampf gestellt (*ad proelium stragem conterendam accurrit*) und, als ʿAbdarraḥmān gefallen ist (*interfectoque rege eorum Abdirama*), zerstreut, vor sich her getrieben und völlig niedergekämpft (*prostrauit, exercitum proterens, dimicauit atque deuicit*): *sicque uictor de hostibus triumphauit*[293].

Nicht nur der erneute Sarazenen-Einfall fünf Jahre später zeigt indes, daß dieser von dem Historiographen so gepriesene Sieg des merowingischen Hausmeiers Karl die Araber bei weitem nicht in der Weise beeindruckt, wie es der Leser glauben soll. In einer längeren Passage der Lebensbeschreibung des Abtes Pardulf (Vita Pardulfi abbatis Waractensis), der zu Guéret bei Limoges seines Amtes waltet, bewahrt ein anonymer aquitanischer Autor[294] nicht nur einen der ganz seltenen Berichte einer Begegnung von Europäern mit Sarazenen in dieser frühen Zeit auf, sondern damit auch die Beobachtung, daß die Sarazenen nach ihrem Debakel gegen Karl Martell keineswegs auf direktem Weg nach Süden hasten und Hals über Kopf ihr Heil in der Flucht suchen. Sie können sich, statt in Richtung Bordeaux bzw. Toulouse davonzueilen, einen Umweg über Pardulfs Kloster zu Guéret gestatten, der sie zunächst von Poitiers aus nach Süd-Osten verschlägt. Damit soll nicht ihre Niederlage in Frage gestellt werden; auch die Vita Pardulfi, die wohl zwischen 737 und 745 entstanden sein muß[295], läßt keinen Zweifel daran, daß nach dem Zusammenstoß mit Karl Martell *plures ex eadem gente Ismahelitarum*

---

[292] MGH SS rer. Merov. 2, S. 175,13–16. Wallace-Hadrill, The Fourth Book of the Chronicle of Fredegar, S. 90.

[293] MGH SS rer. Merov. 2, S. 175,17–20. Wallace-Hadrill, The Fourth Book of the Chronicle of Fredegar, S. 90f.

[294] Vgl. W. Levison in der Einleitung zur Edition; MGH SS rer. Merov. 7, S. 19.

[295] Wattenbach/Levison, 2, S. 168: „. . . der Verfasser hat zu einer Zeit geschrieben, da die Herzöge von Aquitanien ihre Unabhängigkeit noch nicht endgültig an die Franken verloren hatten und die Erinnerung an Herzog Eudo (gest. 735) noch fortlebte". Pardulf ist im Jahr 737 gestorben; so kann man nur vermuten, daß die Vita zwischen 737 und 745, dem Ende aquitanischer Eigenständigkeit (vgl. Th. Schieder, Handbuch der europäischen Geschichte, 1, Stuttgart 1976, S. 536) entstanden ist.

fugam arripuerunt[296]. Doch aus der eingeschlagenen Fluchtrichtung nach Süd-Osten darf man auf die Orte des unteren Rhonelaufs bzw. die arabisch besetzten Städte in dem Küstenbogen zwischen Perpignan und Marseille als die Zielpunkte ihres Rückzuges schließen. Sie scheinen sich also trotz dieses Sieges der Franken um die Zukunft ihrer in Südfrankreich eroberten Gebiete, in die sie sich absetzen, nicht zu sorgen.

Wo die Flucht ihren Ausgang nimmt bzw. die Schlacht zwischen Franken und Arabern ausgetragen wird, weiß auch die Vita Pardulfi nicht zu sagen und unterscheidet sich darin nicht von anderen zeitgenössischen Bemerkungen oder späteren Nachrichten. Während die Annales Tiliani, Laubacenses und Sancti Amandi überhaupt keinen Ort zur Schlacht verzeichnen, melden die Annales Mosellani bzw. Laureshamenses, daß sich der Kampf zu Poitiers (*ad Pictavis* bzw. *Pectavis*) ereignet. Die erzählenden Quellen sind nur um Nuancen aufschlußreicher; der 1. Fortsetzer der Fredegar-Chronik spricht davon, daß sich Karl Martell den Arabern entgegenstellt, als sie nach der Verwüstung der Hilarius-Basilika in Poitiers das gleiche mit der Kirche des hl. Martin in Tours anstellen wollen. Die Vita Pardulfi teilt mit, daß es zu dem Treffen kommt, nachdem die Araber *Pectavensem urbem fuissent ingressi.*

In der Forschung werden verschiedene Plätze auf der Strecke Poitiers–Tours als Schlachtfelder gehandelt: Das Dorf Cenon nördlich von Poitiers im Winkel des Zusammenflusses des Clain und der Vienne; die Ebene östlich des Dorfes Moussais-la Bataille; und schließlich eine Ortschaft namens Nire nördlich von Loudun (nordwestlich Poitiers)[297]. Während die ersten beiden Lokalisierungen auf z.T. dubiose späte arabische Quellen bzw. gefestigte örtliche Traditionen wie auch spätere lateinische Nachrichten zurückgehen, hat den Ort Nire erst die Studie von L. Levillain und Ch. Samaran[298], die letztlich auf eine Beobachtung B. Bischoffs gründet, in die Diskussion geworfen. Bischoff hatte in dem Echternacher Willibrord-Kalendar als Einritzung zu der Zeitangabe *II. Id. Oct.* die Notiz *Pugna in Nirac* entdeckt, die mancher nun als Hinweis auf die in einem Oktober ausgetragene Schlacht zwischen Karl Martell und den Arabern versteht[299]. F. Lot hat gegenüber allen drei Thesen erhebliche Bedenken geäußert, indem er die Belegstellen für die jewei-

---

[296] Der gesamte Bericht findet sich MGH SS rer. Merov. 7, S. 33,5–34,8.

[297] Vgl. die Kartenskizze von L. Levillain/Ch. Samaran, Sur le lieu et la date de la bataille dite de Poitiers de 732, in: BEC 99 (1938), S. 262.

[298] ibid. S. 243-267.

[299] B. Bischoff, Über Einritzungen in Handschriften des frühen Mittelalters, in: Zentralbl. f. Bibliothekswesen 54 (1937), S. 173–177. Vgl. die Stellungnahme dazu von W. Levison, A propos du Calendrier de S. Willibrord, in: RB 50 (1938), S. 40f.

lige Argumentation einer gründlichen Kritik unterzog und auf ihren unumstößlichen Inhalt reduzierte[300]. Letzten Endes kommt er damit selbst über die Aussage der zeitgenössischen Feststellungen, nämlich daß die Schlacht in der Nähe von Poitiers stattgefunden hat, nicht hinaus.

Zu den Unsicherheiten bei einer exakteren Lokalisierung gesellen sich nicht minder gewichtige Schwierigkeiten bei der Datierung des Ereignisses. Zumindest das Jahr (732) und der Monat (Oktober) sowie in diesem ein Samstag scheinen nach den Aussagen in den zeitgenössichen Berichten als Zeitpunkt der Schlacht unzweifelhaft festzustehen; die Diskussion kreiste somit um den 4., 11., 18. oder 25. Oktober 732[301]. Doch mittlerweile ist man sogar hinsichtlich der Jahresangabe wieder schwankend geworden; J.-H. Roy und J. Deviosse datieren zuletzt auf den 17. Oktober 733[302].

Ausführlicher präsentiert sich den Zeitgenossen die Dokumentation des Sarazenen-Feldzuges, der Karl Martell im Jahr 737 in den äußersten Süden des Frankenreiches bringt. Übereinstimmend schreiben die Annales Sancti Amandi, Tiliani und Laubacenses dieses Jahr als Zeitpunkt des erneuten Krieges mit seinen schweren Zusammenstößen zwischen Franken und Arabern fest und bemerken in der üblichen knappen Form: *Carlus bellum habuit contra Saracenos*[303]. Annales Mosellani und Laureshamenses wissen desweiteren, daß Karl an einem Sonntag dieses Jahres 'im Gotischen' mit den Sarazenen die Klingen gekreuzt hat; an welchem der 52 Sonntage eines Jahres das passiert ist, halten sie indes nicht für erwähnenswert[304]. Dafür läßt die Lokalisierung *in Gutia* beim Leser keinen Zweifel daran, daß Karl jenseits der eigentlichen Reichsgrenzen kämpfte, d.h. in der zwar jetzt wohl arabischen, aber vormals stets westgotischen Region Septimanien, die nicht zur fränkischen Machtsphäre gehörte. Dies ist wichtig zu wissen, wenn man nach einer Erklärung für Karls relativ raschen Abzug aus dieser Gegend nach einer nicht gerade von einem durchschlagenden Erfolg gekrönten Expedition sucht.

---

300 F. Lot, Études sur la bataille de Poitiers de 732, in: RBPH 26 (1948), S. 35–59.

301 Vgl. Levillain/Samaran, Sur le lieu et la date de la bataille dite de Poitiers, BEC 99 (1938), S. 249.

302 Roy/Deviosse, La Bataille de Poitiers, S. 204–207.

303 Annales Laubacenses, MGH SS 1, S. 9. Annales S. Amandi, MGH SS 1, S. 8: *737. Karlus bellum habuit contra Saracinos.* Annales Tiliani, MGH SS 1, S. 8: *737* (*736*). *Karolus iterum bellum habuit contra Sarecinos.*

304 Annales Mosellani, MGH SS 1, S. 495: *737. Karlus pugnavit contra Saracenos in Gutia in dominica die.* Annales Laureshamenses, MGH SS 1, S. 26: *Carolus pugnavit contra Saracinos in Gutia, in dominica die.*

Davon berichtet der 2. Fortsetzer der Fredegar-Chronik, der wie der 1. Fortsetzer namentlich unbekannt geblieben ist. Möglicherweise hat man für den ihm zugeschriebenen Teil der Continuatio sogar von mindestens zwei Autoren auszugehen; denn diese Fortsetzung, die in toto bis zum Jahr 751 reicht, ist nicht von einer Hand. Nach dem 21. Kapitel ist stilistisch ein Bruch zu erkennen[305]. Am Ende des ersten Teiles aber findet sich der Bericht vom Sarazeneneinfall im Jahr 737, d.h. eigentlich – ohne selbst ein Datum zu nennen – der Feindseligkeiten in den Jahren 737 bis wohl 739, die das untere Rhonetal und die westlich anschließenden Gebiete in Atem halten[306]. Er führt den Zeitgenossen vor Augen, daß mitnichten von einer geschlossenen und einmütigen Abwehr des Abendlandes gegen das mächtige Volk (*gens valida*) der Ismaeliten, *quos modo Sarracinos corrupto vocabulo nuncupant*[307], gesprochen werden kann; die Forschung tut dies dafür bisweilen um so eifriger. Hat schon der 2. Fortsetzer der Fredegar-Chronik den Finger auf die Bruchstelle dieser moralisch wie politisch geforderten Einheit gelegt, indem er von einer gemeinsamen Sache zwischen Herzog Eudo und den Sarazenen erzählt, so kann sich der Leser durch den 2. Fortsetzer ebenfalls davon berichten lassen, daß die Araber nach der Rhone-Überquerung (*inrumpentesque Rodanum fluvium*) auf die Zusammenarbeit mit einem gewissen Maurontus, den der Chronist durch die Beifügung des Titels *dux* über seine wahre Stellung noch hinaushebt[308], und anderen bauen dürfen, als sie gegen Avignon losschlagen. Mit Erfolg brechen sie jeglichen Widerstand und lassen der stark befestigten Stadt keine Chance: *Avennionem urbem munitissimam ac montuosam ipsi Sarracini collecto hostile agmine ingrediunter, illisque rebellantibus, ea regione vastata*[309].

Diese Operation trägt sich im Gegensatz zu den in den Editionen vertretenen Auffassungen, die das gesamte Kap. 20 der Continuationes in

[305] Wallace-Hadrill, The Fourth Book of the Chronicle of Fredegar, S. xxv ff.

[306] Vgl. Reinaud, Invasion des Sarrazins en France, S. 57 ff. Lacam, Les Sarrazins, S. 24. de Abadal y de Vinyals, El paso de Septimania del dominio godo al franco, CHE 19 (1953), S. 36 datiert die Aktion Karls in das Jahr 738. B. S. Bachrach, Merovingian Military Organization, Minneapolis 1972, S. 105. Vgl. die arabischen Quellen bei Caetani, Chronographia, 5, S. 1462 Nr. 27, S. 1473 Nr. 21–22, S. 1487 Nr. 24, S. 1499 Nr. 28.

[307] MGH SS rer. Merov. 2, S. 177,10 f.

[308] Zu Maurontus s. Ebling, Prosopographie der Amtsträger des Merowingerreiches, S. 192. Caetani, Chronographia, 5, S. 1463 Nr. 30, S. 1499 Nr. 28. Zum Pakt zwischen Maurontus und Yūsuf, dem Wali von Septimanien, s. de Abadal y de Vinyals, El paso de Septimania del dominio godo al franco, CEH 19 (1953), S. 35 f.

[309] MGH SS rer. Merov. 2, S. 177,12–14.

das Jahr 737 datieren[310], m. E. bereits im Jahr 734 zu[311] und darf lediglich einleitend die Begründung für den dann 737 erfolgenden Zug Karl Martells liefern. Dieser schickt zunächst seinen Bruder Childebrand mit großem Stab voraus, um die Belagerung der Stadt aufzunehmen und alle Vorbereitungen zum Sturm zu teffen: *Ad contra vir egregius Carlus dux germanum suum virum industrium Childebrando ducem cum reliquis ducibus et comitibus illis partibus cum apparatu hostile diriget. Quique praepropere ad eandem urbem pervenientes tentoria instruunt, undisque ipsud oppidum et suburbana praeoccupant, munitissimam civitatem obsedunt, aciem instruunt*[312]. Als Karl Martell schließlich dazustößt, wird der Ring um die Mauern geschlossen und die Belagerung angezogen (*muros circumdat, castra ponit, obsidionem coacervat*). Unter dem Klang der *tubae* — was den Berichterstatter an den Fall Jerichos gemahnt — dringen die Franken *cum machinis et restium funibus*, also mit Belagerungstürmen, Rammböcken und Katapulten sowie, wenn wir *restium funes* richtig verstehen, auf Strickleitern in die Stadt ein. Ob die Franken dazu noch vorsätzlich beim Angriff Feuer an die Stadt legen (*urbem munitissimam ingredientes succendunt*), oder ob sich etwa durch brennende Geschosse Gebäude entzünden, muß offenbleiben, wie auch unbestimmt ist, ob man sich unter den Gefangenen, die Karl und sein Bruder machen, bzw. unter den Getöteten alleine Sarazenen vorzustellen hat; denn sicherlich ist ihr Anliegen auch, diejenigen Franken oder Goten, die mit den Fremden paktiert haben, festzusetzen und an weiteren Aktionen zu hindern.

Der Erfolg über Avignon, den der *victor igitur atque bellator insignis Carlus intrepidus* erstreitet, ermuntert zu weiteren Taten. Karl verläßt das Territorium des fränkischen Reichs, durchquert seinerseits mit dem Heer die Rhone (*Rodanum fluvium cum exercitu suo transiit*), marschiert durch gotisches Gebiet (*Gotorum fines penetravit*) und steuert geradewegs auf Narbonne, die bedeutendste Stadt jener Region, zu, das er unverzüglich belagert (*Narbonensem Galliam peraccessit, ipsam urbem celeberrimam atque metropolim eorum obsedit*). Die Einzelheiten, die der Autor dabei mitteilt, lassen bisweilen annehmen, er könnte selbst an dem Feldzug teilgenommen haben. Nicht nur die Aufnahme wieder des Begriffs 'Ismaeliten' für die Araber zu Beginn dieses 20. Kapitels zeugt so davon, daß man sich mittlerweile über die theologischen Schriften hinaus mit den Sarazenen als Wesen aus Fleisch und Blut befaßt, daß man die alten

---

310 ibid. Vgl. Wallace-Hadrill, The Fourth Book of the Chronicle of Fredegar, S. 93 Anm. 5.

311 Vgl. Hitti, Arabs, S. 501. Lévi-Provençal, Histoire de l'Espagne musulmane, 1, S. 63 f.

312 MGH SS rer. Merov. 2, S. 177,14–18.

Codices aus historiographischer Sicht nicht mehr lediglich in sehr abstrakter Manier auf der Suche nach ihrem Herkommen, ihrer Geschichte befragt. Die Details der Erzählung, die die Anstrengungen im Zusammenhang mit der Einschließung der Stadt Narbonne veranschaulichen, lassen den Schluß zu, daß das steigende Interesse an den Arabern Autoren wie Leser dieser Jahrzehnte immer stärker dazu antreibt, selbst nach der Geographie der Kriegsschauplätze etwa sich zu erkundigen und z.B. sogar zu notieren, daß die Franken bei der Anlage des Belagerungsringes um Narbonne das Ufer der Audre strategisch nutzen (*super Adice fluvio munitionem in girum in modum arietum instruxit*).

Als besonders glücklichen Zug muß man dieses Vorgehen Karl Martells auch deswegen ansehen, weil es ihm – beabsichtigt oder zufällig – damit ferner gelingt, mit der Stadt noch Yūsuf b. ʿAbdarraḥmān, den der Autor zum 'Sarazenenkönig' aufwertet, samt Gefolgsleuten einzuschließen (*regem Sarracinorum nomine Athima cum satellitibus suis ibidem reclusit*). Ein weiterer Erfolg Karls scheint sich anzubahnen.

Doch da zieht Karl von der Stadt ab, ohne offensichtlich einen Streich gegen sie geführt zu haben. Der Chronist zeigt sich über die Hintergründe bestens informiert und weiß, daß Karl dies nicht unüberlegt tut, sondern daß er die Belagerung aufzugeben gezwungen ist, da sich inzwischen in Spanien unter einem weiteren 'König' namens *Amormacha*[313] ein arabisches Heer zum Entsatz der in Narbonne Eingeschlossenen gesammelt hat und sich über See nähert. Das heißt aber weiter, daß Karl selbst über brauchbare Informanten auf der anderen Seite verfügt und stets über die Absichten des Gegners Bescheid weiß; denn er zieht den Sarazenen unverzüglich an ihre Anlegestelle entgegen. Am Ufer der Berre bzw. – wie der Autor hinzufügt – in der Nähe einer Pfalz in einem Tal der Corbières, einer kleinen Gebirgslandschaft, deren Nennung im Umfeld des Verfassers wohl ein Begriff ist (*super fluvium Byrra et valle Corbaria palatio occurrit*), prallen dann die feindlichen Heere aufeinander. In dem hart geführten Kampf behalten die Truppen Karls die Oberhand; als die Sarazenen ihren Anführer gefallen sehen (*Sarracini devicti atque prostrati, cernentes regem eorum interfectum*[314]), fliehen sie zum Anlegeplatz ihrer Schiffe zurück, den J. Lacam an der Mündung der Berre, nahe bei Sigean vermutet[315]. Das Gemetzel verlagert sich schnell dorthin. Wallace-Hadrill nimmt an, daß der Kampf am Wasser, den der

---

313 Nach Wallace-Hadrill, The Fourth Book of the Chronicle of Fredegar, S. 95 gebe ich in der Übersetzung diesen Namen als ʿUmar b. Ḫālid wieder.

314 MGH SS rer. Merov. 2, S. 178,8f.

315 Lacam, Les Sarrazins, S. 24.

Autor so eindringlich zu schildern versteht, am Étang de Leucate, also etwas weiter südlich, stattfindet[316].

Mit Akribie, die eine gewisse Freude nicht verhehlen kann, vermerkt der Berichterstatter, wie die Franken den zu ihren Schiffen hetzenden Arabern nachsetzen, wie sie blindwütig auf diese eindreschen und sie ertränken: ... *in fugam lapsi terga verterunt; qui evaserant cupientes navale evectione evadere, in stagnum maris natantes, namque sibimet mutuo conatu insiluunt. Mox Franci cum navibus et iaculis armaturiis super eos insiluunt suffocantesque in aquis interimunt. Sicque Franci triumphantes de hostibus praeda magna et spolia capiunt, capta multitudine captivorum* ...[317].

Anschließend hat Karl für diesen Augenblick dort niemand mehr zu fürchten; mit seinem Heer verwüstet er die ganze Gegend, *regionem Goticam depopulant.* Die Belagerung von Narbonne nehmen die Franken nicht wieder auf, was überrascht, und der Leser darf berechtigterweise annehmen, daß eine dahingehende Reichsausweitung fehlgeschlagen bzw. es den Arabern gelungen ist, sich dort zu halten (bis 759). Dagegen werden die Städte Béziers, Agde und Nîmes – wie der Chronist mitteilt – nahezu dem Erdboden gleichgemacht (*Urbes famosissimas Nemausum, Agatem hac Biterris, funditus muros et moenia destruens igne subposito concremavit, suburbana et castra illius regionis vastavit*). Die Aufzählung in umgekehrter Reihenfolge legt freilich nahe, daß die Städte bereits auf dem Hinmarsch der Zerstörungswut der Franken anheimgefallen sind; aus diesem Grund auch wird man den die Kriegshandlungen beschließenden Ausdruck *devicto adversorium agmine* nicht als weiteres Gefecht, das der Berichterstatter noch festhält, zu deuten haben, sondern in ihm die knappe Zusammenfassung des militärischen Erfolgs über das Heer der Sarazenen sehen müssen. Als Fazit des Feldzuges bleiben demnach die Belagerung und Eroberung der mit dem Feind gemeinsame Sache machenden Stadt Avignon, das Ausgreifen auf feindliches Territorium mit einer kurzfristigen Einkreisung der Stadt Narbonne, dann der Sieg gegen ein starkes, aus Spanien herangebrachtes Aufgebot der Sarazenen sowie die Zerstörung der den Sarazenen wohl als wichtige Stützpunkte für ihre Aktionen gegen das Frankenreich dienenden Städte Béziers, Agde und Nîmes; aus fränkischer Sicht – und nicht nur aus der des für Karl und seine Verherrlichung schreibenden Berichterstatters[318] – darf

316 Wallace-Hadrill, The Fourth Book of the Chronicle of Fredegar, S. 95 Anm. 1. Vgl. die anhand dieser Quelle von Bachrach, Merovingian Military Organization, S. 105 gegebene falsche Darstellung der geographischen Verhältnisse.

317 MGH SS rer. Merov. 2, S. 178,9–13.

318 Vgl. E. Ewig, Zum christlichen Königsgedanken im Frühmittelalter, in: ders., Spätantikes und fränkisches Gallien, 1 (= Beihefte der FRANCIA 3,1), München 1976, S. 40.

die Expedition als gelungener Schlag gegen die Sarazenen gewertet werden.

Das folgende Kap. 21 wendet sich erneut diesem Schauplatz zu und Berichtet von dem Vorgehen Karls gegen den unbotmäßigen Maurontus, den er schließlich 739 vertreiben kann. Araber werden in diesem Zusammenhang nicht mehr erwähnt, obwohl man sie als Verbündete des Maurontus mittlerweile kennt. Ob es sich bei dem Ort, an welchen sich Maurontus absetzt, um einen arabischen Schlupfwinkel an der Felsenküste östlich von Marseille handelt, kann man – wie Ebling[319] – allenfalls vermuten, doch nicht mit Bestimmtheit sagen. Trotzdem verbleiben die Sarazenen als stete Bedrohung an den Grenzen des Reichs, die auch Karl Martell mit seinem triumphalen Sieg bis weit in ihr Aufmarschgebiet hinein nicht aus der Welt zu schaffen vermag. Sie sind zu einem Faktor geworden, mit dem man seit dem Beginn des 8. Jh.s nun im Westen zu rechnen hat. Beiläufig erinnert eine kleine Notiz aus dem Liber pontificalis, d.h. aus der wohl als zeitgenössich einzustufenden[320] Vita des Papstes Zacharias (741–752), daran, daß auch im Osten die Byzantiner vor den Sarazenen noch keine Ruhe finden. In einiger Verdrehung der tatsächlichen Begebenheit meint der anonyme Autor, daß es in der Hauptstadt Konstantinopel zu einem Putsch gegen Konstantinos V. gekommen sei, *dum enim isdem imperator ad dimicandum Agarenorum properasset gentem*[321]. Von langer Dauer jedenfalls – zu diesem Schluß muß der Westen gelangen – ist der Untergang der arabischen Armee nach der mißglückten Belagerung Konstantinopels 718 nicht gewesen. Deshalb ist die Furcht vor ihnen wohl auch durch den Erfolg des merowingischen Hausmeiers Karl nicht ganz getilgt.

Die Feststellung Bedas von der 'weltweiten' Ausbreitung der Sarazenen besitzt auch nach den Niederlagen der Araber gegen die Franken uneingeschränkte Gültigkeit: *Africam totam in longitudine sua ditione premant, sed et Asiae maximam partem et Europae nonnullam exosi et contrarii teneant*[322]. Im westlichen Abendland ist man demnach gut beraten, sich trotz der Jahre des Erfolges über die Sarazenen, die mit dem Namen Karl Martells verknüpft sind, nicht in Sicherheit zu wiegen. Konstantinopel hat gezeigt, daß die Schwächung des Gegners nur eine momentane zu sein braucht. Vorsicht ist um so angezeigter, desto bewußter man sich die Situation Europas mit den weiten Teilen unter arabischer Herrschaft vor

---

319 Ebling, Prosopographie der Amtsträger des Merowingerreiches, S. 192 Anm. 2.

320 Vgl. Brackmann, Liber pontificalis, PRE 11, S. 442. Zimmermann, Papsttum, S. 56f.

321 Lib. pont., ed. Duchesne, 1, S. 432,20f. Vgl. Lib. pont., SG 22, S. 320.

322 Beda, Libri quator in principium Genesis (16,12); CCSL 118A, S. 201.

Augen zu führen vermag. Wenn man ein Schreiben des Bonifatius als Beleg zitieren darf, dann ist sehr wohl in aller Munde, daß vor allem Spanien, die Provence und Burgund von den Sarazenen heimgesucht werden. Der Kirchenmann warnt in Zusammenarbeit mit Kollegen den König von Mercia, sich von seinem unzüchtigen Lebenswandel abzuwenden, damit ihm und seinem Volk nicht *sicut aliis gentibus Hispaniae et Provinciae et Burgundionum populis* Gott die Sarazenen zur Strafe schicke. Die Verfasser dieses Schreibens, das wohl 746 oder 747 an König Aethelbald ergeht[323], haben dabei kein aktuelles Ereignis im Blick, auf das sie verweisen könnten. Ihre Intention ist es, in einem Überblick die gesamten arabischen Eroberungen in Europa warnend an die Wand zu zeichnen und versteckt zu drohen, daß es noch schlimmer kommen könne; Gott werde sich der Sarazenen schon zu bedienen wissen[324].

---

[323] Tangl, Die Briefe des hl. Bonifatius, S. 134 f. H. Hahn, Bonifaz und Lul. Ihre angelsächsischen Korrespondenten, Leipzig 1883, S. 173 ff. J. Godfrey, The Church in Anglo-Saxon England, Cambridge 1962, S. 259 f.

[324] Die gesamte Stelle lautet (MGH Epp. sel. 1, S. 151,24–28): *Sicut aliis gentibus Hispaniae et Provinciae et Burgundionum populis contigit; quae sic a Deo recedentes fornicatae sunt, donec iudex omnipotens talium criminum ultrices poenas per ignorantiam Dei et per Sarracenos venire et saevire permisit.*

IV. Das Bildnis vom arabischen Menschen und seine Einschätzung durch die Kirche

Trotz der Nähe, in der sich unsere Autoren bisweilen zu den Arabern sehen, teilen sie nur wenig über ihr äußeres Erscheinungsbild, ihre Lebensweise, Sozialordnung sowie Form und Inhalt der von ihnen ausgeübten Religion mit. Dies hat nichts mit den Arabern bzw. Sarazenen als dem zu betrachtenden Objekt zu tun, sondern rührt von einem im Mittelalter allgemein feststellbaren Desinteresse an Individualität. Man tut sich darum in der Regel sehr schwer bei dem Versuch, individuelle Züge eines frühmittelalterlichen Menschen festzuhalten. Wir wissen kaum, wie die bedeutendsten Herrscher aussahen; Biographien wie die Karls d.Gr., die wir Einhard verdanken, bilden die große Ausnahme.

Dasselbe gilt für die Betrachtung fremder Menschen, für die Angehörigen fremder Stämme und Völker. Auch die Quellen, die wir in dieser Untersuchung heranziehen, bestätigen auf ihre Art und Weise, daß „nicht der Einzelne und nicht der Mensch" das ist, was Aufmerksamkeit erheischt, "sondern . . . das Amt, das der Einzelne bekleidete"[1]. In solchen Funktionen treten dann selbst einzelne Sarazenen-Große aus der anonymen Masse ihres Volkes hervor.

Zunächst einmal handelt es sich bei den spärlichen Nachrichten, die zu einem Bild vom arabischen Menschen im Westen bekannt sind, weitestgehend um Rezeptionen antiker Vorstellungen. Alleine der Anonymus von Piacenza, einmal mehr Adamnan mit dem Pilgerbericht Arkulfs sowie der ebenfalls durch den Nahen Osten reisende Willibald warten mit einigen Beobachtungen auf, die sich freilich — gemessen am Gesamtmaterial ihrer Berichte — hinsichtlich des Aussagewertes zuallererst durch ihre Selbstgenügsamkeit und bescheidene Effizienz auszeichnen. Die neueren, historiographischen Darstellungen weisen zu diesem Thema höchstens einige — in den latinisierten Versionen kaum noch erkennbare — arabische Namen sowie Bezeichnungen für einzelne Vertreter der Führungsschicht auf.

---

[1] W. Ullmann, Individuum und Gesellschaft im Mittelalter, Göttingen 1974, S. 35.

Der Phänotyp des arabischen Menschen interessiert nicht; man schreibt keine Völkerkunde. Obwohl man ihm auf Pilgerfahrten ständig begegnet und auf europäischen Schlachtfeldern gegenübersteht, werden keine äußerlichen Charakteristika herangezogen, um sie etwa zu einem klischeehaften Feindbild zu verweben. Die veraltete Ansicht Isidors von Sevilla jedenfalls, wonach die Araber ihre Ohren durchlöchern (Etym. XIX 23,7: *pertundunt Arabes aures*), findet keine Verbreitung. Beachtenswerter, aber noch weniger zur Bildung eines negativen, rassistisch geprägten Vorurteils geeignet, nimmt sich eine Bemerkung des anonymen Pilgers aus Piacenza aus. In der Rückschau auf seine Wanderung durch die Sinai-Halbinsel spricht er einmal von Nomaden, die ihn an *homines a parte Aethiopiae*[2] erinnern, zum anderen aber namentlich nur von *Saraceni*. Diese Gegenüberstellung erlaubt den Schluß, daß man sich letztere im Gegensatz zu einer dunkelhäutigen Population auf der Sinai-Halbinsel hellhäutig vorstellt. Durch das Wort von der *gens circumcisa*, Fredegar IV,66 zu Beginn eingebracht, sind sie den Juden gleich als 'Beschnittene' ausgewiesen.

Zumindest für die Frauen der Sarazenen sind durch denselben Autor auch Kleider bezeugt; doch mehr als ihr bloßes Vorhandensein läßt sich aus der Beobachtung des abendländischen Pilgers, daß die *familia autem Saracenorum uel uxores eorum* klagend am Wegesrand um Brot bettelten und dabei *sareca missa ante se pertiebant*[3], nicht ableiten. Was die Männer angeht — Hieronymus hatte die Sarazenen in einer Geschichte von dem Mönch Malchus, die dem Frühmittelalter nicht verborgen bleiben kann, als *crinitis riratisque capitibus, ac seminudo corpore, pallia et latas caligas trahentes*[4] beschrieben —, ist lediglich zu erfahren, daß der Priester, der an dem Sarazenen-Heiligtum auf dem Horeb den Dienst versieht, eine Dalmatica und ein Pallium aus Leinen (*dalmatica et palleum lineum*[5]) trägt, also wohl ein langes, bis zu den Füßen reichendes Hemd und ein Oberkleid, eine Tracht, wie sie gewöhnlich noch heute bei den Beduinen als *qamīṣ* und *ǧubba* (daher unser Wort 'Joppe') vorzufinden ist. Die Gewänder, die dagegen Willibald und seine Mitgefangenen als Geschenke ihres Fürsprechers während ihrer Kerkerhaft in Ḥimṣ tragen, dokumentieren städtischen Geschmack; trotzdem sorgen die jungen Pilger *vestium ornatu induti*[6] für Aufsehen.

---

[2] Antonini Placentini Itinerarium, cap. 35; CCSL 175, S. 147 u. 170.
[3] ibid., cap. 36.
[4] PL 23, Sp. 57 C.
[5] Antonini Placentini Itinerarium, cap. 38; CCSL 175, S. 148 u. 171.
[6] Vita Willibaldi; MGH SS 15, S. 95,34.

Möglicherweise tragen die vorislamischen Ġassāniden-Herrscher in ihrer Funktion als byzantinische Phylarchen, vielleicht aber auch aus einer eigenen alten Tradition heraus, als äußere Zeichen ihrer Würde ein Diadem[7]. Daß al-Mundir *cum stemmate suo*, wie Johannes von Biclaro berichtet, in Konstantinopel vor Tiberios auftritt[8], mag man in diesem Sinne deuten.

Als Lebensraum der Sarazenen läßt sich übereinstimmend die Wüste bestimmen, in der sie als Nomaden ein bescheidenes Dasein führen. Ob die Autoren noch ältere Kosmographen befragen oder die biblischen Bücher, das Bild von der unwirtlichen Landschaft bleibt stets das gleiche. Der Kosmograph von Ravenna beschreibt das 'Vaterland' der zur arabischen Völkerfamilie zählenden Nabatäer II,5 als *arenosa et pro desiderio habens aquam*; und unter Berufung auf einen gewissen Castorius betont derselbe, daß dieser ihre *patria* als *deserta* bezeichnet habe. Der — ebenso anonyme — Pilger aus Piacenza zitiert angesichts der Landschaft, die er beim Betreten der Sinai-Halbinsel durchquert, seiner frommen Mission gerecht werdend dagegen Psalm 106,34 mit dem bösen Wort von der Schlechtigkeit der Leute hier, weswegen die Gegend zur Salzwüste geworden sei: *Terra in salsugine a malitia inhabitantium*[9]. Ebenso standesgemäß erinnert Beda in einer Reminiszens auf Ismael, *unde et Ismahelitae qui nunc Sarraceni*, mit einem Hinweis auf die Heilige Schrift, daß dieser Ahnherr aller arabischen Stämme in *deserto Faran . . . habitasse*[10]. Aus diesem Grund würde man auch seine Nachkommenschaft, das *semen eius . . . id est Saracenos* stets *in eremo* rastlos, an unbestimmten Plätzen umherziehen bzw. allen Völkern, die am Rande der Wüste lebten, zur Gefahr werden sehen[11]. Bisweilen ist regelrecht von einer Sarazenenwüste die Rede; der Kosmograph von Ravenna hat I,2 ein *Agarenorum . . . eremum*; Beda spricht sowohl in Verbindung mit den Wüsteneien Kades und Sur als auch *contra Orientem Rubri maris in Arabia*, also beide Male mit Blick auf die Sinai-Halbinsel, von einem *Saracenorum heremum* bzw. *desertum*[12]. Wüste und Sarazenen bilden gewissermaßen

7 Vgl. die Grabinschrift des Nabatäerkönigs Imraalqais, wo von einem Diadem die Rede ist, das dieser sich als König aller Araber umgebunden habe (nach: Die Nabatäer — Ein Königreich in der Wüste, hg. Rheinisches Landesmuseum Bonn, Bonn 1978, S. 22).

8 MGH AA 11, S. 214,19–21.

9 Antonini Placentini Itinerarium, cap. 35; CCSL 175, S. 147; vgl. ibid. Recensio altera, S. 170.

10 Beda, Nomina locorum; CCSL 119, S. 278.

11 Beda, Libri quatuor in principium Genesis (16,12); CCSL 118 A, S. 201.

12 Beda, Libri quatuor in principium Genesis (20,1); CCSL 118 A, S. 232. Beda, Super canticum Habacuc; PL 91, Sp. 1244 A.

eine abhängige Einheit, die Umkehrschlüsse erlaubt. Es ist nicht immer nötig, die Sarazenen selbst in einer Wüste anzutreffen, um sie dort zu vermuten. Der Herold, der dem Anonymus aus Piacenza und der gesamten Reisegruppe bestimmte Routen zur Rückkehr vom Berg Sinai nach Jerusalem empfiehlt, warnt eindringlich davor, durch die Wüste den Heimweg anzutreten, da mit Sarazenen zu rechnen sei, die mit dem Ende ihrer Feiertage am Berg Horeb auch ihre Friedfertigkeit ablegten[13]. Als derselbe Autor den Bestattungsort des hl. Sergius in der nordsyrischen Wüste südlich von Sura am Euphrat mit der Stadt Tetrapyrgium *ad duodecim milia intus in heremo* angibt (und Ruṣāfa meint), muß er — vielleicht auf einen pikanten Kontrast bedacht — ein *inter Saracenos* hinzufügen[14]. Man weiß einfach, daß in der Wüste Sarazenen leben.

Daß sie dies nicht in Luxus tun, sieht er mit eigenen Augen. Mehr noch als das Betteln um Brot, das er bei den Sarazenenfrauen beobachtet (*Familia autem Saracenorum uel uxores eorum . . . petiebant panem*), bestätigt den Wüstencharakter der Sinai-Halbinsel und damit des Lebensraumes der Sarazenen der eklatante Wassermangel, unter dem auch die Pilger leiden. Alle fünf oder sechs Tage bekommen sie von den Sarazenen *utres cum aqua frigida de interiore parte heremi*; damit das Wasser in den Fellschläuchen nicht zu schnell verdirbt, gibt man zur 'Versüßung' Sand mit hinein[15]. Als Nahrungsmittel dient u.a. die Feige (*Carica*), die Aldhelm als Eremiten-Speise in *Sirorum et Sarracenorum confinio*[16] kennt. Auch die bittere Milch (*acrum lac*), die die Vita Willibaldi zwar nicht expressis verbis als Nahrungsmittel der Sarazenen, sondern nur der Hirten im Quellgebiet des Jordan erwähnt, gehört hierher. Im Gegensatz zu diesen und mit Sicherheit zu dem frommen Einsiedler gehen die Sarazenen allerdings regelmäßig dem Raub nach, möglicherweise der schlimmsten Not gehorchend, so daß von Ägypten aus *pro custodia monasteriorum et heremitarum propter insidias Saracenorum* Schutztruppen unterhalten werden[17]. Doch sie stören sich anscheinend wenig an dieser Aufsicht und versuchen sogar, über die Grenze ihres eigentlichen Lebensraumes Wüste hinaus *universas gentes . . . incursantes*[18] ihr Glück. Daneben gibt es die friedlichen Araber, die Handel treiben. Den Sarazenen, mit denen der Anonymus von Piacenza in Kontakt kommt, ist es nur zur Zeit ihrer

[13] Antonini Placentini Itinerarium, cap. 39; CCSL 175, S. 149. Vgl. Itinerarium Antonini Plac., ed. Milani, S. 210/211 u. S. 257 (Übers.).

[14] Antonini Placentini Itinerarium, cap. 47; CCSL 175, S. 153.

[15] Antonini Placentini Itinerarium, cap. 36; CCSL 175, S. 147.

[16] Aldhelmus, De metris et enigmatibus ac pedum regulis; MGH AA 15, S. 155,14–21.

[17] Antonini Placentini Itinerarium, cap. 40; CCSL 175, S. 150.

[18] Beda, Libri quatuor in principium Genesis (16,12); CCSL 118 A, S. 201.

eigenen religiösen Hauptfeier untersagt, irgendetwas zu veräußern, weshalb sie sich allerhöchstens auf Tauschgeschäfte einlassen, *nihil licentes*[19]. Isidor aber weiß, daß zu den Märkten des ägyptischen Theben *Arabes undique subvehunt* (Etym. XV 1,35). Für christliche geschulte Leser wie etwa auch Beda[20], die die Geschichte von Joseph und seiner Veräußerung durch die eigenen Brüder an ismaelitische Kaufleute parat haben, liegt darin nichts überraschendes. Selbstverständlich läuft Willibald in dem von Arabern beherrschten Ḥimṣ auf dem Weg zur Kirche über einen Marktplatz (*per mercimonium*), der gut besucht scheint und allerhand *de rebus venialibus* zu bieten hat.

Den Zeitgenossen muß zunächst eher befremden, daß Beda eine Korrektur an einer Aussage des Kirchenvaters Hieronymus vornimmt, was die Vorliebe der Sarazenen, in Zelten zu hausen, angeht. Hieronymus äußert sich dahingehend verschiedene Male; in seinem Esaias-Kommentar z.B. heißt es V,21 von den Ismaeliten bzw. Sarazenen, daß sie *habitant in tentoribus*[21]. Diese Lebensweise in Zelten erhält sich bei den Beduinen nicht nur bis in unsere Tage, sondern gilt durch alle Zeiten als eines der markantesten Attribute des Wüstenbewohners. Von morgenländischer Seite her sagt aṭ-Ṭabarī (gest. 923) etwa über die nordarabischen Tanūḫ, daß sie „in Hütten und Zelten aus Haartuch wohnten“[22]. Dieser Feststellung entspricht die Beobachtung, die J. Sonnen in unserem Zeitalter macht: „Der Beduine nennt sein Zelt 'Haarhaus' . . . Das Zelttuch ist ein dickes, starkes Gewebe aus schwarzen Ziegenhaaren.“[23] Als lägen keine 1300 Jahre zwischen dieser Aussage und den Etymologiae Isidors von Sevilla, erklärt dieser dasselbe bereits seinen Lesern: *Cilicia Arabes nuncupant velamenta pilis caprarum contexta, ex quibus sibi tentoria faciunt.*[24] Beda nun zitiert selbst Genesis 16,12 mit dem Bild des zeltebauenden Ismael (*figet tabernacula*) und läßt dann die Interpretation des Hierony-

---

[19] Antonini Placentini Itinerarium, cap. 36; CCSL 175, S. 147.

[20] Vgl. PL 91, Sp. 264B. PL 93, Sp. 348C.

[21] CCSL 73, S. 208.

[22] In der Übersetzung von Nöldecke, Geschichte der Perser u. Araber z. Z. d. Sassaniden, S. 24.

[23] J. Sonnen, Die Beduinen am See Genesareth, Köln 1952, S. 25.

[24] Etym. XIX 26,10. Der Antike sind ebenfalls schon *cilicia*, also Haarteppiche von kilikischen Ziegen, bekannt. Sollten daher, wie Isidor meint, die Araber diese Decken tatsächlich so bezeichnet haben, müßten sie den Namen entweder als Fremdwort übernommen, oder aber Griechen bzw. Römer mit der Übernahme des Gegenstandes auch zur Übernahme des dafür geläufigen (einheimischen) Begriffs animiert haben, der diesen dann eine Interpretation als 'kilikisch' erlaubte. Ob etymologisch eine Beziehung zwischen *cilicia* und arab. *killa* bzw. *kilal* = feiner Schleier, Vorhang besteht, vermag ich nicht zu entscheiden.

mus zu der Stelle insgesamt folgen. Doch dann verbessert er ihn in mehreren Stücken, u.a. darin, daß der Ausdruck *figet tabernacula* auf eine alte Sitte der Sarazenen verweise, die sie freilich nicht mehr pflegten: *morem gentis antiquam ostendit, quae in tabernaculis semper, non in domibus habitare solebant*[25]. Er rechnet eindeutig diese Wohnweise der Vergangenheit zu, indem er das Verbum im Imperfekt einsetzt (*solebant!*). Die Schrift Adamnans, der den Pilgerbericht Arkulfs aufgezeichnet hat, mag ihn darauf gebracht haben, zumal er das Werk selbst noch in leicht überarbeiteter Form unter seine eigenen einreiht[26]. Diesem aber ist zu entnehmen, daß die vormals lediglich in der Wüste umherschweifenden Nomaden sich in diesen Tagen nicht scheuen, in feste Plätze wie beispielsweise Jerusalem und Damaskus einzuziehen, sich dort auf Dauer einzurichten und gar Kulthäuser zu erbauen. Beda übernimmt aus Adamnans Version, daß Damaskus weithin von Mauern und zahlreichen Türmen umgeben sei und die Sarazenen zusätzlich zur Johannes-Kirche der Christen eigens für sich *aliam instituit et sacrauit*[27]; ebenso hätten sie — wenn auch mehr schlecht als recht — in Jerusalem ein Bethaus aus Brettern und Balken über einem viereckigen Grundriß errichtet[28].

Die Zeiten haben sich grundlegend geändert. Die historiographischen Berichte verdeutlichen mitunter auf drastische Weise, daß die Sarazenen, die Konstantinopel bedrohen, die Spanien erobert haben und weit in das fränkische Reich hinein Raubzüge unternehmen, nichts mehr mit den Wüstenbewohnern gemein haben, welche sich an Feuern lagern, die sie mit den Zweigen des Myrrhe-Strauches unterhalten, wie Isidor Etym. XVII 8,4 noch weiß, oder christliche Pilger um Brot angehen. Inzwischen sitzen sie in den Machtzentren weiter Teile der bekannten Welt; sie sind in die Städte eingezogen und machen sich deren Kultur zunutze. Muʿāwiya I., der auch einmal in einem Streitfall zwischen Juden und Christen als Richter fungiert, regiert, sagt Adamnan, von

---

25 Beda, Libri quatuor in principium Genesis (16,12); CCSL 118 A, S. 201.

26 Beda, De locis sanctis; CCSL 175, S. 249–280. Vgl. dazu Blair, The World of Bede, S. 185 f.

27 Beda, De locis sanctis, cap. 17; CCSL 175, S. 277. Vgl. Adamnan, De locis sanctis II 28,2; CCSL 175, S. 220. Ähnlich noch einmal Beda in seiner Expositio de nominibus locorum, wo er aus der 'Kirche' der Sarazenen schließlich eine 'Basilika' macht; PL 92, Sp. 1037: *Unde et rex eorum Maumas famosam sibi in ea suaeque genti basilicam dicavit, Christianis in circuitu civibus beati Baptistae Ioannis Ecclesiam frequentantibus.*

28 Beda, De locis sanctis, cap. 2,3; CCSL 175, S. 257. Vgl. Adamnan, De locis sanctis I 1,14; CCSL 175, S. 186.

Damaskus, der *ciuitas regalis magna*[29], aus als König über die Sarazenen. Willibald erlebt in der Stadt Ḥimṣ, dem Sitz eines arabischen Statthalters, aus eigener Anschauung sowohl den Kerker (*carcer*[30]) als auch das Badehaus (*balneum*[31]); Statthalter sowie König residieren zudem in einem *palatium*[32].

In dem gleichen Maß, in dem sich in den Augen der frühmittelalterlichen Autoren der Lebensbereich der Sarazenen weg vom Nomaden und hin zum Träger von Staatswesen in alten Kulturzonen vollzieht, rückt die Oberschicht des Volkes in den Blickpunkt. Gezielt bedenkt überhaupt nur ein einziger Hinweis die 'einfachen Leute'; es ist sicherlich kein Zufall, daß der Anonymus von Piacenza dabei die Frauen der Wüstennomaden (*uxores eorum*) als Synonym für Familie überhaupt (*familia Saracenorum*[33]) gebraucht. Sonst treten Sarazenen bezeichnenderweise nur im verallgemeinernden Plural auf; es sei denn, man befaßt sich – auch in vorislamischer Zeit bereits – mit der Spitze der *Arabes / Arabi* bzw. der *gens Saracenorum*.

Dazu gehört zweifelsohne – im Gegensatz zu den *Sarracini*, die Willibald und seine Begleiter festnehmen, kaum daß sie in Syrien sind – auch der *senex dives*, seiner Funktion nach wohl als Richter anzusprechen, dem die Pilger zur Beurteilung vorgeführt werden[34]. Ferner erwähnt Willibald das Amt des Statthalters (*praeses*) und eines *cubicularius* am Hof des Königs. Für etwa die gleiche Zeit bestätigt der 2. Fortsetzer der Fredegar-Chronik die Existenz eines gegenüber seinem *rex* sehr selbständig handelnden arabischen Adels (*maiores natu et principes Sarracinorum*) in Spanien. Von solchen Abstufungen ausgehend wirkt das Staatswesen hierarchisch gegliedert; daß die Pilger sich um Geleitbriefe oder Pässe (*epistola*[35]) kümmern müssen, um welche man sich beim Statthalter oder beim König selbst zu bemühen hat, werten wir ebenso als sichere Indizien für eine staatliche Administration wie die Untersuchung durch Zöllner beim Verlassen des Landes[36].

---

[29] Adamnan, De locis sanctis II 27,1–2; CCSL 175, S. 220. Beda, Expositio de nominibus locorum; PL 92, Sp. 1036f.: *Damascus, nobilis urbs Phoenicis, quae et quondam in omni Syria tenuit principatum, et nunc Sarracenorum metropolis esse perhibetur.*

[30] Vita Willibaldi; MGH SS 15, S. 94,23ff.; S. 95,5.

[31] ibid. S. 94,30.

[32] ibid. S. 94,21; S. 95,3.

[33] Antonini Placentini Itinerarium, cap. 36; CCSL 175, S. 147.

[34] Vita Willibaldi; MGH SS 15, S. 94.

[35] ibid. S. 100,6.

[36] ibid. S. 101,10–16.

Davon kann – auch wenn große Unterschiede sonst nicht vermerkt werden – in vorislamischer Zeit noch keine Rede sein. Den Aussagen der Bibel folgend sind Araber in erster Linie als Könige bekannt. Meist werden sie als *reges Arabum et Saba* aus Psalm 71,10 eingebracht; so durch Julian von Toledo[37] und Beda[38]. Daneben erwähnt letzterer in seiner vermutlich zwischen 730 und 735 entstandenen Homilien-Sammlung II,23 aus historisch jüngerer Zeit noch den Nabatäer-König Aretas als *rex Arabum*[39]. Wird jedoch an für unsere frühesten Autoren zeitgenössische Obere nordarabischer Stammesverbände erinnert, sehen wir sie entsprechend der gebräuchlichen Bezeichnung für das ihnen unterstehende Ethnos Ende des 6. Jh.s als Sarazenenkönige apostrophiert, den Laḫmiden-Herrscher al-Munḏir III. durch Victor Tunnunensis[40] ebenso wie den Ġassāniden-Anführer gleichen Namens durch Johannes Biclarensis[41] als *Sarracenorum rex.*

Dieser Usus zur Bezeichnung der höchsten Instanz wird für die islamische Ära ausnahmslos beibehalten, mitunter – z.B. in bezug auf Karl Martell – sogar im Sinne einer reziproken Aufwertung auf rangniedrigere Personen ausgedehnt. So wie es als einzigartige Ausnahme gelten darf, in dem Schreiben des Ps.-Eucherius die Araber des 7./8. Jh.s, wenn auch im Wortlaut des Hieronymus, tatsächlich einmal als *Arabes et Agarenos, quos nunc Sarracenos uocant*[42] angeführt zu sehen, so vergeblich sucht man nach einer aktuellen Weiterverwendung des *rex Arabum*; er ist, im politischen Alltag noch eher als auf der literarischen Ebene, gänzlich durch den *rex Saracenorum*-Titel abgelöst, dessen Geschichte länger zurückreicht. Seiner Bildungsform nach bestätigt sich, was H. Wolfram zu seiner Entstehung generell festgestellt hat: „Das offizielle wie das literarische Rom pflegte die Könige der Barbaren als 'reges gentium' zu bezeichnen, seitdem die römische Politik mit ihnen in Verbindung gekommen war . . . Ein Barbarenkönig war ein 'N. rex gentis N.' . . ."[43]

Die Frage nach der Legitimation der arabischen Herrscher stellt sich unseren Autoren nicht. Offensichtlich können sogar zwei *reges*, wie die 2. Fortsetzung der Fredegar-Chronik glauben macht, gleichzeitg und nebeneinander, also nicht etwa in Rivalität gegeneinander, bei den Sara-

---

[37] De comprobatione aetatis sextae I,13; PL 96, Sp. 548.

[38] In psalmorum librum; PL 93, Sp. 865 C. Beda, Libri quatuor in principium Genesis; CCSL 118 A, S. 144.

[39] CCSL 122, S. 351. Zur Datierung s. ibid., Praef.

[40] MGH AA 11, S. 195,9.

[41] MGH AA 11, S. 214,19.

[42] CCSL 175, S. 240.

[43] Wolfram, Intitulatio, 1, S. 76.

zenen existieren: einen schließt Karl Martell in Narbonne ein; ein zweiter naht mit einem Heer aus Spanien[44]. Möglicherweise werden aber – wir haben es bereits angedeutet – sämtliche arabische Heerführer der späteren Zeit zur Glorifizierung dann des eigenen Erfolges über sie als Könige ausgegeben. Der 1. Fortsetzer der Fredegar-Chronik sieht in dem ʿAbdarraḥmān, der das arabische Aufgebot über die Pyrenäen und letztlich in die verhängnisvolle Schlacht bei Poitiers führt und darin umkommt, ebenfalls einen *rex*[45], während die Fredegar-Chronik selbst im Zusammenhang mit der frühen Expansionsphase der Araber bzw. konkret der Schlacht am Yarmūk in Buch IV, Kap. 66 die Heeresführer noch als *principes* beläßt. Die Macht eines solchen Heerführer-*rex* können die Franken allerdings nicht allzu hoch einstufen; sie scheint realiter vielmehr bei den *maiores natu et principes Saracinorum* – Titel, wie sie Karl Martell auch trägt! – zu liegen[46]. Immerhin sind sie es, die auf die alarmierenden Erfolge Karls reagieren und von Spanien aus *cum alio rege* ein Heer gegen den Franken in Bewegung setzen. Doch weder bei diesen noch bei den Königen wird einmal eine Begründung ihrer Stellung mitgeliefert. Lediglich die Bemerkung zu Muʿāwiya, wonach dieser in Damaskus als *Saracinorum rex adeptus eius principatum regnat*, läßt etwas davon durchschimmern, daß er mitnichten aufgrund etwa eines dynastischen Thronfolgeprinzips, wie es Adamnan oder Arkulf geläufig ist, oder vermöge anderer Personen zur Herrschaft gelangte, sondern sich ihr in einem Bürgerkrieg bemächtigt hat[47].

In keiner Weise erstaunt es den frühmittelalterlichen Menschen im Abendland angesichts der eigenen Herrscher und ihrer zahlreichen Ortswechseln zu hören, daß die Wahrnehmung des Königtums bei den Arabern ebenso wenig an einen festen Ort gebunden zu sein scheint, obwohl gerade Damaskus im Zusammenhang mit Muʿāwiya als Regierungssitz ausgewiesen wird. Adamnan betont, daß diese Beurteilung auf Arkulfs Meinung gründe, der die Stadt schließlich mit eigenen Augen gesehen habe: *Damascus ciuitas regalis magna, ut Arculfus refert* . . .[48]. Arkulf hat nicht übersehen, daß sich die am Anfang ihrer Herrschaft

---

[44] MGH SS rer. Merov. 2, S. 178 (*regem Sarracinorum Athima*) u. S. 178,5 (*cum alio rege Amormacha*).

[45] MGH SS rer. Merov. 2, S. 175,13 u. S. 175,18.

[46] MGH SS rer. Merov. 2, S. 178,3 f.

[47] Adamnan, De locis sanctis II 28,2; CCSL 175, S. 220. Zum historischen Vorgang s. Hitti, Arabs, S. 180–189. Shaban, Islamic History, S. 79–90.

[48] Adamnan, De locis sanctis II 18,1; CCSL 175, S. 220. Nach diesem ähnlich Beda, Expositio de nominibus locorum; PL 92, Sp. 1036 f.: *Damascus, nobilis urbs . . . et nunc Sarracenorum metropolis esse perhibetur.*

befindliche Umaiyaden-Dynastie Damaskus als neues Zentrum islamischer Macht einrichtet. Doch alle anderen Sarazenenkönige der vorislamischen wie der islamischen Epoche sind nicht an einen Ort gebunden; die als *reges* angesprochenen arabischen Heerführer, die von Spanien aus Frankreich bedrohen, infolge ihrer Aufgabe ohnehin nicht. Bemerkungen aus der Vita Willibaldi sagen für den Nahen Osten ähnliches aus. Obwohl die Schilderung seiner Reise in einem Fall einräumt, daß der König (Hišām) nicht anzutreffen gewesen sei, da er jene Gegend aufgrund einer bösen Krankheitswelle verlassen habe[49], erweckt sie in manchem den Eindruck, als habe auch sonst nicht gerade Klarheit über seinen jeweiligen Aufenthaltsort bestanden. Damaskus, das Willibald zweimal auf seiner Pilgerfahrt betritt, erkennt er jedenfalls nicht mehr als Residenzstadt der Sarazenenkönige.

In Verbindung mit Königen und solchen Menschen, die man dafür hält, liefern die Quellen auch Beispiele arabischer Namensformen bzw. Titel, die man als Namen ansieht; letzteres beispielsweise geschieht zweimal mit dem religiös geprägten Titel *amīr al-mu'minīn* (= Beherrscher der Gläubigen), den der Kalif als Oberhaupt auch der islamischen Glaubensgemeinschaft zu tragen pflegt und Willibald unter Verzicht auf das wahre nomen proprium des Kalifen Hišām als *Myrmumni*[50] einbringt. Auf der anderen Seite kommt es vor, daß formal ein Beiname zwar erhalten, aber infolge seiner wörtlichen Interpretation als solcher nicht mehr verstanden wird; deshalb nur ist das Abendland nicht in der Lage, aus der frühen arabischen Eroberungsphase das Cognomen des Feldherrn Ḫālid b. al-Walīd, nämlich *saif Allāh* (= Schwert Gottes), zu bewahren. An christlicher Legendenbildung interessiert, in lebendiger Gottesschau erzogen und für Wunder sensibilisiert, nimmt man den Begriff wörtlich, also völlig vordergründig an und versteht dann den Ausgang der Yarmūk-Schlacht tatsächlich so, als seien die Byzantiner durch ein Schwert Gottes (*gladius Dei*) zu Boden gestreckt worden[51].

Einer der erwähnten Königsnamen reicht bis in die Antike zurück, nämlich der des Nabatäerkönigs Aretas IV., der sich bei Beda wahlweise als *Aretha*[52] oder *Areta* geschrieben findet und *qui interpretatur descensio*, also der Wortbedeutung nach 'Abstieg' bedeuten soll[53]. In der zeitlichen Reihenfolge der erwähnten Namen folgt dann mit Kypros, der Mutter des Herodes, die einzige Ausnahme insofern, als es sich nicht um einen

[49] MGH SS 15, S. 100,6.
[50] ibid. S. 95,7; S. 100,5.
[51] MGH SS rer. Merov. 2, S. 154,1.
[52] Homelia II,23; CCSL 122, S. 351.
[53] Beda, Super acta apostolorum; PL 92, Sp. 964C.

König und natürlich um einen weiblichen Namen handelt. Julian von Toledo erwähnt sie wohl, um möglicherweise zu betonen, daß sich die Schlechtigkeit des Herodes – *matris Cypridis Arabicae filius*[54] – von seiner arabischen Abkunft her z.T. erklären lasse. Bereits dem letzten vorislamischen Jahrhundert gehören die beiden namentlich aufgeführten Sarazenenherren *Alamundarus* und *Aramundarus* an; in dem ersten erkennt man bei Victor Tunnunensis[55] unschwer den Ġassāniden-, in dem zweiten bei Johannes Biclarensis[56] den Laḫmiden-König al-Munḏir wieder. Die Schreibweise des jeweiligen Namens entspricht, nur mit lateinischer Endung versehen, völlig dem griechischen Vorbild. Im Gegensatz zu den beiden ersten Namen (Aretas; Kypros), deren Überlieferung längst literarisch abgesichert ist, als sie auch in abendländische Schriften Eingang finden, liegt im Fall der beiden nordarabischen Kleinkönige hinsichtlich der Tradierung ihrer Namen eine Mischform vor; einerseits werden sie als zeitgenössisch empfunden, durch Gespräche, die um sie kreisen, aufgenommen, andererseits werden Unsicherheiten in der Schreibweise der Namen ohne Probleme mit einem Blick auf bereits vorliegende Dokumente bzw. durch einen Vergleich mit griechischen Schriftzeugnissen ausgeräumt.

An eine dritte Form der Aufbewahrung historischer Personennamen allein vom Hörensagen rühren wir bei den Autoren, die in islamischer Zeit von den Ereignissen und ihren Hauptakteuren berichten. Zu welchen 'Verunstaltungen' bzw. Mißverständnissen dieser Weg führen kann, zeigen die oben genannten Beispiele von dem Kalifentitel *amīr al-mu'minīn*, den Willibald als *Myrmumni* versteht, oder von dem Beinamen *saif Allāh*, der aufgrund seiner wörtlichen Übertragung ins Lateinische als *gladius Dei* seiner alten Bedeutung verlustig geht und von dem Verfasser der Fredegar-Chronik nicht mehr als Cognomen eines arabischen Heerführers erkannt wird. Von einer Pilgerfahrt bringt Arkulf den Namen des Begründers der Umaiyaden-Dynastie mit und gibt ihn, ohne auf schriftliche Vorlagen verweisen zu können, mündlich an Adamnan weiter, der seine Reise aufzeichnet; daß dabei aus Mu'āwiya 'nur' ein *Mauias* wird[57], muß man in Anbetracht der Umstände als eine besondere Leistung herausstreichen. Auch die Schreibweise *Abdi-*

[54] Julian, De comprobatione aetatis sextae I,24; PL 96, Sp. 555 D. Ebenso Beda, Chronik; MGH AA 13, S. 281. Vgl. Eusebii Pamphili chronici canones, ed. Fotheringham, S. 242. Josephus, Antiquitates XIV,121 u. Bell. I,181.

[55] MGH AA 11, S. 195,9.

[56] MGH AA 11, S. 214,19.

[57] Adamnan, De locis sanctis I 9,11; CCSL 175, S. 193. Nach diesem ähnlich bei Beda, Expositio de nominibus locorum; PL 92, Sp. 1037: *Maumas*.

rama, in der 'Abdarraḥmān, Karls Gegner in der Schlacht von Poitiers, durch den 1. Fortsetzer der Fredegar-Chronik wiedergegeben wird[58], ist aus denselben Gründen hoch einzuschätzen und spricht für einen noch relativ guten Nachrichtenaustausch zwischen den feindlichen Mächten. Von einem solchen kann, wie die stetig wachsenden militärischen Spannungen erahnen lassen, wenige Jahre später keine Rede mehr sein. Die Namen der arabischen Heeresführer werden bis zur Unkenntlichkeit verstümmelt, so daß die Deutung der in der 2. Fredegar-Fortsetzung auftauchenden arabischen Namen *Athima* als Yūsuf b. 'Abdarraḥmān[59] und *Amormacha* als 'Umar b. Ḫālid[60], der in dem wesentlich korrekteren, in der historischen Aussage unbedingt gehaltvolleren, aber viel später enstandenen Chronicon Moissiacense[61] immerhin noch *Amor ibin ailet* heißt, von Unsicherheit begleitet sein wird.

Bis in diese erste Hälfte des 8. Jh.s hinein stellen die Namen die einzigen Produkte arabischer Sprache dar, deren Aufnahme – in reichlich verderbten Formen – unsere Autoren fähig sind. Wenn Isidor einige Vokabeln gebraucht, die (möglicherweise) auf arabische Wörter zurückgehen[62], dann geschieht das in dieser Hinsicht absolut zufällig, auf jeden Fall ohne eine Ahnung von ihrer ursprünglichen Herkunft; und *orationis domus* muß als Terminus technicus für den ersten Moschee-Bau in Jerusalem, auch wenn es dem arabischen *masǧid* exakt entspricht, nicht unbedingt für Arabisch-Sprachkenntisse Arkulfs stehen[63]. Eingangs der Fredegar-Chronik ist zwar eine erstaunliche Differenzierung einzelner Sprachvölker vorgenommen, die selbst das Arabische noch in mehrere Dialekte splittet und auf *Arabes, Adiabenici, Tadenici, Alamorsyni, Sarracleni – Gentes autem quae linguas suas habent haec sunt –*[64] verteilt; man wußte, wenn auch hier ohne Angabe von Kriterien, demnach einst zwischen den Idiomen zu unterscheiden, die die Araber im Zentrum sowie in den Randgebieten, also die Ṭaiyi' um die spätere Laḫmiden-Hochburg Ḥīra[65], dann die Araber in der Adiabene und die als Sarazenen

---

[58] MGH SS rer. Merov. 2, S. 175,13 u. S. 175,19. Zum vollständigen Namen vgl. Hitti, Arabs, S. 500. Lévi-Provençal, Histoire de l'Espagne musulmane, 1, S. 59.

[59] MGH SS rer. Merov. 2, S. 178,2. Vgl. Lévi-Provençal, Histoire de l'Espagne musulmane, 1, S. 63.

[60] MGH SS rer. Merov. 2, S. 178,5.

[61] Vgl. Wattenbach/Levison, 2, S. 265.

[62] Vgl. J. Sofer, Lateinisches und Romanisches aus den Etymologiae des Isidorus von Sevilla, Hildesheim-New York 1975 (zuerst Göttingen 1930), S. 31; 126; 176.

[63] Adamnan, De locis sanctis I 1,14; CCSL 175, S. 186.

[64] Fredegar I,6; MGH SS rer. Merov. 2, S. 24,1–3.

[65] Zur eigenen „Mundart der Ṭaiy" s. EI 4, S. 675.

bekannten arabischen Stämme in Nordarabien bzw. auf der Sinai-Halbinsel (alleine die *Alamorsyni* vermögen wir nicht zu identifizieren), sprechen. Aber erst als man des wissenschaftlichen Reichtums der islamischen Kultur gewahr wird und seit dem 11./12. Jh. daran im Abendland partizipieren will, beschäftigt man sich infolge der Notwendigkeit, Übersetzungen anfertigen zu müssen, mit der arabischen Sprache[66]. Für den hier eingehaltenen Untersuchungszeitraum läßt sich lediglich mit einer Bemerkung aus der Vita Pardulfi ein Beleg für die Tatsache zitieren, daß man die eminente Andersartigkeit und Fremdheit der von den Sarazenen verwendeten Sprache überhaupt wahrnimmt. Sie fällt inmitten der anschaulichen Schilderung des Augenblicks, als sich nach der Niederlage von Poitiers im Jahr 732 ein Haufen Sarazenen vor dem Kloster zu Guéret bei Limoges einfindet; Abt Pardulf hält in dem Gebäude aus und bittet Gott inständig um ihre Vernichtung; als Folge seines Flehens werden die Sarazenen von plötzlichem Schrecken befallen und ziehen nach einer Unterredung in ihrer Sprache (*suis ad invicem linguis conloquentes*[67]) weiter, ohne das Kloster zu behelligen. Von den Pilgern dagegen, von denen man am ehesten eine Beobachtung zur arabischen Sprache erwarten durfte, fehlt diesbezüglich jeder Hinweis.

Der frühmittelalterliche Leser ist anscheinend mehr an Zahlen interessiert, die für Ansammlungen arabischer Pilger, Heeresaufgebote oder gefallener Krieger angeführt werden. Die Angaben im einzelnen reichen m.E. noch weit über die in der Antike übliche, auch nicht gerade durch Bescheidenheit glänzende Gepflogenheit, Menschenmengen in enormen Ziffern auszudrücken, hinaus und tragen so sehr den Makel maßloser Übertreibung, daß die Autoren selbst unmöglich an ihre eigenen Angaben glauben können. Für Rückschlüsse auf tatsächliche Populationsgrößen taugen sie in keiner Weise:

- In einer Anzahl von 12 600 Personen meint der Anonymus von Piacenza die Sarazenen zu ihrem religiösen Fest auf dem Berg Horeb wandern zu sehen: *Populus autem, qui per ipsum maiorem heremum ingrediebatur, numerus duodecim milia sexcenti*[68].
- Nach Auskunft der Fredegar-Chronik sind die Sarazenen unter ihren beiden Heerführern in einer Stärke von 200 000 Mann (*ducenta fere milia*) gegen 150 000 Byzantiner (*cento quinquagenta milia pugnatorum*)

---

[66] J. Fück, Die arabischen Studien in Europa, Leipzig 1955, S. 3 f. Beispielsweise sieht Mitte des 12. Jh.s Richard von Poitier in seiner Chronik die Unterschiede zu den Mohammedanern = Barbaren zunächst in der Sprache, d. h. in *Lingua, victu, natione, cultu, religione* (Nach: B. Scheidmüller, Nomen patriae, Kap. 5 Anm. 17).

[67] MGH SS rer. Merov. 7, S. 34,6.

[68] Antonini Placentini Itinerarium, cap. 36; CCSL 175, S. 147.

zur Schlacht am Yarmūk angetreten; zuvor sollen die Sarazenen bereits einmal die gleiche Menge Byzantiner erschlagen haben[69].

– Der Verfasser des Liber pontificalis an einer gewissen Stelle macht unter Bezug auf einen Brief aus dem Frankenreich an den Papst glauben, daß an einem einzigen Tag einer Schlacht zwischen den Franken Eudos und den Sarazenen von diesen 375 000, von den Franken wundersamerweise aber nur 1500 gefallen seien: *Trecenta enim septuaginta quinque milia uno sunt die interfecti, ut Francorum missa pontificis epistola continebat; mille tantum quingentos ex Francis fuisse mortuos in eodum bello dixerunt ...*[70]

In gerade ansteigender Linie werden die Sarazenen mit zunehmendem Bekanntheitsgrad auch zahlenmäßig stärker. Für sich genommen bleiben die Zahlen absurd. Unseres Wissens fehlt, obwohl das Phänomen weit verbreitet ist, bisher jeglicher vernünftige Erklärungsversuch, die Ursache dieser Zahlen-Gigantomanie zu erfassen. Für eine frühere Epoche läßt es beispielsweise E. Zöllner bei der – in Variationen gerne bemühten – Feststellung: „Die Unzuverlässigkeit der Angaben spätantiker Schriftsteller über die gewaltige Größe von Barbarenheeren, die mit Römern und Byzantinern zusammenstießen, ist wohlbekannt. Im Falle der Franken liefert uns Prokop dafür recht drastische Hinweise, wenn er das im Jahr 539 in Italien einbrechende Frankenheer einmal auf hunderttausend und dann gar auf fünfhunderttausend Mann schätzt, während Jordanes von mehr als zweihunderttausend Mann spricht“[71]. Doch nicht einmal Verwunderung gestatten sich nach der blanken Beobachtung des Tatbestandes die Historiker über diese abstrusen Angaben, man erfährt nichts über untere Zahlenwerte, die eine Grenze für Glaubwürdigkeit bedeuten könnten, nichts über die möglichen traditionsbedingten, vielleicht von der Quellengattung abhängigen Motive der jeweiligen Autoren, sich zu derartigen Fehleinschätzungen zu versteigen. Daneben gibt es zudem Forscher wie B. S. Bachrach, der offensichtlich ohne kritische Einwände die Stärke eines fränkisch-alemannischen Aufgebotes von 75 000 Mann, wie Agathias behauptet, übernimmt[72]. Ein befriedigender Ausgleich zwischen den beiden extremen Positionen, d. h. zwischen der völligen Verwerfung der überhöht wirkenden Zahlen und auf der anderen Seite ihrer vorbehaltlosen Übernahme in soziologische und militärgeschichtliche Überlegungen, ist nicht zu

---

69 Fredegar IV,66; MGH SS rer. Merov. 2, S. 153.

70 Lib. pont., ed. Duchesne, 1, S. 401. Lib. pont., SG 22, S. 281.

71 E. Zöllner, Geschichte der Franken bis zur Mitte des sechsten Jahrhunderts, München 1970, S. 209.

72 Bachrach, Merovingian Military Organization, S. 27.

erwarten. Was Berechnungen zur steten Populationsvermehrung anhand der für den Ackerbau benutzten Fläche um Städte und Dörfer und vereinzelte Schriftzeugnisse wie etwa der Brief, in dem etliche Jahrzehnte später Alkuin die 'Haltung' von 20000 unfreien Arbeitern vorgeworfen wird[73], an Argumenten für höhere Truppenstärken erbringen, das machen andere Berechnungen[74] und vor allem archäologische Befunde zur Belegungsdichte und -dauer merowingischer Reihengräberfriedhöfe wieder zunichte. Daß freilich selbst bei günstigster Abwägung aller Begleitumstände die Zahlenangaben zu den Sarazenen frei über jeder Realität schweben, bedarf keiner Erläuterung. Ph. K. Hitti z.B. geht nach arabischen Nachrichten davon aus, daß bei der Schlacht am Yarmūk 636 nicht mehr als 25000 Mann im arabischen Heer etwa 50000 Byzantinern gegenüberstehen[75]. Selbst diese Zahlen erscheinen uns eher zu hoch als zu niedrig angesetzt. Auch im Osten erliegt man damals wohl der virulenten Versuchung, nach dem Motto „viel Feind', viel Ehr'" militärischen Großtaten zu huldigen.

Die 3000 Mann, die Adamnan als Besucherkapazität für die erste Moschee in Jerusalem angibt (I 1,14), sind hinsichtlich der realistischen Einschätzung eine absolute Ausnahme.

Indem der Anonymus von Piacenza des weiteren mit der ersten Größenangabe einer Ansammlung von Arabern die friedliche Menschenmenge der zu ihrem Heiligtum auf dem Berg Horeb pilgernden 12600 Sarazenen erwähnt, erinnert er daran, daß selbst der Wüstenbewohner — und dies eben nicht in geringer Zahl — ein homo religiosus ist, obwohl das alte Arabien nachgerade als Hort des Heidentums gelten kann. Ohne Umschweife erklärt Beda in seinem Psalmenkommentar: *per Arabiam vero gentilitas* (*designatur*)[76]. Seiner Meinung nach herrschen die ungeschlachten Araberkönige über Heiden (*gentilium reges, campestres et inculti*[77]), und mit dem Hinweis, daß der Evangelist Lukas Arabien deshalb ausgelassen habe, da es dort nichts zu rühmen gebe[78], schlägt der Angelsachse in die gleiche Kerbe. Unter den Arabern bzw. — exakter — den Bewohnern der Provinz Arabia (*Arabici*), bei denen es sich streng genommen nicht unbedingt um Araber handeln muß, werden Häretiker

---

[73] Vgl. Duby, Krieger u. Bauern, S. 112.

[74] Z.B. Zöllner, Geschichte der Franken, S. 210.

[75] Hitti, Arabs, S. 152.

[76] Beda, In psalmorum librum, 71; PL 93, Sp. 866C.

[77] ibid. Sp. 865D.

[78] Beda, Super acta apostolorum (9,26); PL 92, Sp. 964: . . . *primo abiisse in Arabiam, et iterum reversum esse Damascum . . . Idcirco autem Lucas Arabiam praetermittere videtur, quod ibi minime praedicaverit* . . . Vgl. Gal 1,17.

beobachtet, die an die Vergänglichkeit auch der Seele glauben, d.h. *qui animam simul corpore mori putant*[79]. Dies klingt zu Beginn des 8. Jh.s dem Christen umso schlimmer in den Ohren, je mehr er davon ausgeht, daß selbst zu Zeiten Papst Martins I. die Provinz Arabia bzw. der Nahe Osten noch eng dem Christentum verbunden ist. Martin I. verfaßt zwar keine Briefe mehr wie Gregor I. an einen *episcopus Arabiae*[80] – wenn man den Namen so richtig interpretiert –, doch eine Zusammenstellung all der Orte, die er Mitte des 7. Jh.s im inzwischen von Arabern eroberten Orient noch von Würdenträgern der römischen Kirche besetzt glaubt[81], veranschaulicht nachdrücklich, daß sich die Expansion der neuen politischen Großmacht im Bewußtsein der abendländischen Zeitgenossen nicht als Bedrohung der eigenen Religion verankert, obwohl man mittlerweile in der Tat die Sarazenen nicht (mehr) als Gefolgsleute der wahren Religion betrachtet. Andernfalls würde sich der Papst kaum bemüßigt fühlen, ihnen eine Lektüre mit Glaubensvorschriften (*tomus qualiter credere debeant*[82]), also wohl das Glaubensbekenntnis bzw. eine Art Katechismus, zukommen zu lassen. Man scheint sich eher erst infolge der Erkenntnis, daß es sich bei den Sarazenen wohl

---

79 Beda, Quaestiones super Leviticum; PL 93, Sp. 391 A. Ähnlich bereits bei Isidor, Etym. VIII 5,59: *Arabici nuncupati, eo quod in Arabia exorti sunt, dicentes animam cum corpore mori, atque in novissimum utrumque resurgi.*

80 MGH Epp. 2, S. 281. Daß Briefe in den Osten an sich nichts Ungewöhnliches sind, belegen die Schreiben Gregors (590–604) an den Presbyter Palladius und an Johannes, den Abt des Sinai-Klosters. Vgl. MGH Epp. 2, S. 259 ff. Zur Diözese Arabia mit den Bischofssitzen Bostra und Petra s. Hartmann Palästina unter den Arabern (Land d. Bibel 1,4), S. 3 f. RE II,1, Sp. 360 (Karte). Atlas z. Kirchengesch., S. 21. Brünnow/ Domaszewsky, Die Provinz Arabia, 3, S. 249–286. DHGE 3, Sp. 1158 s.v. 'Arabie'. – Die ältesten Hss. des oben erwähnten Briefes, den Gregor d. Gr. an einen *episcopus Arabiae* geschickt haben soll, entstammen dem 9. Jh. Eine von diesen ältesten vier (Codex Parisiensis 2278) – mit Korrekturen aus dem 11. Jh. – hat für das Wort *Arabiae* den Begriff *Ravennae*, so wie in der Überschrift des in unserer Edition folgenden Briefes, der an einen Marianus, *episcopus Ravennae*, adressiert ist. Wie dieser wird auch der oben im Text erwähnte episcopus Arabiae Marinianus – eben nach Codex Parisiens. 2278 – als Bischof von Ravenna und nicht von Arabien interpretiert bei Jaffé, Regesta, 1, S. 203 Nr. 1809. Nach Gams, Series episcoporum, S. 717 heißt der Ravennater Bischof des Jahres 601 allerdings Martinianus. Andererseits ist ein Marinianus als möglicher *epicopus Arabiae* nirgends nachweisbar. Nach Gams, Series episcoporum, S. 435 sind zu dem hier in Frage kommenden Zeitraum um etwa 600 für die Provinz Arabia überhaupt keine Bischöfe verzeichnet. Ebensowenig läßt sich ein Marianus, wie er in den Handschriften R2 (Codex Trevirensis 171) und 1 (Codex Ambrosianus C 238) genannt wird, finden.

81 Jerusalem, Antiochia, Amman, Ḥesbān, Ṭanṭūra, *Baatha*(?), Der'a; vgl. o. S. 188 f. mit den Anm. 182–188.

82 PL 87, Sp. 199 A.

nicht um Christen handele, wieder das Bild von dem 'heidnischen Arabien', das dunkler alttestamentlicher Zeit und hergebrachter Rivalität mit den jüdischen Nachbarn seine Existenz verdankt, ins Gedächtnis zu rufen.

Ursprünglich bieten die Sarazenen den Christen ein sehr optimistisches Bild, wie es sich mit dem von Arabien und seinem Heidentum gezeichneten überhaupt nicht verträgt. Obwohl beispielsweise Victor Tunnunensis vom Christentum des Laḫmiden al-Mundir III. — so es der Realität entspricht — keine gute Meinung hat, muß er ihn als Getauften (*baptizatus*) gelten lassen[83]. Man betrachtet also die Araber, die nun als Sarazenen auf den Plan treten, nicht mehr nach altem Muster als Heiden, sondern als — zumindest häretische — Christen. Selbst den Islam dann solchermaßen zu erklären, statt als Heidentum abzutun, wäre später der Wahrheit nähergekommen. Doch die zunehmende Beachtung, die man den Sarazenen schenkt, bringt es bei den ständigen, auf das Alte Testament bauenden Gleichsetzungen mit den Ismaeliten mit sich, daß ein bereits vorhandenes Wissen um christliche Sarazenen nirgends weiterwirkt, und hilft mit, in der Rückwendung auf das Bild vom 'heidnischen Arabien' eine Vorstellung von 'heidnischen Sarazenen' zu entwickeln. Genährt werden solche Überzeugungen durch Mitteilungen über einen auf dem Berg Sinai von den Sarazenen gepflegten Kult, den man mit dem Mond in Verbindung bringen kann; der Anonymus von Piacenza suggeriert seinen Lesern, als habe er die Vorgänge darum mit eigenen Augen beobachtet und gesehen, wie sich das aus schneeweißem Marmor bestehende Steinidol, an dem ein Priester (*sacerdos eorum*) seinen kultischen Dienst verrichtet, bei Neumond in ein pechschwarzes verfärbte[84]. Gebildete Leser erinnert der Anonymus damit an eine Ausführung des Hieronymus zum gleichen Thema. In der Vita des Hilarion hat der Kirchenvater schon dargetan, daß die Sarazenen zu Elusa im Nordosten der Sinai-Halbinsel einen Steinkult ausübten[85] bzw. — wie Eusebius bereits gewußt hat — die Venus verehrten.

Dieser letzte Gesichtspunkt zieht folgenschwere Kombinationen nach sich; denn infolge der Tatsache, daß Beda — seiner antiken Quelle (Plinius) folgend — die Venus als *Lucifer* wiedergibt, dürfte ein bildungsmäßiges Defizit oder unbeabsichtigter Irrtum dazu führen, in den Sarazenen schließlich Teufelsanbeter zu entdecken, wozu sich trefflich ins Bild fügt, daß der Araberkönig Aretas etwa, dessen Name bezeichnen-

---

[83] MGH AA 11, S. 195,9–11.

[84] Antonini Placentini Itinerarium, cap. 38,2–4; CCSL 175, S. 148.

[85] PL 23, Sp. 4. BKV 15, S. 53 f. Zum gesamten Problemkreis s. o. S. 23, 25 f.

derweise 'Abstieg' (*descensio*) bedeuten soll, als Teufel gilt (*diabolus intellegitur*)[86]. Beda gelangt zu seiner Meinung folgendermaßen: In den zwischen 709 und 716 verfaßten[87] Erläuterungen zur Apostelgeschichte kommentiert er u.a. die Rede des Stephanus vor dem Hohen Rat; darin spricht jener auch davon, daß sich Gott infolge der Götzenbilder, die sich die Israeliten geschaffen hätten, von diesen abgewandt und ihnen vorgehalten habe, die Sterngottheit Rompha zu verehren[88]. Zu dieser, dem *sidus Remphan, id est facturae vestrae*, erklärt Beda, daß es Luzifer bedeute, dessen Kult die Sarazenen zur Verehrung der Venus ergeben seien: *Significat autem Luciferum, cuius cultu Sarracenorum gens ob honorem Veneris erat mancipata*[89]. Damit ist zunächst noch nicht gesagt, daß Beda bei dem Begriff 'Luzifer' an den Teufel christlicher Lehre denkt. Die nahe Verbindung zur Venus, die in der Antike gelegentlich selbst in der eigentlichen Bedeutung des Wortes als *Lucifer* = Lichtbringer bezeichnet wird, ist hier zu augenfällig, als daß man sich nicht an die hervorragende Plinius-Kenntnis Bedas erinnerte. In der Tat läßt jener in seiner Naturalis historia, Buch II, Abschnitt 6, keine Zweifel an der Bedeutung des Wortes *Lucifer* im Zusammenhang mit der Venus: „Unterhalb der Sonne wandelt ein sehr großer Stern, namens Venus, mit abwechselndem Lauf und in den Beinamen mit Sonne und Mond wetteifernd. Erscheint sie früher (als die Sonne) und vor Tagesanbruch, so heißt sie Lucifer (Lichtbringer), weil sie wie eine zweite Sonne den Tag früher bringt; leuchtet sie aber nach Sonnenuntergang, so heißt sie Vesper (Abendstern), weil sie den Tag verlängert und an die Stelle des Mondes tritt."[90] Andererseits gilt Lucifer seit Kirchenväterzeiten als Bezeichnung für den Teufel. Obwohl er in diesem Sinn nicht biblisch ist, gelangt man über Is 14,12, wo vom Himmelssturz des Morgenstens die Rede ist, und Lc 10,18, wonach der Satan (*satan*) wie ein Blitz vom Himmel gefallen sei, zu einer entsprechenden Deutung[91]. Beda muß diesen subtilen Weg der Interpretation dabei gar nicht einschlagen; alleine in der Verehrung des Rompha schon sieht er unweigerlich Götzendienst, also Teufelsdienst

---

86 Beda, Super acta apostolorum; PL 92, 946C.

87 Duckett, Saints and Scholars, S. 263.

88 Act 7,43. Vgl. Bibl.-hist. Hwb. 3, Sp. 1622.

89 Beda, Super acta apostolorum, 7; PL 92,959B, Vgl. dazu Hieronymus, Liber interpr. Hebr. nominum; CCSL 72, S. 148: *Rafam facturae nostrae uel laxitati eorum*. Der Rest ist demnach einwandfrei Bedas Zutat.

90 Plinius, Nat. hist. II,6; dt. Übersetzung von R. König, C. Plinius Sec. d.Ä., Naturkunde, Buch II, München 1974, S. 35. Auch z.B. bei Isidor lauten sämtliche Lucifer-Stellen (Etym. III 66,2; 71,18; V 30,7; VI 19,3) im gleichen Sinn.

91 K. L. Schmitt, Luzifer als gefallene Engelmacht, in: ThZ 7 (1951), S. 163f.

mittelbarer Art. Es muß insofern Beda an dieser Stelle mit dem Wort Lucifer nicht unbedingt den Luzifer = Teufel meinen – selbst wenn ihm das Wort in dieser Bedeutung bereits bekannt sein sollte –, um die Sarazenen in den Ruch der Teufelsverehrung zu setzen. Dies ist freilich nicht sein vordergründiges Anliegen. Auch wenn man dem Gedankengang nicht mit besonderer Aufmerksamkeit folgt, muß man feststellen, daß es Beda keinesfalls um eine dezidierte Verurteilung der Sarazenen in dieser Hinsicht zu schaffen ist. Erst durch die Übersetzung des Götzennamens Rompha (Remphan) in Lucifer assoziiert er die Venus, als deren Verehrer er dann – alten Schriften folgend – die Sarazenen erwähnt. Aber ob spätestens seine Leser diese Schritte im einzelnen nachzuvollziehen in der Lage sind, ist fraglich.

Es spricht im Gegenteil manches dafür, daß Beda hier eine Saat ausstreut, die später Früchte tragen soll, daß bei dem einen oder anderen die Nennung Luzifers überwiegt, im Sinn von 'Teufel' im Gedächtnis haften bleibt und ein dann wohl willkommenes Argument an die Hand gibt, die Sarazenen auch der Gegenwart als Teufelsanbeter abzuqualifizieren. Daß Beda selbst den Sachverhalt der Vergangenheit zurechnet (*cultu Sarracenorum gens . . . erat mancipata*), mag man geflissentlich dabei übersehen. Zudem hat sich der byzantinische Osten in dieser Frage als Vorreiter betätigt. Bereits um 600 schildert Johannes Moschus die Sarazenen als vom Teufel Besessene[92].

Später bringt man im Westen Mohammed, der in durchaus ehrenwerter Absicht teilweise von den Arabern selbst großer sexueller Potenz gerühmt wird, mit der Venus in Verbindung; und Johannes Damascenus, christlicher Bischof in arabischen Diensten, setzt den schwarzen Stein der Kaʿba mit der Venus in Beziehung[93]. Damit schließt sich in überzeugender Weise der Kreis, den der Anonymus von Piacenza mit seiner Beobachtung eines Steinkultes der Sarazenen auf dem Sinai aufgenommen hat. Jede einzelne der drei Stationen – Stein-, Venus-, Luziferverehrung – trägt den Sarazenen von christlicher Warte aus unweigerlich Kritik ein.

Die Abwicklung der Kulte und Gestaltung der betreffenden Feiern werden unseren Autoren kaum transparent. Überhaupt äußern sich zu diesen Punkten nur die Pilger, die vor Ort heimische Sitten und Gebräuche beobachten, und hierbei ganz offenkundig der früheste zu den noch nicht islamischen Sarazenen mehr als Arkulf, der im letzten

---

[92] Nach Goubert, Byzance avant l'Islam, 1, S. 261: „possédé du diable".

[93] Vgl. F. R. Franke, Die freiwilligen Märtyrer von Corduba und das Verhältnis der Mozaraber zum Islam. Diss. Frankfurt/Main 1958, S. 27–36.

Viertel des 7. Jh.s Palästina bereist, zu den dann muslimischen Arabern; Willibald schließlich unterläßt jegliche Feststellung bezüglich ihrer Religion. Nur sehr allgemein läßt sich der Aufzeichnung seines Pilgerberichts durch die Nonne Hugeburc entnehmen, daß er Spannungen zwischen Sarazenen und Christen während seiner Reise durch den Nahen Osten in der ersten Hälfte des 8. Jh.s wahrnimmt. Die eigenen Widrigkeiten, die ihm durch die Sarazenen bereitet werden, führt er aber in keiner Weise auf sein Christentum zurück.

Möglicherweise beobachtet der Anonymus, seinerseits als Pilger unterwegs, die Sarazenen ebenso auf einer Pilgerfahrt zu ihrem Heiligtum im Sinai-Massiv; die bedeutende Anzahl von 12600 Menschen. von der der Anonymus spricht, läßt sich in diesem Sinn deuten. Als weitere Indizien sprechen dafür, daß sie sich jeglichen Handels enthalten (*nihil licentes*) und für die Dauer der Pilgerfahrt – sonst würde sich der Anonymus wohl kaum in ihrer Gesellschaft bewegen – Frieden halten. Der Ausrufer, der die Abendländer warnt, durch die Wüste der nördlichen Sinai-Halbinsel den Rückweg nach Jerusalem antreten zu wollen, tut dies mit der Begründung: . . . *quia iam se complebant dies festi Saracenorum*[94]. Der Kult selbst dann, zu dem ein *sacerdos* nötig ist, vollzieht sich in den Augen des Anonymus in dem Farbwechsel des Marmoridols.

Auch in der islamischen Zeit fällt von Seiten des christlichen Betrachters die Unterscheidung der eigenen Religion von der fremden in den Bereich von Äußerlichkeiten. Adamnan streicht heraus, daß nach Arkulf neben den Kirchen der Christen allerorts die Sarazenen in Damaskus und Jerusalem eigene Kulthäuser besäßen. Die Wahl seiner Worte, mit denen er davon berichtet, deutet darauf hin, daß Arkulf selbst genauer über den Islam unterrichtet worden ist, als die Erzählung zunächst ahnen läßt. An einer Stelle zeigt er sich m.E. sogar bemüht, den arabischen Terminus *masǧid* korrekt mit dem lateinischen Begriff *domus orationis* – so anläßlich des nicht gerade prächtigen Bauwerks zu Jerusalem, der ersten, auf den Trümmern des alten Tempels aus Brettern und Balken (*subrectis tabulis et magnis trabibus*) errichteten Moschee – wiederzugeben[95]. Anderes, z.B. zur Moschee in Damaskus, läßt vermuten, daß er vom Ablauf des Freitagsgottesdienstes gehört oder vom Inneren der 'Kirche' (*eclesia*), wie er die Moschee nennt, Beschreibungen erhalten hat[96].

---

[94] Antonini Placentini Itinerarium, cap. 39; CCSL 175, S. 149.

[95] Adamnan, De locis sanctis I 1,14; CCSL 175, S. 186.

[96] Adamnan, De locis sanctis II,18; CCSL 175, S. 220: *quaedam Saracinorum eclesia incredulorum*. Beda, De locis sanctis, cap. 17; CCSL 175, S. 277: *Saracenorum rex cum sua sibi gente aliam* (d.h. *ecclesiam*) *instituit* . . . Beda, Expositio de nominibus locorum;

Mit fortschreitender Zeit werden die Sarazenen gerade in religiöser Hinsicht negativer beurteilt. Selbst Bibelzitate erfahren, auf sie bezogen, eine neue Qualität der Auslegung. In einer Gleichsetzung mit den Kedräern beispielsweise werden die Sarazenen als die Gegner der Kirche schlechthin aus dem Alten Testament herausgelesen. Dies gelingt Beda in seinem 716 oder kurz danach verfaßten[97] 4. Buch des Samuel-Kommentars unter Berufung auf Psalm 120,5. Bei Ismael und den Sarazenen als seinen Nachkommen ansetzend, die einmal mehr eben in den biblischen Kedräern wiederentdeckt werden, meint er, die allgemein (*generaliter*) gehaltenen Ausführungen des Psalms über die unfreundliche Haltung der Kedräer gegenüber dem Psalmisten konkret (*specialiter*) auf die Sarazenen beziehen zu müssen: . . . *et cetera usque ad finem psalmi quae Sarracenos specialiter aduersarios ecclesiae cunctos generaliter describunt*[98]. Dabei ist im betreffenden Psalm selbst von den Sarazenen überhaupt nicht die Rede; er lautet[99]: „Wehe mir, daß ich in Meschek muß weilen, wohnen muß in den Gezelten von Kedar! Allzulange schon weilt meine Seele bei denen, die hassen den Frieden. Ich will den Frieden; aber rede ich, so ist es für sie der Krieg.“ Damit ist der Stab über die Sarazenen gebrochen, zeitlich gesehen nach dem Einfall in Spanien, aber noch vor der Schlacht von Poitiers. Symptomatisch für solche Urteile ist, daß es nicht von einem Pilger gefällt wird, der mit Arabern zusammentrifft, sie in ihrer Heimat aufsucht und ein Stück mit ihnen lebt, sondern von einem überaus gebildeten frommen Mann an einem denkbar entfernten Ort. Willibald etwa, der von den Arabern in Syrien festgenommen und eingesperrt wird, sieht sich wohl *inter barbaros et belligeros . . . et contumacium catervas*[100] – falls damit überhaupt die Araber und nicht das übliche Gesindel in den Kerkern beschrieben werden soll! –, aber an das Verdikt, zu dem Beda auf bestem exegetischem Weg gelangt, reicht er lange nicht heran. Es bleibt der geistig-geistlichen Elite vorbehalten, im Einvernehmen mit der Heiligen Schrift und den Worten der Kirchenväter den Standort der Kirche zu bestimmen. Die historischen Fakten liefern lediglich die Bestätigungen dessen, was auch bezüglich der Sarazenen längst vorgezeichnet ist.

PL 92, Sp. 1037: *rex eorum Maumas famosam sibi . . . suaeque genti basilicam dicavit . . .* Vgl. o. S. 41 f.

[97] Duckett, Saints and Scholars, S. 303.

[98] Beda, In primam partem Samuhelis IV,25; CCSL 119, S. 231.

[99] Ps 120,5 ff. in der Übersetzung von Arenhoevel/Deissler/Vögtle, Die Bibel, Freiburg-Basel-Wien 1968, S. 809.

[100] MGH SS 15, S. 94,25 f.

Selbst mancher der nicht besonders hervorragenden Geister unter den Klerikern wird angesichts der offensichtlich kaum zurückzudrängenden Expansionskraft der Ismaeliten, Agarenen oder Sarazenen sich einige Stellen aus der Bibel ins Gedächtnis rufen, die ihm vermeintlich Aufschluß geben. Wenn zur Erklärung ihrer Not auch „das Abendland keine Hilfe von der Antike“[101] erfährt, so bleibt doch stets als letzte Autorität noch das Buch der Bücher. Darin steht geschrieben, daß Joseph von seinen Brüdern an Ismaeliten bzw. Midianiter, die mit ersteren in Eins gesetzt werden, und von diesen nach Ägypten verkauft wurde (Gn 37,25–36; 39,1); auf die Ismaeliten waren die Brüder bezeichnenderweise gestoßen, damit ihre eigenen Hände nicht beschmutzt würden. Das erweckt leicht den Anschein von dingbaren Mördern. Psalm 82 kann schließlich jeder unmißverständlich die Warnung vor Ismaeliten, Agarenen und anderen als den Feinden Gottes entnehmen: . . . *et non memoretur nomen Israhel ultra / quoniam cogitaverunt unianimiter simul / adversum te testamentum disposuerunt / tabernacula Idumeorum et Ismahelitae / Moab et Aggareni / Gebal et Ammon et Amalech* . . . (Ps 82,5–8). Dagegen beschwört die Tatsache, daß ein gewisser Ismaelite namens Ubil für den israelitischen König David Kamelherden und ein Agarene namens Iaziz die Schafe bewachte, zwar keine erschreckenden Bilder herauf; doch deutlicher als diese Stelle (I Par 27,30–31) vermag kaum eine zweite den Rang anzugeben, den nach der Meinung der Zeit die Araber am liebsten einnehmen sollten. Sie allerdings dorthin zu bringen, sieht man sich im Moment außerstande. Nach dem, was Historiographen melden, fühlt Beda sich im Gegenteil dazu gezwungen, verbittert einen Satz des Hieronymus zu korrigieren und das Bild von den nur in Zelten hausenden, nomadisierenden Sarazenen der Vergangenheit zuzuweisen; und wo Hieronymus davon spricht, daß die Sarazenen in stetem Unfrieden mit allen Wüstenanrainern lebten und darum *pugnantur ab omnibus*, sieht sich Beda — bei sonst anstandsloser Übernahme des Textes — zu einer kleinen Ergänzung genötigt. Angesichts dessen, was er von der Ausdehnung des arabischen Herrschaftsbereiches inzwischen in Erfahrung gebracht hat, kann er sich der auch in die Zukunft weisenden Aussage des Kirchenvaters vorderhand so nicht anschließen. Es genügt seiner Überzeugung nach in jenen Tagen nicht mehr vorherzusagen, daß sich die Sarazenen aufgrund ihrer Angriffslust gegen andere Völker 'mit allen' im Krieg befinden (*pugnantur*), sondern daß sie vielmehr auch zu besiegen sind. Darum nimmt Beda eine Erweiterung des Wortes auf *expugnantur* vor und gelangt zu der ermutigenden Parole: . . . *et expug-*

---

[101] Southern, Islambild, S. 11.

nantur ab omnibus[102]. Neben der darin verborgenen wohlmeinenden Erbauung des Christenvolkes in seiner Bedrückung und Furcht vor den Arabern ist leicht der Wunsch als der Vater des Gedankens zu erkennen, der auf eine baldige Befreiung der besetzten Gebiete im Orbis christianus abzielt. Bekräftigend, sich von Hieronymus und seinem veralteten Sarazenenbild absetzend kommentiert Beda das Geschehen seiner Tage weiter: *Sed haec antiquitus. Nunc autem in tantum manus eius contra omnes, et manus sunt omnium contra eum, ut Africam totam in longitudine sua in ditione premant, sed et Asiae maximam partem, et Europae nonnullam exosi et contrarii teneant*[103]. Schonungslos enthüllt er seinen Lesern, daß sich dies 'Einer gegen alle, alle gegen einen' Genesis 16,12 als Weissagung auf Ismael gezogen, offenbar nun zu erfüllen anschickt. Was er hier konkret mit der Eroberung Afrikas, eines Großteils Asiens sowie einiger europäischer Regionen durch jene 'verhaßten Gegner' beim Namen nennt, bringt er in seinem Kommentar zum Hohenlied noch allgemeiner zum Ausdruck; er legt dort das Hauptgewicht seiner Aussage auf die Tatsache, daß die nunmehr allen verhaßten Sarazenen, die von Ismael abstammen, die Richtigkeit der Prophezeiung jetzt durch ihr politisches Handeln klar vor Augen führten, und zwar exakt zu der Zeit, da der Angelsachse schreibt. Der Gebrauch des Präsens (*probat*) samt der Verwendung von *hodie* läßt keinen anderen Schluß zu: *Cedar Ismaelis filius fuit, de quo dictum est: 'Manus eius contra omnes, et manus omnium contra eum.' Cuius praesagii veritatem, et exosa omnibus hodie Sarracenorum, qui ab eo exorti sunt, natio probat*[104].

Selbst dieser Zwist, diese Auseinandersetzung zweier verschiedener Welten, wie man zu fühlen beginnt, scheint alttestamentlich angelegt zu sein und spiegelt sich in den für die Araber austauschbar anzuwendenden Namen Agarenen respektive Sarazenen wieder. Je nachdem welchen Ausdruck man als den genealogisch korrekten favorisiert, kommt dieser oder jener zum Tragen. Dabei geraten christliche Etymologie, die den Namen Agarenen mühelos von der Ismael-Mutter Hagar herleitet, und historisch-literarische Tradition, die ja doch nur den Begriff Sarazenen akzeptiert, in Widerstreit. In der jeweiligen Entscheidung für den Terminus *Agareni* darf man daher das wohlüberlegte Bemühen erkennen, die sonst allein als *Saraceni* bekannten Araber mittels ihrer als nicht makellos empfundenen Abkunft negativ bestimmen

[102] Beda, Libri quatuor in principium Genesis (16,12); CCSL 118 A, S. 201.
[103] ibidem.
[104] Beda, In cantica canticorum; PL 91, Sp. 1088 D. Vgl. Beda, Libri quatuor in principium Genesis (16,12); CCSL 118 A, S. 201: *Nunc autem in tantum manus eius contra omnes, et manus sunt omnium contra eum ...*

und ihnen für die Zukunft generell – mag die Gegenwart auch noch anders ausschauen – eine den christlichen Völkern unterlegene Position zuweisen zu wollen. Den Namen *Saraceni* haben sich dieselben, wie Isidor Etym. IX 2,57 gleich zweimal betont, in einer Art Selbsterhöhung beigelegt, so als ob sie an eine Abstammung von Abrahams Eheweib Sarah glaubten und ihre wahre Mutter Hagar verleugnen wollten; denn obgleich Abrahams Erstgeborener blieb Ismael, der Urvater aller Sarazenen bzw. Agarenen, nach dem Zeugnis des Alten Testaments der Sohn der Magd Hagar, die der Herrin Sarah unterstand.

Den Gegensatz zwischen dem später geborenen, aber 'freien' Isaak und dem von einer Magd stammenden und daher 'unfreien' Ismael findet man fortwährend betont. Beda geht schließlich so weit zu behaupten: *Sarra, id est Ecclesia, in libertatem genuit populum Christianum*[105]. Diese Erweiterung des alttestamentlichen Satzes, nach dem zwar beide, Isaak und Ismael, Ahnherren zahlreicher und bedeutender Völker werden sollten, aus Isaak aber, den Abraham auf Gottes Geheiß als einzigen Erben anerkannte, Könige gottesgläubiger Völker hervorgehen sollten (Gn 17,15–21; 21,9–18), wird in den späteren Jahrhunderten der Kreuzzugszeit zu einer der Legitimationsgrundlagen für den christlichen Kampf um Jerusalem[106].

In der Tat scheint den Gebildeten auch des frühen 8. Jh.s der Zwist zwischen den (geistigen) Nachkommen der Sarah und den Ismaeliten, also zwischen den christlichen Völkern und den Sarazenen, seit alters zu bestehen. Während man die Nachfahren der Sarah aber hinsichtlich ihrer Religion eindeutig bestimmen zu können glaubt, ist man zu einer ähnlichen Klassifizierung mit den (muslimischen) Sarazenen noch nicht fähig. Der Leser findet eigentlich nur dürftige Hinweise dafür, daß es sich bei den Sarazenen um ausgesprochene Christengegner handelt. Dazu geraten Nachrichten wie die von dem Totschlag, verübt von Sarazenen an einem ägyptischen Mönch, wie Fredegar II,44 nachzulesen steht, sicherlich rasch in Vergessenheit. Nachhaltiger können da Notizen aus Martyrologien wirken, die man im Verlauf des christlichen Jahreskreises stets einzusehen pflegt; doch die Nachricht aus einem Martyrologium Bedas, wonach zehn Märtyrer von Sarazenenhänden den Tod gefunden hätten[107], hat man diesem wohl zu unrecht zugeschrieben.

---

105 Beda, Expositio in primum librum Mosis (21); PL 91, Sp. 242 A. Vgl. Beda, Ep. XII; PL 94, S. 695 D.

106 Angeblich soll auch die muslimische Seite 'de Sara' auf Jerusalem Erbrechtsansprüche geltend gemacht haben. Vgl. Annales Stadenses; MGH SS 16, S. 350.

107 PL 94, Sp. 1096 A: *In Oriente civitate Theopoli sanctorum decem martyrum, qui sub Saracenis passi leguntur in Gestis sanctorum quadraginta.*

Heute geht man davon aus, daß der Satz erst infolge einer Überarbeitung des Textes durch Florus (vor 837) in das Martyrologium aufgenommen wurde[108]. Andererseits legt es der Anonymus von Piacenza (cap. 47; CCSL 175, S. 153) seinen Lesern nahe anzunehmen, daß der hl. Sergius und der hl. Bacchus von Sarazenen getötet worden sind. Die 'Rettung' der Gebeine des Kirchenvaters Augustinus vor den Sarazenen, die der Langobardenkönig Liutprand ins Werk setzt, nimmt vor dem Hintergrund eines sich unaufhaltsam vergrößernden Grabens zwischen dem Orbis christianus und der feindlichen Außenwelt fast Symbolcharakter an[109]. Auf eine ähnliche Weise den Gegensatz verschärfend wirkt es, wenn man aus dem Liber pontificalis erfährt, daß die Franken kleine Stückchen geweihten Brotes oder — je nachdem, wie man den Text versteht — von Schwämmen, wie sie der Papst am Altar bzw. zu Tisch verwendet, bei sich tragen, als es gegen die Sarazenen in den Kampf geht[110]. Eindeutig gegen Christen ruchbar werden die Taten der Sarazenen mit der 1. Fortsetzung der Fredegar-Chronik und dem Zug des arabischen Aufgebots, das erst bei Poitiers gestoppt wird. Der Verfasser hebt hervor, daß die Sarazenen erst *ecclesiis igne concrematis, populis consumptis* von Bordeaux nach Poitiers weitergezogen seien, wo sie — nimmt man den Bericht wörtlich — einzig und allein die Hilarius-Basilika in Schutt und Asche legen, *quod dici dolor est*; dem Martins-Dom dasselbe Schicksal zu bereiten (*ad domum beatissimi Martini euertendam destinant*), soll ihre ganze Motivation — so versteht es der Leser — für den Weiterzug gegen Tours gewesen sein[111]. Die Vita Pardulfi bestätigt die Sitte des Brandschatzens, die sich gegen Einrichtungen der Kirche richtet: *ubicumque monasteria aut loca sancta obviassent, igne concremare nitebantur.* Der Autor zeigt sich regelrecht bemüht, einen Gegensatz hie Christ — da Sarazene aufzubauen; denn worin sonst wohl könnte eine Nachricht liegen, wenn sie die Opfer der Araber als Christen ausgibt. Entsprechend dem fränkischen Selbstverständnis dürften die Bewohner des Frankenreiches kaum etwas anderes sein, und was die Lage objektiv angeht, ist die Chance der Araber verschwindend klein, nördlich der Pyrenäen auf Nichtchristen zu stoßen. In ihrer Formulierung selbst schon ist die Behauptung, daß die Sarazenen *quemcumque hominem christianum inveniebant, trucidabant,*

---

[108] Vgl. Edition pratique des Martyrologes de Bede, de l'Anonyme lyonnais et de Florus, ed. J. Dubois/G. Renaud, Paris 1976, S. 202. Eine ähnliche Stelle, ibid. S. 226, ist ebenfalls erst Florus zuzurechnen.

[109] Beda, Chronik; MGH AA 13, S. 321.

[110] Lib. pont., ed. Duchesne, 1, S. 401. Lib. pont., SG 22, S. 282. Zum Übersetzungsproblem s. Roy/Deviosse, La Bataille de Poitiers, S. 213. SG 22 (1978), S. 307f.

[111] MGH SS rer. Merov. 2, S. 175.

Propaganda gegen den Feind[112]; der Notwendigkeit, Begründungen für ein solches Verhalten zu liefern, sieht man sich ganz offensichtlich aber enthoben; man stellt Fakten fest, man findet bisweilen ungeahnte und versucht, sie mit dem Geschehen vergangener Tage in Übereinstimmung zu bringen und aus dem Verhältnis beider zueinander zu lernen. Auch Willibald genügt für die Existenz eines Spannungsverhältnisses zwischen Christen und Arabern offensichtlich das Dasein dieser beiden Völker. Nach Hugeburcs Aufzeichnung dessen, was Willibald ihr erzählt hat, kann diese Kluft dann in der Form aufbrechen, daß die Christen ihre Kirche behalten, die Sarazenen sie aber zerstören wollen: *Illam aecclesiam* (in Nazareth) *christiani homines sepe conparabant ad paganis Sarracinis, qui illi volebant eam destruere*[113]. Die einzige, bescheidene Erläuterung für den Gegensatz von Christen und Sarazenen liegt in dem Adjektiv *paganus*, mit dem letztere bedacht werden und das dieselben natürlich außerhalb des Orbis christianus ansiedelt. Doch sie vermag nicht den oben gewonnenen Eindruck beiseite zu schieben, daß es den Autoren in erster Linie zwar darum geht, den Sarazenen als quasi gegebenen Gegner der Christenwelt vorzustellen, aber auf der anderen Seite mit einem totalen Desinteresse bzw. einer nicht überbietbaren Unkenntnis von den Grundlagen jener neuen Religion gerade auf diesem Sektor, d.h. von einem traditionell-alttestamentlichen Bild ausgehend, abzuqualifizieren. Die Kirche bezieht als das einzige Kampfmittel in diesen, den Kreuzzügen noch so fernen Tagen, den Arabern gegenüber also eine eindeutig religiös gefärbte Einstellung. Dies geschieht nicht auf der Ebene einer inhaltlichen Auseinandersetzung zwischen zwei Weltreligionen, sondern allein aus dem Bestreben heraus, den Krieg gegen die Araber leichter zu legitimieren und, indem man eine aus der Bibel gewonnene, sich daher notwendigerweise irgendwann als wahr herausstellende Überlegenheit der christlichen Völker über die Sarazenen postuliert, vor allem die Kämpfenden überzeugender zu motivieren.

Es kann der Kirche nicht verborgen bleiben, daß alteingesessene christliche Gebiete wie der gesamte Nahe Osten, wie Nordafrika und Spanien sehr schnell und anscheinend ohne nennenswerten Widerstand von Seiten der einheimischen Bevölkerung an die neuen arabischen Herren verloren gehen. Der materielle Verlust, den die Kirche dadurch erleidet, ist immens. Die Ursache des arabischen Erfolgs darin zu sehen, daß die Bevölkerung in den nun durch die fremde Macht okkupierten

---

112 MGH SS rer. Merov. 7, S. 30,9–11.

113 MGH SS 15, S. 95,23f.

Gebieten damit vielfach nur ihrer Verdrossenheit gegen die bis dato tätige weltliche und – mit dieser über weite Strecken gleichlaufende – kirchliche Administration Ausdruck verleiht und sich von den Invasoren gar Linderung oder Abhilfe verspricht, ist Rom nicht fähig, möglicherweise auch nicht willens. Was ist da einfacher und subtiler zugleich, als die Menschen der betroffenen Regionen der Verleugnung des wahren Gottes zu bezichtigen und ihre Unterwerfung durch die Araber als die dafür gerechte Strafe auszugeben. Bonifatius versucht auf diese Weise, die arabischen Eroberungen in Europa zu erklären, und droht z.B. dem König von Mercia für sich und sein Volk das gleiche Schicksal an für den Fall, daß er seine Lebensführung nicht ändern sollte; in dem wohl 746 oder 747 zusammen mit anderen Bischöfen verfaßten Brief an König Aethelbald[114], in welchem sie diesen wegen seines unchristlichen Umgangs mit Frauen tadeln und ihm zu bedenken geben, welchen Einfluß er damit als Vorbild für sein Volk ausübt, um das es in dieser Hinsicht ohnedies nicht zum besten bestellt sei, warnt Bonifatius vor den Folgen. Er weist darauf hin, daß es mit solchen Völkern, die in Hurerei und Gottlosigkeit lebten, ein böses Ende nähme[115]:*Sicut aliis gentibus Hispaniae et Provinciae et Burgundionum populis contigit; quae sic a Deo recedentes fornicatae sunt, donec iudex omnipotens talium criminum ultrices poenas per ignorantiam legis Dei et per Sarracenos venire et saevire permisit*[116]. Damit bekundet der Briefschreiber aber gleichzeitig seine Überzeugung, daß mit der Besetzung einer Landschaft durch die Sarazenen dort auch das Christentum verschwinde und, wie man in logischer Fortsetzung dieses Gedankens wohl ergänzen darf, das Heidentum wieder einziehe; Sarazenen und *ignorantia legis Dei* sieht er aneinander angekoppelt. Beda kann darum der Zustimmung seiner Zeitgenossen sicher sein, wenn er die Invasion der Araber ins Frankenreich fast als biblische Plage, als 'Sarazenenpest' (*Sarracenorum lues*) nämlich, bezeichnet[117].

Im gleichen Atemzug aber weist die Kirche alleine diejenigen als probate Christen aus, die den Sarazenen erfolgreich Paroli bieten; nicht etwa weil diese dann das Christentum erfolgreich verteidigen. Sie können vielmehr – das ist die Meinung – erst durch einen Sieg über die Araber, d.h. die Feinde der Kirche schlechthin[118], den Beweis für ihren ungebrochenen Glauben erbringen. Einen solchen muß man aus diesem

---

[114] Tangl, Die Briefe des hl. Bonifatius (GdtVz 92), Leipzig 1912, S. 134f.

[115] Vgl. Hahn, Bonifaz u. Lul, S. 173ff. Godfrey, Church in Anglo-Saxon England, S. 259. F. M. Stenton, Anglo-Saxon England, Oxford 1971, S. 205.

[116] MGH Epp. sel. 1, S. 151,24–28.

[117] Beda, Historia ecclesiastica gentis Anglorum V,23, ed. Colgrave/Mynors, S. 556.

[118] Vgl. Beda, In primam partem Samuhelis IV 25,1; CCSL 119, S. 231.

Grund den aus Afrika geflohenen Klerikern, die sich, statt tapfer dort gegen den Feind auszuharren, in Europa um neue Amtsstellen bewerben, absprechen. Diese Ansicht vertritt Papst Gregor II. jedenfalls in zwei Schreiben[119].

Die weltlichen Herren mögen sich unterdessen auf einen standhaften Glauben allein als Nothelfer in dieser bitteren Zeit nicht verlassen. Wir dürfen annehmen, daß die fränkische Synode des Jahres 743 unter dem Vorsitz Karlmanns mit ihrem Beschluß, wegen der Einfälle fremder Völker (*propter inminentia bella et persecutiones ceterarum gentium*) Kirchengelder zur Unterstützung des Heeres (*aliquam partem aecclesialis pecuniae in adiutorium exercitus nostri*) einzubehalten[120], u.a. auf die Araber abzielt. Notgedrungen stimmen die Kirchenoberen wohl zu; und dem Papst bleibt – in anderem Zusammenhang, wenn auch in Bezug auf das Frankenreich – nur übrig, seiner Hoffnung darüber Ausdruck zu verleihen, daß es mit der materiellen Lage der Kirchen wieder aufwärts gehen werde, wenn nur erst die Bedrohung durch die Sarazenen (und Friesen und Sachsen) ein Ende gefunden habe: *dum Dominus donaverit quietem, augentur et luminaria sanctorum pro eo, quod nunc tribulatio accidit Saracinorum, Saxonum vel Fresonum, sicut tu ipse nobis innotuisti*[121], sagt Papst Zacharias dem Bonifatius in dem Brief vom 31. 10. 745. Ob der Papst bereits im ersten Teil des Briefes die Sarazenen im Auge hat, als er anteilnehmend meint, *De incursione autem gentium, quae in tuis plebibus facta est, merendum nobis est*[122], ist fraglich.

Tangl denkt eher an einen Sachseneinfall als Hintergrund für die Bemerkung[123], und selbstverständlich bedrohen Sarazenen, selbst wenn sie nach Burgund und bis in die Alpen hinein einmal vorstoßen, nie das Missionsgebiet des Bonifatius. Aber wir wissen nicht, welche Vorstellungen in Rom über die tatsächliche und die noch als möglich erachtete Ausbreitung der Araber nach Norden kursieren. In der Mitte des Schreibens angelangt muß der Leser nämlich glauben, daß sich Bonifatius wie vor Sachsen und Friesen eben auch vor Sarazenen fürchtet, weshalb der Papst in seiner Antwort im Anschluß an die Feststellung,

---

[119] Vgl. o. S. 207.

[120] Mansi 12, Sp. 371. MGH Epp. 3, S. 312. MGH Conc. 2, S. 7. MGH Epp. sel. 1, S. 102,3–10. Dt. Übers. bei Briefe des Bonifatius, hg. Rau, FrvStGA 4 b, S. 383,17–23. Tangl, Die Briefe des hl. Bonifatius, GdtVz 92, S. 92. Nach Th. Schieffer, Angelsachsen und Franken, S. 1453, 1470 f., fand die Synode von Estinnes gleichzeitig mit der von Soissons im Jahr 744 statt.

[121] MGH Epp. sel. 1, S. 123,8 ff.

[122] MGH Epp. sel. 1, S. 121 ff.

[123] Tangl, Die Briefe des hl. Bonifatius, GdtVz 92, S. 115 Anm. 4.

daß es mit der materiellen Ausstattung der Kirchen und Klöster im fränkischen Raum nicht zum besten bestellt sei, Mut für die Zeit nach den Heimsuchungen durch Sarazenen und andere macht und davon ausgeht, daß dann 'die Kerzen für die Heiligen' wieder mehr würden, d.h. die Kirche wieder reichlicher Geld in die Kassen bekommen werde. Indirekt spielen die Sarazenen in diesem Punkt, auch wenn sie nicht selbst im Missionsgebiet des Bonifatius aufkreuzen, eine erhebliche, belastende Rolle und tragen, wie die Beschlüsse der Synode von Estinnes im März 743 (bzw. 744) gezeigt haben, doch zu einer spürbaren Verschlechterung der pekuniären Lage der Kirche bei, die auch vor Bonifatius nicht halt machen kann.

So sieht sich die Kirche in der Tat ob dieser Entwicklung in doppelter Hinsicht in Bedrängnis. Nicht nur daß sie infolge der arabischen Gebietsgewinne zahlreicher Bistümer und damit in Ziffern und Summen ausdrückbarer Einnahmen verlustig geht; der Abwehrkampf, der gerade von fränkischer Seite aus organisiert und vorgetragen wird, d.h. eben aus den noch unbesetzten Gebieten heraus geführt werden muß, verlangt von ihr neue Opfer. Der Synodalbeschluß von 743 (bzw. 744) ist nur ein Beispiel dafür, wie gerade die Kirche mit ihrem damals schon beträchtlichen Grundbesitz zur Aufbringung der Lasten herangezogen wird.

Im Gegenzug stürzt sie sich mit allem zur Verfügung stehenden Rüstzeug biblischer Lehre auf den verhaßten Gegner, diese *exosi et contrarii*, wie Beda die Sarazenen schließlich bezeichnet und damit ein einstweiliges Ende in der Entwicklung eines Urteils über jenes Volk markiert. Dieser mit geistigen Mitteln betriebene Feldzug der Kirche ist um so leichter zu bewerkstelligen, als es sich, wie wir selbst bei anonymen Autoren annehmen dürfen, bei sämtlichen hier herangezogen Verfassern historiographischer, etymologischer oder rein exegetischer Literatur ausnahmslos um Kleriker handelt, wie sie sich etwa zwei Jahrhunderte später – der Ausblick sei an dieser Stelle erlaubt – nicht scheuen, zum Beispiel die Ungarn, denen Otto I. im Jahr 955 auf dem Lechfeld gegenübersteht, als *Agareni* zu bezeichnen; so in den Annales sancti Galli maiores[124]. Auch dies bedeutet einen Endpunkt in der terminologischen Entwicklung, wie wir sie zum Ende unseres Untersuchungszeitraumes angelegt und vollständig ausentwickelt sehen.

Dies trifft nicht nur für den ethnographischen Bereich zu. Deutlich treten seit dem Ausgreifen arabischer Macht auf europäischen Boden

---

[124] MGH SS 1, S. 97. B. Eberl, Die Ungarnschlacht auf dem Lechfeld (Gunzenlê) im Jahr 955, Augsburg-Basel 1955, S. 8.

und damit – quellengeschichtlich betrachtet – seit Bedas Kommentar zur Apostelgeschichte Bezeichnungen in den Vordergrund, die, womöglich gestützt auf biblische Grundlage, einer negativen Charakterisierung der Araber dienen sollen.

Mit dem Beginn der islamischen Epoche gebraucht im 7. Jh. lediglich Adamnan, quasi als Notar des Palästinapilgers Arkulf, mit dem Adjektiv *increduli* einen die Distanz zum Christentum betonenden Begriff; er tut dies bezeichnenderweise, als er von der *ecclesia* der Sarazenen in Damaskus erzählt. Insofern dürfte *increduli* auch eher differenzierend als pejorisierend eingesetzt sein. Beda indes läßt es nicht mehr dabei; er liefert weiteres Material, um die kurz von Aldhelm geprägten Ausdrücke *praedones* und *grassatores* auf eine breitere Grundlage zu stellen, und verknüpft endlich das Heidentum der antiken und spätantiken Araber mit ihrer jetzigen Religionsauffassung. Er beläßt es nicht mehr bei der auf vergangene Zustände ursprünglich abzielenden Meinung, daß Arabien gleichbedeutend sei mit Heidentum (*gentilitas*)[125]. Jeder Leser seiner Expositio de nominibus locorum, in der er vernimmt, daß die prächtige Stadt Damaskus *nunc Sarracenorum metropolis* ist, daß ihr König dort sitzt und sie zum eigenen Gebrauch eine *famosa ... basilica*[126] haben, denkt an die Beschreibung der gleichen Stadt in dem der Expositio vorangehenden Kommentar zur Apostelgeschichte als die 'Widerwärtigkeit des Jahrhunderts' (*adversitas saeculi*)[127] und als Stadt der Heiden (*gentilium civitas*), deren Name 'Damaskus' *sanguinem bibens* bedeuten soll. Wer glaubt, daß es sich dabei um die Spiegelung überholter Verhältnisse handelt, sieht sich eines besseren durch die Interpretation von *Saba* in seinem Psalmen-Kommentar belehrt, die für Bedas Zeit hochaktuell anmutet; danach steht *Saba* – man erinnere sich der üblichen Gleichsetzung mit dem weihrauchspendenden Arabien – für Leute, die unter der Wirkung von Aufputschmitteln (*incensi igne incentivorum*) mit ihren Morden für gottgefällige Heilige und Märtyrer sorgen, also *sanctos scilicet martyres interficiendo, qui domino velut dulcia sacrificia erunt*[128]. Dazu fällt ein, daß Beda den Namen der Idumäer, die er in der Expositio de nominibus locorum neben Sarazenen und anderen als Völkerschaft Arabiens

---

[125] Beda, In psalmorum librum; PL 93, Sp. 866 C. Vgl. ibid. Sp. 865 D: *Reges Arabum, id est gentilium reges* ...

[126] Beda, Expositio de nominibus locorum; PL 92, Sp. 1037 A.

[127] Beda, Super Acta apostolorum; PL 92, Sp. 964 B–D.

[128] Beda, In psalmorum librum; PL 93, Sp. 865. In diesem Zusammenhang ist von Bedeutung die These von einem frühmittelalterlichen, christlichen Kriegermartyrium, die A. Noth, Heiliger Krieg und Heiliger Kampf in Islam und Christentum (Bonner Historische Forschungen 28), Bonn 1966, S. 93–109 entwickelt hat.

einbringt[129], später im Psalmen-Kommentar als *sanguini* erklärt[130]. Das führt in diesem Fall zwar dazu, daß er sie 'nicht aus Gott, sondern aus Blut und dem Wollen des Fleisches, d.h. nicht erfüllt vom Geist, sondern von der Sünde geboren' sieht; aber nur Zeilen weiter verdinglicht er wieder den Unterschied zwischen Christen und Arabern vermittels einer Worterklärung zu 'Agarene'; es soll soviel bedeuten wie Proselyte, und Proselyten wiederum seien solche, *qui de gentilitate in ritus Judaeorum convertebantur*[131]. Möglicherweise ist Arkulf/Adamnan etliche Jahrzehnte früher über eine ähnliche Theorie auf die sonst für Juden gebrauchte Bezeichnung *increduli* für die Sarazenen gestoßen. Beda erklärt sie ohne Umschweife gleich zu Gegner der Kirche (*adversarios ecclesiae*[132]).

Um die Sarazenen der Ächtung preiszugeben, unterstellt man ihnen schließlich *perfidia*[133], bezeichnet man sie in der Fortsetzung der Fredegar-Chronik als *gens perfida*[134]. Den Begriff *paganus* legt den Arabern, in diesem Fall *Ismaelitae* geheißen, erst die Vita Pardulfi Mitte des 8. Jh.s zu[135]. Hugeburc verwendet ihn in der Vita Willibaldi dann für die Sarazenen noch zweimal[136]. Von gleichem Gewicht scheint das Attribut *nefandissima gens*[137] zu sein, das ebenfalls die Vita Pardulfi einführt, nachdem ein einziges Mal zuvor die Vita Papst Gregors II. aus dem Liber pontificalis bezüglich der Okkupation Spaniens durch die Araber diese als *nefanda gens*[138] ausgegeben hat.

Somit gelangt selbst die Nomenklatur für später ausgetragene hitzige Wortgefechte mit dem religiösen Gegner bereits frühmittelalterlich zu einem nicht mehr steigerungsfähigen Abschluß, wenn man von den Varianten unkaschierter Beschimpfungen einmal absieht, zu denen sich etwa ein Raimundus Lullus in missionarischem Eifer hinreißen lassen wird. Das Feld, auf dem das Hoch- und auch noch Spätmittelalter bestellen werden, haben Beda und Zeitgenossen in 'bestem' klerikalen Geist bereits präpariert. Nur die Mittel zur Tat fehlen ihnen noch; noch ist die Zeit der Kreuzzüge nicht angebrochen; noch ist die Kirche in die Defen-

---

129 PL 92, Sp. 1035.
130 PL 93, Sp. 927D.
131 PL 93, Sp. 928A.
132 Beda, In primam partem Samuhelis; CCSL 119, S. 231.
133 Beda, Historia ecclesiastica V,23, ed. Colgrave/Mynors, S. 556.
134 MGH SS rer. Merov. 2, S. 175,12.
135 MGH SS rer. Merov. 7, S. 33,15.
136 MGH SS rer. Merov. 15, S. 94,13 u. S. 95,24.
137 MGH SS rer. Merov. 7, S. 33,17f.
138 Lib. pont., ed. Duchesne, 1, S. 401.

sive gedrängt. Doch aus dem Stadium einer vermeintlichen Sprachlosigkeit, die aus dem Liber pontificalis noch relativ spät entgegentritt, hat sich die Kirche inzwischen herausbegeben. Sarazenen und Agarenen sind längst keine *nec dicenda gens*[139] mehr; denn auch wenn es sich dabei um einen „Abscheuausdruck" handelt, wie er z.B. noch in derselben Vita für eine unliebsame Person oder in einem Brief von Papst Gregor II. für die Langobarden verwendet wird[140], und der Begriff nicht nur eine Formel der Ratlosigkeit darstellt, dann offenbart er doch nicht gerade Einsicht und Kenntnis der Lage. Diese bricht sich andernorts eher Bahn, wo man – nicht gerade unter der Nähe und dem direkten Zugriff arabischer Aufgebote – den Geist freier und ungebundener fliegen und nach nützlichen Erklärungen für das Unglaubliche suchen lassen kann.

In einer geschickten Wendung weiß man schließlich der Sarazenennot in moralisch-theologischer Hinsicht einen positiven Aspekt dergestalt abzugewinnen, daß man die Furcht vor dem Gegner in zeittypischer Absicht verwendet und angesichts des schier unüberwindbaren Feindes, dieser *valida gens*, zu einem gottesfürchtigeren Leben ermahnt: die Sarazenen mutieren vom Gegner der Kirche und Gottes zu seinem Werkzeug, das dieser nach Belieben strafend einsetzen kann. Das Heer des Kaisers Heraklios, eines schlechten Christen, wird – wie der Leser der Fredegar-Chronik (IV,66) denken muß – zur Hälfte vom Schwert Gottes niedergestreckt. Biblischen Plagen gleich fallen die Sarazenen über die Länder her[141]; eine 'Sarazenenpest' (*gravissima Sarracenorum lues*) sucht Gallien übel heim[142]. Besorgte Kirchenmänner zeichnen dem hurenden König von Mercia bei Nichtbesserung das Schreckensbild einer Sarazeneninvasion als Strafe vor[143]. Zumindest indirekt führt der Liber pontificalis den Tod des Exarchen Olympios auf ein sündhaftes Leben zurück; im Anschluß an einen Kampf mit den Sarazenen wird sein Heer von einer Seuche erfaßt, der er wohl schließlich selbst zum Opfer fällt. Die da mit den Sarazenen drohen, vermögen also durchaus mit warnenden Beispielen aufzuwarten.

Aller Weihrauchduft, den man früher mit Arabien verbindet, jeglicher Goldglanz, der einst für Arabien steht, sind dahin. Die Gefühle für die Menschen, die von dort ausziehen, die Welt zu erobern, lassen solche Assoziationen nicht mehr zu. Lange vergessen sind die Tage, da man

---

139 ibid. S. 336 u. S. 401 (l. Spalte).

140 Nach v. Hefele, Conciliengesch., 3, S. 392.

141 Vgl. o. S. 218.

142 Beda, Historia ecclesiastica V,23, ed. Colgrave/Mynors, S. 556.

143 MGH Epp. sel. 1, S. 151.

sich Arabien als Hort der Weisheit, so wie Beda[144], vorstellt und sich ein gewisser Virgilius Maro eines arabischen Lehrers rühmt[145]. Nun ist Arabien ferner denn je. Nah sind nur seine Bewohner, von denen man sich nichts Gutes versprechen darf.

Selbst wo man sie nicht direkt fürchten muß, sind sie präsent. Im Alltag eines Bonifatius etwa reduzieren sich die Sarazenen bisweilen zu einer Mißlichkeit, zu einem Grund, eine Reise zu verschieben, auch wenn sein Schreiben irgendwann vor 738 an eine in England beheimatete Äbtissin namens Bugga[146] nach wie vor etwas von der Sorge ausdrückt, die die Bedrohung durch die Araber allenthalben bereitet. Gleichzeitig teilt der Brief jedoch indirekt auch mit, daß Bonifatius nicht persönlich – etwa auf seinen eigenen Romfahrten, zuletzt 737/738 – schlechte Erfahrungen mit Arabern gemacht hat. Wir dürfen annehmen, daß er stets den Landweg nach Süden eingeschlagen hat[147].

Bugga hingegen, die sich um Rat wegen ihrer beabsichtigten Reise an Bonifatius wendet, scheint von England aus eine Route wenn nicht über das Meer, so doch durch Süd-Frankreich, das man von Sarazenen bedroht weiß, geplant zu haben.

Bonifatius gibt sich äußerst vorsichtig und fragt wohl wegen der Sarazenen bei einer Schwester jener Bugga in Rom an; deren Antwort erst gibt er an die ratsuchende Äbtissin weiter: „Was aber Deinen Wunsch angeht, hat sie mir . . . aufgetragen, Dir auszurichten, Du mögest warten, bis es mit den Unruhen, den Angriffen und Bedrohungen von Seiten

---

144 Beda, In psalmorum librum (71,15); PL 93, Sp. 866 C: . . . *de auro Arabiae, id est, de praecipuis philosophis gentium quidam convertentur ad eam, ut Dionysius Areopagita, et plures alii . . . Et per aurum sapientia designatur . . .*

145 Vergilii Maronis Grammatici Opera, ed. J. Huemer, Leipzig 1886, S. 92: *Erant praeterea tres Lucani, unus in Arabia, alius in Endia, tertius in Africa: quos Aeneas meus praeceptores habuit* . . . Zu Virgilius Maro s. Manitius, 1, S. 121–125; Teuffel, Röm. Lit., 3, S. 546 ff.; B. Herren, Bigerro sermone clefabo: Notes on the Life of Virgilius Maro Grammaticus, in: Classica et Mediaevalia 31 (1975), S. 253–257.

146 Zu ihrer Person s. DHGE 10, Sp. 1088, wo sie von einer weiteren Bugga unterschieden wird (ibid. Sp. 1089 Nr. 3). Diese Unterscheidung nimmt nicht vor Godfrey, Church in Anglo-Saxon England, S. 234 u. 238. Dümmler hat den Brief in seiner Edition (MGH Epp. 3, S. 277) – wenn auch mit Fragezeichen versehen – noch auf etwa 725 datiert. Vgl. dazu M. Tangl, Studien zur Neuausgabe der Bonifatius-Briefe, in: NA 40 (1916), S. 746. Th. Schieffer, Winfrid-Bonifatius und die christliche Grundlegung Europas, Freiburg 1954, S. 151: „. . . die Briefe lassen weite Intervalle offen und sind vom Ende des Jahres 726 an undatiert, so daß ihr Zeitpunkt, wenn überhaupt, jeweils nur durch gelehrte Kombinationen erschlossen werden kann."

147 Im Jahr 722 aber über 'Francien' und Burgund, wo er etwas von der Angst vor den Sarazenen vernommen haben mag, und weiter über den Großen St. Bernhard nach Rom. Vgl. Schieffer, Winfried-Bonifatius, S. 143.

der Sarazenen, von denen die Römer neulich etwas erlebten, ruhiger geworden sei, und bis sie, so Gott will, ihr Einladungsschreiben an Dich richte. Das scheint mir das Beste zu sein."[148]

Doch sehr viel kann Bugga diese Warnung, die sich möglicherweise auf die Auseinandersetzungen zwischen Karl Martell und den Arabern im Jahr 737 beziehen[149], nicht bedeutet haben; denn „738 oder unmittelbar zuvor"[150] unternimmt sie ihre Reise nach Rom. Es ist denkbar, daß sie inzwischen von Bonifatius eigener Romreise zu gerade diesem Zeitpunkt gehört hat.

Ob jene Frau nun eine Gefahr geringschätzte, oder ob sie die Entwicklung weniger günstig als selbst Bonifatius einstufte, der doch wohl ein baldiges Ende des arabischen Expansionsdranges erwartete, und meinte, die Reise nie mehr antreten zu können, wenn sie erst einmal der Furcht nachgegeben habe: daß die Araber sich in der Tat für Jahrhunderte in Europa einrichten würden, kann im 8. Jh. noch niemand vorhersehen. So aber bleibt Christen und Muslimen die Zeit folgender Jahrhunderte, sich näher kennenzulernen, sich auszutauschen. So erwächst dereinst dem Abendland die Chance, das Araberbild, das es im frühen Mittelalter bis zur Mitte des 8. Jh.s entwickelt und in Teilen bis in die Neuzeit hinein mitnimmt, Schritt für Schritt zu revidieren.

---

[148] MGH Epp. sel. 1, S. 48,19–24: *De isto autem tuo desiderio illa mihi mandavit, quia de te ad illam scripsi, ut expectes, donec rebelliones et temptationes et minae Sarracenorum, quae apud Romanus nuper emerserunt, conquieverint et quoad usque illa Deo volente suas litteras invitatorias ad te dirigat.* Rau unterschlägt in seiner Übersetzung (Briefe des Bonifatius, FrvStGA 4 b, S. 97), die er nach der von Tangl bereits vorgelegten erstellte, den Nebensatz *quae apud Romanus nuper emerserunt.*

[149] Wallace-Hadrill, The Fourth Book of the Chronicle of Fredegar, S. 93 Anm. 5: „St. Boniface's letter to the abbess Bugga . . . about Saracen attacks 'apud Romanos' may well refer to this situation in southern Gaul".

[150] Tangl, Studien zur Neuausgabe der Bonifatius-Briefe, in: NA 40 (1916), S. 746.

Quellen- und Literaturverzeichnis

Quellen

Adamnan (Arkulf)

Adamnani de locis sanctis libri tres, ed. P. Geyer, CSEL 39 (1898), S. xxxiii–xxxix u. 219–297.

Adamnan's De locis sanctis, ed. D. Meehan, SLH 3 (1958).

Adamnani de locis sanctis libri tres, ed. L. Bieler, CCSL 175 (1965), S. 175–234.

Arculf. Eines Pilgers Reise nach dem heiligen Lande, übers. P. Mickley, Land der Bibel (hg. G. Hölscher), 2, H. 2–3, Leipzig 1917.

Äneas aus Gaza

Theophrastus, PG (lat.) 44 a, Sp. 413–456.

Aldhelm von Malmesbury

De metris et enigmatibus et pedum regulis, ed. R. Ehwald, MGH AA 15, S. 35–204.

De virginitate, ed. R. Ehwald, MGH AA 15, S. 209–323.

Ammianus Marcellinus

Römische Geschichte (lat.-dt.), ed. W. Seyfarth, 1, Darmstadt 1975; 3, Berlin 1970; 4, Berlin 1971.

Anastasius Bibliothecarius

Epistola ad Martinum episcopum, PL 129, Sp. 585–590.

Annalen

Annales Laubacenses, ed. G. H. Pertz, MGH SS 1, S. 3–9.

Annales Laureshamenses, ed. G. H. Pertz, MGH SS 1, S. 19–30.

Annales Mosellani, ed. I. M. Lappenberg, MGH SS 16, S. 491–499.

Annales Sancti Amandi, ed. G. H. Pertz, MGH SS 1, S. 3–8.

Annales Stadenses, ed. I. M. Lappenberg, MGH SS 16, S. 271–379.

Annales Tiliani, ed. G. H. Pertz, MGH SS 1, S. 3–8.

Anonymus von Piacenza

Antonini Placentini Itinerarium (m. dt. Übers.), ed. J. Gildemeister, Berlin 1889.

Antonini Placentini Itinerarium, ed. P. Geyer, CSEL 39 (1898), S. xxvi–xxxiii u. 157–218.

Antonini Placentini Itinerarium, ed. P. Geyer, CCSL 175 (1965), S. 127–174.

Itinerarium Antonini Placentini, ed. C. Milani, Milano 1977.

Antoninus Placentinus s. *Anonymus von Piacenza*

Arkulf s. *Adamnan*

Augustin

De civitate Dei, CCSL 47 u. 48 (1955).

Vom Gottesstaat, hg. C. Andresen / übers. W. Thimme, 2 Bde., München 1977–1978.

Balāḏurī

Kitāb futūḥ al-buldān = Al Beládsorí, Ahmed ibn Jahja, Liber expugnationis regionum, ed. M. J. de Goeje, Leiden 1866.

Beda

Chronik s. De temporum ratione, cap. 66.

De natura rerum, PL 90, Sp. 187–278.

De natura rerum, ed. C. W. Jones, CCSL 123 A (1975), S. 174–234.

De temporibus liber, PL 90, Sp. 277–292.

De temporum ratione, PL 90, S. 293–578.

De temporum ratione, cap. 66: De sex huius saeculi aetatibus, ed. Th. Mommsen, MGH AA 13, S. 223–327.

De temporum ratione, in: Bedae opera de

temporibus, ed. C. W. Jones, Cambridge/Mass. 1943.
Epistola ad Eusebium, PL 94, Sp. 694–697 (XII).
Epistola ad Accam de mansionibus filiorum Israel, PL 94, Sp. 699–702 (XIV).
Expositio de nominibus locorum quae leguntur in Act. Apost., PL 92, Sp. 1033–1040.
Expositio in primum librum Mosis, PL 91, Sp. 189–286.
Historia ecclesiastica gentis Anglorum, in: Bedae opera historica, ed. C. Plummer, Oxford 1961 (zuerst 1896).
Historia ecclesiastica gentis Anglorum, in: Baedae opera historica (lat.-engl.), ed. J. E. King, 2 Bde., London-Cambridge/Mass. 1954.
Historia ecclesiastica = Bede's Ecclesiastical History of the English People (lat.-engl.), ed. B. Colgrave/R. A. B. Mynors, Oxford 1969.
Historia ecclesiastica = Beda der Ehrwürdige. Kirchengeschichte des englischen Volkes (lat.-dt.), übers. G. Spitzbart, 2 Bde. (TzF 34), Darmstadt 1982.
Homeliarum liber secundus, ed. D. Hurst, CCSL 122 (1955), S. 184–378.
In cantica canticorum allegorica expositio, PL 91, Sp. 1065–1254.
In Lucae euangelium expositio, ed. D. Hurst, CCSL 120 (1960), S. 1–425.
In Marci euangelium expositio, ed. D. Hurst, CCSL 120 (1960), S. 427–648.
In Matthaei euangelium expositio, PL 92, Sp. 9–132.
In Primam partem Samuhelis, ed. D. Hurst, CCSL 119 (1962), S. 1–272.
In psalmorum librum exegesis, PL 93, Sp. 477–1098.
In regum librum XXX quaestiones, ed. D. Hurst, CCSL 119 (1962), S. 289–322.
Interpretatio nominum Hebraeorum, PL 93, Sp. 1101–1104.
Libri quatuor in principium Genesis usque ad nativitatem Issac et eiectionem Ismahelis adnotationum, ed. C. W. Jones, CCSL 118 A (1967).
Martyrologia, PL 94, Sp. 797–1148.
Martyrologium, in: Edition pratique des Martyrologes de Bede, de l'Anonyme lyonnais et de Florus, ed. J. Dubois/G. Renaud, Paris 1976.
Quaestiones super Leviticum, PL 93, Sp. 387–396.
Quaestionum super Genesim ex dictis patrum dialogus, PL 93, Sp. 233–364.
Super acta apostolorum expositio, PL 92, Sp. 937–996.

Bibel

Biblia sacra iuxta vulgatam versionem, ed. R. Weber, 2 Bde., Stuttgart 1975.
Die Bibel (Deutsche Ausgabe mit den Erläuterungen der Jerusalemer Bibel), hg. D. Arenhoevel/A. Deissler/A. Vögtle, Freiburg-Basel-Wien 1968.

Bonifatius

Epistola ad Buggam (Nr. 27), ed. E. Dümmler, MGH Epp. 3, S. 277 f.
Epistola ad Buggam (Nr. 27), ed. M. Tangl, MGH Epp. sel. 1, S. 47 ff.
Epistola ad Buggam (Nr. 27), ed. R. Rau, Briefe des Bonifatius, FrvStGA 4 b, Darmstadt 1968, S. 94 f.
Epistola ad Buggam (Nr. 27), übers. M. Tangl, Die Briefe des heiligen Bonifatius, GdtVz 92, Leipzig 1912, S. 35 ff.
Epistola ad Aethelbaldum (Nr. 73). ed. E. Dümmler, MGH Epp. 3, S. 339–345.
Epistola ad Aethaelbaldum (Nr. 73), ed. M. Tangl, MGH Epp. sel. 1, S. 146–155.
Epistola ad Aethelbaldum (Nr. 73), ed. R. Rau, Briefe des Bonifatius, FrvStGA 4 b, Darmstadt 1968, S. 212–226.
Epistola ad Aethelbaldum (Nr. 73), übers. M. Tangl, Die Briefe des heiligen Bonifatius, GdtVz 92, Leipzig 1912, S. 134–146.

Braulio

Epistola ad Fructuosum presbyterum, PL 80, Sp. 692–700 (XLIV).

Brief Jesu

Epistola domini nostri Jesu Christi, Mansi 12, Sp. 384.
Epistola domini nostri Jesu Christi, in: C. J. v. Hefele, Conciliengeschichte, 3, Freiburg 1877, S. 538.

Epistola domini nostri Jesu Christi, ed. E. Dümmler, MGH Epp. 3, S. 320.
Epistola domini nostri Jesu Christi, ed. M. Tangl, MGH Epp. sel. 1, S. 115.
Epistola domini nostri Jesu Christi, ed. R. Rau, Briefe des Bonifatius, FrvStGA 4 b, Darmstadt 1968, S. 404 f.

Chroniken (*syrische*)
Chronicon anonymum, ed. I. Guidi, CSCO 2 (1955), S. 13–32.
Chronicon Maroniticum, ed. E.-W. Brooks/I.-B. Chabot, CSCO 4 (1955), S. 35–57.
Concilia s. *Konzile*
Cosmographia Ravennatis s. *Kosmograph von Ravenna*

Epistola Jesu s. *Brief Jesu*
Eusebius von Cäsarea
Demonstrationis evangelicae libri decem, lib. VIII, PG (lat.) 14, Sp. 301–346.
Onomastikon, ed. E. Klostermann, Eusebius-Werke, 3,1, Leipzig 1904.
Praeparationis evangelicae libri quindecim, lib. VI, PG (lat.) 13, Sp. 851–900.
Eutrop
Breviarium ab urbe condita, ed. H. Droysen, MGH AA 2.

Festus
Breviarium of Festus, ed. J. W. Eadie, London 1967.
Fredegar
Chronicarum quae dicuntur Fredegarii Scholastici libri IV cum continuationibus, ed. B. Krusch, MGH SS rer. Merov. 2, S. 1–193.
The Fourth Book of the Chronicle of Fredegar, ed. J. M. Wallace-Hadrill, London 1960.
Fructuosus
Epistola ad Braulionem, PL 80, Sp. 690 (XLIII).

Gregor von Tours
Gregorii episcopi Turonensis libri historiarum X, ed. B. Krusch, MGH SS rer. Merov. 1^2.
Gregorii episcopi Turonensis libri octo miraculorum, ed. B. Krusch, MGH SS rer. Merov. 1, S. 451–820.
Zehn Bücher Geschichten, ed. R. Buchner (lat.-dt.), FrvStGA 2 u. 3, Darmstadt 1970–1972.
Gregor I.
Epistola ad Marinianum, ed. L. M. Hartmann. MGH Epp. 2, S. 281.
Epistola ad Palladium et Iohannem, ed. L. M. Hartmann, MGH Epp. 2, S. 259 ff.
Gregor II.
Capitulare Gregorii papae II, Mansi 12, Sp. 257–260.
Epistolae et Canones, PL 89, Sp. 495–534; insbesondere:
Epistola (Nr. 18), ed. E. Dümmler, MGH Epp. 3, S. 267 f.
Epistola (Nr. 18), ed. M. Tangl, MGH Epp. sel. 1, S. 31.
Epistola (Nr. 18), ed. R. Rau, Briefe des Bonifatius, FrvStGA 4 b, Darmstadt 1968, S. 68 f.

Ḫalīfa b. Ḫaiyāt
Tārīḫ, hg. A. D. al-ʿUmarī, Baġdād 1386/1967.
Hieronymus
Commentarius in Ecclesiasten, ed. M. Adriaen, CCSL 72 (1959), S. 247–361.
Eusebii Hieronymi interpretatio chronicae Eusebii Pamphili. S. Hieronymi chronicon, PL 27, S. 33–702.
Eusebii Pamphili chronici canones, latine vertit, audaxit, ad sua tempora produxit S. Eusebius Hieronymus, ed. I. Fotheringham, London 1923.
Hebraicae quaestiones in libro Geneseos, ed. P. de Lagarde, CCSL 72 (1959), S. 1–56.
In Esaiam, ed. M. Adriaen, CCSL 73 u. 73 A (1963).
In Hiezechielem prophetam, ed. F. Glorie, CCSL 75 (1964).
Leben des hl. Einsiedlers Hilarion, übers. L. Schade, BKV^2 15 (= Hieronymus Bd. 1), München 1914, S. 33–72.

Leben des hl. Paulus, übers. L. Schade, BKV² 15 (= Hieronymus Bd. 1), München 1914, S. 21–33.
Leben und Gefangenschaft des Mönches Malchus, übers. L. Schade, BKV² 15 (= Hieronymus Bd. 1), München 1914, S. 73–83.
Liber interpretationis hebraicorum nominum, ed. P. de Lagarde, CCSL 72 (1959), S. 57–161.
Vita Malchi monachi captivi, PL 23, Sp. 53–60.
Vita S. Hilarionis eremitae, PL 23, Sp. 29–54.
Vita S. Pauli primi eremitae, PL 23, Sp. 17–28.

Histoire d'Héraclius s. *Sebeos*

Hugeburc
Vita S. Willibaldi, ed. O. Holder-Egger, MGH SS 15, S. 80–106.
Vita Willibaldi (lat.-dt.), ed. A. Bauch, Quellen zur Geschichte der Diözese Eichstätt, 1, Eichstätt 1962.

Isidor von Sevilla
Chronica, ed. Th. Mommsen, MGH AA 11, S. 391–506 (Text: S. 424–481).
Etymologiarum sive originum libri XX, ed. W. M. Lindsay, 2 Bde., Oxford 1957 (zuerst 1911).
Historia Gothorum Wandalorum Sueborum, ed. Th. Mommsen, MGH AA 11, S. 241–303 (Text: S. 268–295).

Itinerare
Antonini Placentini Itinerarium s. *Anonymus von Piacenza*
Itinerarium Burdigalense, ed. P. Geyer, CSEL 39 (1898), S. iv–viii u. S. 1–33.
Itinerarium Burdigalense, ed. P. Geyer/ O. Cuntz, CCSL 175 (1965), S. 1–26.

Johannes von Biclaro
Chronica, ed. Th. Mommsen, MGH AA 11, S. 207–220.

Jonas
Epistola (= Widmung vor der Vita Columbani), ed. B. Krusch, MGH SS rer. Merov. 4, S. 61–63.

Jordanes
De origine actibusque Getarum, ed. Th. Mommsen, MGH AA 5, S. 53–138.

Josephus
Antiquitates = Jewish Antiquities, ed. H. St. J. Thackeray, Josephus, 4–9, London-Cambridge/Mass. 1961–1965.
Bellum Judaicum = The Jewish War, ed. H. St. J. Thackeray, Josephus, 2–3, London-Cambridge/Mass. 1961.

Julian von Toledo
De comprobatione aetatis sextae libri tres, PL 96, Sp. 537–586.

Julius Valerius Polemius
Iuli Valeri Alexandri Polemi res gestae Alexandri Macedonis translatae ex Aesopo Graeco, ed. B. Kübler, Leipzig 1888.

Konzile
Concilium Lateranense Romanum (8. 10. 649), Mansi 10, Sp. 863–1170.
Concilium Liptinense (1. 3. 743), Mansi 12, Sp. 369–378.
Concilium Liptinense, ed. E. Dümmler, MGH Epp. 3, S. 309–312.
Concilium Liptinense, ed. A. Werminghoff, MGH Conc. 2,1, S. 5 ff.
Concilium Liptinense, ed. M. Tangl, MGH Epp. sel. 1, S. 98–102.
Concilium Liptinense, ed. R. Rau, Briefe des Bonifatius, FrvStGA 4 b, Darmstadt 1968, S. 382 f.

Kosmograph von Ravenna
Ravennatis anonymi Cosmographia, ed. M. Pinder/G. Parthey, 1860.
Ravennatis anonymi Cosmographia, in: Itineraria Romana, ed. J. Schnetz, 1940.

Lamprecht (*'der Pfaffe'*)
Alexander. Gedicht des zwölften Jahrhunderts vom Pfaffen Lamprecht, Urtext und Übersetzung, hg. H. Weismann, 2, Frankfurt 1850.
Das Alexanderlied des Pfaffen Lamprecht, hg. I. Ruttmann, Darmstadt 1974.

Liber generationis
Liber generationis, ed. Th. Mommsen, MGH AA 9, S. 78–140.

Liber pontificalis
Le Liber pontificalis, ed. L. Duchesne, 1, Paris 1955 (zuerst 1886).
Liber pontificalis, ed. Th. Mommsen, MGH Gest. pont. 1.
Liber pontificalis nella recensione di Pietro Guglielmo OSB e del card. Pandolfo, glossato da Pietro Bohier OSB, ed. U. Přerovský, Studia Gratiana 21-23 (1978).

Malalas
Chronographia, CSHB (1831).
Marius von Avenche
Chronica, ed. Th. Mommsen, MGH AA 11, S. 225-239.
Martin I.
Epistolae, PL 87, Sp. 119-204.
Epistolae, Mansi 10, S. 785-864; insbesondere:
Epistola ad Theodorum, PL 87, Sp. 197-200 (XIV).
Epistola ad Theodorum, Mansi 10, Sp. 849f.

Neilos
Nili monachi narratio quarta, PG (lat.), 41, Sp. 304-309.

Orosius
Historiarum adversus paganos libri VII, ed. C. Zangemeister, Hildesheim 1967 (zuerst Wien 1882).

Pardulf s. *Viten*
Pelagius II.
Epistolae, Mansi 9, 709-738.
Epistolae, ed. L. M. Hartmann, MGH Epp. 2, S. 440-467.
Plinius d. Ä.
Pliny, Natural History (with an English Translation), ed. H. Rackham (Bde. 1-9) u. D. E. Eichholz (Bd. 10), London-Cambridge/Mass. 1958-1962.
Caius Plinius Secundus, Naturgeschichte (dt.), hg. M. E. Strack, 3 Bde, Darmstadt 1968.
C. Plinius Secundus d. Ä. Naturkunde (lat.-dt.), ed. u. übers. R. König, Buch II, München 1974.

Prokop
Perserkriege (gr.-dt.), ed. O. Veh, Prokop-Werke 3, München 1970.
Prosper Tiro
Prosperi Tironis epitoma chronicon, ed. Th. Mommsen, MGH AA 9, S. 341-485.
Prosperi continuatio Havniensis, ed. Th. Mommsen, MGH AA 9, S. 266f. u. S. 298-339.
Prudentius
Contra orationem Symmachi, lib. II, in: Prudentius, 2, ed. H. J. Thompson (with an English Translation), London-Cambridge/Mass. 1961 (zuerst 1953), S. 2-96.
Ps.-Eucherius
De situ Hierusolimae epistola ad Faustum presbyterum, ed. I. Fraipont, CCSL 175 (1965), S. 235-243.
Pseudo-Kallisthenes
C. Müller, Pseudo-Callisthenes, Paris 1846.
F. Parthe, Der griechische Alexanderroman, Rezension γ, Buch III (= Beiträge z. Klass. Phil. 33), Meisenheim am Glan 1969.
H. van Thiel, Leben und Taten Alexanders von Makedonien (TzF 13), Darmstadt 1974.
Ptolemäus
Claudii Ptolemaei Geographia, ed. C. F. Nobbe, 2 Bde., Leipzig 1843-1845.

Ravennatis Anonymus s. *Kosmograph von Ravenna*

Sebeos
Histoire d'Héraclius par l'évêque Sebèos, ed. F. Macler, Paris 1904.
Sophronius
Oratio I (in Christi Servatoris natalitia), PG (lat.), 44 b, Sp. 739-750.
Epistola synodica ad Sergium patriarcham, PG (lat.), 44 b, Sp. 711-738.
Strabon
Geographika, XVI, in: The Geography of Strabo (with an English Translation), ed. H. L. Jones, 7, London 1954.

Ṭabarī
Geschichte der Perser und Araber zur Zeit der Sassaniden, übers. Th. Nöldeke, Leiden 1879.
Tabula Peutingeriana
K. Miller, Weltkarte des Castorius, Ravensburg 1888.
Theodoret
Vita S. Juliani Sabae, AASS Oct. VIII, S. 353–358.
Julianus, übers. K. Gutberlet, BKV^2 50 (= Theodoret Bd. 1), München 1926, S. 35–49.
Theophanes
Chronographia, 1, CSHB (1839).
Chronographia, ed. C. de Boor, 1, Hildesheim 1963 (zuerst Leipzig 1883).

Vergilius Maro
Vergilii Maronis Grammatici opera, ed. J. Huemer, Leipzig 1886.
Versus de Asia
Versus de Asia et de universi mundi rota, CCSL 175 (1965), S. 433–454.
Viktor von Tonnenna
Chronica, ed. Th. Mommsen, MGH AA 11, S. 178–206.
Viten
Vita Pardulfi abbatis Waractensis, ed. W. Levison, MGH SS rer. Merov. 7, S. 19–40.
Vita Willibaldi s. *Hugeburc*

Willibald s. *Hugeburc*

Yāqūt
Kitab muʿǧam al-buldān, ed. F. Wüstenfeld, 6 Bde., Leiden 1866–1870.

Zacharias
Epistola ad Bonifatium (Nr. 60), ed. E. Dümmler, MGH Epp. 3, S. 323 ff.
Epistola ad Bonifatium (Nr. 60), ed. M. Tangl, MGH Epp. sel. 1, S. 120–125.
Epistola ad Bonifatium (Nr. 60), ed. R. Rau, Briefe des Bonifatius, FrvStGA 4 b, Darmstadt 1968, S. 174–182.

Literatur

Abadal y de Vinyals, R. de, El paso de Septimania de dominio godo al franco a través de la invasión sarracena 720–768, in: CHE 19 (1953), S. 5–54.
Abel, F. M., Géographie de la Palestine, 1, Paris 1967.
Abel, F. M. Histoire de la Palestine, 2, Paris 1952.
Alföldi, M.-R., Die Geschichte des numidischen Königreiches und seiner Nachfolger, in: Die Numider (Führer des Rheinischen Landesmuseums Bonn Nr. 96), hg. H. G. Horn/Ch. B. Rüger, Bonn 1979.
Altaner, B./Stuiber, A., Patrologie, Freiburg 1966.
Altheim, F., Niedergang der Alten Welt, Frankfurt/M. 1952.
Altheim, F./Stiehl, R., Die Araber in der Alten Welt, 5 Bde., Berlin 1964–1969.
Amari, M., Storia dei Musulmani di Sicilia, 1, Catania 1933.
Anderson, A. R., Alexander's Gate, Gog and Magog, and the Inclosed Nations, Cambridge/Mass. 1932.
Anspach, A. E., Das Fortleben Isidors im VII. bis IX. Jahrhundert, in: Miscellanea Isidoriana, Rom 1936.
Atlas zur Kirchengeschichte, hg. H. Jedin/K. S. Latourette/J. Martin, Freiburg-Basel-Wien 1970.
Atsalos, B., La terminologie du livre-manuscrit a l'époque byzantine, 1, Thessaloniki 1971.

Bachrach, B. S., Merovingian Military Organization, Minneapolis 1972.
Baedeker, K., Ägypten, Leipzig 1897.
Bauch, A. (Hg.), Vita Willibaldi s. Quellen: *Hugeburc.*
Baudot, M. La question du pseudo-Frédégaire, in: M–A 38 (1928), S. 129–170.
Baumstark, A., Abendländische Palästinapilger des ersten Jahrtausends und ihre Berichte, Köln 1906.
Becker, C. H., Islamstudien, 1, Hildesheim 1967 (zuerst Leipzig 1924).
Beeson, C. H., Isidor-Studien. Quellen u. Untersuchungen, hg. L. Traube, 4,2, München 1913.
Bertolini, O., Roma (Di fronte a Bisanzio a ai Langobardi), Bologna 1941.
Besta, E., La Sardegna medioevale, Palermo 1908.
Biblisch-historisches Handwörterbuch, hg. B. Reicke/L. Rost, 3 Bde., Göttingen 1962–1966.
Bieler, L., Adamnan und Hegesipp. Wiener Studien 69 (1956).
Bischoff, B., Wer ist die Nonne von Heidenheim?, in: SM N.F. 18 (1931), S. 357f.
Bischoff, B., Über Einritzungen in Handschriften des frühen Mittelalters, in: Zentralbl. f. Bibliothekswesen 54 (1937), S. 173–177.
Bischoff, B., Das griechische Element in der abendländischen Bildung des Mittelalters, in: BZ 44 (1951), S. 27–55.
Bischoff, B., Paläographie des römischen Altertums und des abendländischen Mittelalters, Berlin 1979.

Bishop, E. F. F., Arabia in the New Testament, in: MW 34 (1944), S. 192–198.
Blair, P. H., The World of Bede, London 1971.
Blaise, A., Dictionnaire Latin-Français des auteurs chrétiens, Tournhaut 1954.
Blatt, F., Antike Züge im Mittellatein, in: A. Önnerfors (Hg.), Mittellateinische Philologie, Darmstadt 1975, S. 338–371.
Bönhoff, L., Aldhelm von Malmesbury, Dresden 1894.
Borgolte, M., Der Gesandtenaustausch der Karolinger mit den Abbasiden und mit den Patriarchen von Jerusalem (Münchner Beiträge zur Mediävistik und Renaissance-Forschung 25), München 1976.
Borst, A., Das Bild der Geschichte in der Enzyklopädie Isidors von Sevilla, in: DA 22 (1966), S. 1–62.
Borst, A., Der Turmbau von Babel, 2,1–2, Stuttgart 1958–1959.
Borst, A., Kaisertum und Namentheorie um 800, in: Zum Kaisertum Karls d. Gr. (= WdF 38), hg. G. Wolf, Darmstadt 1972, S. 216–239.
Boulanger, R. (Hg.), Mittlerer Osten (Les Guides bleus), Paris 1966.
Boulanger, R. (Hg.), Türkei (Les Guides Bleus), Paris 1968.
Brackmann, A., Liber pontificalis, in: PRE 11 (1902), S. 439–446.
Braun, J., Der heilige Willibald, o.O. 1953.
Bréhier, L., La situation des chrétiens de Palestine a la fin du VIIIe siècle, in: M–A 30 (1919), S. 67–75.
Brincken, A.-D. von den, Mappa mundi und Chronographia, in: DA 24 (1968), S. 118–186.
Brünnow, R. E./Domaszewski, A. von, Die Provinz Arabia, 3 Bde., Straßburg 1904–1909.
Brunhölzl, F., Geschichte der lateinischen Literatur des Mittelalters, 1, München 1975.
Bruns, K. G./Sachau, E., Syrisch-Römisches Rechtsbuch, Leipzig 1880 (Nachdr. Aalen 1961).

Caetani, L., Chronographia islamica, 5 Bde., Paris 1912.
Cahen, C., Der Islam, 1 (= FWG 14), Frankfurt/M., 1968.
Caskel, W. Die Bedeutung der Beduinen in der Geschichte der Araber (Arbeitsgemeinschaft für Forschung des Landes Nordrhein-Westfalen, Geisteswissenschaften, Heft 8), Köln-Opladen 1952.
Caspar, E., Geschichte des Papsttums, 2, Tübingen 1933.
Casson, L., Reisen in die alte Welt, München 1976.
Catalogue of the Byzantine Coins in the Dumberton Oaks Collection and the Whittemore Collection, II,2 (Phocas to Theodosius III 602–771), Washington 1968.
Claude, D., Geschichte der Westgoten, Stuttgart 1970.
Colt, H. D., Castles in Zin, in: Archaeological Discoveries in the Holy Land, hg. The Archaeological Institute of America, New York 1967, S. 187–192.
Creswell, K. A. C., Early Muslim Architecture, 1,1, Oxford 1969.

Dalmann, G., Orte und Wege Jesu, Darmstadt 1967.
Daniel, N., The Arabs and Medieval Europe, London 1975.
Davis, G. I., The Significance of Deuteronomy 1.2 for the Location of Mount Horeb, in: PEQu 111 (1979), S. 87–101.
De Abadal s. Abadal y de Vinyals, R. de
Deanesly, M., A History of Early Medieval Europe, London 1963.
Díaz y Díaz, M. C., Index scriptorum latinorum medii aevi hispanorum, Madrid 1959.

Diehl, Ch., L'Afrique byzantine. Histoire de la domination byzantine en Afrique, 2 Bde., New York 1959.
Dietrich, A., Geschichte Arabiens vor dem Islam, in: HO I,2,4,2, Leiden-Köln 1966, S. 291-336.
Dixon, A., The Umayyad Caliphate 65–86/664–705, London 1971.
Doe, B., Südarabien. Antike Reiche am Indischen Ozean, Bergisch Gladbach 1970.
Dölger, F., Regesten der Kaiserurkunden des Oströmischen Reiches, 1, München-Berlin 1924.
Dölger, F., Byzanz und die europäische Staatenwelt, Ettal 1953.
Duby, G., Krieger und Bauern. Die Entwicklung der mittelalterlichen Wirtschaft und Gesellschaft bis um 1200, Frankfurt 1894.
Duckett, E. S., Anglo-Saxon Saints and Scholars, New York 1948.

Eberl, B., Die Ungarnschlacht auf dem Lechfeld (Gunzenleê) im Jahr 955, Augsburg-Basel 1955.
Ebers, G./Guthe, H., Palästina, 2, Stuttgart-Leipzig 1884.
Ebert, A., Allgemeine Geschichte der Literatur des Mittelalters im Abendland, 1, Leipzig 1889.
Ebling, H., Prosopographie der Amtsträger des Merowingerreiches (= FRANCIA Beiheft 2), München 1974.
Égypte s. Fauvel, J.-J.
Eickhoff, E., Seekrieg und Seepolitik zwischen Islam und Abendland, Berlin 1966.
Elter, A., Itinerarstudien, Bonn 1908.
Erikson, A., The problem of Authorship in the Chronicle of Fredegar, in: Eranos 63 (1965), S. 47–76.
Ewig, E., Zum christlichen Königsgedanken im Frühmittelalter, in: ders., Spätantikes und fränkisches Gallien, 1 (FRANCIA Beiheft 3,1), München 1976, S. 3–71.
Ewig, E., Die fränkischen Teilreiche im 7. Jahrhundert (613–714), in: ders., Spätantikes und fränkisches Gallien, 1 (= FRANCIA Beiheft 3,1), München 1976, S. 172–230.

Fattal, A., Le statut légal des Non-Musulmans en pays d'Islam, Beirut 1958.
Fauvel, J.-J./Meeks, D. (Hgg.), Égypte (Les Guides Bleus), Paris 1979.
Fontaine, J., Isidore de Séville et la culture classique dans l'Espagne wisigothique, 2 Bde., Paris 1959.
Franke, F. R., Die freiwilligen Märtyrer von Cordoba und das Verhältnis der Mozaraber zum Islam. Diss. Frankfurt/M. 1958.
Fück, J., Die arabischen Studien in Europa, Leipzig 1955.
Funkenstein, A., Heilsplan und natürliche Entwicklung. Gegenwartsbestimmung und Geschichtsdenken des Mittelalters, München 1965.

Gabrieli, F., Il Califfato di Hishâm (= Mémoires de la Société d'Archéologie d'Alexandrie, 7,2), Alexandria 1935.
Gams, P. B., Die Kirchengeschichte von Spanien, 2,2, Regensburg 1874.
Gams, P. B., Series episcoporum ecclesiae catholicae, Leipzig 1931.
Gardthausen, V., Griechische Palaeographie, 2, Leipzig 1913.
Gebhart, H., Die deutschen Münzen des Mittelalters und der Neuzeit, Berlin 1930.
Gese, H., Τὸ δὲ Ἀγὰρ Σινὰ ὄρος ἐστὶν ἐν τῇ Ἀραβίᾳ (Gal 4,25), in: Das ferne und das nahe Wort (FS L. Rost) Berlin 1967, S. 81–94.

Glueck, N., The river Jordan, Philadelphia 1946.
Godfrey, J., The Church in Anglo-Saxon England, Cambridge 1962.
Goffart, E., The Fredegar Problem Reconsidered, in: Speculum 38 (1963), S. 206–241.
Goldmann, B., Die Religion der Nabatäer, in: Die Nabatäer. Ein vergessenes Volk am Toten Meer, 312 v. Chr. – 106 n. Chr. Katalog der Prähistorischen Staatssammlung Nr. 13, Kallmünz 1970.
Gottschaller, E., Hugeburc von Heidenheim (Münchener Beiträge zur Mediävistik und Renaissance-Forschung 12), München 1973.
Goubert, P., Byzance avant l'Islam, 1, Paris 1951.
Gressmann, H., Rhinokorura, in: ZDPV 47 (1924), S. 244f.
Grisar, H., Zur Palästinareise des sog. Antoninus Martyr, um 580, in: ZKTH 26 (1902), S. 760–770.
Grisar, H., Nochmals das Palästinaitinerar des Anonymus von Piacenza, in: ZKTH 27 (1903), S. 776–780.
Gross, Ch., The Sources and Literature of English History, New York 1951.
Großer JRO-Weltatlas, München 1970.
Grützmacher, G., Hieronymus, 1 (Studien zur Geschichte der Theologie und der Kirche, hg. Bonwetsch/Seeberg, 6,3), Berlin 1966.
Grundmann, H., Litteratus-illitteratus, in: AK 40 (1958), S. 1–65.
Grundmann, H., Geschichtsschreibung im Mittelalter, Göttingen 1965.
Guidi, I., Mundhir III. und die beiden monophysitischen Bischöfe, in: ZDMG 35 (1881), S. 142–146.
Guthe, H., Kurzes Bibelwörterbuch, Tübingen-Leipzig 1903.

Haag, O., Die Latinität Fredegars, in: Mittellateinische Philologie, hg. A. Önnerfors (WdF 292), Darmstadt 1975, S. 13–87.
Hahn, H., Bonifaz und Lul. Ihre angelsächsichen Korrespondenten, Leipzig 1883.
Haller, J., Das Papsttum, 1, Reinbek b. Hamburg 1965.
Halphen, L., Une théorie récente sur la chronique du Pseudo-Frédégaire, in: RH 79 (1902), S. 41–56.
Hammond, Ph. C., The Nabataeans (Studies in Mediterranean Archaeology 37), Lund 1973.
Hartmann, L. M., Geschichte Italiens im frühen Mittelalter, 2,1, Leipzig 1900.
Hartmann, R., Palästina unter den Arabern (Land der Bibel 1,4), Leipzig 1915.
Haussig, H.-W., Byzantinische Geschichte, Stuttgart 1969.
Hefele, C. J. von, Conciliengeschichte, 3, Freiburg 1877.
Heichelheim, F. M., Geschichte Syriens und Palästinas von der Eroberung durch Kyros II. bis zur Besitznahme durch den Islam, in: HO I,2,4,2, Leiden-Köln 1966, S. 99–290.
Hellmann, S., Das Fredegar-Problem, in: HVJ 29 (1935), S. 36–92.
Hepple, R. B., The Monastery School of Jarrow, in: History 7 (1922), S. 92–102.
Herren, B., Bigerro sermone clefabo: Notes on the Life of Vergilius Maro Grammaticus, in: Classica et Mediaevalia 31 (1975), S. 253–257.
Heuss, R., Römische Geschichte, Braunschweig 1971.
Hickmore, M. A. S., St. Paul's Church Jarrow, Newcastle upon Tyne, 1979.
Hillgarth, J. N., A new critical edition of the Etymologiae (Origenes) of Isidore of Seville, in: Classical Philology 69 (1974), S. 227.
Hitti, Ph. K., History of Syria, London 1951.
Hitti, Ph. K., History of the Arabs, London 1977 (zuerst 1937).
Hölscher, G., Sinai und Choreb, in: FS R. Bultmann, Stuttgart 1949, S. 127–132.

Holder-Egger, O., Untersuchungen über einige annalistische Quellen zur Geschichte des 5. und 6. Jahrhunderts, in: NA 1 (1876), S. 13–120 u. 213–368.
Hommel, F., Ethnologie und Geographie des Alten Orients. HAW III,1,1, München 1926.
Hudemann, Geschichte des römischen Postwesens, Wiesbaden 1966.

Jacob, G., Arabische Berichte von Gesandten an germanische Fürstenhöfe aus dem 9. und 10. Jahrhundert, Berlin-Leipzig 1927.
Jacoby, A., Das geographische Mosaik von Madaba (= Studien über christliche Denkmäler, hg. J. Ficker, N.F. 3. Heft), Leipzig 1905.
Jaffé, Ph., Regesta Pontificum Romanorum, 1, Leipzig 1885.
Jones, C. W., Saints, Lives and Chronicles in Early England, Ithaka/New York 1947.
Juynboll, Th. W., Handbuch des islamischen Gesetzes, Leipzig 1910.

Karnapp, W., Deutsche Grabungen und Forschungen in der Ruinenstadt Resafa in Syrien, in: Antike Welt 8,4 (1977), S. 17–30.
Kiepert, H., Atlas antiquus, Berlin o.J.
Kiepert, H., Lehrbuch der alten Geographie, Berlin 1878.
Kiepert, H., Formae orbis antiqui, Berlin 1894ff.
Kimble, G. H. T., Geography in the Middle Ages, London 1938.
Kmosko, M., Das Rätsel des Pseudomethodius, in: Byzantion 6 (1931), S. 273–296.
Kötting, B., Peregrinatio religiosa, Regensburg-Münster 1950.
Kollwitz, J., Die Grabungen in Resafa, in: Neue deutsche Ausgrabungen im Mittelmeergebiet und im Vorderen Orient, Berlin 1959, S. 45–70.
Kresten, O., Pallida mors Sarracenorum. Zur Wanderung eines literarischen Topos von Luidprand von Cremona bis Otto von Freising und zu seiner byzantinischen Vorlage, in: Römische Historische Mitteilungen, 17. Heft, Rom-Wien 1975, S. 23–75.
Krusch, B., Die Chronicae des sogenannten Fredegar, in: NA 7 (1882), S. 247–351 u. 421–516.
Krusch, B., (Rezension) NA 26 (1901), S. 266f.
Krusch, B., (Rezension zu F. Lot, Encore la chronique . . .), in: NA 39 (1914), S. 548f.
Krusch, B., Zur Chronologie des 4. Buches, in: MGH SS rer. Merov. 7, S. 513ff.

Lacam, J., Les Sarrazins dans le Haut Moyen Age Français, Paris 1965.
Lammens, H., Études sur le Siècle des Omayyades, Beyrouth 1930.
Langosch, K., Profile des lateinischen Mittelalters, Darmstadt 1967.
Lebon, J., Le Monophysisme Sévérien, Louvain 1909.
Leicht, H. D., Abendland und Islam. Politische Auseinandersetzungen und wechselseitige Betrachtungen. Maschinenschriftl. Diss. Münster 1951.
Leitmeier, C., Die Kirche und die Gottesurteile (= Wiener Rechtsgeschichtliche Arbeiten 2), Wien 1952.
Levillain, L., (Rezension zu B. Krusch, Fredegarius-Scholasticus-Oudarius . . .), in: BEC 89 (1928), S. 89–95.
Levillain, L./Samaran, Ch., Sur le lieu et la date de la bataille dite de Poitiers, in: BEC 99 (1938), S. 243–267.
Lévi-Provençal, E., Histoire de l'Espagne musulmane, 1, Paris-Leiden 1950.
Levison, W., (Rezension zu G. Schnürer, Die Verfasser der sog. Fredegar-Chronik), in: HZ 87 (1901), S. 295–299.
Levison, W., Bede as Historian, in: A. H. Thompson (Hg.), Bede. His Life, Times and Writings, Oxford 1935 (Nachdr. 1969), S. 111–151.

Levison, W., A propos du Calendrier de S. Willibrord, in: RB 50 (1938), S. 37–41.
Liebemann, W., Fasti Consulares Imperii Romani (30 v. Chr. – 565 n. Chr.), Bonn 1909.
Llewellyn, P. A., Constans II and the Roman Church, in: Byzantion 46 (1976), S. 120–126.
Løekkegaard, F., Islamic Taxation in the Classical Period, Kopenhagen 1950.
Löwe, H., Deutschland im fränkischen Reich (dtv-Gebhardt 2), München 1973.
Lolos, A., Die Apokalypse des Ps.-Methodios, Beiträge zur Klassischen Philologie 83 (1976).
Lot, F., Encore la Chronique du Pseudo-Frédégaire, in: RH 115 (1914), S. 305–357.
Lot, F., Études sur la Bataille de Poitiers de 732, in: RBPH 26 (1948), S. 35–59.

Macler, F. s. Quellen: *Sebeos*.
Maier, F. G., Die Verwandlung der Mittelmeerwelt (FWG 9), Frankfurt/M. 1968.
Maier, F. G. (Hg.), Byzanz (FWG 13), Frankfurt/M. 1973.
Manitius, M., Geschichte der lateinischen Literatur des Mittelalters, 1, München 1911 (Nachdr. München 1959).
Martinelle, G., Die Erdkunde bei den Kirchenvätern, Leipzig 1884.
Mayer, H. E., Geschichte der Kreuzzüge, Stuttgart 1973.
McClenehan, R. S., The Moslem's Mosque and the Christian's Church, in: MW 32 (1942), S. 159–166.
Mederer, E., Die Alexanderlegenden bei den ältesten Alexanderhistorikern (= Würzburger Studien zur Altertumswissenschaft 8), Stuttgart 1936.
Merkelbach, R., Die Quellen des griechischen Alexanderromans (Zetemata 9), München 1954.
Metcalf, W. E., Three Seventh-Century Byzantine Goald Hoards, in: The American Numismatic Society. Museum Notes 25 (1980), S. 87–108.
Meyer, E., Die Israeliten und ihre Nachbarstämme, Halle 1906.
Mian, F., L'Anonimo Piacentino al Sinai, in: Vetera Christianorum 9 (1972), S. 267–301.
Miller, K., Mappaemundi, 6, Stuttgart 1898.
Miller, K. s. Quellen: *Tabula Peutingeriana*
Mohr, W., Skizzen zur mittelalterlichen Geographie, in: Mitteilungen der geographischen Gesellschaft in Wien 78 (1935) S. 261–275.
Mommsen, Th., Veroneser Fastentafel von 439–494 n. Chr., in: ders., Römische Forschungen 2, Berlin 1879, S. 86–96.
Mordtmann, J. H., Dusares bei Epiphanius, in: ZDMG 29 (1876), S. 99–106.
Moritz, B., Der Sinaikult in heidnischer Zeit, in: GSB N.F. 16,2 (1916), S. 1–62.
Moritz, B., Zur antiken Topographie der Palmyrene, in: AAB Nr. 6 (1899), S. 1–34.
Moritz, B., Beiträge zur Geschichte des Sinaiklosters im Mittelalter, in: AAB Nr. 4 (1918).
Müller, K., Geographi graeci minores (Tabulae), Hildesheim 1965.
Müller, W. W., Weihrauch, ein arabisches Produkt und seine Bedeutung in der Antike, in: RE Supl.-Bd. XV, Sp. 701 ff.

Nabatäer, Die, Ein Königreich in der Wüste, hg. Rheinisches Landesmuseum Bonn, Bonn 1978.
Nelson, H. L. W., Etymologiae van Isidorus van Sevilla, Leiden 1954.
Nestle, E., Rhinocolura, in: ZDPV 35 (1912), S. 107.
Nöldeke, Th. s. Quellen: *Ṭabarī*

Nöldeke, Th., Zur Geschichte der Araber im 1. Jahrh. d. H. aus syrischen Quellen, in: ZDMG 29 (1876), S. 76–98.
Noth, A., Heiliger Krieg und Heiliger Kampf in Islam und Christentum (Bonner Historische Forschungen 28), Bonn 1966.
Noth, M., Der Wallfahrtsweg zum Sinai (Nu 33), in: PJb 36 (1940), S. 5–28.

Oberhummer, R./Zimmerer, H., Durch Syrien und Kleinasien, München 1898.
Osiander, E./Levy, M. A., Zur himjaritischen Altertumskunde, in: ZDMG 19 (1865), S. 159–293.
Ostrogorsky, G., Geschichte des byzantinischen Staates (HAW XII,1,2), München 1963.
Otto, E., Jerusalem – Die Geschichte der Heiligen Stadt, Stuttgart 1980.

Pérez de Urbel, J., San Isidoro de Sevilla, Barcelona 1945 (dt. Köln 1962).
Perlitt, L., Sinai und Horeb, in: Beiträge zur Alttestamentlichen Theologie, FS W. Zimmerli, Göttingen 1977, S. 302–322.
Pfeffermann, H., Die Zusammenarbeit der Renaissancepäpste mit den Türken, Winterthur 1946.
Pfister, F., Studien zur Sagengeographie, in: Symbolae Osloenses 35 (1959), S. 5–39.
Philipp, A., Die historisch-geographischen Quellen in den etymologiae des Isidors von Sevilla, Berlin 1912.
Poole, R. L., Monasterium Niridanum, in: EHR 36 (1921), S. 540–545.
Prinz, F., Frühes Mönchtum im Frankenreich, München-Wien 1965.
Proksch, O., Die Völker Altpalästinas, in: Land der Bibel, 1,2, Leipzig 1914.
Prou, M., Les Monnaies Merovingiennes, Graz 1969.
Putzger, F. W., Historischer Weltatlas, Berlin-Bielefeld 1965.

Reallexikon für Antike und Christentum, hg. Th. Klauser, Stuttgart 1950ff.
Reinaud, M., Invasion des Sarrazins en Franze Paris 1964 (zuerst 1836).
Riché, P., Die Welt der Karolinger, Stuttgart 1981.
Rietschel, S., Gottesurteil, in: PRE 7, S. 33ff.
Rosenfeld, F. G., Über die Composition des Liber pontificalis, Diss. Marburg 1896.
Rosenthal, R., Der Goldschmuck der Nabatäer von Mampsis und Oboda, in: Die Nabatäer. Ein vergessenes Volk am Toten Meer, 312 v.–106 n.Chr. (Katalog der prähistorischen Staatssammlung München Nr. 13), Kallmütz 1970.
Roth, U., Studien zur Ornamentik frühchristlicher Handschriften des insularen Bereichs, in: BRGK 60 (1979), S. 5–225.
Rothstein, G., Die Dynastie der Laḫmiden in al Hira, Berlin 1899.
Rotter, G., Formen der frühen arabischen Geschichtsschreibung, in: Deutsche Orientalistik, hg. Orientalisches Seminar der Universität Tübingen (Red.: G. Rotter), Tübingen 1974, S. 63–71.
Rotter G., Die Umayyaden und der zweite Bürgerkrieg (680–692) (= Abhandlungen für die Kunde des Morgenlandes Bd. 45,3), Wiesbaden 1982.
Rouche, M., Les Aquitains ont-ils-trahi, in: M–A 74 (1968), S. 5–25.
Roy, J.-H./Deviosse, J., La Bataille de Poitiers, o.O. 1966.
Rubin, B., Das Zeitalter Justinians, 1, Berlin 1960.

Sarda, C., Origins of the Mosque, in: MW 28 (1938), S. 336–334.
Sauvaget, J., Chateaux Umayyades de Syrie, in: REI 35 (1967), S. 1–52.

Schanz, M., Geschichte der römischen Literatur, 8, München 1920.
Schieder, Th. (Hg.), Handbuch der europäischen Geschichte, 1, Stuttgart 1976.
Schieffer, Th., Angelsachsen und Franken (Akademie der Wissenschaften und der Literatur, Abh. Geistes- u. sozialw. Kl. Nr. 20, Jahrg. 1950), Wiesbaden 1951.
Schieffer, Th., Winfrid-Bonifatius und die christliche Grundlegung Europas, Freiburg 1954.
Schmitt, K. L., Lucifer als gefallene Engelmacht, in: ThZ 7 (1951), S. 161–179.
Schmitz, W., Tironische Noten, in: NA 15 (1890), S. 602–607.
Schneider, Carl, Geistesgeschichte der christlichen Antike, München 1978.
Schneidmüller, Bernd, Nomen patriae. Studie zur politisch-geographischen Terminologie im hochmittelalterlichen Frankreich (im Druck).
Schnürer, G., Die Verfasser der sogenannten Fredegar-Chronik, Collectanea Friburgensia 9, Freiburg 1900.
Schwenkow, L., Kritische Betrachtungen der lateinisch geschriebenen Quellen zur Geschichte der Eroberung Spaniens durch die Araber, Diss. Göttingen 1894.
Seppelt, F. X., Geschichte der Päpste, 2 (Die Entfaltung der päpstlichen Machtstellung im frühen Mittelalter), München 1955.
Shaban, M. A., Islamic History, A.D. 600–750, Cambridge 1971.
Sofer, J., Lateinisches und Romanisches aus den Etymologiae des Isidorus von Sevilla, Hildesheim-New York 1975.
Sonnen, J., Die Beduinen am See Genesareth, Köln 1952.
Southern, R. W., Das Islambild des Mittelalters, Stuttgart 1981.
Spiegel, F., Erânische Alterthumskunde, 3, Leipzig 1878.
Stadler, E., Heiligen-Lexikon, 5, Augsburg 1882.
St. Bonifatius. Gedenkgabe zum zwölfhundersten Todestag, hg. Stadt Fulda in Verbindung mit den Diözesen Fulda u. Mainz, Fulda 1954.
Steinacker, H., Die römische Kirche und die griechischen Sprachkenntnisse im Frühmittelalter, in: MIÖG 62 (1954), S. 28–66.
Stenton, F. M., Anglo-Saxon England, Oxford 1971.
Stratos, A. N., Byzantium in the Seventh Century, 4 Bde., Amsterdam 1968–1978.
Sykes, P., A History of Persia, London 1958.
Syme, R., The Roman Revolution, Oxford 1939.

Tangl, M., Studien zur Neuausgabe der Bonifatius-Briefe, in: N.A. 40 (1916), S. 639–780.
Teuffel, W. S., Geschichte der römischen Literatur, 3, Berlin 1913.
The Cambridge History of Islam, 1 u. 2, hg. P. M. Holt/A. K. S. Lambton/B. Lewis, Cambridge 1970.
The Times Atlas of the World, London 1977.
Thiel, M., Grundlagen und Gestalt der Hebräischkenntnisse des frühen Mittelalters, in: Studi Medievali 10,3 (1969), S. 3–212.
Thompson, E. A., The Goths in Spain, Oxford 1969.
Tobler, T. (Hg.), Descriptiones Terrae Sanctae, Leipzig 1874 (Nachdr. Hildesheim-New York 1974).
Tuch, F., Einundzwanzig sinaitische Inschriften, in: ZDMG 3 (1849), S. 129–215.

Ullmann, W., Individuum und Gesellschaft im Mittelalter, Göttingen 1974.

Vasiliev, A. A., Byzance et les Arabes, 1, Brüssel 1959.
Vossler, K., Isidorus von Sevilla, in: Hochland 39 (1946/47), S. 420–428.

Wach, J., Vergleichende Religionsforschung, Stuttgart 1962.
Walker, J., A Catalogue of the Arab-Byzantine and Post-Reform Umaiyad Coins, London 1956.
Wallace-Hadrill, J. M. s. Quellen: *Fredegar*.
Wattenbach, W./Levison, W., Deutschlands Geschichtsquellen im Mittelalter. Heft I u. II, Weimar 1952f.
Wellhausen, J., Das Arabische Reich und sein Sturz, Berlin 1960.
Wellhausen, J., Die Kämpfe der Araber mit den Romäern in der Zeit der Umaijaden, in: NGG (phil.-hist. Kl 1901).
Wellhausen, J., Reste arabischen Heidentums, o.O. 1887.
Wenskus, R., Stammesbildung und Verfassung, Köln-Graz 1961.
Whiting, C. E., The Life of the Venerable Bede, in: A. H. Thompson, Bede. His Life, Times and Writings, Oxford 1935 (Nachdr. 1969), S. 1–38.
Whitelock, D., The Beginnings of English Society, Harmondsworth 1967.
Wolfram, Herwig, Intitulatio 1 (Lateinische Königs- u. Fürstentitel bis zum Ende des 8. Jh.s), Graz-Wien-Köln 1967.

Zimmermann, H., Das Papsttum im Mittelalter, Stuttgart 1981.
Zöllner, E., Geschichte der Franken bis zur Mitte des sechsten Jahrhunderts, München 1970.

Register

(Nicht aufgenommen: Araber, Arabien, arabisch, Sarazenen)